江苏对接"一带一路"若干问题研究

张建民　赵　鸣　孟力强
薛继坤　刘增涛　蒋红奇　著

南京大学出版社

图书在版编目（ＣＩＰ）数据

江苏对接"一带一路"若干问题研究/张建民,赵鸣
等著. -- 南京：南京大学出版社, 2017.6
ISBN 978-7-305-18523-6

Ⅰ.①江… Ⅱ.①张… Ⅲ.①区域经济发展—经济
战略—研究—江苏 Ⅳ.① F127.53

中国版本图书馆 CIP 数据核字 (2017) 第 101158 号

出版发行	南京大学出版社
社　　址	南京市汉口路 22 号　　邮编　210093
出 版 人	金鑫荣

书　　名	江苏对接"一带一路"若干问题研究
著　　者	张建民　赵　鸣　孟力强　薛继坤　刘增涛　蒋红奇
责任编辑	张秀梅　苗庆松　　**编辑热线**　025-83596923

印　　刷	连云港报业印务有限公司
开　　本	787×1094　1/16　**印张** 23　**字数** 335 千字
版　　次	2017 年 6 月第 1 版　2017 年 6 月第 1 次印刷
ISBN	978-7-305-18523-6
定　　价	80.00 元

网址：http://www.njupco.com
新浪微博：http://e.weibo.com/njupco
官方微信号：njupress
销售咨询热线：（025）83594756

站在新起点（代序）

"一带一路"战略是我国统筹国内、国外两个大局而设计的战略思路和开放构想。它的提出和实践为我国进一步对外开放提供了新空间、新模板和新契机。江苏是中国经济发展最快的省市之一，地处我国对内对外双向开放的前沿区域，理应在国家"一带一路"战略中有所作为。这是时代任务，也是历史责任所系。

丝绸之路经济带和21世纪海上丝绸之路是我国新形势下全面对外开放的战略新思路、新举措、新愿景和新国策，是顺应我国进一步对外开放和深化我国整体经济社会体制改革的重要抓手之一。2016年8月17日，推进"一带一路"建设工作座谈会再次召开，习近平总书记到会并发表讲话。他再次强调：要总结经验、坚定信心、扎实推进，聚焦政策沟通、设施联通、贸易畅通、资金融通、民心相通，聚焦构建互利合作网络、新型合作模式、多元合作平台，聚焦携手打造绿色丝绸之路、健康丝绸之路、智力丝绸之路、和平丝绸之路，以钉钉子精神抓下去，一步一步把"一带一路"建设推向前进，让"一带一路"建设造福沿线各国人民。可见，"一带一路"战略的持续定力和前瞻愿景。

2016年，国家"十三五"规划全面实施，实现全社会的小康目标正在路上。"一带一路"战略作为国家实现小康目标的主要举措之一，正在得到全面落实和推进。四年来，"一带一路"建设从无到有、由点及面，进度和成果超出预期。目前，已经有100多个国家和国际组织积极支持并参与；中国同40多个沿线国家和国际组织签署了共建"一带一路"合作协议；与36个国家开展机制化国际产能合作，共计建设了77个产业合作区；2014年至2016年，中国与

"一带一路"沿线国家贸易总额超过3万亿美元,中国对"一带一路"沿线国家投资累计超过500亿美元;亚投行、丝路基金等金融机构相继成立,为"一带一路"投资融资和项目建设提供金融支撑;联合国大会、安理会、联合国亚太经社会、亚太经合组织、亚欧会议、大湄公河次区域合作等有关决议或文件都纳入或体现了"一带一路"建设内容;中欧、中亚班列驰骋在广袤的亚欧大陆,运行线路51条,开行至欧洲11个国家的29个城市,运载的是琳琅满目的货物,联通的是亚欧国家的市场需求,架起的是沿线国家人民的友谊桥梁,成为"一带一路"上一道亮丽风景线;"精彩中国"、"美丽中国"的人文旅游合作合作不断深入,为增进中国与"一带一路"沿线国家人民的友谊搭起了一座连心桥。人流、物流、资金流、信息流纵横四海,留香八方。可以说,"一带一路"倡议来自中国,建设成果正在惠及世界,并正伴随你我,伴随世界,行走致远。

坚持开放、聚力创新是江苏一直保持我国经济发展龙头地位的真谛。习近平总书记视察江苏时指出:江苏在"一带一路"交汇点上,明确定位了江苏在国家"一带一路"中地位和作用。这一重要讲话需要江苏从战略上研究江苏如何用"一带一路""交汇点意识"与"交汇点思路"统筹"十三五"发展,按照国家行动纲领和战略部署,主动参与"一带一路"建设,积极放大东西双向开发优势,做好东西开放的大文章,积极拓展江苏对内对外开放新空间,为江苏主动融入"一带一路"国家战略、建设"一中心、一基地"、实现"聚焦富民"的小康目标、建设"富强美高"新江苏而努力奋斗。

横穿历史的轨迹,"一带一路"战略已经提出了四个年头。江苏主动对接"一带一路"战略和实践,取得了丰硕的成果。江苏继承勇于实践,创新创优,聚力发展的风格,着力聚焦"一带一路"重点地区、重点国家、重点项目。至2016年底,全省实现生产总值76 086.2亿元,同比增长7.8%,比全国高出1.1百分点,位居全国第二位。人均社会生产总值95 259元。继续位居全国省区第一位,高出全国平均数的76%。实现出口额21 063.2亿元比上年增长0.2%,其中对于"一带一路"沿线国家的出口额为5098.1亿元,同比增长6.1%,比出口总额高出5.9%。境外协议投资142.24亿美元,同比增长38%,其中"一带一路"沿线国家为30.9亿美元,继续保持快速增长势头。江苏还出台了推进"一带一路"建设的具体政策措施,并设立了区域性的"一带一路"项目投融资平台,成立了专项投资基金。全省对"一带一路"沿线国家投资项目猛增,投资覆盖"一带一路"沿线64个国家中的54个,各类投资项目近500个,位居全国第一;对外协议投资100多亿美元,约占全国对外协议投资的20%以上。柬埔寨西哈努克港经济特区、埃塞俄比亚东方工业园、印尼双马农工贸经济合作区、坦桑尼亚新阳嘎农工贸现代产业园、哈萨克斯坦东门产业园等一批重大项目聚集平台相继建成或正在建设,为我国"一带一路"战略落户生根发挥了中坚作用。连云港中哈物流基地、上合组织物流园、盐城中韩产业园等一批合作项目进入收获期,成为我国"一带一路"共享共赢思路的标杆和合作项目的典范。中欧、中亚班列遍布全省苏南、苏中、苏北,成为全国开行西行班列实践最早、覆盖区域最广、布局最均衡的省份,为江苏区域对接"一带一路"沿线国家物流产业和经贸合作夯实了基础。科技、文化、体育、教育对外合作全面展开,"精彩江苏"、"畅游江苏"、"人文江苏"系列活动,被列入全国或江苏文化旅游教育等各类发展"十三五"规划,频频亮相海外,成为我国对外人文旅游交往的靓丽名片。新江苏,新开放,新常态,新气派,江苏对接"一带一路"步履坚实,对外开放亮点纷呈。

习近平总书记强调,一个国家强盛才能充满信心开放,而开放促进一个国家强盛。党的十一届三中全会以来我国改革开放的成就充分证明,对外开放是推动我国经济社会发展的重要动力。随着我国经济总量跃居世界第二,随着我国经济发展进入新常态,我们要保持经济持续健康发展,就必须树立全球视野,更加自觉地统筹国内国际两个大局,全面谋划全方位对外开放大战略,以更加积极主动的姿态走向世界。江苏勇于探索,创新创优,主动有为,对接"一带一路"建设,进一步从实践上解读了"一带一路"战略的现实意义和实践价值,全面贯彻落实了国家对于江苏的期盼和希冀。

江苏地处"一带一路"交汇点上,重任在肩。我们用了四年的时间从各个方面对江苏如何对接"一带一路"的理论和实践进行了探索和研究,进一步理清思路,探寻路径,提出建议,体现了理论工作者的责任所系,责任所在。在研究过程中,我们从最初的认识高度,转向认知深度;从宏观,转向中观、微观;从最初的战略研究,逐步转移到战术研究,继而深化至解剖麻雀,深入到体制内部研究江苏对接"一带一路"建设的经典范例和具体细节;我们不忘初心,始终坚持理论联系实际的基本研究原则,把握理论要义,坚持服务中心。历史就是历史,成就代表过去,研究依然还在路上!

聚力创新是江苏新时代的着力点所在,理论研究也是如此。新起点、新征程就在前方。站在新起点上,理论工作者要勇于承担时代赋予的职责,聚力创新,坚持对江苏"一带一路"实践的调查研究,梳理问题,总结经验,深化理论,丰富智库。要在理论创新中,明晰思路,发现路径,挖掘潜质,前瞻未来。这里我们借助江苏省社科规划办和省社科联的重点研究课题《江苏对接"一带一路"若干重大问题研究》,将近期研究成果汇集成册,一方面对过去研究进行一次总结回顾,将智力成果贡献社会,为积极推进江苏"一中心、一基地"建设,为了加快建设"强富美高"新江苏,实现"聚焦富民"全面小康的目标提供智力服务;另一方面,基于新起点再出发,远航"一带一路"的理论蓝海,肩负起理论工作者的时代责任。

2017 年 5 月 18 日

目　录

CONTENTS

站在新起点（代序）

第一部分

理论篇

第一章 江苏"一带一路"交汇点建设对策研究

一、引子

丝绸之路经济带和 21 世纪海上丝绸之路(简称"一带一路")是我国新形势下全面对外开放的战略新思路和新举措。它有利于我国借助历史渊源与根基,传承历史上丝绸之路的融合精神,充分发挥我国的地缘优势,进一步扩大和加深对外经济文化交流与合作,巩固国际地位,拓展发展空间,形成我国全方位开放的新格局,再创丝绸之路在新时期的辉煌,意义重大,影响深远。"一带一路"作为新时期我国协调内外、统筹陆海、兼顾东西的顶级战略举世瞩目。2015 年 3 月 28 日国家发展改革委、外交部、商务部联合发布了《推动共建丝绸之路经济带和 21 世纪海上丝绸之路的愿景与行动》(以下简称"愿景与行动"),标志着我国"一带一路"战略设想开始进入一个全新的实施阶段。

习近平总书记 2014 年 12 月视察江苏时明确指出,"江苏处于丝绸之路经济带和 21 世纪海上丝绸之路的交汇点上,要按照统一规划和部署,主动参与'一带一路'建设,放大向东开发优势,做好向西开放文章,拓展对内对外开放新空间"。这给江苏决胜"十三五",实现新蓝图,发出了新动员令。深刻、精准理解总书记关于江苏在"一带一路"交汇点上的重要讲话精髓,开展江苏对接"一带一路"发展和建设的对策研究,对江苏主动融入"一带一路"国家战略、实现建设"富强美高"新江苏的具体目标具有十分重大现实意义和深远的历史影响。

江苏是中国经济发展最快的省市之一,也是我国对外开放的前沿区域,理应在国家"一带一路"战略中有所作为。然而,江苏作为长江经济带的龙头、沿海大开发的龙脊和新亚欧大陆桥经济带的重要节点区域,如何准确认识"一带一路"精神内涵,精准把握"一带一路"战略方向,统筹兼顾,协同发力,是每一个江苏人需要思考和明晰的问题,也是江苏对接"一带一路"战略实践过程中无法逾越的理论问题。

江苏省委、省政府高度重视对接"一带一路"战略,认为"一带一路"战略是建设"富强美高"新江苏的重大历史机遇,作出了"要积极主动融入'一带一路'建设大局、在落实国家重大战略中构建全省新格局"的战略部署,并及时组织研究制定我省对接国家"一带一路"战略的实施方案。"一带一路"战略不仅在改善江苏发展的外部环境、优化江苏区域发展格局、促进区域协调发展等方面发挥了重要推动作用,而且,将为新常态下江苏经济平稳健康发展注入新的活力。"十三五"是江苏实现全面实现小康社会的最关键时间,如何深入领会总书记江苏在"一带一路"交汇点上的精准内涵,进一步发挥江苏对外开放的优势,顺应国家发展大趋势,主动融入国家"一带一路"战略,关系到江苏是否能够实现预期目标的重要关键。随着国家"一带一路"战略的扎实推进和具体实施,如何抢抓机遇,超前谋划,主战"十三五",进而实现全面小康社会乃是江苏现在面临的重大发展课题,必须认真研究应对。

二、研究背景及其理论实践价值

(一)研究背景

1. 中央对江苏未来发展提出了新定位。

江苏是我国东部沿海经济大省。改革开放以来,中央对江苏发展一直高度重视,寄予厚望。小平同志多次嘱托江苏,要抓住机遇,发展得快一些。党的十六大以后,中央领导同志明确要求江苏,在全国"率先全面建成小康社会,率先基本实现现代化"。在"十二五"即将收官、"十三五"开始谋篇的重要时刻,习近平总书记视察江苏,在要求江苏"紧紧围绕率先全面建成小康社会、率先基本实现现代化的光荣使命,努力建设经济强、百姓富、环境美、社会文明程度高的新江苏",与此同时,用"一带一路"交汇点的战略定位,把江苏放在"丝绸之路经济带"和"21世纪海上丝绸之路"两大国际战略当中,赋予江苏新的历史使命。这就要求江苏不仅要跳出江苏看江苏、站在中国看江苏,而且要放眼世界看江苏,在国际政治经济文化大舞台上,主动担当起实现"五通"、"交汇天下"战略枢纽的历史重任。习总书记关于江苏在"一带一路""交汇点"

上的重要论断,既是对我省改革开放以来经济社会发展的充分肯定,更是对江苏未来在国际国内舞台上发挥更大作用的殷殷重托,从而进一步明确了江苏在我国未来对外开放中的新定位。

2. 国家"一带一路"战略已步入实践阶段。

十八大以来,以习近平同志为总书记的党中央统筹国内国际两个大局,着眼实现"两个一百年"奋斗目标和中华民族伟大复兴的中国梦,提出了"一带一路"战略构想。这一战略构想是分别于 2013 年 9 月和 10 月,习近平主席在出访中亚和东南亚期间提出的。2014 年 3 月,习主席访欧时进一步阐述了"丝绸之路经济带"和 21 世纪"海上丝绸之路"具体内涵,重申了亚欧合作的战略设想。2015 年 3 月 28 日,国家发展改革委、外交部、商务部联合发布《推动共建丝绸之路经济带和 21 世纪海上丝绸之路的愿景与行动》,进一步明确了"一带一路"的战略重点和核心内容,特别是就如何围绕"一带一路"战略、实现"五通"发展勾画出具体的实施蓝图。之后,广东、福建、广西、浙江、山东、新疆、陕西、甘肃、重庆等重点关联省、区、市积极跟进,主动对接,出台了一系列区域性的实施规划,"一带一路"建设如火如荼,重大基础设施项目落地有声,"一带一路"从战略谋划期转入实践期,落实中央的"一带一路"战略构想成为当前各地谋划"十三五"、主动对接国家战略的首要任务。2016 年 8 月 17 日,习近平总书记再次召开推进"一带一路"战略工作座谈会,强调指出:要总结经验、坚定信心、扎实推进,聚焦政策沟通、设施联通、贸易畅通、资金融通、民心相通,聚焦构建互利合作网络、新型合作模式、多元合作平台,聚焦携手打造绿色丝绸之路、健康丝绸之路、智力丝绸之路、和平丝绸之路,以钉钉子精神抓下去,一步一步把"一带一路"建设推向前进,让"一带一路"建设造福沿线各国人民。

3. 江苏位居国家多项区域发展战略的叠加部。

进入新世纪新阶段以来,国家着眼于 2020 年全面建成小康社会的战略目标,实现区域协调发展,先后出台了一系列国家层级的重大决策部署。特别是作为全国经济发展龙头,江苏承接了国家加快长江经济带建设、加快江苏沿海发展和"一带一路"中中段节点区域等一系列战略发展计划《国务院关于依托黄金水道推动长江经济带发展的指导意见》(国发〔2014〕39 号)明确提出,要将长江经济带建设成为"具有全球影响力的内河经济带"、"东西互动合作的协调发展带"和"沿海沿江沿边全面推进的对内对外开放带",强调要用好海陆双向开放的区位资源,加强与丝绸之路经济带、海上丝绸之路的衔接互动。《江苏沿海地区发展规划》指出,新亚欧大陆桥的发展,为沿线国家和亚欧两大洲经济贸易交流提供了一条便捷的大通道,对扩大亚太地区与欧洲的经贸合作,具有重要意义,要求江苏立足沿海,依托长三角,服务中西部,面向东北亚,建设我国重要的综合交通枢纽。还有国家自贸区发展战略、南京江北新区建设和江苏正在力推的区域经济协调发展战略—东陇海产业带建设工程等。习近平总书记关于江苏"一带一路"交汇点的重要论述,进一步从全局和战略上对江苏发展提出了新定位、新要求,这些战略的提出和实施使得江苏目前正处于多重国家战略的叠加区域,如何站在"一带一路"大战略视野下统筹多个战略计划、谋划江苏经济社会统筹发展需要综合考量。

4. 江苏正前行在基本实现现代化的路上。

坚持科学发展、率先发展一直是江苏经济社会发展的主旋律。早在2003年,江苏省委、省政府就提出要在2020年前在全国率先全面实现小康和基本现代化的战略目标,这一目标将在"十三五"末基本实现。因此,如何未雨绸缪,超前谋划,主动对接国家"一带一路"战略是影响江苏布局"十三五"、实现基本现代化乃至相当长时间内发展的大课题。当前,"十三五"业已开局,国家"一带一路"战略全面启动,江苏急需从落实总书记视察江苏的讲话精神和国家"一带一路"战略总体布局中谋划和考量江苏全面小康的问题。江苏需要坚定不移地用"一带一路"国际大战略统领长江经济带发展战略在江苏的实施,统领江苏沿海地区发展规划和沿东陇海线经济带发展战略的推进,统领江苏苏南现代化等一系列区域协调发展战略,进而破解"引进来"与"走出去"不平衡、区域发展不平衡、货物贸易与服务贸易不平衡、进口与出口不平衡、产能过剩与产业转型升级等一系列制约江苏当前发展的问题。基于此,理清江苏对接"一带一路"战略理论问题和强化对策研究是当下江苏社科研究的重中之重。

(二)研究的理论实践价值

1. 进一步确立建设"强富美高"新江苏的目标定位,具有现实意义。

江苏是全国最先提出"率先全面建设小康社会,率先基本实现现代化"的

"两个率先"建设目标的,在全国率先制订了省级小康和基本现代化指标体系,并在 2013 年根据党的十八大精神进行了重新修订,提出了力争 2020 年全省基本实现现代化的目标。"一带一路""战略提出以来,江苏在"两个率先"的基础上,提出了将建设"强富美高"新江苏的战略目标作为新世纪江苏发展的历史性定位,体现了江苏主动融入国家发展战略,继续在全国保持领先地位的工作追求。江苏作为我国东部沿海比较发达的省份,一是,全面小康和基本现代化的实现时间应早于全国,要快于全国的发展速度。二是,要在实现强度和程度上,实现的位次要在全国各省区中处于前列,体现江苏应排列在全国第一方阵的状态。三是,要推进经济社会的全面进步,真正把全面发展、协调发展、可持续发展的要求贯彻到各项决策和具体工作中去,体现全面小康和基本现代化建设的协调性和均衡性。江苏省委、省政府提出江苏基本现代化的目标既体现了党的"十八大"报告中提出的"五个方面"新的更高要求,同时,也表达了对习近平总书记视察江苏时,对江苏提出的"深化产业结构调整、积极稳妥推进城镇化、扎实推进生态文明建设"三大重点任务的具体落实,体现了总书记期盼江苏成为"经济强、百姓富、环境美、社会文明程度高的新江苏",是实现美丽江苏中国梦的又一体现,既有现实意义,也有历史意义。

2. 进一步阐明江苏处于"一带一路"交汇点上的交汇点发展思路,具有理论意义。

在贯彻落实"一带一路"战略过程中,确定江苏"交汇点意识"和"交汇点思路"是极为重要理论问题。从世界版图中大国战略交汇点的一般特征研究了江苏所处的新定位,在理论上阐述并说明了国际"交汇点"内涵和江苏交汇点地位和作用,指出中央在交汇点建设上之所以青睐江苏,有着政治、经济和文化全面系统的新考量;同时,提出了江苏如何统一思路,凝心聚力,抓住机遇,建设"一带一路"交汇点的的具体建议和对策,进一步从理论和实践上理清了江苏对接"一带一路"战略建设的发展思路和具体办法,既有理论价值,也是实践价值。

3. 进一步解析江苏对接"一带一路"建设的现实基础,具有操作意义。

随着国家"一带一路"战略的实施和国家自贸区建设的快速推进,以及国家经济社会发展的新常态,江苏的经济社会改革进入深水区,这些必然形成促进中国东部和江苏再改革的倒逼格局。江苏要想在"一带一路"建设中先声夺人,抢占先机,就需要正视江苏发展现实,明确思路,主动作为,用更大的干劲、更快的反应、更强的决心、更有力的举措,加快推进江苏全面小康的发展进程,主动融入国家"一带一路"建设,着力体现江苏省委、省政府把握大局、前瞻思考、争创江苏发展新优势的能力和水平。实事求是地分析了江苏对接"一带一路"发展所面临的多领域的新常态和新问题,重点解读江苏在"一带一路"交互点上的客观事实,观点明晰,可视性强,为今后江苏融入国家"一带一路"发展大局提供决策参考和实践思路,具有较强的操作性。

4.进一步明晰江苏对接"一带一路"建设的重点,具有实践意义。

研究从战略高度明晰了江苏作为"一带一路"交汇点的理论依据和实践方法,并通过对国际与国内、省内与省外、政府与企业、经济与文化、硬条件与软环境等多重要素的分析比对,明确了江苏对接"一带一路"建设的先期重点,提出了加快打造江苏"一带一路"重大发展平台,形成世界范围内的江苏对外开放新格局;加快互联互通国际化网络建设,均衡布局江苏对接"一带一路"区域性交通物流体系;全力构建"一带一路"战略核心区和先导区,主推新亚欧大陆桥节点城市建设;抓住江苏产业创新机制建设,加快推进区域产业转型升级,实现"一带一路"战略与江苏"一中心,一基地"建设目标的有机对接;注重推进农业、旅游、文化、体育、人才培养等方面的发展,下好"一带一路"民心联通的先手棋;通过对接市场、优势互补、行业联动等手段,务实前行,进一步加快江苏融入"一带一路"战略实践的步伐,具有较强的实践价值。

三、精准把握江苏"一带一路"交汇点的本质要求

(一)江苏处在国家"一带一路"交汇点上,是"一带一路"战略重要交汇点之一

1.江苏处在国家"一带一路"交汇点上。

这是习近平总书记 2014 年 12 月视察江苏时提出的。他在视察江苏的讲话中指出:"江苏处于丝绸之路经济带和 21 世纪海上丝绸之路的交汇点上,要按照统一规划和部署,主动参与'一带一路'建设,放大向东开放优势,做好

向西开放文章,拓展对内对外开放新空间"。深刻理解和把握总书记讲话实质,对于我省有效对接国家"一带一路"战略意义重大。总书记的讲话言简意赅,准确定位了江苏在"一带一路"交汇点上的现实状态,说明了江苏在全国众多"交汇点"中具有举足轻重的战略地位。

2. 江苏是"一带一路"重要交汇点之一。

"交汇点"的具体内涵是指两种或两种以上交通运输方式的交汇处,"一带一路"交汇点是陆上"丝绸之路经济带"和"21世纪海上丝绸之路"的结合部。通常"一带一路"交汇点须具备以下基本要求。一是,"硬件"上要具备国际陆地运输大通道和国际化的港口通航条件,完成了现行的中欧、中亚班列均衡化布局;二是,在"软件"上要具备满足开展国际海铁联运的配套服务功能;三是,在综合实力和功能上要具备服务"一带一路""五通"的基本要求。江苏处于我国东部沿海,海上通航条件良好,陆地交通运输辐射能力强,大通道基础设施建设非常完备,是我国"一带一路"主要交汇点之一。

目前,在国家"一带一路""国内布局来看,中国东西向陆地国际运输通道可大体划归为三条,即北方通道(中国东北部沿海——蒙、俄、欧)、中线通道(中国东中部沿海——丝绸之路经济带——中亚、西亚、俄、欧)、南线通道(中国东南沿海——中南半岛国家——印度)。随着国家交通基础设施建设的快速推进,特别是南北向交通基础设施建设,我国陆地东西向国际运输通道格局已悄然发生新的变化,原先相对独立的带状通道出现彼此交叉,相互通联的网格状通道形态。这种变化使得"一带一路"交汇点有了更多的选择,原新亚欧大陆桥东方桥头堡的江苏连云港作为"一带一路"中线通道交汇点不再是唯一。但是,就现状而言,目前三大通道中的中线通道——新亚欧大陆桥运输走廊仍不失为"一带一路"陆地主要通道,其战略价值和地位最为重要。

随着通道网格化的发展,该通道中成员地位和分工开始发生新的变化。陕西西安将成为中线通道中国境内"中心",新疆将成为中线通道中国境内西向核心区。在国家现有经济布局框架下,"环渤海""长三角""珠三角"三大经济圈必将成为三大通道海陆交汇点的重要区域,三大经济圈内沿海省份都处在服务"一带一路"各自通道的海陆交汇点上,而区内的港口都有可能变成"一带一路"交汇点的核心区。依据国家"一带一路"《愿景与行动》计划,中线通道是横贯东西最主要的通道,毫无疑问,江苏和连云港理应是"一带一路"的重要交汇点之一。

3. 在国家"一带一路"建设中江苏地位作用不可替代。

从区位上看,江苏地处东北亚地区的中心区域和我国大陆东部沿海的脐部,是国家"长三角经济圈"的核心成员之一。它南连长江经济带,北接国家"一带一路"六大陆地经济走廊之一的新亚欧大陆桥经济走廊,为我国"两横三纵"城市化战略格局中的沿海、长江、陇海"π"型布局的通道交汇处和结合部,区位优势十分独特。

从改革开放看,20世纪80年代的"苏南模式"、90年代的"开放经济"、"外向型经济"、直到目前的"创新性经济",勇于"创业创新创优、争先领先率先"的江苏人始终走在全国改革开放的前列。江苏区域创新能力连续七年全国第一,全省的综合改革开放优势凸显。聚力创新是江苏人文精神的体现。

从经济发展看,2015年,江苏42家企业进入中国500强企业,约占总量的十分之一;271家上市公司,数量名列全国第三;江苏的经济总量及人均水平一直处于全国前列。

从科技水平看,江苏的科技投入水平始终位居全国省级层面第一,科技产出名列前茅,科技进步贡献率达59%。江苏高等教育发达。据非官方统计,江苏高等教育综合实力排名全国第二,仅次于北京。

从国家"一带一路"规划看,"愿景与行动"中明确指出:要"共同打造新亚欧大陆桥、中蒙俄、中国—中亚—西亚、中国—中南半岛等国际经济合作走廊"。江苏东陇海经济区域是新亚欧大陆桥经济走廊的重要组成部分,江苏连云港是国家认可的新亚欧大陆桥"东方桥头堡",东陇海产业带也是江苏对接"一带一路"的核心区和先导区,是新亚欧大陆桥重要的海陆交汇点。江苏是国家"一带一路"重点区域无可厚非。

从习近平总书记视察江苏的讲话看,"江苏处于'丝绸之路'经济带和21世纪'海上丝绸之路'的交汇点上"。这不仅是对江苏是"一带一路"交汇点的认定,更是对江苏建设好"一带一路"交汇点的嘱托,同时也彰显江苏交汇点的战略地位和战略价值。此外,江苏互联互通基础设施建设也处于全国领先水平。总之,江苏具备国家"一带一路"交汇点建设的各项基本条件,是国家"一带一路"重要交汇点之一,在国家"一带一路"战略中的地位作用不可替代是基于江苏实际作出的科学判断。

4. 江苏"交汇点"具有自身特殊的战略意义。

首先,交汇点是地方经济发展的主要增长极。依据国际经济发展现状,交汇点可划分为海运交汇点,如新加坡;陆地交汇点,如巴黎;海陆交汇点,如上海;航空交汇点,如北京、伦敦等;以及其他形式的交汇点。交汇点的最大特点是集人流、物流、信息流、资金流和经贸往来于一体。纵观世界发展,凡交汇点多成为当地社会经济发展重要"增长极"。

其次,江苏作为"交汇点"经济地理位置极佳。从地理上看,江苏位居中国沿海中部,它作为"一带一路"交汇点首先表现出海、陆、空、水运多重运输方式交汇的特征,是我国沿海中部连接"一带一路"中线最便捷、最经济、最全面、最重要的交汇点,既可东西联通,亦可南北对接,是我国"连接南北、沟通东西"的交汇点之一。从我国区域经济发展布局看,江苏"交汇点"又是我国综合实力最强的"长三角"经济圈辐射带动我国中西部发展,服务东北亚、中亚和欧洲的交汇点。

第三,江苏"交汇点"实践价值和意义巨大。从习总书记对江苏"交汇点"的嘱托看,江苏"交汇点"是受到中央高度重视、在国家"一带一路"战略中具有重要战略价值,是承载着实现"中国梦"的交汇点;从江苏自身发展实际看,我们应该清醒地认识到:江苏"交汇点"是推进江苏全局工作的"交汇点",为我们提供了科学统筹江苏发展全新的思维方式,应该用江苏"交汇点"思维统领江苏全局发展。

(二)从连云港"交汇点"到江苏"交汇点"是认识上的一个巨大变化

江苏是"一带一路"交汇点有着各种不同的解读。从目前社会舆情调查发现,一种观点认为连云港就是江苏"一带一路"重要交汇点,它承载着江苏"交汇点"的所有功能和责任。还有一种看法认为东陇海经济带(或徐连经济带)就是江苏的重要"交汇点",它作为江苏的核心区和先导区有着重要的节点作用。而我们认为,江苏处在"一带一路"交汇点上是指江苏是国家"一带一路"诸多交汇点之一,是"一带一路"中线的重要交汇点;东陇海沿线是江苏"一带一路"中线交汇点的重要地区;连云港是江苏服务"一带一路"中线交汇点的核心区和先导区之一,连云港只承载着江苏"交汇点"的部分核心、先导功能。连云港和东陇海产业带都无法替代江苏作为"一带一路"交汇点的重要功能和作用。这种观点不仅是认识上的误区,而且严重地制约了江苏推进"一带一路"建设的步伐,妨碍了江苏重新构建对外开放新格局的发展,亟需更正。

基于此,我们认为应该准确把握总书记指示中的"江苏在'一带一路'交汇点上"的定位,重新认识江苏"交汇点"的精神实质,从连云港"交汇点"放大到江苏"交汇点"。这不仅是认识上的一个巨大变化,更重要的是江苏对接"一带一路"战略的实践需要。一是交汇点的范围扩大了,从原先7500平方公里的交汇点扩大到10万平方公里的交汇点;二是交汇点服务功能更全面了,从一个港口城市交汇点扩大为一个具有沿海、沿江及沿"陆桥"特色的交汇点;三是交汇点的经济体量增加了,从一个经济总量不到全国3‰的交汇点变成经济总量占全国1/10的交汇点;四是交汇点的辐射战略更聚焦了,在这个交汇点上,不仅有"一带一路"战略、"长江经济带"战略,还有江苏沿海大开发战略、长三角区域经济一体化、东陇海产业带开发等多重战略,而江苏"交汇点"建设也就成为统筹江苏发展总体战略的综合性的、强有力的"抓手"。理清上述关系有利于我们更好地把握江苏是"一带一路"交汇点的战略意义和本质内涵,对下一步科学制定我省"交汇点"功能布局规划、推进江苏"交汇点"建设、实现江苏更好更快发展十分关键。

(三)江苏"一带一路"交汇点有其特定的功能要求

"一带一路"实际上是以物流运输为纽带,以互联互通为基础,以多元化合作机制为特征,以打造命运共同体为目标的新型区域合作构想和实践。因此,"一带一路"交汇点的核心功能是在市场作用下,充分发挥物流功能,促进资源在"一带一路"区域合理流动,并通过贸易产业合作进一步提升彼此资源的配置效率,提供快速、便捷、经济的海陆物流转运服务。

从区域经济发展视角来看,江苏位居"一带一路"中线端头,是"一带一路"战略布局中的中线交汇点之一,其服务"一带一路"的战略区域有着明确的指向。首先,江苏是我国中西部、中亚、欧洲地区通往日韩、东南亚、太平洋地区重要的出海口;同时也是日韩、东南亚以及太平洋地区国家通往中国中西部、中亚、欧洲的重要陆地登陆口,进出货物流通地区都是江苏"交汇点"的重要战略区域。因此,明晰江苏"交汇点"战略区域的合作需求、产业分工、区域经济等方面的特点,为其提供优质服务。其次,江苏一直坚持对外开放,多年来已经形成了自身稳定的经济合作空间区域,并初步构建了江苏自身在全球的广阔经济合作区域。这些传统优势市场既是江苏"交汇点"发展重要战略区域,也是江苏拓展新的合作区域的有力"支点"。第三,在国内,江苏是以上海为龙头的"长三角"经济圈服务"一带一路"中线的交汇点。江苏融入"长三角","长三角"融入"一带一路"都可以借力江苏"交汇点"。要充分发挥"长三角"优势,举"长三角"之力放大江苏"交汇点"功能和价值。而"长三角"服务"一带一路"区域也均可纳入江苏"交汇点"的重点合作区域。第四,江苏可以借力"一带一路"重新构建江苏在国内的经济功能区和地位作用。江苏需要充分发挥好自身优势,在服务"一带一路"战略发展中寻求新的合作空间,在去其他省区的经济分工中寻求新的定位,在共赢共享中求得新的发展,借助"一带一路"不断开辟江苏新的"一带一路"战略合作的新天地。

就江苏对接"一带一路"交汇点建设的功能上来看,江苏可以结合自身优势,围绕国家"一带一路"战略重点,提出江苏"交汇点"五大功能定位。一是国家新一轮开放窗口功能,即"'一带一路'建设及辐射带动沿线地区发展的重要开放门户";二是"一带一路"国际经济合作走廊重要支撑功能,即"新亚欧大陆桥经济走廊重要组成部分";三是交通物流枢纽国际贸易中心功能,即"'一带一路'综合交通枢纽和国际商贸物流中心";四是创新区域产业合作基地功能,即"'一带一路'产业合作创新区";五是增进了解、深化友谊功能,即"'一带一路'人文交流深度融合区",继而用江苏是"一带一路"交汇点的思路和基点,紧扣五大功能定位,找准江苏"交汇点"建设的发力点。

四、江苏"一带一路"交汇点建设面临的突出问题

2015 年 5 月份,江苏省委省政府在连云港举行会议,抢抓"一带一路"战略重大契机,按照交汇点的要求,全力推进"政策沟通,设施联通、贸易畅通、资金融通,民心相通",倾力打造建设"新亚欧大陆桥经济走廊重要组成部分""综合交通枢纽和国际商贸物流中心""产业合作创新区"和"人文交流深度融合区"五大功能区,在加快重大基础设施建设、推动贸易和产业合作、实

施金融合作、促进人文交流方面取得了显著成绩。2016 年 8 月国家推进"一带一路"建设工作座谈会后,江苏再次召开会议,专题落实如何加快推进江苏对接"一带一路"建设工作。省委书记李强指出"推进'一带一路'建设是我国实施全方位对外开放战略的重大举措和有力抓手,有着巨大的发展空间,同时也创造了许多发展的机遇。"要"发挥江苏作为经济大省、开放大省的优势,确立更高的目标定位,更加自觉地担当作为。要集中力量实现重点突破,聚焦重点地区、重点国家、重点项目,更好地发挥连云港、徐州的节点城市作用,加快推进基础设施的互联互通,进一步提升在"一带一路"建设中的地位,抓好一批标志性项目的落地。要从整体上加大工作推进力度,根据中央新要求优化我省实施方案,进一步明确参与'一带一路'建设的路线图、任务书,健全项目建设的统筹协调机制,尽快建立完善省参与'一带一路'建设项目数据库,把企业特别是民企更好地发动起来,加强对外宣传,传播江苏声音。"但是,江苏在"一带一路"交汇点建设方面依然存在一些突出问题。

1. 在思想认识上,省内外对江苏作为"交汇点"的认识尚未完全统一。

国家关于"一带一路"战略规划出台后,在有些媒体出现"江苏缺席论"、"沿海多点论"等看法,至今仍在影响人们对江苏作为"一带一路"交汇点的正面解读。在制定江苏贯彻"一带一路"战略实施方案过程中,一些地区和部门存在两个认识误区。一是未能完全摆正新一届中央领导集体的国际大战略和此前国家层面区域性发展战略之间的主从关系,将"一带一路"交汇点建设和"长江经济带"建设、江苏沿海地区发展战略、东陇海线经济带建设相提并论。事实上,"一带一路"战略和其他战略之间不是并列关系,侧重点不同,涉及范围、出发点也不尽一样。"一带一路"旨在适应中国在世界格局中的变化,强调对外开放新格局。长江经济带更着眼于中国东中西部合作关系。二是认为连云港、徐州是"一带一路"交汇点,视野不够开阔,没有将江苏省整个省域作为交汇点。对于本地本部门如何从战略上服务于全省交汇点建设还缺少统一、全面、系统的考虑和谋划。

2. 在政策设计上,中观层面围绕"交汇点"建设出台细则行动滞后。

国家《愿景与行动计划》出台后,我省关于对接"一带一路"战略的顶层设计已经完成。国家部委在此前后陆续出台推进一系列"一带一路"战略落地的政策措施。我省相关条线积极贯彻国家部委和我省战略部署、按照职能分工对应出台实施细则的步伐还不够敏捷。除 2014 年底省政府《关于抢抓"一带一路"建设机遇进一步做好境外投资工作的意见》、2015 年《关于创新财政支持方式促进经济健康发展若干政策措施》明确提出设立 300 亿"一带一路"投资基金、建设沿东陇海线经济带等少数政策外,其他方面中观层面的系统谋划还未问世。这和周边省份相比形成了一定反差。如山东省 2015 年 5 月就专题印发《推广上海自贸试验区可复制改革试点经验工作方案》,江西省商务厅 2015 年 2 月就专门出台了《关于积极参与"一带一路"战略的措施和意见》。"五通"建设,设施联通是基础和前提。重大基础设施互通理应先行规划、通盘考虑,而我省有关部门目前尚未就这一专题形成系统的方案。民心相通,也应超前谋篇布局。虽然国家旅游局《丝绸之路经济带和 21 世纪海上丝绸之路旅游合作发展战略规划》已经正式发布,江苏关于这方面的考虑,相关部门也应联手进行对接。

3. 在行动落实上,省内各市协同不够与省际之间竞大于合并存。

"一带一路"战略旨在推动各省之间发挥各自优势,在地域分工基础上构建不同层次的带状经济合作区域,进而形成东西互济、双向开放的新格局。"一带一路"交汇点建设最重要的是尽快形成省内省外共同致力于"五通"的合力,但在现有行政管理体制和投资体制下,千方百计争取中央和省级政府扶持政策与项目资金仍是所有地方政府的不二之选。在吸引外国或外地企业投资、鼓励当地企业到国外境外或中西部投资方面,受利益最大化的内在趋动,各地竞相降低门槛,导致各自为政,甚至恶性竞争。在基础设施建设方面,有的地方仍然按照立足自我、加快发展的思维方式,追求在自身行政区划内完善海陆空和信息全方位综合体系,港口、机场等一些投资体量大、运营效益低、维护成本高的重复建设项目仍在积极争取或开工准备。在贸易与产业合作方面,有的仍在实行地方保护主义,导致生产要素流动不畅和市场分割,使得商品和要素在更大区域内的自由流动受阻,市场机制在优化资源配置中失灵。

4. 在平台搭建上,支撑江苏对接"一带一路"交汇点的发展平台建设还需加强。

江苏"交汇点"要重点打造五大功能。从江苏目前的实际看,作为"'一带一路'建设及辐射带动沿线地区发展的重要开放门户",目前还缺少主动对接上海自贸区的勇气和决心,总是满足于自己的开放优势;要成为"新亚欧大陆桥经济走廊重要组成部分",我们的相关城市功能尚不具备成为"一带一路"国际经济合作走廊的重要"支撑平台";按照"'一带一路'综合交通枢纽和国际商贸物流中心"的要求,我省服务"一带一路"的综合交通枢纽尚未建成、国际商贸物流中心的地位也不牢固;依照"'一带一路'产业合作创新区"的要求,江苏虽建有产业合作区,如国家东中西产业合作示范区、柬埔寨西港经济特区、印尼双马农工贸工业园、埃塞俄比亚东方工业园等,但创新"一带一路"产业合作示范性不强,特别是在"一带一路"沿线地区还缺少高水平的"产业合作创新平台";从"一带一路"人文、旅游、教育等方面交流深度融合区的要求看,江苏是人文旅游教育大省,现实资源异常丰富,但从服务"一带一路"的要求看,现有的人文旅游教育资源尚需进一步优化整合,"精彩江苏"、"畅游江苏"和"人文江苏"等综合性的对接海外交流平台还需要打磨和创新,搭建新的服务"一带一路"人文、旅游、教育交流的合作平台的工作任重道远。

五、江苏"一带一路"交汇点建设的对策建议

(一)围绕"五通",紧扣"交汇点",优化我省重大功能基础配套设施布局

要按照建设江苏"交汇点"主题要求,围绕"五通"重新优化我省重大功能基础配套设施布局。

1.加快布局江苏服务"一带一路"交汇点建设的互联互通基础设施。

交汇天下,设施先通。一是,要在我省重大基础设施建设方面,按国际标准建好以新亚欧大陆桥为主轴的陆地物流大通道、经济安全的海运通道、快速畅达的空中运输网络、江海一体化的现代港口体系等硬件设施外;并在"信息丝绸之路"、通关检验检疫一体化等软件建设上尽快实现国际接轨。二是,要尽快细化江苏各地互联互通服务江苏"交汇点"的分工要求,按照各自功能分工合理配置好我省功能性基础配套设施投入,避免不必要的重复建设。三是,要统筹布局"直通车"。目前已开通或近期规划开通"直通车"的沿海省份有江苏(连云港、苏州、南京)、浙江(义乌)、福建(厦门)、山东(青岛、日照)、天津、辽

宁(营口)等省市。2016年10月17日,经过国家"一带一路"建设工作会议审议通过了《中欧班列建设发展规划(2016—2020)》,进一步明确了国家对于开行直通车的三大布局、七项任务。我省需走出"直通车"的传统思维定势,要客观分析物流市场规律,继续优化、充分利用现有物流体系,加快在江苏苏南、苏中、苏北统筹布局"直通车",发挥优势,主动对接中亚、中欧区域的物流运输。

2. 加快我省功能性产业服务"一带一路"交汇点的优化布局。

功能性产业是指支撑我省"交汇点"建设和发展需要的主导产业。改革开放以来,由于自然和历史原因,江苏形成了南强北弱的产业结构和生产力布局。虽然江苏整体发展水平高于周边省份,但由于生产力发展畸轻畸重,在很大程度上影响了交汇点功能的发挥。特别是苏北地区,现有产业更是难以支撑作为江苏服务"一带一路"核心区的要求。下一步我省产业结构调整和布局,特别是那些重大功能性产业结构调整布局一定要放在我省服务"一带一路"背景下、放在江苏"交汇点"功能的背景下进行。要牢固树立"一带一路"交汇点地位,急需对全省产业布局进行重新考量,尤其要加大对苏北地区的支持力度,形成地区之间的合理分工,使这一地区尽快承担起江苏"一带一路"交汇点核心区的重要职责。

3. 加快我省与江苏"交汇点"要求配套的城市功能布局。

江苏"一带一路"交汇点是全江苏的交互点,而不是一个单体城市或区域的交汇点。目前,从江苏"一带一路"实践来看,除连云港和徐州提出具体建设目标要求外,我省其它各市参与江苏"交汇点"建设的目标任务并不具体。尽管,徐连两市被确立为核心区和先导区,但就两市自身发展现状看,显然不能完全承担江苏"交汇点"五大定位目标要求。因此,要尽快做好我省服务江苏"交汇点"城市功能规划,以便在规划的指导下完善与我省"交汇点"要求相配套的城市功能建设布局,从实践上确立江苏在"一带一路"交汇点上的城市功能布局。

(二)找准定位,做好对接,细化"交汇点"建设在江苏的落地要求

建设"交汇点",先要找准"发力点",才能找到"交汇点"在江苏的落脚点。

1. 在认识的对接上要落地。

要进一步统一思想认识,牢固确立"交汇点"意识,用江苏是"一带一路"交汇点思维谋划江苏未来发展。要去除一些人的常规意识,认为江苏沿海开发是江苏沿海三市的事,长江经济带建设是沿江八市的事,"一带一路"是连云港、徐州的事。应该看到:站在江苏看的确是"三条线",可站在国家层面看,江苏就是一个"点",这个点就是"一带一路"交汇点。要用"交汇点"思维认识江苏发展,江苏人要树立人人在"路"上、在"带"上的理念,牢固树立交汇点意识,思想认识落了地,"交汇点"建设才能落地。

2. 在规划的对接上要落地。

抓住全省进一步对接"十三五"规划的有利时机,深入研究"一带一路"交汇点建设的战略需要,整体谋划江苏重大基础设施建设、贸易产业发展布局、金融政策支持和科教文化事业发展,在实现"五通"、交汇天下方面,科学确定时间表和路线图。要从纵向方面做好国家、省、市不同层面围绕"交汇点"建设的规划对接;要从横向方面做好江苏与相关战略区域,如中西部国家地区、日韩等东北亚、东南亚国家等国家和地区,有关"一带一路"建设的规划对接;要从自身发展的要求方面处理好当前江苏"交汇点"建设与我省多个不同规划目标任务的对接。特别是要从江苏省内各市的自然禀赋、发展基础和产业现状等实际出发,根据国家对江苏发展的总体要求,在主导产业推进、重大项目安排和生态环境保护等方面,尊重经济规律,合理进行分工,强化区域协作。省级政府主管部门在让市场发挥资源配置基础性决定作用的同时,要更加重视用好政府宏观调控的手段,避免重复建设,防止一哄而上。要始终坚持用江苏"交汇点"统领我省"三带一路"建设,即沿海经济带、沿江经济带、丝绸之路经济带和 21 世纪海上丝绸之路建设,处理好"一带一路"战略落地与江苏"一中心、一基地"建设的关系,处理好与建设"富强美高"新江苏的关系,在当前省"十三五"规划实践中要做好与江苏"交汇点"建设对接。

3. 在体制机制对接上要落地。

要想干成事,体制机制保障是关键。当前江苏面临的工作开创性强、风险性大,对干部能力要求高。干部要有把握上级要求在本地的落地能力,同时,在江苏"交汇点"建设推进中在体制机制上还要保障我们的干部能主动作为、敢于作为、科学作为、不乱作为。要进一步强化省级层面的"一带一路"建设的体制机制建设,高屋建瓴,统筹协调,狠抓落实,在体制机制上和江苏"交汇点"建设要求对接落地,江苏"交汇点"建设才能取得实质性进展。

(三)做实中亚,紧盯日韩,搭好服务江苏"交汇点"战略区域的合作平台

当前中亚和日韩仍不失江苏"交汇点"最为重要的战略合作区域。做好中亚、日韩合作意义重大。

1. 以物流合作为先导,打造"一带一路"重要物流合作平台。

在现有中哈物流合作基地的基础上,力争率先建成上合组织(连云港)国际物流园,把中亚与江苏战略合作关系做实;盯紧日韩、主动出击,建设日韩、东南亚(连云港)陆海联运试点口岸,吸引日韩以及东南亚地区国家在江苏设立面向中西亚的物流园;在江苏重要节点地区设立跨境电子商务物流中心;加大西安、乌鲁木齐、哈国等重要物流节点城市战略合作,共建"一带一路"区域物流合作平台;把中国(连云港)丝绸之路国际物流博览会更名中国(江苏)丝绸之路国际物流博览会,力求办成我省面向"一带一路"区域物流合作品牌博览会。

2. 以产业合作为重点,打造创新"一带一路"产业合作新平台。

可依托江苏现有各类国际经贸产业合作洽谈会、博览会等活动,围绕江苏"交汇点"战略区域和江苏产业合作重点领域精心打造我省产业合作针对性强、品牌影响度大、"一带一路"区域特色鲜明的产业合作宣传推广平台;以国家东中西区域合作示范区、柬埔寨西哈努克特区、印尼双马农工贸产业园、埃塞尔比亚东方工业园、哈萨克斯坦东门产业园等为基础,积极探索建设江苏面向"一带一路"更加广阔区域的国际产业合作园区平台;创新产业合作方式、出台积极产业合作政策,打造有利于江苏战略区域产业合作的政策支撑平台;以我省雄厚科技成果转化优势整合"一带一路"沿线优质创新要素,打造"一带一路"政产学研产业协同创新发展平台;以民营企业为中坚,加大我省国际产业合作龙头的培育扶持力度,打造我省"一带一路"产业合作主体综合服务平台。

3. 以城市合作为依托,打造"一带一路"人文交流合作平台。

江苏在"一带一路"沿线国家建有43对友好城市和73对友好交流城市。我省要根据"一带一路"重点国家、重点地区选择重点合作城市建立健全常态化人文交流机制,通过开展教育、文化、医卫、体育、旅游等领域交流,促进我省与"一带一路"战略区域的全面合作。在我省重点城市增开通往中西部、中亚和日韩地区的空中航线;加大中亚、日韩留学生交流;充分发挥郑和、徐福、张保皋等历史名人效应加强与东南亚和日韩民间文化交往;在连云港开往韩国海上航线基础上,增开我省其它沿海、沿江地区开往韩国的海上航线,争取早日开通江苏日本客货班轮航线,构建我省与日韩便捷的海上通道;成立江苏"一带一路"国际旅游公司,推出我省面向 21 世纪海上丝绸之路精品国际游轮航线和新丝绸之路旅游合作项目。此外,在现有国内陆桥沿线城市市长联谊会的基础上,可考虑吸收国外重点城市市长参加,打造"一带一路"中线区域国际经济合作和政策沟通的高层协商平台。

4. 以申报金融改革创新示范区为契机,打造"一带一路"金融合作平台。

江苏服务"一带一路"的金融支撑能力亟待加强,特别是江苏"交汇点"核心区国际金融服务合作能力更为薄弱。江苏可考虑申请国家"一带一路"金融创新示范区,积极融入上海自贸区的金融改革中,主动收获上海自贸区的金融政策溢出效应,利用特殊金融创新政策加快提升江苏"交汇点"金融服务水平。

(四)注重宣传,强化协调,形成支持江苏"一带一路"交汇点建设的整体氛围

增强江苏"一带一路"交汇点的美誉度和知晓度,开展适宜的宣传是十分必要的。

1. 要加大我省"一带一路"交汇点建设宣传力度。

在江苏卫视、省政府网站、新华日报等主要媒体加大江苏"交汇点"建设宣传力度;要善于利用国家媒体做好江苏"交汇点"建设对外宣传;要积极参加重大"一带一路"相关互动,让外界听到江苏"交汇点"建设声音,要让大家知道江苏应对"一带一路"都在想什么、正在做什么,营造江苏"交汇点"建设良好舆论氛围。

2. 坚持"请进来"和"走出去"相向结合,与沿线国家媒体深入开展互动交流。

创新我省对外文化交流手段,通过旅游、教育、文艺等载体,在沿带沿路国家推介江苏特色文化,塑造江苏美好形象,讲好江苏故事,传播好江苏声音,让更多外国友人了解江苏、期待江苏、接纳江苏。

3.进一步完善政府间的对话机制和民间层面的交流机制。

抓紧组织相关力量,深入沿带沿路国家,了解他们的产业发展现状和技术管理水平,主动做好供需对接服务,编制"一带一路"主要国家投资指南,搭建投资合作服务平台,指导防范投资风险,提高我省企业境外投资的成功率。

4.积极争取国家相关部委的契合和支持。

可以发起成立"一带一路"交汇点建设国家级论坛或联席会议,邀请国务院领导、国家部委负责同志和各省省部级领导,定期会商协调"一带一路"战略推进过程中的重大问题,逐步凸显交汇点的战略地位。

5.积极与兄弟省份共享"一带一路"发展成果。

要积极承担开放大省、经济强省的历史责任,创新区域政绩考核体系和税收征管体制,探索区域联动考核、税收综合统计、财政转移支付、环保跨地监管等试点工作,走出区域发展的"囚徒困境",让兄弟省份共享江苏开放程度高、产业发展基础好、区位条件优越等优势,在打破行政区划藩篱、推动建设国内统一市场、携手开拓"一带一路"国际舞台等方面率先作为。

(五)主动对接,精准发力,提升我省"交汇点"建设的整体水平

"一带一路"作为国家战略,国家之间的合作和交流活动较多,高层推动特征明显。

1.主动服务国家整体外交。

江苏要主动对接国家重点部门(外交部、商贸部、国家发改委、财政部等),畅通我省与中央协调沟通渠道;要关注国家高层动态,积极争取随同国家领导人出访,利用各种机会积极参与国际合作、签署合作协议;要对已与我国签署"一带一路"合作意向的国家和地区主动加以对接,江苏要跟进签署经贸合作协议或战略合作意向;要积极参加国家层面"一带一路"的相关活动、主动承办高水平"一带一路"国际会议。随着江苏对外交往的不断扩大,可考虑成立我省专门对外协调公关机构,或建立我省重大对外事项的沟通协调应对机制,专门负责我省对外重大战略事项的沟通与协调并及时采取统一行动加以应对。

2.制定相关配套政策。

《愿景与行动》方案发布后,国家相关部委办局为支持"一带一路"建设将陆续出台各自配套支持政策。如国家"十三五"口岸发展规划(意见)、国家海关总署《关于改进口岸工作支持外贸发展的若干意见》等,明确将"加快建设丝绸之路经济带重要开放门户和跨境通道"、支持"'长三角'、'珠三角'、'环渤海'及北部湾等地区推动形成若干具有较强国际竞争力的枢纽型口岸集群"为配合国家"一带一路"建设的重点工作。江苏要提前谋划好我省枢纽型口岸港的布局、建设、申报工作。又如亚投行和国家丝路基金已经正式开始运作,我省将加大对已经建立的"一带一路"基金的扶持,增加份额,夯实基础,拓展影响。亚投行和国家基金将首先投入互联互通基础设施建设,国家重点投入地区必将成为"一带一路"下一步发展重点区域,也将是我省未来开展产业合作布局和配套扶持资金投入的重点地区。江苏要紧跟国家宏观政策取向,围绕江苏"交汇点"建设要求,深入研究、主动对接,充分用足国家政策、设计好自身配套政策,最大限度提升我省"交汇点"建设的配套政策效果。

六、结语

建设好江苏"交汇点"任务重大、使命光荣。"路"在变、"带"也在变,"一带一路"交汇点的地位也会变。全省上下要毫不动摇地树立战略自信,尽快实现从连云港"交汇点"、连徐两城重要节点到江苏"交汇点"的认识飞跃,坚定不移地用"一带一路"国际大战略统领长江经济带发展战略在江苏的实施,统领江苏沿海地区发展规划和沿东陇海线经济带发展战略的推进。江苏"交汇点"是干出来的,江苏"交汇点"的地位是在激烈的竞争中确立的。江苏人要用"一带一路"建设实实在在的成就和实实在在的业绩增强江苏"交汇点"建设的信心和决心,为实现"中国梦"书写江苏新篇章。

第二章　江苏"一带一路"重大发展平台建设研究

一、引子

作为一种全新的战略构想,"一带一路"建设没有现成的路径可循,需要通过创新性地建立机制、完善政策、搭建平台加以推进。而通过构建综合性的、多元化的发展平台,整合各类资源、做实支撑体系对于稳步推进"一带一路"战略的实施具有举足轻重的作用。

江苏处于丝绸之路经济带和 21 世纪海上丝绸之路的交汇点上,"一带一路"战略为江苏新一轮改革开放带来了新的历史机遇。江苏应以此为发展新契机,全面实践"四个全面",主动谋划"十三五"发展规划,积极对接并融入"一带一路"建设和战略实践。要根据"一带一路"战略沿线国家的产业发展特点,创新互通合作模式,搭建重大发展平台,有效利用和发挥各类平台优势,迅速扩大与沿线国家和地区的产业对接和人文交流,在"一带一路"建设中充分发挥交汇点的引领和支撑作用,创新互联互通、多边合作的新模式、新载体、新机制,争创新优势,再上新台阶,全面落实"四个全面",确保江苏在全国率先实现现代化。

平台是实践"一带一路"战略的主要载体,也是我们开展对外对内合作的重要抓手。而在物质文明和精神文明高度发达的今天,平台一词本身拥有更为广泛的内涵。它可以是有形的,也可以是无形的,可以是机制,也可以是方式和方法,可以是固定的载体,也可以是虚拟的空间和构架;既涉到基础设施、物流服务、产业经营、行业整合、企业集聚、金融服务等经济领域,也可以涉及政治、文化、社会人文交流方面。既可以是综合性的,也可是单体或个性化的。总之,现代发展平台是一个具有互动互交、多维立体、系统化的空间和过程。因此,本专题的着力点是探讨"一带一路"重大发展平台建设,重点在于研讨如何搭建和建设平台,以及平台的建设模式和运行机制、如何发挥其功能,而非探究平台概念本身。

二、"一带一路"重大平台建设的总体状况

(一)先行先试,江苏"一带一路"重大发展平台建设初见成效

江苏地处我国东部沿海,陆上向西连接丝绸之路经济带,海上南北连接海上丝绸之路,带、路交汇,海陆两便,在"一带一路"建设中处于海陆丝绸之路交汇点上,具有十分重要的战略地位。向东连接东亚另外两个主要经济体日本和韩国,向西通过新亚欧大陆桥经济走廊连接中亚、西欧,向南通过印度洋连接到北非,其辐射范围涵盖东盟、南亚、西亚、中亚、北非和欧洲。自国家"一带一路"战略实施以来,江苏全面融入"一带一路"建设,落实总书记到江苏的讲话精神,加快推进交汇点建设,与沿线部分国家和地区的重大发展合作平台建设已初现成果。

1. 境内开放平台建设务实前行。

连云港地处新亚欧大陆桥经济走廊东端,已开行了215年的欧亚直通车,是中亚国家最便捷的出海口。2011年设立了国家东中西区域合作示范区;2014年5月中哈合资的连云港国际物流场站启动,率先在国内建成了"一带一路"标志性的物流产业园。接着又开建了上合组织国际物流园,进一步彰显了连云港作为江苏"一带一路"建设核心区的地位和作用。从2012—2013年,苏州发挥区域经济优势,率先在江苏苏南融入"一带一路",分别开通苏新欧、苏满欧互通班列,目前货运充足,成效显著。南京港积极发挥自身区位优势,开通了南京到中亚的集装箱班列,目前每月3列,运输已经步入常态。2016年,南通成为苏中开动中亚班列的新成员。首次开通至阿富汗港口海拉顿的直通车,也是国内唯一开通阿富汗的班列。江苏对接"一带一路"物流运输通道日渐均衡化,实现苏北、苏中、苏南全覆盖。2014年7月,盐城主动对接中韩自贸区建设,发挥韩国企业集聚盐城的优势,被国家认定为"江苏省韩国产业转移和集聚示范区"。2014年12月23日,又被被国家商务部正式推荐为中韩产业园三个重点合作城市之一,创建中韩(盐城)产业园。此外,江苏现有26家国家级经济技术开发区和13家国家级高新技术产业开发区,也主动作为,

对接"一带一路"战略,取得了丰硕的成效。

2. 境外合作平台建设落地有声。

除了搭建境内合作平台以外,江苏省继续深化改革,先行先试,组织国内企业"走出去",在沿线国家建成了一批经贸合作区和产业集聚区。由江苏无锡企业江苏红豆集团主导建设的柬埔寨西哈努克港经济特区,2006年8月被认定为中国首批国家级境外经贸合作区,是首个签订双边政府协定的合作区,也是首个建立双边政府协调机制的合作区,已吸引世界各地109家企业入驻,其中近70家已投产。江苏南通双马化工集团在印度尼西亚的加里曼丹岛设立了农工贸经济合作区,2014年1月被确认为省级产业集聚区。江苏苏州其元集团发起和牵头实施的埃塞俄比亚东方工业园,主动对接非洲"一带一路"国家,是中非新型战略伙伴关系发展枢纽上一颗冉冉升起的新星。2007年11月,东方工业园成为我国第一个在埃塞俄比亚建设的国家级经贸合作区。常州江苏金昇实业股份有限公司于2015年初投资1亿美元在乌兹别克斯坦建设纺纱项目,占地面积30公顷,开辟了江苏纺织业产业"走出去"对接"一带一路"纺织产业平台的先河。

3. 固定展示平台建设如火如荼。

"走出去,请进来",开展双向交流,推进即政策沟通、贸易畅通、民心相通,江苏更是一马当先,每年都定期举办较有影响力的国际展会、博览会、高层论坛等重大活动。如中国(昆山)品牌产品进口交易会、中国(连云港)丝绸之路国际物流博览会、中国(徐州)国际工程机械交易会、盐城国际环保产业博览会、中国南通江海国际博览会、中国(淮安)国际工业博览会、中国(无锡)国际新能源展览会、江苏农业国际合作洽谈会、中国(苏州)文化创意设计产业交易博览会、中国(常州)动漫艺术周等。其中,中国(连云港)丝绸之路国际物流博览会、江苏农业国际合作洽谈会、中国(苏州)文化创意设计产业交易博览会等入选国家"一带一路"重大展示活动,成为树立江苏对外开放形象和扩大多边合作交流的主要平台。

4. 高端综合平台建设稳步推进。

为了主动对接"一带一路"国家战略,建设省委、省政府还率先垂范,与国家发改委、外交部、商务部等中央管理部门建立了重大事项协商机制,紧盯国家的中心工作,承担江苏的义务和责任。连云港市也与农业部对外合作司和江苏省农委共同签订了建设连云港国际农业合作示范区的协议,力求在"一带一路"的农业开发方面一展身手,并进展顺利,步入稳步发展阶段。积极融入国家"一带一路"战略,加快实施江苏作为"一带一路"交汇点建设已经成为江苏人的共识和责任。江苏与国家部门之间在"一带一路"项目推进方面渐入佳境。

(二)各显其能,关联省区"一带一路"重大发展平台建设百花齐放

建设"一带一路"重大发展平台是当前落实国家战略的最直接载体,各个关联省区都非常注重。他们注重结合各自的具体情况,发挥优势,找准定位,把握先机,积极对接,创新载体,主动作为,精心打造适宜自己发展的平台,取得了丰硕的结果。特别广东、福建、浙江、广西、陕西、山东、新疆等重点区域。

1. 广东精心打造东盟自贸区的升级版。

广东以参与打造"中国＋东盟自由贸易区升级版"为突破口,率先出台建设"一带一路"实施方案,争取近期在若干合作领域取得较大进展。广东以着力扩大与西亚、非洲等海上丝绸之路其他各国的合作为切入点,争当海上丝绸之路的排头兵、国际区域合作新模式的试验区。一是,精心打造互联互通平台,建世界级的港口群。以广州港、深圳港为龙头,以珠海港、湛江港、汕头港、潮州港为辅助,联合香港,构建互利共赢的格局,建设海上丝绸之路的重要支点。二是,建设粤港澳综合性的合作平台。重点是建设粤港澳大湾区,打造世界一流粤港澳大湾区,建设国际金融贸易中心、科技创新中心、交通航运中心、文化交流中心和粤港澳大湾区物流枢纽,构建海上丝绸之路上的综合性的发展平台。三是,深化经贸合作平台。利用广交会、高交会等原有商贸平台,扩大沿线国家的贸易往来,借船出海,在境外建设农业、制造业和服务领域的产业园区,推进境外投资合作。广东省政府还设立"21世纪海上丝绸之路建设基金",搭建"走出去"的金融平台。

2. 福建倾心建设"21世纪海上丝绸之路核心区"。

福建以国家"21世纪海上丝绸之路核心区"为定位,通过"一个枢纽、六个平台和三个基地"建设,以陆上、海上、海外"三个福建"为载体,统筹经贸发展,争当"一带一路"建设的排头兵和主力军。福建善于整合资源,建设综合性的大平台,目前已经成功建设了漳龙物流金融园区、厦门航运交易所、全国首个中国—东盟海产品交易平台等三个物流金融服务机构,已经在"一带一路"建设中发挥重要作用。为了加强台海合作,国务院批复在福州设立了平潭综合实验区,在此试验区内,出去了行业协会总担保制度""先放行、后报关""采信台湾认证认可结果和检验检测结果"等创新举措,取得了很好的效果。泉州有着"民办特区"的美名,它利用其民营经济所占比重为九成集约优势,重点推动纺织服装企业等劳动密集型产业到东南亚、南亚、中亚等国家投资设立营销中心和跨境电商配供中心等商贸平台,开展跨国经营,实现泉州优势产能的国家化合作。其中,仅亿峰轻纺一家就在柬埔寨设立了 35 条生产线,年产 1000万件服装。福州市政府和国家开发银行福建分行、中非发展基金携手合作,推动设立预计总规模 100 亿元人民币的基金,通过市场化运作,积极参与"21 世纪海上丝绸之路"建设。

3. 浙江着力加快整合国家战略资源。

浙江以实施海洋经济发展示范区、义乌国际贸易综合改革试点、舟山群岛新区、温州金融综合改革试验区四大国家战略举措为重点,积极主动对接"一带一路"建设。在平台建设方面,浙江着力开展"四个推动",即推动宁波、舟山、温州纳入上海合作战略支点;推动义乌成为"一带一路"的内陆开放高地;推动杭州建设网上自由贸易试验区;推动俄罗斯乌苏里克斯工业园等合作共建园区。通过物流、产业、类自贸区和工业园区建设,构建浙江"一带一路"的重大开放平台。2016 年 8 月,宁波舟山港列入国务院第三批自贸区试点,重点实践自贸港区。浙江义乌中欧班列开到了英国伦敦,深入到欧洲腹地,成为我国中欧班列开行的一面旗帜。

4. 广西积极创建海上丝绸之路开放窗口。

广西是以优先发展现代港口,深化重点产业领域合作,探索构建海上合作试验区,突出民间外交优势,提升投资贸易合作水平,着力完善泛北部湾合作,积极创立海上丝绸之路合作平台。一是,以构建五张网为抓手,即港口网、高速公路网和铁路网、航空网、通信光纤网,形成东盟与中国之间海陆空立体互联互通的大格局,构建面向东盟的互联互通平台。二是,加快实施中马钦州产业园区、马中关丹产业园区两国双园的国际产业园区,采取双向落地的合作模式,构建海上丝绸之路的临港产业带。三是,积极深化中国—东盟商品交易会,建设中国—东盟商品交易中心,构建海上丝绸之路的商贸物流平台。2016 年 8 月,中国—东盟商品交易会再次开幕,规模空前,成果显著。广西也被列入国务院自贸区试点之一,对接东盟各国成为广西落实"一带一路"战略的主打品牌。

5. 陕西侧重打造丝绸之路经济带上商贸物流中心。

陕西发挥东联西出的地理优势,对接"一带一路"的方案提出重点建设"五个中心",即综合交通枢纽中心、国际商贸物流中心、科教文化旅游中心、能源金融中心、经贸合作中心,加强关中板块发展,打造成内陆开放高地,引领西部省份的改革开放。一是,发挥西部交通枢纽的优势,打造交通物流中心,将西安新筑站建成丝绸之路经济带最大物流集散中心。二是,复制上海自贸区海关监管创新制度,建设陕西(西安)自由贸易园区。三是,重点推进中俄丝绸之路高科技产业园和中国西部科技创新港建设,在哈萨克斯坦与楚河州共建"现代农业技术科技示范园"。四是,推进陕韩产业合作园、中俄、中亚和中新第三个政府间项目等合作园建设,加快中意航空谷、中吉空港经济产业园项目建设,打造特色国际产业园区。五是,组建陕西省丝绸之路国际文化贸易中心,办好丝绸之路艺术节、旅游博览会,打造文化丝绸之路的人文品牌。六是,引导欧亚各国投资银行、上合组织证券交易中心落户,申请亚投行、丝路基金在陕设立分支机构。设立 500 亿丝绸之路经济带产业发展基金,支持基础设施、人文旅游、产业合作、科技创新等领域重大项目建设。

6 山东稳中求新做强做实"四大板块"。

山东以"四线展开、做强板块"思路参与"一带一路"建设。山东选择了沿海上丝绸之路北线、南线、西线和陆上丝绸之路的沿新亚欧大陆桥经济带,重点做实日韩、澳大利亚、东盟和东欧等四大板块,建设东亚海洋合作平台,打造中日韩地方经济合作示范区;以济南综合保税区、铁路枢纽为重点,加快中西部物流大通道建设;建设青岛邮轮母港城。此外,还抓住海上丝绸之路企业家理事会、中韩共建食品农产品质量安全示范区、中日韩贸易博览会、丝绸之路文化博览会等一批节点性项目,逐步稳步推进,建设各类专项平台。

7. 新疆着力打造"丝绸之路经济带核心区"。

新疆对接"丝绸之路经济带核心区"建设,以"三通道"(北、中、南三条通道)为主线,以"三基地"(国家大型油气生产加工基地、大型煤炭煤电煤化工基地、大型风电基地)为支撑,以"五大中心"(交通枢纽中心、商贸物流中心、金融中心、文化科教中心、医疗服务中心)为重点,以"十大进出口产业集聚区"为载体,积极创新与周边国家的合作模式,做好国内省区向西开放的服务工作,充分发挥丝绸之路经济带桥头堡、排头兵、主力军的作用。新疆着重建设五个中心:丝绸之路经济带重要的效能枢纽中心、商贸物流中心、金融中心、文化科教中心、医疗服务中心。新疆以建设综合保税区群为抓手,打造综合西部南疆的综合商贸平台。2015年年初,南部首个综保区——喀什综合保税区顺利通过十部委联合验收,成为新疆第二个、南疆首个正式封关的综合保税区。新疆首府乌鲁木齐也正在积极申报亚欧经贸合作试验区。

此外,国内一些省区也积极参与"一带一路"建设,打造自己的对外开放平台。

云南提出以孟中印缅经济走廊、大湄公河次区域合作为重点工作,努力把云南建设成为通往印度洋的战略通道。近期,开始建设"中国东盟保税贸易产业园",整合产品加工、保税、物流、商贸、居住、金融等关联产业,以贸易带动物流全面发展,并逐步形成以上产业的集聚区和国际性综合保税贸易园区。

重庆将落实"一带一路"战略和建设长江经济带通盘考虑,出台了《贯彻落实国家"一带一路"战略和建设长江经济带的实施意见》,通过构建综合立体交通网络,建设铁、水、空为载体的三个保税区,构建"一核心、多节点"物流基础设施网络,培育特色优势产业集群,加快建设国家中心城市等推进"一带一路"建设。重庆发挥产业集聚优势,搭建与中亚、欧洲的商贸平台,开通了"蓉新欧"新亚欧大陆桥国际专列;积极探索与中东欧国家开展金融合作,共建"中国—匈牙利两江创新创业中心"。

甘肃提出"丝绸之路经济带甘肃段建设总体方案",主要包括生态、产业、能源交通、基础设施、贸易、技术合作六大工程。"以打基础、攻难点"为重点,面向中亚西亚直接投融资,开展承包工程和外派劳务年等,还建立一批"一带一路"沿线国家的友好城市和驻外办事机构。

海南主要突出完善海洋基础设施,发展壮大海洋经济,加快柬埔寨泰文隆中国循环经济工业园区建设,以博鳌亚洲论坛和中非合作圆桌会议为平台,扩大国际文化交流。

（三）敢为人先,国家团队"一带一路"重大发展平台建设先声夺人

1. 国家综合平台建设稳步推进

我国与俄罗斯签署了《丝绸之路经济带建设和欧亚经济联盟建设对接合作的联合声明》,与匈牙利签署了政府间关于共同推进"一带一路"建设的谅解备忘录。乌法峰会期间,中蒙俄三国签署了《关于编制建设中蒙俄经济走廊规划纲要的谅解备忘录》。有关部门与塔吉克斯坦、哈萨克斯坦、卡塔尔、科威特等国签署了共建"一带一路"的谅解备忘录,中哈重大产能合作 28 个项目文件签署。这充分体现了"一带一路"所倡导的共商、共建、共享原则,使我国在"一带一路"重点方向培育起若干支点国家和核心团队。

2. 自贸区开放平台建设初见成效

自贸区作为新时期扩大开放的新高地和新平台,已经成为上海、广东、天津、福建等省参与建设"一带一路"的重要载体。四个自贸区发挥各自优势,准确定位,取得了一定的成效。上海自贸区继续在推进投资贸易便利、货币兑换自由、监管高效便捷、法制环境规范等方面担当"领头羊";广东自贸区立足于推动内地与港澳经济深度合作;天津自贸区立足于面对东北亚市场,推动京津冀协同发展;福建自贸区立足于深化两岸经济合作,四大自贸区开发平台作用逐步凸显。2016 年 8 月,国务院再次批准在辽宁省、浙江省、河南省、湖北省、重庆市、四川省、陕西省新设立七个自贸试验区。这代表着自贸试验区建设进入了试点探索的新航程,承接自贸区溢出效应,实践自贸区的成熟模式成为今后全国对外开放的主导形态。这些自贸试验区,扬长避短,发挥优势,各领风骚。

3. 央企对外交流平台正在均衡布局

央企在对外开放平台建设方面一马当先,在"一带一路沿线国家设立设立分支机构,加强企业与这些沿线国家的对口交流与接洽成为企业走出去的热点。国务院国资委 2015 年 7 月 14 日发布《"一带一路"中国企业路线图》中,盘点和展现央企"走出去"发展现状。截至 2015 年 6 月底,国资委监管的 110 余家央企中已有 107 家在境外共设立 8515 家分支机构,分布在全球 150 多个国家和地区,其中 80 多家央企已在"一带一路"沿线国家设立分支机构。

4. 重大项目平台建设落地有声

随着"一带一路"战略的实施,我国诸多重大项目开始在"一带一路"沿线国家落地。特别是在基础设施、电力、建材、轨道交通、机械制造等领域,推进重大项目落户沿线国家成为实施战略的主导。目前在促进基础设施互联互通方面,中央企业承担大量"一带一路"战略通道和战略支点项目的建设和推进工作,具体包括中俄、中哈、中缅原油管道,中俄、中亚、中缅天然气管道,俄罗斯等周边国家的 10 条互联互通输电线路以及中缅、中泰、中老铁路,中巴喀喇昆仑公路,斯里兰卡汉班托塔港等项目。在电力领域,央企在境外建设的电站涵盖火电、水电、核电、风电和太阳能、生物质能发电等多种类型,在周边国家建成和在建的水电项目达 17 个,总装机容量近 1000 万千瓦;在建材领域,央企在马来西亚、老挝、蒙古等国家建设大量钢材、水泥、玻璃等建材生产线,其中水泥技术工程及装备全球市场占有率达到 45% 以上;轨道交通领域,央企从设备出口装备运营维护起步,目前铁路装备已实现六大洲全覆盖,轨道车辆整车产品已进入北美发达国家市场。中国中车集团还在马来西亚建立了海外装配厂。

三、江苏"一带一路"重大发展平台的新常态和主要模式

(一)江苏步入"一带一路"重大发展平台建设新常态

1. 搭建重大发展平台是"一带一路"战略落地江苏的重要支点

"一带一路"战略是我国顺应全球发展格局新变化,统筹国内国际两个大局,着眼长远培育我国国际竞争新优势的重大战略部署,其本身就是我国推进新一轮改革开放的重大平台。习近平主席提出的以"五通",即"政策沟通、设施联通、贸易畅通、资金融通、民心相通"为核心内容的主要架构,为"一带一路"战略倡议的实现落地生根指明了方向,搭建了桥梁。按照习近平主席的全新阐述,"互联互通"既涉及道路等基础设施的"硬联通",也包括规章制度方面的"软联通",还有推动人员流动的"人联通"。这些"互联互通"都离不开各种平台载体的承载和支持。

2. 搭建重大发展平台是江苏凸显"一带一路"交汇点作用的靓丽旗帜

应该看到,江苏作为"一带一路"交汇点的特殊地位,需要打造各种重大发展平台。平台建设将是江苏对接"一带一路"交汇点建设的重要载体,也是江苏对外开放形象的靓丽旗帜。江苏可以通过各种平台的载体和支撑作用,更

好地服务于江苏"一带一路"的交汇点建设,以此促进江苏对内对外开放和产业转型升级,推动江苏企业主动融入国家的"一带一路"建设中,更好更快地对接和融入国家"一带一路"战略。强化重点发展平台建设,不仅可以服务江苏企业"走出去,请进来",同样,也可以借助各类平台的开放窗口和要素汇聚功能,服务国家和其他省区的企业,可以融合汇聚五湖四海的资源、要素和人才,唱响江苏建设"一带一路"的大合唱,亮出江苏对外开放的金招牌。

3.搭建重大发展平台是江苏发力"一带一路"建设的关键抓手

融入江苏"一带一路"建设,其重要方面就是要抓好重大发展平台的建设。搭建"一带一路"重大发展平台,一方面是对接国家"一带一路"战略本身的需要,更重要地是江苏在"一带一路"战略引领下,加快实施国家长江经济带发展战略和沿海大开发战略的三大战略叠加机遇期的重要抓手。搭建重大发展平台有助于江苏进一步发挥"一带一路"交汇点的特殊功能,着力融合三大战略,互联互通,把握先机,主动有为。搭建"一带一路"建设的重大发展平台,对内可以进一步促进思想观念转变,全面深化行政改革,加速创新发展,推动经济转型升级;对外可以拓展企业国际视野,主动融入国际市场,扩大江苏对外开放,争创江苏外向型经济发展新优势,带动江苏全面走出去。

4.搭建重大发展平台是江苏主战"十三五"的得力支撑

"十三五"是江苏全面实现小康的关键时期,也是江苏是否能够率先在全国初步实现现代化的关键时期。打造江苏交汇点建设的平台,要注意体现出江苏特色,把握江苏交汇点建设的区域功能定位、重点领域和区域差异,满足江苏"一带一路"交汇点建设的要求;同时,也要将平台建设放到"一带一路"国家战略这个大平台下通盘考虑,谋划高起点,标准高定位,建设高水平,既能服务江苏,也体现国家本色。要充分发挥重大平台的带动集聚功能和经济支撑作用,通过平台建设,带动江苏对外开放,带动江苏创新发展,带动江苏开展国际产能合作,带动江苏经济社会全面发展,建设"富强美高"新江苏。

(二)当前重大发展平台的主要建设模式

纵观全国当前各类平台建设现状,围绕江苏交汇点建设的实际现状,我们认为可以依据平台的建设主体、功能定位和具体作用来着眼重大发展平台建设,主要有以下几种模式供参考。

1. 以政府为主导的综合服务平台

政府是平台建设的标杆和准绳,它一方面要主持平台建设,更重要的是通过打造一些平台来体现政府意志和愿望,引导跟多的行业和企业搭建更多的平台。这类平台是由政府牵头或主持打造的,政府是平台建设的主体或主要责任方。平台的主要功能是履行政府职责,表达政府意愿,发布重大信息,提供公共服务。这类平台体现公开、公共、共享的建设和运营特点,具有社会需要、政府需求的建设导向。这类平台可能只一种机制、一次论坛或一个项目,也能是一套方法、一份协议或一类协作。比如:江苏与国家发改委、外交部、商务部搭建的会商机制平台;连云港市与农业部对外司和江苏省农委签署战略合作协议;又比如需要建设的江苏"一带一路"建设信息网、海关大通关平台、出口商品检验检疫一体化平台、中国(连云港)丝绸之路国际物流博览会等。

2. 以市场为导向的产业融合平台

市场是平台建设的先导,具有强烈的牵引作用,是建设平台的引擎。这类平台的实施主体比较复杂,可以是政府牵头,企业参与;可以是企业主持,政府扶持,亦可以是一个产业或一个项目,或汇聚市场要素重新构建新的建设责任主体。平台的主要功能是以市场为导向,汇聚市场要素,整合产业资源,拓展发展空间,做大产业规模,提升开发水平。建设这类平台需要体现公开、公平、公益、共享的主导思路,必须遵循市场机制和市场规律,具有综合性、集聚性、经济性的特点。比如江苏在柬埔寨建设的西哈努克港经济特区、江苏省韩国产业转移和集聚示范区、广西钦州在马来西亚和本地设立的"双国双园"模式的综合产业园、浙江在俄罗斯建设的乌苏里克斯工业园合作共建园区等。

3. 以资源为纽带的行业集聚平台

资源是市场经济中的核心要素,运用集聚资源的方式,打造建设平台,可以快速营造市场环境,强化市场导向。这类平台的实施主体一般为产业链上的上中下游各个环节的经营主体、行业组织、商会、行业龙头企业等。平台的主要功能是以某个行业、专业、产业链或专项市场为核心,发挥行业资源集中、产业链成熟、专业规模大、成长空间高的特点,整合行业资源,降低企业风险和经营成本,抱团发展,共商、共建、共享、共赢。建设这类平台需要坚持公开透明的运作思路,坚持利益共享分配原则和市场规律,体现各方意愿,代表各方利益,建立多边合作机制和运营机制,打造共享共赢的利益共同体。这类平台具有行业性、专业性、多边性等特点。如江苏双马化工在印度尼西亚的加里曼丹岛设立了农工贸经济合作区、连云港市正在建设的国际农业合作示范区等。

4. 以项目为载体的企业运营平台。

项目是平台建设的基石,也是解决重大发展平台的运营的关键。这类平台的实施主体体现了单一性,可以是具体企业、公司,或行业协会、商会、学会等社会组织,也可以是政府采取市场合作模式委托企业公司代为建设、掌管、运行。平台的主要功能定位比较明晰,但涉及范围非常广泛,也是目前"一带一路"平台建设中数量最多,使用最广泛,适用性最强的平台。这类平台往往围绕一个具体项目、具体事件展开,服务于某个项目或群体;其主要功能是落实平台建设的主要任务,维护平台的正常运行,开发拓展具体业务,实现项目本身的经济效益和社会价值。建设这类平台需要务实、客观、准确、有效,具有可持续性性、可操作性和可拓展性的特点。比如连云港港口集团与哈国企业合作建设的中哈物流园,连云港上合组织国际物流园、苏州、南京、南通开通"苏新欧""苏满欧""苏新亚"班列等。

四、建设"一带一路"重大发展平台的思路与原则

(一)建设思路

牢固树立将江苏建设成"一带一路"交汇点的战略新定位和新目标,以全面实施国家"一带一路"、长江经济带和沿海大开发等国家战略举措为重点,紧跟国家"一带一路"战略实施进程,采取政府引导、市场推动、资源集聚、项目承载的多式联动方式,扬长避短,合理布局,先行先试,改革创新,共享共赢,全力推进"一带一路"重大发展平台建设再上新台阶。

(二)基本原则

1. 差异性原则

众所周知,"一带一路"沿线涉及到60个国家和地区,人口总多,社会、经济发展水平差异化很大,我们不能设想用一种万能的模式去应对所有的发展问题,也不可能搭建某一类或一种平台来满足和对接全部国家的建设和发展。各重大发展平台建设要具有针对性,差异规划,区别管理,要符合国家"一

带一路"战略"互联互通"的要求,围绕江苏"一带一路"交汇点建设的战略定位,体现出江苏"一带一路"交汇点建设的比较优势。要定位好各重大发展平台的功能,即平台的主导资源、平台主体布局和空间布局、平台的服务内容、平台的覆盖区域范围及发展方向等。通过对各重大发展平台的功能定位,围绕"五通"需要,建设差异性的、多样化的重大发展平台。

2. 务实性原则

应该看到,实践"一带一路"战略,是一个长期而艰苦的过程,也是一项永不竣工的工程。要从中央提出的战略要求与江苏自身的实际定位出发,以江苏作为"一带一路"交汇点建设为目标,明确江苏经济发展状态,把握江苏自身定位,立足江苏自身优势,找准各类重大发展平台的功能和发展方向,预先谋划平台,抓实打造平台,跟踪夯实平台,为江苏"一带一路"交汇点建设并融入"一带一路"国家战略政策落地、产业升级、开放合作、机制创新等提供强有力的载体和支撑。

3. 创新性原则

发展平台建设并非一就而就,需要不断自我完善和稳步发展,需要在原有的基础上不断拓展和深化融合。因此,重大发展平台的构建要以"国际化、市场化、专业化、品牌化"为发展方向,结合各平台功能定位的核心目标,在塑造自身和完善自我的同时,紧跟时代步履,不断拓展重大发展平台的功能和领域,创新发展平台的运行机制和体制,整合各类发展平台的优势和资源,深化重大发展平台的改革和创新,以永不停步的创新精神,打造江苏各类重大发展平台,推动江苏"一带一路"交汇点建设的实施。

4. 实效性原则

要按照江苏省委、省政府"关于贯彻落实《丝绸之路经济带和21世纪海上丝绸之路建设战略规划》"的相关要求,加强政府的组织领导,加强国家、省市和行业之间的沟通对接,加强市场资源和建设项目之间的均衡配置,加强社会组织和生产要素之间的有效融合,积极推进发展平台建设。要立足江苏,着眼全球,采取政府引导、市场发力、资源集聚、项目承载的多式联动方式,充分发挥比较优势,健全健全运行机制,整合要素,资源共享,打造成效显著的发展平台,确保各种平台发挥实实在在的成效。

五、建设"一带一路"重大发展平台的主要举措

基于目前江苏对接"一带一路"重大发展平台建设态势和具体实际,建设对接"一带一路"重大发展平台的具体措施如下。

(一)以政府为主导,统筹协调,全力推动重大发展平台建设

江苏在"一带一路"建设的交汇点上,江苏省委、省政府是实施国家战略的责任主体和承载者。在"一带一路"重大发展平台建设中,要正确处理政府与企业、政府与市场、政府与项目之间的关系,深化行政管理体制改革,强化平台建设全过程管理,积极推动重大平台建设又好、又快的发展。

1.统筹领导,谋篇布局全省发展平台建设

"一带一路"重大发展平台涉及全局,牵动全省,因此,要综合考量和运筹。一方面,政府要注重发挥各地区各部门的积极性,做好全局性的政策沟通协调,营造良好合作环境,对外强化互联互通,对内做好统筹协调。依据各国的市场和经济要素提出重大平台的建设指导意见,积极有效地引导市场、行业和企业搭建重大发展平台。另一方面,一定要做好重大平台建设的统筹协调,抓住重点区域、重点国家、重点领域、重点行业,积极协调引导,合理配置市场资源,避免"一哄而上"和恶性竞争,主动引领"一带一路"重大发展平台的建设。比如:江苏全省13市要各有侧重,选择自己的发展强项,到针对性区域去设立平台。连云港可以选择中亚地区,侧重搭建物流、农业等建设平台。苏州可以选择欧洲地区,侧重制造业搭建平台。

2.把握前瞻,推进各类平台建设的顶层设计

做好重大平台建设的顶层设计,是政府把握宏观、关照中观、布局微观的有效手段。要加强全省"一带一路"重大平台建设的规划和统筹,做好江苏省级层面重大发展平台建设的顶层设计,采用政府推动、统筹规划、宏观调控的方式,合理谋篇布局。注重发展平台的顶层设计,就是要在各类重大平台建设的前期加强统筹规划,指导发展平台的规划设计,为平台建设提供必要的支持和服务。还要注重政府对于平台建设的牵引作用,发挥各个管理部门的行业作用,加强行业指导和引导,避免后期实施中的问题和矛盾。比如搭建重大发展平台事项可以有省发改委来组织牵头,合理布局,差异发展,避免重复。

3. 率先垂范,加强省级政府综合协调平台的建设

加快推进"一带一路"重大平台建设,政府是标杆,是责任所系。一是,尽力发挥政府牵头引导的作用,紧盯国家层级的决策管理部门,勇于承接国家"一带一路"实施项目,加强上下沟通协调,建立便捷通达的沟通机制,积极融入国家层面的"一带一路"战略项目实施中。二是,建立江苏与关联省际间的战略合作平台,放下身段,主动对接,互通有无,借力出海,为江苏的市场、行业、企业、项目搭建更大范围的互联互通合作平台。三是,充分发挥省委、省政府对市县地方政府组织的指导作用,建立健全上下联通平台建设的协调机制,搭建以政府为龙头、企业为主体、社会参与的综合协调平台,加快"一带一路"建设具体项目的落地。比如建立江苏与国家相关部门的会商机制;建立省际之间的平台合作共用机制;建立省市联动的联席会议机制等。

4. 跟踪服务,紧盯重大平台建设的全过程

要在全面改革和简政放权的基础上,加强对于"一带一路"重大发展平台的全过程动态服务。一是,及时研究、解决江苏重大发展平台建设项目的推进事宜,协调解决建设过程中的重大问题和难题,在解决问题过程中提供服务。二是,要强化平台建设管理的规范化,完善管理制度,明确政府相关部门的责任和义务,形成合理有效的组织管理模式以及长效运行机制。三是,注重发挥政府的协调功能。要借助政府社会公信力和影响力,为社会融入"一带一路"提供多样化的平台选择,促进平台资源共享和整合利用。四是,逐步建立健全重大发展平台的社会化服务体制,积极引导行业、企业和项目的共建共享,有效发挥平台的综合经济价值和社会作用。

5. 抓住关键,注重对重大平台建设的后续管理

要采取积极的公共政策,运用政策引导,规范管理。一是,加强对重大发展平台的监管和评价工作,促使资源要素流动顺畅,提高使用绩效,充分发挥平台的要素集聚和扩散功能。二是,制定相应的政策法规,构建平台建设的制度保障体系,切实保障重大发展平台建设的可持续性。三是,加大资金投入力度,适时提供必要公共服务,用以支撑平台建设和日常运行,拓宽创新平台建设资金的投入渠道。总之,要通过一系列政策的出台和落实来激励江苏"互联互通"重大发展平台的建设和推广应用,实现在建和已建平台的承载和支撑"一

带一路"发展的作用。比如对政府需要企业和市场去搭建的平台提供初期政策配套,建立健全工作对于平台建设的政府考核机制等。

(二)以市场为引导,扬长避短,厘清江苏重大发展平台建设机制

搭建重大发展平台需要坚持"共商,共享,共赢"的基本原则。要以市场纽带和载体,积极发挥市场的导向作用和集聚功能,正确把握国内市场和国外市场的差异,不同国别的差异和不同项目的差异,整合各类资源,理顺各类关系,尊重各自的义利观,区别对待,努力构建利益共同体和命运共同体,健全适宜搭建不同重大发展平台的工作机制。

1. 理顺机制,坚持市场引导建设方向

建设江苏"一带一路"重大发展平台既要体现政府的政策取向,更要发挥市场引导作用,实现市场资源的有效配置。一是,充分发挥政府部门的引导和服务职能,将政府"有形之手"和市场"无形之手"相结合,进行市场资源的有效配置。二是,要牢固树立市场主导的建设理念。在平台搭建过程中,切实遵循市场规律,既要积极推进,也不要盲目作为。三是,认真研究"一带一路"沿线国家和地区的市场机制、市场规律、市场模式、市场空间和市场趋势,有针对性地搭建适宜建设平台。四是,遵循建设平台自身的客观规律,建立完备的建设机制、运作机制、经营机制、利益机制等。五是,确立市场机制在平台建设过程中的主体地位。以机制建设为基础,明晰各类平台的建设主体,保护市场主客体权益,搭建公开、公正、透明的发展平台。六是,以企业为主导,依照商业原则,灵活运用境外经贸园区、工程总承包、第三方合作等多种"出海"模式,做好国内产能与国外市场的对接,更好契合不同地区尤其是"一带一路"沿线国家的需求。

2. 共享共用,发挥社会行业组织的市场功能

建设"一带一路"发展平台,离不开行业协会、商会、学会等社会组织,这些社会行业组织本身就是发展平台。一是,充分认识到社会组织平台建设的重要性,发挥行业组织自身优势,抓住社会组织市场主体集中、产业要素汇聚、产业链完整、产业人才众多等特点,加快推进专项行业平台的搭建。二是,加强政府与行业组织之间的沟通和交流,及时发布相关经济信息,启发和引导行业产业转变生产经营方式,搭乘国家"走出去"的顺风车,提档升级,快速发展。三是,注意国内和国际市场机制的差异性,适应国际通行法则,利用行业协会、商

会、学会的组织功能和社会影响力,建立健全多边合作机制,构建以产业要素牵引的发展平台。如进一步推动江苏省纺织、化工、冶金、水泥等传统优势产业和光伏、造船等新兴优势产业的行业协会、商会,主动对接"一带一路"国际产能合作,到沿线国家去设立商务机构,优化产能布局。支持有实力的企业到沿线农业资源丰富的国家开展粮棉、油料、林业、海洋渔业等作的投资合作等。

3. 为我所用,主动收获自贸区溢出效应

自贸区建设是国家对外开放战略的主要组成部分,也是国家层面实施"一带一路"战略的重要载体和平台。现在,全国申报自贸区热情高涨,风起云涌,但就江苏而言,设立自己的自贸区还需时日。怎么办? 我们以为,一是,要用积极的姿态应对设立自贸区的问题。要树立不等不靠、先行先试、主动作为的发展思想,在复制自贸区建设模式和运行方式使用上下功夫。二是,积极推进类自贸港区、综合保税区、类自贸物流中心、类自贸产业基地等载体建设,依据和实践国际通行准则,进一步推进江苏境内的人民币自由结算、省际大通关、大检验检疫等改革举措,衍生自贸区改革模式,借鉴和学习自贸区实践经验。三是,借助国家层面中韩自贸区、中澳自贸区的开启之机,争创江苏自身开放新优势,实现自贸区政策在江苏落地生根,主动收获上海自贸区的溢出效应,建设适宜江苏发展的重大开放平台。

4. 依托友城,打造常态化的人文交流平台

依托城市合作,打造"一带一路"交流合作平台,可以起到事半功倍、画龙点睛的成效。一是,扩大交流领域。要在已有的江苏与"一带一路"沿线国家友好城市和友好交流城市基础上,根据"一带一路"重点国家、重点地区选择重点合作城市建立健全常态化的人文交流机制,促进江苏与"一带一路"战略区域的全面合作。二是,深化重点交流。加大江苏与中亚、日韩留学生交流,扩大交流范围,促进民心相通;可以充分发挥历史名人效应,利用郑和、徐福、张保皋、鉴真等历史史料和遗迹,加强江苏与"一带一路"区域的人文交流,促进民间文化交往。还可以借助国家海上丝绸之路申报世界文化遗产,凸显南京、扬州、苏州等重要节点城市在"一带一路"人文交流的功能和作用。三是,把握交流重点。通过在江苏举办各类"一带一路"国际性知名展会、博览会、论坛、专题峰会、国际旅游节等重大活动,扩大江苏在"一带一路"建设中的影响力,深

度推动人文交流融合,加深经贸合作往来,推动江苏对外合作机制创新和发展环境优化,共同打造人文交流合作的重大平台。比如借助南京、扬州联合申报海上丝绸之路世界文化遗产;2017年中亚地区的哈萨克斯坦"未来的能源"世界博览会、2019年北京世界园艺博览会、2020北京世界冬奥会、博鳌亚洲论坛和中非合作圆桌会议等。

(三)以项目为载体,整合资源,着力发挥重大发展平台建设效能。

项目是平台的缘起和基础,搭建重大发展平台需要一定的抓手和载体。发展平台有大有小,只要定位准确,功能适宜,都能在"一带一路"建设过程中发挥好各自的作用。要善于运用各种方式和方法,最大限度地发挥在建和已建平台的社会和经济效能,提升平台的使用水平。

1. 整合资源,提高各类平台的使用效能

"一带一路"平台建设属于跨国界、跨区域、跨部门、跨领域合作,旨在促进各种市场要素资源在更大范围的联通、流动与聚合。一是,构建"共建、共享、共赢"的新义利观。央企、地方企业融入国家"一带一路"战略,不仅仅是争取国家项目的竞争关系,更是融合协作和共赢发展关系。在世界范围内建设和布局发展平台,江苏需要率先破解地方自成一体的狭隘思想,主动整合央企和各省区的平台资源,为我所用。二是,江苏要发挥自身优势,围绕重点方向、重点国别、重点项目,抓紧启动实施一批标志性、集聚性的重大发展平台,以线串点、以点带面,形成布局合理的立体化的发展平台网络。三是,要瞄准目标国际市场,整合市场要素,加强平台之间的融合互通,着力凸显优势,实施错位发展,促进优势互补,通过各种重大发展平台,来促进基础设施的互通互联,促进要素资源的快速流通,加快拓展经贸合作和人文交流等"互联互通",实现各方凝心聚力、共建"一带一路"的良好局面。四是江苏要加强与央企、相关省份在重大发展平台利用方面的合作,主动对接,建立共用共享的各自重大平台建设的对接联系机制,形成"一带一路"的平台资源整合运用体系,学习借鉴其与"一带一路"沿线国家合作和发展的宝贵经验,通过借力其他省区的各种重大发展平台来整合江苏的有关资源和力量,促进共同发展、合作共赢。

2. 以小博大,用好项目小平台的牵引功能

"合抱之木,起于累土。"综合性的大平台需要经历一个较长的磨砺过程。

这其中之艰辛只有建设者自己才能体会到。开发项目是搭建平台的缘起和载体,建设单体项目是搭建综合平台的滥觞。一是,注意挖掘项目的潜质。积极扶持有潜力的开发项目,促使现有项目加快落地生根,形成产业链或产业集群,逐步形成综合性的发展平台。二是,注意发挥项目的带动作用。要善于以小博大,发挥项目建设的导向和牵引作用,以一个或多个项目为抓手,带动一批项目、一批人参与"一带一路"建设,搭建综合性的建设承载平台。三是,注意项目建设总结提升。在项目建设过程中,要善于总结经验,提升水平,发掘项目本身的蕴含潜力和优势功能,推动单体项目向多类项目转变、多个项目向产业园区转变,单体平台向综合平台转变,使得江苏重大发展平台建设再上新台阶。比如央企央企在马来西亚、老挝、蒙古等国家建设大量钢材、水泥、玻璃等建材生产线,江苏的沙钢、南钢、苏钢、淮钢等钢铁公司可以借力走出去。

3. 典型指路,发挥成熟实践平台的示范效能

打造江苏交汇点建设的新平台,无捷径可走,需要有敢于创新、奋力攀登的决心和精神。目前,江苏对接"一带一路"建设风起云涌,如火如荼。这还仅仅是开始,今后的路程还很长很远。因此,要逐步培育江苏自己的平台建设的典型标杆,树立新标尺,确立新高度,加快推进新的发展平台建设。一方面要注重平台建设的有序和规范,甄别类型,区别对待,精心选择一批先行先试的典型项目、典型事件、典型模式、典型机制,通过解剖典型,总结经验,理清思路,前瞻引路,化解问题,提升其他平台建设的水平。另一方面要注重平台建设典型性的选择,把握和梳理平台的建设主体、功能定位、运营方式、运行机制、作用发挥等平台建设和发展的关键要素,找准其特点和个性,凸显样板,示范周边,有效推进同类发展平台建设。比如可以在以政府为主导的综合服务平台、以市场为导向的产业融合平台、以资源为纽带的行业集聚平台和以项目为载体的企业运营平台等几类中各选择1~2个已建成或在在建的重大发展平台进行调研,总结经验,示范推广,发挥其举一反三的功效。还有可以选择不同国家或地区或类似的建成平台进行剖析;或选择不同省区的相同平台,开展调研;通过比较研究,发现问题,找出差距,避免走弯路,从而加快推进平台建设。

4. 求兴务实,用好在建和完建的重大发展平台

重大发展平台建设是一项长期持久、需要韧性的系统工程。建设打造平台

非一日之功,因此,先要在用好现有平台上下功夫。一是,要追随国家队布局海外重大发展平台。要注重发挥国家企业和部门的平台建设经济、产业、金融、人才和地缘优势,主动对接国家企业发展目标,全力服务他们"走出去"战略,借助国家央企的实力,建设自己的发展平台。二是,要借力地方队弥补自身平台建设短板。要树立中国的就是我们的"一盘棋"思想,"不管是什么猫,为我抓老鼠就是我的猫"的战略思路,借助其他省区的战略平台,下好江苏"走出去"的棋。要放下身段,积极融入到其他省区的对外开放中去,扬长避短,借力发力,借船杨帆出海。三是,要用好用活江苏自己的平台。要养好自家的娃,全省统筹,多行业统筹,各类市场要素统筹,积极推进现有各类平台的建设。要找出自身现有平台的不足和差距,逐一克服解决。四是,要牢固树立江苏在交汇点上的建设思路,统筹江苏的财力、人力、物力,集中建设几个或若干个代表性的发展平台,以少博多,以弱聚强,汇聚各类市场、产业要素,做实现有平台。如在柬埔寨,我们可用江苏红豆集团主导建设的柬埔寨西哈努克港经济特区;也可以用海南省建设的柬埔寨泰文隆中国循环经济工业园区;还可以借助福建泉州纺织行业协会在柬埔寨搭建的纺织产业平台,借船出海,做好做实江苏自身对接"一带一路"对开开放的文章。

六、结语

"一带一路"战略是我国顺应全球发展格局新变化,统筹国内国际两个大局,着眼长远培育我国国际竞争新优势的重大战略部署,是我国推进新一轮改革开放的重大平台。因此,根据新形势下江苏对外开放战略方向,以"一带一路"交汇点建设为重点,坚持立足新定位、打造新平台、构建新机制、形成新格局的主导思路,依据江苏实际情况,发挥区域比较优势,以政府为主导,以市场为引导,以项目为载体,整合资源,共享共赢,积极打造适应江苏"一带一路"交汇点建设的重大发展平台。要充分发挥各种重大发展平台在江苏"一带一路"交汇点建设中的重要作用,更好地服务国家战略和拓展江苏发展新空间,推动江苏与"一带一路"沿线国家在更宽领域、更高层次、更大范围开展合作与发展,全面提升江苏对外开放水平,努力谱写江苏"迈上新台阶、建设新江苏"的新篇章。

第三章　江苏"一带一路"产业创新发展对策研究

一、引子

自"一带一路"《行动与愿景》方案发布以来,抢抓发展机遇,加快我国产业的转型升级和与"一带一路"沿线国家和地区产业的对接与落地是我国经济发展中一个重要主题,并在业界形成了共识。中国已经进入了"一带一路"战略引领发展新时代。

江苏地处"一带一路"交汇点上,各类产业发展成熟。可以预见,今后一段时间江苏将以"一带一路"交汇点建设统领全省发展大局,将构建江苏"一带一路"交汇点产业支撑体系作为创新江苏产业发展的重点方向和目标。

二、"一带一路"战略与产业创新发展

1. 中国正处在国家"一带一路"战略主导下的经济发展新时代。

中国改革开放三十几年,从原先的"改革自我"、"开放适应"的学习、模仿、追赶的被动发展方式,开始尝试"改革世界"、"开放创新"的主动引领发展。从发展的具体组织方式看,由原先的地方政府引导、企业组织实施方式,开始转向由国家战略引领、地方政府服务、企业自主实施的新阶段。这种发展阶段的变化,一方面源于国内发展的迫切需要,如过剩产能消化、落后产业转型升级、寻求能够支撑平稳快速发展的新的要素市场等。另一方面也来源于国际上竞争对手的"挤压",即国际上别国发展矛盾的对外转移。国家发展矛盾迫使国家在国际市场竞争中开始从后台走上前台。国家对国际市场竞争中的干预,必将影响一国产业的发展。世界经济危机和国际地缘政治冲突,使得全球经济治理进入一个国家市场干预周期。因此,当今世界已经进入由国家主导的国家竞争时代,我国积极推进"一带一路"战略的实施,彰显了国家市场机制的形成和成

熟,中国需要在"一带一路"战略引领下彰显国家形象和市场能力,应该看到,未来我国将处在国家"一带一路"战略主导下的经济发展新时代。

2. "一带一路"战略顺应 21 世纪人类社会发展的时代要求。

和平、发展、合作、共赢是 21 世纪人类社会发展的时代要求,是社会进步的客观规律。和平、发展人心所向,合作、共赢普天下之共识。"一带一路"之所以有着旺盛的生命力和强劲的号召力及影响力,是因为"一带一路"倡导的和平合作、开放包容、互学互鉴、互利共赢的丝绸之路精神契合当今时代潮流。"一带一路"旨在促进经济要素有序自由流动、资源高效配置和市场深度融合的实施目标符合市场经济运行的基本规律。同样,"一带一路"建设所遵循的恪守联合国宪章的宗旨和原则、坚持开放合作、坚持和谐包容、坚持市场运作、坚持互利共赢的五大原则顺应当今世界广大地区和国家普遍接受的国际法则。

3. "一带一路"战略必将对沿线区域产业发展产生深远影响。

"一带一路"战略在经济上,实际是以物流运输为纽带,以互联互通为基础,以多元化合作机制为特征,以打造命运共同体为目标的新型区域合作安排。这种合作安排旨在促进经济要素有序自由流动、资源高效配置和市场深度融合。该战略构想不仅强化了沿线各国经济政策协调,寻求更大范围、更高水平、更深层次的区域合作,同时,也昭示"一带一路"沿线国家共同打造开放、包容、均衡、普惠的区域经济合作架构。这一新的经济合作框架必将影响"一带一路"沿线地区的产业合作,并将在"一带一路"区域形成新的产业分工体系。

三、江苏进入"一带一路"交汇点产业发展新时代

(一)江苏产业发展回顾

从改革开放至今,江苏产业发展大体分为两大阶段。

第一阶段(1978 年~2013 年)。这一时期主要是解放思想、"摸着石头过河"、大力解放国内生产力、国际规则适应阶段。特点是政府主导,建立国内市场经济体系,加快经济发展。大体划分三个时期:一是,改革开放初期(1978年~1992 年)。江苏通过重点发展乡镇经济(民营经济),通过大力发展乡镇产业,实现从传统的农业产业向粗放型工业产业过渡,核心是解决国内市场供给不足问题。二是,改革开放发展期(1992 年~2007 年)。江苏全面参与国际经济

市场合作分工,大力发展外向型经济,形成一大批外向型产业,核心是寻求原有产业市场快速扩张问题。三是,改革开放攻关期(2008年~2013年)。国际市场动荡、国内市场萎靡,传统产业转型升级压力迫使江苏提出要大力发展创新型经济,通过创新构建江苏创新型产业体系。

第二阶段(2013年至现在)。这一时期国际、国内环境发生新的变化。国际上,发达国家经济危机矛盾外泄加剧;国内看,深化改革推进发展的各种制约急需"破题"。全球经济进入新一轮动荡周期,国家参与全球经济治理的时期悄然来临。这一时期的特点是:国家利益主导世界经济合作,各国政府成为世界经济和产业合作强有力的干预者。中国发展进入一个全新的争取话语权、制定新规则、积极参与国际经济治理的新时代。我们估计,这个阶段可能要经历两个时期。一是,实现区域国际经济治理期(2013年~现在)。以"一带一路"战略为切入点,实现周边和相关国际区域经济治理,江苏在这一时期的使命是承担起"一带一路"交汇点的职责。二是,实现全球经济治理(本世纪中叶),建立全新的国际新秩序。

由此可见,江苏经济发展已经进入了一个全新的发展时代,即"一带一路"交汇点时代。在这一时代里,国家需要江苏进一步坚持创新创优、敢为人先的发展气派,全力以赴构建全新的"一带一路"交汇点产业支撑体系。

(二)江苏是"一带一路"中线通道的重要交汇点

江苏作为"一带一路"中线通道重要交汇点有其特殊的战略意义。

1. 从江苏所处的海陆区域地理位置上看。

江苏作为"一带一路"交汇点首先表现出海陆交汇点的特征,是我国沿海中部连接"一带一路"中线最便捷、最重要的交汇点,也是我国"连接南北、沟通东西"的交汇点。从我国区域经济发展布局看,江苏交汇点又是我国综合实力最强的"长三角"经济圈辐射带动我国中西部发展,服务东北亚、中亚和欧洲的交汇点。从习总书记对江苏交汇点的嘱托看,江苏交汇点是受到中央高度重视、在国家"一带一路"战略中具有重要战略价值、承载着实现"中国梦"的交汇点。

2. 从江苏服务"一带一路"的战略区域看。

首先,江苏是我国中西部、中亚、欧洲地区通往日韩、东南亚、太平洋地区重要的出海口；同时，江苏也是日韩、东南亚以及太平洋地区国家通往中国中西部、中亚、欧洲的重要陆地登陆口，进出货物流通地区都是江苏交汇点的重要战略区域。其次，江苏是以上海为龙头的"长三角"经济圈服务"一带一路"中线的交汇点。江苏融入"长三角"、"长三角"融入"一带一路"。要充分发挥"长三角"优势，举"长三角"之力放大江苏交汇点功能和价值。

3. 从江苏交汇点独特的功能要求来看。

"一带一路"交汇点的核心功能是提供快速、便捷、经济的海陆物流转运服务，在市场作用下，充分发挥物流功能，促进资源在"一带一路"区域合理流动，并通过贸易产业合作进一步提升彼此资源的配置效率。根据江苏对接"一带一路"的实施构想来看，江苏交汇点重点实现五大功能。一是，"'一带一路'建设及辐射带动沿线地区发展的重要开放门户"（国家新一轮开放窗口功能）；二是，"新亚欧大陆桥经济走廊重要组成部分"（"一带一路"国际经济合作走廊重要支撑功能）；三是，"'一带一路'综合交通枢纽和国际商贸物流中心"（交通物流枢纽国际商贸中心功能）；四是，"'一带一路'产业合作创新区"（创新区域产业合作基地功能）；五是，"'一带一路'人文交流深度融合区"（增进了解、深化友谊功能）。江苏交汇点"五大功能"对江苏产业发展提出新的要求，也是下一步江苏产业结构调整、转型升级、构建"一带一路"交汇点产业体系的"发力点"。

把握以上意义，对江苏"一带一路"背景下产业创新发展具有十分重要的现实意义。

（三）"一带一路"交汇点建设对江苏产业选择的影响

影响产业选择的因素很多，通常与一个市场的开放程度有关。如果市场为一个完全开放型市场体系，一国产业选择将取决于自身产业的比较优势、对核心竞争力的维持以及对利益最大化的追求，在合作竞争中自然形成自己的产业结构特点和在国际产业链中的地位。而在一个非完全开放的市场体系中，影响产业选择的因素要复杂的多，通常会受到来自市场和政府的双层影响，影响程度取决于市场力量和政府干涉的强度。如国家"一带一路"战略推进的强度和"一带一路"区域国家合作的愿望及水平。"一带一路"战略对江苏产业可能产生以下影响：

1. 为江苏开展产能国际合作提供新路径。

开展产能的国际合作是国家实施"一带一路"建设的重要抓手。江苏经济发展层级高,市场化程度强,各类产业发展极为成熟。当下,江苏为了进一步巩固自身的经济排头兵的地位,提出了在"十三五"期间加快推进江苏传统产业转型升级,大力发展新兴战略性支柱产业,构建"一中心、一基地"的产业发展目标。这不仅需要江苏在国内产业过程中,强化供给侧结构性改革,用新型产业业态替代传统产业业态,从根本上解决自身产业转型升级;另一方面也需要多管齐下,加强与"一带一路"沿线国家的国际产能合作,通过产业转移和科技创新,开辟江苏产业转型升级的新路径。"一带一路"沿线国家以发展中国家和地区为主,普遍面临工业化发展任务,具有广阔的市场吸收空间。以中亚国家为例,在中亚五国中,即使是像哈萨克斯坦这样经济实力相对较强的国家,其经济发展也主要是依赖能源出口,国内制造业发展依然比较落后。在全球油价大幅下挫的背景下,为提振经济,哈萨克斯坦政府提出了"光明大道"经济振兴计划,重点建设基础设施和钢铁、石化、水泥、平板玻璃等产业,这无疑会给目前江苏处于对应行业提供发展新机遇。

2. 为江苏优势产业走出去提供新契机。

面对资源环境约束不断加剧、人口红利处于上限、深层次结构性矛盾凸显、发展动力机制需要加快转换的社会客观现实,江苏进入需要同时消化传统产业和引领新兴产业的叠加发展时期。面临叠加发展期的新挑战,江苏亟需深入推进创新驱动的发展战略,大力提升制造业的智能化水平。在这其中,一方面,"一带一路"沿线国家巨大的市场容量能够为江苏高科技产品提供新的需求空间,有助于江苏优势产业走出去,为打造国际竞争优势提供新的契机;另一方面,由于江苏与"一带一路"沿线国家相比处于发达地区,因此可以为江苏高科技企业价值链的全球布局,获取全球价值链的"链主"地位奠定坚实的基础,为江苏制造业培育国际竞争新优势创造条件。

3. 为深化江苏国际投资合作拓展了新空间。

改革开放30多年以来,以苏州等为主导的江苏开放型经济获得了快速发展,江苏逐步确立了开放型经济大省的地位,但不容否认的是,江苏经济开放的质量还有待继续提高。2014年,江苏省委省政府在《关于深化开放型经济体制改革的若干意见》中明确指出,江苏开放型经济体制改革方面的目标和思路是,围绕推进企业国际化、城市国际化、人才国际化,加快构建开放型经济新体制,使之与国际规则相接轨、与市场决定资源配置要求相匹配、与发展阶段变化相适应,着力培育参与和引领国际经济合作竞争新优势。"一带一路"战略的提出,进一步延伸了江苏企业参与国际投资合作的空间,为江苏深化与"一带一路"沿线国家间的产业合作注入了新的动力。充分考虑了沿线国家经济发展诉求的产业合作,将真正深化江苏与沿线国家间的国际投资合作,使国际投资合作成为江苏与"一带一路"沿线国家间的利益交汇点。

4. 为江苏产业发展及结构调整指明了新的战略方向。

从政府的进度看,把握和控制好这一方向十分重要,因为江苏是"一带一路"中线交汇点,江苏的经济是交汇点经济,江苏的产业要体现交汇点产业特点。构建江苏交汇点产业体系,要以服务"一带一路"五通为方向,重点以实现江苏交汇点五大功能为目标,科学选择和布局江苏产业发展。从"'一带一路'建设及辐射带动沿线地区发展的重要开放门户"的要求看,江苏的发展要承担起国家新一轮开放的窗口功能。因此,江苏产业的选择和发展要具有新一轮改革开放的"示向功能"。从国家新一轮改革开放对产业发展的要求看,构建更加安全高效的产业体系、科学合理的产业结构及布局、更加有效的产业发展政策和组织管理方式、更具国际竞争力的产业合作地位等,都需要江苏走在全国的前列。从"新亚欧大陆桥经济走廊重要组成部分"的要求看,江苏产业要能够更好地服务于"一带一路"沿线国际经济合作。因此,江苏的产业发展要以服务"一带一路"区域形成科学的产业合作分工为目标,以提升"一带一路"交汇点产业服务功能为导向,科学选择、布局江苏产业。从构建"'一带一路'综合交通枢纽和国际商贸物流中心"的要求看,这更加具体明确了江苏作为"一带一路"交汇点的核心功能,核心功能所对应的相关产业必将成为江苏重点发展产业。从"'一带一路'产业合作创新区"看,就是要求江苏在交汇点产业发展、特别是在创新区域产业合作方面为国家探索一条全新产业合作发展模式。从"'一带一路'人文交流深度融合区"看,江苏的产业要能为"一带一路"国家间增进了解、深化友谊提供促进功能。

四、"一带一路"交汇点建设中江苏产业发展的主要问题

结合江苏产业发展现状和"一带一路"交汇点产业发展要求,江苏现有产业发展存在以下问题。

1. 自发式市场主导型的产业结构及分布格局。

江苏的产业发展多属于民营企业自发式、在市场的作用下逐步形成的产业选择和布局格局。这种格局与江苏南、中、北社会经济发展水平高度契合,是典型的市场作用下产业形成和发展的代表。随着国家功能区划的出台,特别是进入国家"一带一路"战略统领经济发展新时代的到来,这种产业结构与布局明显已不适应新形势下国家发展的战略需求。

2. 地方政府自主规划式产业发展方式。

江苏的产业发展规划,包括各县、市产业规划多在自身发展目标的引导下形成的,虽然我们产业发展的总量很大,质量也较高,但对国家"一带一路"战略的有效支撑却不强。就连云港市来看,作为"一带一路"核心区、先导区,现有新兴的优势产业明显偏离"一带一路"核心产业的产业方向。

3. 江苏尚缺少针对性强的"一带一路"产业发展支持平台。

江苏产业发展平台很多,但对应江苏"一带一路"交汇点五大功能要求的平台甚少。如何转变原有产业平台功能,使其更加凸显"一带一路"特色、更好地服务江苏"一带一路"产业发展,尚有许多工作要做。

此外,江苏对接"一带一路"产业政策尚不具体,"一带一路"交汇点产业发展龙头还不够有力,支撑江苏"一带一路"交汇点产业发展的高水平人才还相对匮乏,政府服务"一带一路"战略的能力还需进一步加强等,都或多或少制约江苏"一带一路"交汇点产业建设。

五、借助"一带一路"创新江苏产业发展的对策建议

1. 树立江苏"一带一路"交汇点产业创新发展新思维

江苏已经进入"一带一路"交汇点发展时代,因此,江苏要树立交汇点观念,要用江苏交汇点思维指导江苏产业发展。江苏是"一带一路"交汇点有着各种不同的解读。一种观点认为江苏"一带一路"交汇点指的就是连云港,连

云港承载着江苏交汇点的所有功能和责任。也有人认为东陇海沿线(徐连经济带)都是江苏交汇点。我们认为,江苏处在"一带一路"交汇点上是指江苏是国家"一带一路"诸多交汇点之一,是"一带一路"中线的重要交汇点;东陇海沿线是江苏"一带一路"中线交汇点的重要地区;连云港是江苏服务"一带一路"中线交汇点的核心区、先导区,连云港只承载着江苏交汇点的核心、先导功能。树立江苏交汇点思维对创新江苏产业发展至关重要。江苏交汇点功能能否实现,关键取决于江苏能否构建强有力的"一带一路"交汇点产业体系。

2. 做好江苏"一带一路"交汇点产业创新发展规划

江苏现有产业结构和布局是江苏长期改革开放过程中逐渐形成的,有其自身的特殊性(如产业结构特点)和合理性(苏南、苏中、苏北布局)。但要把它放到服务"一带一路"背景下、支撑江苏交汇点功能的要求下看,不论是在产业结构上还是空间布局上都难以满足江苏交汇点建设新的要求。特别是苏北地区,现有产业更是难以支撑作为江苏服务"一带一路"核心区的要求。下一步我省产业结构调整和布局,特别是那些重大功能性产业结构调整布局一定要放在我省服务"一带一路"背景下、放在江苏交汇点五大功能实现的背景下进行。同时,也要针对江苏现已形成的优势产业和优势产能如何借助"一带一路"进一步提升自身优势做好规划。

3. 搭建江苏"一带一路"交汇点产业创新发展平台

平台是聚合要素、整合资源、创造效能的重要经济社会载体,江苏"一带一路"建设需要建设重大发展平台。从有利于江苏交汇点产业发展看,要重点打造五大产业发展平台。一是,打造新一轮国家产业创新(技术、制度、管理、市场等)发展的"窗口平台"。江苏要成为中国与世界产业创新发展的窗口,江苏的产业发展既要体现当今世界产业创新发展新成就,也要体现当今中国产业创新发展的新特点。江苏要结合"一带一路"区域特点探索全新的产业合作发展的"江苏新模式"。二是,把江苏产业建设成为"一带一路"国际经济合作走廊的重要"支撑平台"。以服务"一带一路"五通为目标、以江苏交汇点五大功能要求为切入点,加快江苏服务"一带一路"产业合作的相关产业发展。三是,构建江苏服务"'一带一路'综合交通枢纽和国际商贸物流中心"的配套产业基地,打造交通、商贸、物流等相关重点产业发展平台。四是,构建具有强示范作用的"'一带一路'产业合作创新区"产业合作基地。江苏要在现有"国家东中西产业合作示范区""柬埔寨西港经济特区"等基地基础上,进一步创新"一带一路"产业合作方式,构建"一带一路"沿线区域高水平的"产业合作创新平台"。五是,从"'一带一路'人文交流深度融合区"的要求看,江苏要从产业服务"一带一路"的要求出发,搭建高水准的文化产业服务"'一带一路'人文交流的合作平台"。

4. 出台江苏"一带一路"交汇点产业创新发展新政策

加快"一带一路"建设,需要围绕"五通"展开,其中增强经济交流是重中之重。产业是经济的载体,也是联通国家之间的纽带和抓手。地方政府需要从政策上给予先期的引导和扶持。因此,江苏应该抓住布局"十三五"产业发展为导向,按照有利于"一带一路"交汇点产业发展的方向,做出相应产业政策调整,加快构建支持江苏交汇点产业发展,同时,又兼顾传统特色优势产业发展的"政策平台"。特别是制定扶持传统产业"走出去"、民营企业"走出去"、高新技术企业"走出去"的发展政策,有的放矢地推动江苏产业对接"一带一路"战略的实施。

5. 培育江苏"一带一路"交汇点产业创新发展"龙头"

行业创新主要依靠该产业的龙头企业带动。"龙头"抬起来了,"龙身""龙尾"也会随之起舞,可谓纲举目张。龙头企业对一个产业发展,特别是对相关产业链条地位的形成至关重要。政府要从原先对重点产业扶持向对重点产业龙头企业扶持的方向转变。我省应该深入研究"一带一路"沿线国家产业发展状态和发展趋势、资源禀赋、发展环境等重点课题,加大对我省相关产业在"一带一路"交汇点建设重点领域、重点方向"龙头"企业的培育和扶持力度,有效打造我省"一带一路"产业合作主体高水平综合服务平台。比如江苏德龙业有限公司,2015年1月率先在印度尼西亚投资60亿人民币建设铁合金冶炼工业园项目,成为江苏苏中最大的对外投资项目。它还将投资建设港口、发电厂、水泥厂和不锈钢深度加工项目。而这些正是江苏经济需要转型升级的产业。它跨出国门,将会带动一批企业到印度尼西亚投资办厂,既服务了国家战略,也拉长了产业链。因此,要把培育"一带一路"交汇点产业创新发展"龙头"作为一项战略工程抓好、抓实,江苏才能在"一带一路"交汇点建设方面抓出实实在在的成效。

6. 储备江苏"一带一路"交汇点产业创新发展人才

创新产业离不开创新人才，特别是国际化产业创新人才。江苏要发挥作为教育、科技强省优势，做好江苏"一带一路"交汇点产业急需人才的培养、储备、交流工作。要加强产学研结合，鼓励高校、研究机构人员加强对"一带一路"的研究，增强研究的前瞻性和思辨性，为江苏对接"一带一路"提供智力支持。要鼓励高校开展"一带一路"人才培养，通过短期培训班、专题讲座、实战解读等方式，提升现职公务人员的服务"一带一路"战略的意识，提升他们的应对能力和水平。要进一步通过各种方式强化行业和关键企业的人才培养，要出台特殊人才政策吸引更多外部优秀人才来江苏创业，打造江苏创新产业人才高地，巩固江苏人才的高地历史地位。

7. 提升政府对外协调公关能力，为江苏产业创新发展创造良好的外部环境

"一带一路"是国家发展大战略，企业是"一带一路"产业合作发展的主力军，是"一带一路"战略具体的实践者。企业在"一带一路"区域、特别是跨国发展过程中会遇到各种风险和困难，省、市政府要信息交流、政府对接、法律援助等方面主动为其作好服务。一是，要搭建国家相关部委办局的协调机制和对接平台，及时把握国家政策动向和重大项目信息，及时跟进国家战略布局；二是，要加强与"一带一路"区域国家和地区的对接，增进与重点地区国家的友好往来，为企业合作发展营造良好的外部发展环境。三是，要加强与"一带一路"国家企业和国家在这里落地项目的对接，通过"政府搭台，企业唱戏""政府协调，企业落实"的方式，推进企业走出去，为江苏产业创新发展提供支持。

六、结语

江苏是我国经济发展大省，服务国家产业转型升级、推进国际产能合作是发展责任，也是自身需求。江苏已经步入"一带一路"功能性产业发展的新时代，抓好产业的功能性结构调整和建设是关键。江苏要紧紧围绕交汇点五大功能重新规划调整江苏产业结构和布局，在产业发展理念、产业功能布局规划、产业发展平台搭建、创新产业发展政策、产业龙头培育、对应产业人才培育以及良好的产业环境培育等方面提供优质的服务，为江苏产业创新发展提供保障。

第四章 江苏民营企业"走出去"与国家"一带一路"战略

一、引子

国家"一带一路"战略实施几年以来,江苏民营企业抢抓"一带一路"带来的先机与商机,加快海外布局,有效务实地在"一带一路"沿线国家抱团发展,通过海外投资转移产能,进行海外并购,劳务输出,利用资金、技术、产品和品牌等优势获得更大的发展空间,在"一带一路"战略中发挥着生力军的作用。但江苏民营企业参与"一带一路"建设仍然存在不足,发展空间仍然很大,未来应继续为江苏民营企业"走出去"营造更好的环境。

二、江苏民营企业融入"一带一路"建设的重要意义

在"一带一路"建设中,江苏国有企业发挥着主力军的作用,但江苏民营企业在对接"一带一路"中不仅发挥着生力军的作用,某些领域还发挥着国有企业无法替代的重要功能和作用。

1. 对接"一带一路"是民营企业增强国际竞争力的必由之路。

民营企业"走出去"参与"一带一路"合作与竞争,是民营企业增强国际竞争力、加快自身发展壮大的必然要求。一是,江苏民企参与"一带一路"建设是增强自身国际竞争力的必然趋势。目前江苏的民营企业已经成为经济发展的半壁江山,但要想进一步发展,必须寻找新的发展空间、发展资源、发展市场。"一带一路"战略给江苏民营企业的进一步发展提供了这种机会。关键在于江苏民营企业能否把握机会、能否抓住机会,实现自身在新形势下的新发展。二是,当前是江苏民营企业参与"一带一路"建设的黄金时间。对接"一带一路"后,江苏民营企业产品出口,可以避免产品从国内销售到国外,成本高,审批严,流程慢的现象。通过让产品直接进入海外市场,在时间和价格上获取先入

优势。这必定会促进江苏一些有一定实力的民营企业海外建厂。对接"一带一路"后,这些效率更高、更会经营的主体更愿意去投资国外的品牌资源、科学技术和市场,江苏民营企业将成为融入一带一路的投资主流。

2. 对接"一带一路"是江苏民企发挥独特优势的必然趋势。

近年来,江苏民营企业在对接"一带一路"上发挥着独特的竞争优势,主要有:一是,机制灵活。民营企业天然的就是市场经济的产物,它内在的机制适合于市场经济。相对于国企来说,民企船小好调头。决策程序灵活,决策速度快。这种优势决定了江苏民营企业可以发挥机制灵活,决策过程集中统一、方便迅速、应变能力强的优势,以更快的速度去获取商机,抢占"一带一路"市场。二是,民间色彩强。"一带一路"沿线国家与地区的经济主体是以私有企业为主,因此,他们对于中国的民营企业的投资没有抵触感,民营企业的投资与合作更受到"一带一路"沿线国家与地区的欢迎。三是,互补性强。"一带一路"沿线大部分国家与地区的能源、劳动力等方面的资源优势突出,与中国包括江苏的产业结构互补性很强,这些国家与地区工业化需求强烈,对江苏民营企业生产的高质量、低成本的制造业有巨大需求。

3. 对接"一带一路"是江苏民营企业在多领域加速投资的必然要求。

据《2015 年度中国对外直接投资统计公报》:"截至 2015 年底,我国共有 2.02 万家境内投资者在海外设立了 3.08 万家对外直接投资企业,分布于全球 188 个国家或地区。2015 年底,中国境外企业资产总额达 4.37 万亿美元。""2015 年民企境外并购金额占全年境外并购金额高达 75.6%,在数量与金额上首次超越了公有经济企业,显示出民营企业参与海外并购愈发活跃。"①"截至 2014 年底,江苏境外企业共有 3108 家。从投资主体看,江苏民营企业对外投资占江苏总量的 70% 以上。民营企业占江苏对外承包工程企业总数的 80% 以上。"②从江苏公布的一些对"一带一路"国家的投资大项目看,江苏民企投资成为主力军:"2015 年 1~9 月新增投资 5000 万美元以上的项目 12 个,其中德龙镍业和南通长江在印度尼西亚、东方恒信在巴基斯坦以及天合光能在泰国的投资均超过 1 亿美元"。③

4. 对接"一带一路"是江苏民营企业转型升级的必然选择。

对接国家"一带一路"战略,借助经济国际化这个形势,是江苏民营企业实现转型升级必然选择。当前江苏民营企业转型升级的任务有：一是，通过融入"一带一路"，着力改善民营企业治理结构。当前中国民营企业80%是家庭企业，其中只有不到15%的家庭企业能够在第三代之后还能继续生存下去。如何跳出家族企业结构，积极融入"一带一路"战略，参与国际化竞争对于改善家族企业结构是个非常好的选择。二是，通过融入"一带一路"，推动民营企业之间形成战略联盟和集群发展。积极融入"一带一路"战略，是民营企业追随经济全球化、技术创新加快、消费升级等步伐，现代企业之间的商业竞争进入了竞合时代，企业之间的合作双赢成为民营企业发展生存的生态环境。三是，通过融入"一带一路"，有利于江苏民营企业参与更高层次的国际分工。江苏民营企业可以利用国际产业链调整、国际产业分工重组的机遇，提升自身技术和管理水平，进入参与全球资源整合的有利时机。四是，通过融入"一带一路"，改变民营企业发展同质化现象比较严重的问题。当前民营企业转型升级的压力很大，民营企业要进一步发展，必须在商业模式上有所创新，创造适合电子商务的大众品牌。

三、融入"一带一路"标志着江苏民营企业发展进入了新阶段

江苏民营企业的发展从小到大，从弱到强，是伴随着江苏改革开放的步伐前进的。归纳起来说，江苏民营企业近40年来的发展大致经历了四个发展阶段，而融入"一带一路"则标志着江苏民营企业的发展进入了新阶段。

1. 第一个阶段，20世纪80年代初是江苏民营企业的起步阶段。

谈起江苏民营企业的起步，江苏的部分学者把它归结为"意外之获"。他们认为，江苏民营企业的最初起步，是第一次思想大解放中农村改革和大力发展乡镇企业的"意外之获"。当时，江苏乡镇企业的快速发展在全国是有名的，而随着农村改革和乡镇企业的发展，个体私营经济也出现了萌芽。对于民营经济的产生和发展以及对这一经济力量的认识，在理论和实践上都是一个不断探索和发展的过程，人们对民营经济历史地位的认识也经历了一个曲折的过程，江苏当然也不例外。但江苏以思想解放为先导，以中央关于农村的政策文件精神为指导，尊重实践，尊重群众的创造和选择，保护了私营经济的萌芽，使"民营经济"在当时还没有正式名分的情况之下，得以催生和发展。

2. 第二个阶段，20世纪90年代初是江苏民营企业发展形成一定气候的江苏阶段。

专家学者们普遍认为，邓小平同志南巡谈话，引导江苏人冲破了姓"社"姓"资"的思想束缚，促进了江苏第二次思想大解放，它的主要成果就是外向型经济的大发展，同时也客观上形成了有利于民营企业发展的气候。这个时期，江苏省委省政府及时出台了两个指导江苏个体私营经济的政策文件，1992年10月，省政府出台了《关于鼓励支持我省个体私营经济进一步健康发展的意见》，1997年底，出台了《中共江苏省委、江苏省人民政府关于进一步加快发展个体、私营经济的意见》，极大地支持了江苏个体私营企业的发展，为江苏民营企业发展创造了较好的政策环境。

3. 第三个阶段，21世纪初是江苏民营企业的迅速发展阶段。

这个阶段的突出标志，就是江苏民营企业领先全国的全面快速发展。多年来研究江苏发展的许多专家学者们称，江苏以解放思想为先导，经历了乡镇企业的"异军突起"和外向型经济突飞猛进两大发展阶段之后，进入了以民营经济蓬勃发展为显著特征的第三大发展阶段。这个时期，江苏省委省政府因势利导，分别于2000年和2004年，省委、省政府先后两次召开全省民营经济工作会议，并出台了《关于加快发展私营个体经济的意见》《关于进一步加快民营经济发展的若干意见》。同期，江苏省人大则分别通过了《江苏省发展个体私营经济条例》《江苏省发展民营科技企业条例》，江苏省财政每年安排2亿元民营企业担保基金。在"三创"精神的指引下，江苏私营企业数连续六年居全国首位，江苏民营经济呈现快速增长的态势。2008年国内外经济环境生了巨大变化。在国际金融危机和国内经济周期双重压力下，江苏省民营企业面对严峻的经济环境，积极调整经营策略，克服种种不利因素，不仅保持了较为稳健的发展，而且加大科技投入，注重自主创新，提升产品档次，向产业链中高端环节发展，越来越多的江苏民营企业成为全国部分行业的领军企业。

4. 第四个阶段，21世纪的第二个十年是江苏民营企业的转型升级阶段。

江苏民营经济近些年得到长足发展。民营经济对经济发展、民生就业和税收增长等贡献不断提升。江苏民营经济活力持续增强，已成为经济增长的重要引擎。"十二五"时期，江苏民营经济比重提高到54.9%。其中，一个突出的特征是民营企业成为江苏融入"一带一路"主力军。在全国民间投资出现下滑的背景下，江苏的民间投资却保持增长态势。这得益于江苏经济结构调整较早，大量民营企业已经率先度过转型的"阵痛期"。进入"十三五"以来，作为推动经济变革的主要力量，江苏民营企业继续表现亮眼。由全国工商联发布的"2016 中国民营企业 500 强"，其中，江苏 94 家民营企业上榜"中国民营企业 500 强"。④

总之，改革开放以来江苏发展的各个阶段性转变中，江苏民营企业都是打头阵、当主力，也因此不断创新发展壮大。在当前推进供给侧结构性改革中，民营经济要继续发挥重要作用，在实现自身转型升级、创新发展的同时，为江苏大局提供重要支撑。落实好五大任务，企业要积极发挥主力军作用。要积极"去"，倒逼提高供给质量和效率；主动"降"，优化流程，创新管理，轻装上阵；全力"补"，做好高端产品、高端技术的"加法"和"乘法"，到产业链、价值链的高端去参与竞争。要大力推动科技创新、结构升级、制度优化，提高供给体系的质量和效率，提高全要素劳动生产率。⑤

四、江苏民营企业融入"一带一路"的主要特点

改革开放以来，江苏的民营经济在不断的发展壮大，已经成为江苏经济增长的重要引擎。在融入"一带一路"战略中，江苏民营企业融入"一带一路"的主要特点有以下几个方面。

1. 民营企业在江苏对接一带一路过程中发挥着主力军的作用。

首先，江苏民营企业能够大踏步"走出去"还来自于江苏民营企业自身实力的提升。2016 年以来，全省民营经济保持稳中有进的态势。"1~7 月，全省 36193 家规模以上民营工业企业实现增加值 11067.4 亿元，占全省规模以上工业的 55.4%，占比高于上年同期 1.4 个百分点，同比增长 10.3%，高于全省规模以上工业 2.4 个百分点。全省完成民间投资 18 855.5 亿元，占全省固定资产投资的 69.9%，比上年同期提高 0.9 个百分点，同比增长 10.8%，高于全省固定资产投资增速 1.3 个百分点"⑥。在全国工商联揭晓的"2016 中国民营企业 500 强"榜单中，江苏有 94 家企业入围，在全国排第二。数据显示，截至 2016 年 8 月底，全省私营企业户数为 205.34 万户，注册资本为 89735.43 亿元，比去年底分别增长 12.73% 和 22.98%。全省个体工商户 414.73 万户，出资金额 3994.79

亿元；农民专业合作社 9.47 万户，出资金额 2331.78 亿元；全省外资企业 5.48 万户，注册资本 4465.85 亿元⑦。不断发展的江苏民营企业为"走出去"奠定了雄厚的基础。其次，"2016 年 1~7 月，江苏完成民间投资 18855.5 亿元，同比增长 10.8%；江苏民企成为"走出去"主要力量，对外总投资金额占比 72.2%，成为经济发展的重要引擎"⑧。统计显示，"2016 年 1~7 月，江苏省规模以上民营工业企业实现增加值 11067.4 亿元，占全省规模以上工业的 55.4%；完成民间投资 18855.5 亿元，占全省固定资产投资的 69.9%，同比增长 10.8%；民营企业实现出口总额 580.9 亿美元，占全省出口总额的比重为 32.8%"⑨。在国内投资稳步增长同时，来自江苏省商务厅的数据表明，民企也成为江苏"走出去"主要力量。"2016 年 1~8 月，江苏在"一带一路"沿线国家投资中方协议额同比增长 18.3%，其中民营企业赴"一带一路"投资额同比增长 73.4%"⑩。江苏民营企业走出去动能增强，到 2016 年 8 月为止，全省民营企业对外投资项目总计 3666 家，累计中方投资 344.9 亿美元，分别占全省对外投资总量的 68% 和 72.2%。同时，投资领域持续拓展，主要集中在租赁和商务服务、制造业、批发零售和房产。到 2016 年 8 月为止，这四大领域占民营企业对外投资项目数的 77.6%。"⑪

2. 创新驱动成为江苏民营业企业融入"一带一路"的先导因素。

一带一路"建设能否实现可持续发展，关键在于能否科学确立战略重点，强力推动"四大创新"，包括科技创新、开放创新、协同创新人、集成创新。江苏民营企业，运用"三个自主"，即自主创新、自主品牌、自主资本突破重围，正在焕发出民营经济的威力。红豆集团积极紧抓"一带一路"发展机遇，以创民族品牌为己任，不断实践创新发展理念。已发展成为跨越纺织服装、橡胶轮胎、生物医药和地产四大领域的大型民营企业集团，特别是建立了"一带一路"样板园区柬埔寨西哈努克港经济特区，该特区目前已入驻 81 家企业，其中包括 27 家江苏企业。不仅苏南民营企业如此，苏北的民营企业也通过不断的科技创新，加快融入"一带一路"的步伐。连云港市的新医药板块已经发展成为国内外有影响的产业集群。他们主动到境外设立研发分支机构，对接国外创新资源，恒瑞医药、中复连众、康缘药业三家民营业企业成功将研发机构开设到美国生物医药最发达的地区。

3. 境外经贸合作区成为江苏民营企业融入一带一路的重要平台。

我国实施"一带一路"战略以来,在"一带一路"沿线国家与地区开展境外经贸合作比较成功的一种模式就是境外经贸合作区。这种模式的主要特点就是发挥集群效应,通过在"一带一路"沿线国家与地区建立境外经贸合作区,吸引国内"走出去"的企业将投资放在经贸合作区,可以有效规避风险,提高投资效能。当前,境外经贸合作园区的建设也加速推进,正在成为我国开展国际产能合作的大平台。目前,"中企正在推进建设的境外经贸合作区已达 75 个,分布在 34 个国家,共带动投资近 180 亿美元,吸引入区企业 1141 家(中资控股企业 711 家),一些大合同同时"落地"。[12]如今江苏民营企业在海外投资建立产业园的案例已不胜枚举。埃塞俄比亚东方工业园、柬埔寨西港特区、坦桑尼亚农业产业园、印尼东加里曼丹岛农工贸经济合作区等。目前,在全国首批境外经贸合作区中江苏已经名列前茅,其中柬埔寨西港特区目前已经发展成为国家境外经贸合作园区的样板工程,埃塞俄比亚东方工业园目前已经成为江苏布局非洲的重要排头兵。这些境外经贸工业园投资主体中,柬埔寨西哈努克港经济特区由无锡红豆集团、光明集团、益多投资发展集团、华泰投资置业公司等 4 家企业合伙投资。埃塞俄比亚东方工业园由张家港市两家民营企业共同投资。"一带一路"战略给江苏的境外经贸合作区如虎添翼。

4. 江苏民营企业投资的新业态比重显著提升。

前些年,江苏民企的传统产业占比过大,发展方式较粗放,加快产业结构调整、大力发展现代服务业应是今后发展方向。自从开始融入"一带一路"战略后,江苏民营企业新产业、新业态蓬勃发展,为新常态下的结构转换提供了新动能。一是,基础设施投资的结构开始变化。水利、石化、交通等对外承包工程新业态业务新签合同额占全省总额有了大幅度提高。二是,现代服务业蓬勃发展为投资"一带一路"奠定了基础。特别是信息、文化、教育新兴服务业快速增长。2016 年以来,江苏省"新登记的私营企业中,信息传输、软件和信息技术服务业新登记 1.05 万户,同比增长 12.71%;文化、体育和娱乐业 5492 户,同比增长 41.80%;教育 1235 户,增长 43.77%[13]为融入"一带一路"奠定了基础。

5. 江苏民营企业产业转移带动国际产能合作。

一是,政府出面推动国际产能合作。目前,《江苏省推进国际产能和装备制造合作三年行动计划》已经出台,目标到2020年,在"一带一路"主要节点城市建设5~6个境外合作园区。同时,江苏国际产能和装备制造合作项目库,也已筛选出重大项目20个,中方总投资达二百多亿美元,相关政府部门正强劲推动落实。二是,通过建立境外产业合作区推动国际产能合作。埃塞俄比亚东方工业园第一期2.33平方公里已经全部建满,已经有多家企业入驻,带动了建材、纺织、汽车、食品加工、木业等许多企业入驻。第二期预计在2017年年底全部建成。据了解,东方工业园所吸纳企业主要为劳动密集型企业和出口创汇企业,将最大程度地带动和消化当地劳动力,推动就业,从而带动国际产能合作。

6. 江苏民营企业投资领域持续拓展。

江苏民营企业走出去动能增强,到2016年8月为止,"全省民营企业对外投资项目总计3666家,累计中方投资344.9亿美元,分别占全省对外投资总量的68%和72.2%。同时,投资领域持续拓展,主要集中在租赁和商务服务、制造业、批发零售和房产,这四大领域占民营企业对外投资项目数的77.6%。"[14]此外,由民企联合出资成立的"江苏民营投资控股有限公司"(下称"苏民投")于6月20日在无锡举行了揭牌仪式。"苏民投"首期注册资本86亿元,由江苏籍知名度甚高的沙钢集团、协鑫集团、红豆集团联合发起筹建,目前确定入股企业11家,该公司致力于打造金融服务、产业整合、资产(财富)管理以及国际并购等四大平台,以江苏无锡为注册地,服务全国、面向世界。这也是江苏民营企业领域持续拓展的表现。

五、江苏民营企业融入"一带一路"的困难与不利因素

1. 江苏民营企业融入"一带一路"面临的东道国政治与法律风险。

江苏民营开展国际产能合作面临着许多海外风险,根据有关调查,在开展国际产能合作过程中,一些民营企业开展国际产能合作受到东道国政治风险影响;一些民营企业在经营过程中受到东道国法律和监管风险的困扰;一些民营企业在国际产能合作过程中,没有主动建立海外保险机制。同时,金融机构为海外开展国际产能合作的民营企业提供的融资渠道不足、融资成本贵,许多民营企业认为这一困难导致了他们在国际产能合作过程中缺乏竞争力。

2. 江苏民营企业融入"一带一路"面临公共服务不足的困难。

其中的主要因素有：推动民营企业国际产能合作的公共服务供给不足，营利性专业中介服务机构有限，且咨询费用贵。国内现有研究和咨询机构多是针对发达经济体，但对"一带一路"、非洲和拉美等新兴经济体的公共信息服务不足，专业中介机构数量少，仅有少数国际咨询公司在华机构活跃，而且数以百万计的费用是民营企业难以承担的。

3. 政府尚缺少专门官方或半官方机构的平台以提供及时有效的国内外投资商情。

一些民营企业有优势的产品或项目无法及时获得投资信息，成为民企"走出去"前亟待解决的问题。江苏民营企业"走出去"呼吁政府等各方面提供更多更好的服务。江苏民营企业对于"走出去"还有若干诉求。比如希望在审批、通关上手续简化，减少人为造成对外投资商机的贻误；希望提供多国别的政治、经济、人才咨询服务，特别是法律援助，减少国际纠纷、国际诈骗造成侵害的风险；希望建立除进出口银行和国开行以外，更多的金融和保险机构服务"走出去"的融资和保险；希望财税政策优惠和外汇管理改革等。

4. 江苏民营企业对外投资规模不够大。

总体来说，尽管民营企业走出去和参与"一带一路"建设的积极性越来越高，规模不断扩大，一些企业还实现了较高水平的走出去，已成为行业的领跑者。但相对全国总体水平而言，仍然还有相当数量的民营企业自发、零散、"单打独斗"，融入"一带一路"的总体水平不高，尚处于初期发展阶段。

5. 江苏民营企业的人才国际化程度尚不够高。

海外公司的员工、管理层、董事会国际化程度都普遍偏低。当前，江苏省民营企业十分关注创新驱动和工业化与信息化的融合，积极推进工厂智能化、管理现代化、制造精细化等问题，关注运用大数据、互联网＋，创新产业运行模式及企业国际化问题，解决这些问题的根本，在于提高江苏民营企业的人才国际化问题，以及提高国际经营管理人才的水平。

6. 跨文化沟通能力不高。

民营企业在开展国际产能合作过程中，跨文化沟通能力不高，往往对东道国的文化、宗教、习俗等缺乏了解，容易引发不确定性风险。

六、江苏民营企业融入"一带一路"的对策与措施

民营企业参与"一带一路"建设,当前,特别需要的是,明晰定位、认清机遇、融合资源,找准自身参与"一带一路"建设的切入点。

1. 融入"一带一路"需要江苏民营企业做好顶层设计。

做好顶层设计是江苏民营企业融入"一带一路"的重要保证。一是,充分认识"一带一路"沿线国家的国情,是江苏民营企业做好顶层设计的基础。"一带一路"的沿线国家有相当一部分是发达国家,他们的经济科技含量高,对于江苏民营企业对接国际高端产业链将有很多好处,关键是要学会科学对接。另外,还有相当一部分国家都处在工业化、城镇化的进程当中,也都面临着基础设施建设、产业升级等一些经济社会发展的重大任务。"一带一路",正好跟这些国家的发展目标契合。做好这些方面的顶层设计,对于江苏民营企业融入"一带一路"具有导向作用。二是,谁来做好江苏民营企业融入"一带一路"的顶层设计。成立专门咨询机构,为民营企业走出去提供微观方面的顶层设计。江苏民营企业走出去需要有国际视野和背景的专家支持,成立专家咨询机构,能够充分发挥智库的巨大作用,为江苏民营企业在发展中面临的国际宏观形势、整体发展战略、海外投资政策、公司治理等问题提供咨询建议。

2. 持续加大抱团出海力度。

当前海外市场的风险还是比较大的,为增强民营企业的抗风险能力,民营企业可以采取多种方式提升抗风险的能力。部分媒体已经形象地概括了中国民企抱团融入"一带一路"的三种模式。首先,同行企业"横向抱团"的模式。"横向抱团"的企业在东道国有机集聚,就会形成良好的同产业内部分工,形成有序集群。其次,"纵向抱团"的模式。就是产业链上下游企业"抱团",形成供应链相互配合的团队走出去。"纵向抱团"有助于在东道国形成产业集群效应,突破中国民企"小散弱"的瓶颈,强化协同效应提高谈判能力。第三,"生态抱团"的模式。就是跨越了单一行业,不仅同行业内部,以及上下游之间形成有机结合,而且与其他行业之间形成有机整合,形成生态圈,"生态抱团"融入"一带一路",有人也把该模式称为"金融+产业+服务"模式。⑮客观地说,这三种模式、三种经验的背后就有江苏民营企业的背影,与江苏民营企业深度融

入"一带一路"是分不开的。同时也值得后续进入"一带一路"产业市场的江苏民营企业借鉴。由民企联合出资成立的"江苏民营投资控股有限公司"（下称"苏民投"）于6月20日在无锡举行了揭牌仪式。"苏民投"首期注册资本86亿元，由江苏籍知名度甚高的沙钢集团、协鑫集团、红豆集团联合发起筹建，目前确定入股企业11家。其中，红豆集团、沙钢集团、协鑫资本、扬子江船厂、澄星实业集团、新城发展投资、丰盛集团等7家企业各认缴出资10亿元；中超控股、正和投资、远东控股集团等3家企业各认缴出资5亿元；新苑投资认缴出资1亿元。

3. 融入"一带一路"需要加快培养和引进国际化人才。

虽然已经有部分民营企业在人才国际化方面有所突破，但总体说来，江苏民营企业的国际化人才现状与融入"一带一路"的要求相比差距还比较大，特别是科技型民营企业在人才需求方面更显得不足，符合"一带一路"需求的国际化人才还远远不够，特别是"一带一路"急需的国际营销经验丰富、创新能力强的高素质复合型民营企业人才紧缺。解决的办法，一是，应加快"一带一路"上跨国经营管理人才和专业技术人才的引进，特别是国际化复合型人才的培养和引进，包括会外语、懂管理、掌握专业知识并熟悉所在国家和地区人文、法律等方面的人才，为深度融入"一带一路"各方面建设储备精干的国际化人才队伍，尽快满足江苏民营企业融入"一带一路"需求。二是，要为跨国管理人才资源开发创造良好的环境。江苏民营企业融入"一带一路"，在跨国人才开发环境方面还面临着一些障碍，包括法治环境、税制环境、职业资格环境、出入境管理环境、生活环境配套环境等方面都需要进一步改革完善。三是，加快培训合格的跨国复合型人才。跨国复合型人才短缺是制约并影响许多江苏民营企业融入"一带一路"发展的瓶颈，导致企业在应对国际市场的行情变动、汇兑风险、融资风险，处理与合作伙伴经营理念和文化差异等方面显现出能力和经验的不足。要充分利用和发挥江苏人才和教育优势，举办各类针对性培训和咨询活动，为江苏民营企业复合型人才的成长选择适合的方式，为深度融入打好基础提供智力支持。

4. 注重提高民营企业核心竞争能力。

由于江苏许多民营企业缺少对外投资和管理经验，面对"一带一路"沿线国家与地区企业的竞争,难以有效地应对国际市场和环境的迅速变化。为此,江苏民营企业在融入"一带一路"过程中要注重提高核心竞争能力,一是,江苏民营企业要把握"一带一路"沿线国家与地区市场变新趋势,及时有效地调整自身发展战略,加大在技术、品牌和市场渠道等方面的投资,努力培养参与国际竞争的新优势。二是,充分发挥优势产能的作用,也是江苏民营企业提高核心竞争能力的重要方面。自"一带一路"战略实施以来,"江苏约有1000多个企业到沿线国家和地区投资,中方协议投资额近50亿美元,其中千万美元以上的项目占比约70%,已取得了良好的开局。上述项目,大多集中在机械、电子、石化、医药、建材、轻工、纺织、冶金等产业,而这些产业正是江苏的优势所在,产能规模位居全国前列。"⑯江苏优势产能走出去的主要目标与内容,主要是为"一带一路"沿线国家和地区提供全供应链解决方案和重大项目投资,不仅支持大企业承揽境外重大项目,同时还支持中小企业进行配套供应。上述项目,大多集中在机械、电子、石化、医药、建材、轻工、纺织、冶金等产业。此外,江苏参与"一带一路"的一个重点是加强对外工程合作,以承揽建设境外重大基础设施和工程项目为主,通过参与"一带一路"沿线国家与地区的基础设施建设和管理。而这些产业正是江苏的优势所在。三是,强筋健骨、练好内功是提升民营企业核心竞争力的重要方面,它包括两个方面,企业员工的素质情况,这是民营企业"走出去"的根本;企业技术装备的情况,这两个方面的内功都要练好。

5. 充分运用中拉国际产能合作"3乘3"模式。

早在2015年,李克强总理访问巴西,提出了中拉国际产能合作"3乘3"模式。这个模式具有很大的含金量,对于江苏民营企业融入"一带一路"具有重要的作用。"一是,契合拉美国家需求,共同建设物流、电力、信息三大通道,实现南美大陆互联互通。中方企业愿与拉美企业一道,合作建设以铁路交通为骨干、贯通南美大陆和加勒比各国的物流通道,以高效电力输送和智能电网连接拉美各国的电力通道,以互联网技术和新一代移动通讯技术为依托,融合大数据和云计算的信息通道。二是,遵循市场经济规律,实现企业、社会、政府三者良性互动的合作方式。中拉都实行市场经济,产能合作应该走市场化路径,按照"企业主导、商业运作、社会参与、政府推动"的原则,通过合资、PPP、特许经营权等方式进行项目合作,让有关项目尽快落实。三是,围绕中拉合作项目,拓展基金、信贷、保险三条融资渠道。中方将设立中拉产能合作专项基金,提供 300 亿美元融资,支持中拉在产能和装备制造领域的项目合作。中国愿同拉美国家扩大货币互换及本币结算等合作,共同维护地区乃至世界金融市场稳定"。这是江苏民营企业深度融入"一带一路"又一个新模式。

6. 发挥民间组织的渠道与作用,为民企"走出去"提供支持。

融入"一带一路",应该充分发挥江苏民间组织和机构的作用,让他们成为服务"一带一路"的主力军。一是,充分发挥各级工商联组织的作用。通过各级工商联搭建综合性服务平台,为江苏民营企业进入"一带一路"提供各种服务,包括在提供签证、办理 APEC 卡等方面的外事服务的资源协调;通过各级工商联搭建信息服务平台,帮助江苏民营企业及时了解东道国政治形势、投资法律、产业政策和行业标准,为企业牵线搭桥,创造合作机会;通过各级工商联搭建培训交流平台,帮助江苏民营企业在管理理念、管理机制等方面逐步与国际接轨。二是,鼓励协会、商会之间开展交流合作,使这些行业组织成为引导服务江苏民企走出去的载体和依托。由于行业协会、商会属于民间组织,在国外发挥的作用往往比国内大,因此,利用各级行业协会、商会的资源,拓展服务平台,在"一带一路"沿线国家与地区设立分支机构或办事机构,可以极大提高江苏民营企业"走出去"的组织化程度,推进行业自律,避免企业之间的恶性竞争。三是,充分发挥境外各类民间组织的作用。"一带一路"沿线国家与地区民间团体、工业界、商界组织,数量很多,而且相当活跃,同时亦有很紧密的各方面关系。一些民间组织、一些非政府组织,能够向当地政府提出建议及意见。要注意发挥他们的作用,通过各种环节、渠道为江苏民营企业融入"一带一路"提供"正能量"。

7. 江苏民营企业要增强在"一带一路"国际市场上"抗风险"意识。

"一带一路"涉及 60 多个国家,多为新兴市场国家,经济增长潜力巨大,但这些国家法律差异很大,一些国家法制环境不完善,给中国企业走出国门和项目实施都带来不小的风险。江苏民营企业要加强对沿线国家法律法规的研究,规避和应对海外投融资和并购重组中的法律风险,一是,一定要避免盲目投资。盲目投资造成的资本浪费,是现在中国企业海外投资中面临的一个突出问题。从中国对外投资存量看,非国有经济占比不到一半,其主要原因是,民营企业对外投资在审批程序、外汇出境、境外并购、法律法规等方面,有很多障碍,因此,民营企业"走出去"风险更大。"对我国民营企业融入'一带一路',应给予更多的关注和更精准的支持。二是,面对"一带一路"沿线国家与地区的一些政治风险和法律风险,除了请一些专业服务中介机构做参谋,也不要忘了找海外华侨和商会,他们往往经济科技实力雄厚,生产营销网络成熟,人脉广,懂沟通,可以为江苏民营企业提供帮助。

8. 政府部门要搭建专门平台及时提供"一带一路"有效的投资信息。

江苏省商务厅要搭建官方机构的平台,为江苏民营企业走进"一带一路"提供及时有效的投资信息。一是,搭建与所在国家交流合作的平台。充分利用政府资源,帮助民营企业与当地政府及社会保持长期良好的关系。引导江苏民营企业在投资海外市场时,学会如何与当地政府和社会建立并保持长期、良好的关系,遵循当地的法律法规,充分了解当地市场规则。帮助民营企业获取"一带一路"沿线国家、地区与企业的渠道资源。相比中方投资企业,一些外方的企业本土经验更丰富,更加了解被投资国市场规则,江苏民营企业要多向他们学习丰富的经验。同时,一些海外公司被中方收购后,其自身携带的销售渠道资源,管理层的经验和人脉,都可以为江苏民营企业直接利用。二是,搭建保障江苏民营企业境外经营、生产的安全平台。各地政府和商会组织要加强对民营企业的预警服务,建立风险预警和防控机制。同时,境外投资的民营企业也要将一定比例的费用用于境外安保支出。

七、结语

综上所述:江苏民营企业善于发挥优势,创新创优,敢为人先,积极参与"一带一路"建设,取得了一定的成效。但是,面对"一带一路"沿线国家经济发展的不确定状态和差异化文化,如何进一步发挥江苏民营企业在国家"一带一路"战略实践中功能和作用是民营企业需要应对一个现实命题。

江苏民营企业实力较强,产业优势明显,在江苏发展占据着"半壁江山"的位置,如何进一步把握新的发展机遇,明晰定位,扬长避短,融合资源,创新创优,借力国家"一带一路"战略实施机遇期,全面走出去,参与国际竞争,拓展江苏改革开放新空间,探寻江苏民营企业发展的新蓝海,将是"十三五"期间民营企业服务江苏"一中心,一基地"发展目标,全力实现江苏全社会的高水平小康,建设"强富美高"新江苏的精准定位和历史责任。

参考文献

① 新闻发布会消息 2016 年 9 月 22 日国务院新闻办公室 http://www.scio.gov.cn/

② 江苏省落实"一带一路"国家战略新闻发布会,2015 年 10 月 27 日国务院新闻办公室门户网站 http://www.scio.gov.cn/

③ 江苏"一带一路"战略抢占非发达国家地区,搜狐财经 2015 年 10 月 16 日 business.sohu.com

④ 江苏 94 家民营企业上榜中国民营企业 500 强 2016 年 9 月 7 日中国新闻网 www.js.chinanews.com

⑤ 推进供给侧结构性改革 增创江苏发展新优势.参见 2016 年 3 月 26 日中国江苏网.http://cpcpeople.com.cn/yun/

⑥ 江苏民营投资实现两位数增长民企成对外投资主力.2016 年 9 月 28 日新浪财经 http://finance.sina.com.cn/roll/

⑦ 同上

⑧ 同上

⑨ 江苏规模以上民营工业企业实现增加值 11067.4 亿元 2016 年 9 月 28 日网易首页 > 新闻中心 http://www.163.com/

⑩ 江苏民营投资实现两位数增长民企成对外投资主力.2016 年 9 月 28 日新浪财经 http://finance.sina.com.cn/roll/

⑪ 江苏民营投资实现两位数增长民企成对外投资主力.2016 年 9 月 28 日新浪财经 http://finance.sina.com.cn/roll/

⑫ 国际产能合作,催动中国产业全球布局 2016 年 03 月 16 日人民网 http://energy.people.com.cn/

⑬ 江苏 94 家企业入围中国民企 500 强 位列全国第二 2016 年 9 月 29 日扬子晚报网 http://www.yangtse.com

⑭ 江苏民营投资实现两位数增长民企成对外投资主力. 2016 年 9 月 28 日新浪财经 http://finance.sina.com.cn/roll/P8

⑮ 江苏贯彻"一带一路"八大领域拓展新"空间" 2015 年 5 月 7 日网易财经 http://www.163.com

⑯ 李克强提出中拉产能合作"3 乘 3"新模式 2015 年 05 月 20 日中国新闻网 http://www.chinanews.com/gn

第五章 江苏融入"一带一路"现代物流产业发展对策研究

一、引子

以习近平同志为总书记的党中央把握全球经济深刻变化,统筹国内国际两个大局作出了建设"丝绸之路经济带和21世纪海上丝绸之路"的重大战略决策,党的十八届三中全会对推进丝绸之路经济带、海上丝绸之路建设,形成全方位开放新格局作出重要部署。2015年全国人大会议上,国家再次将将是"一带一路"列入重要议程,使之成为统揽我国近期对外开放和国内经济社会发展的总纲。2015年4月,国家发改委、外交部、商务部共同发布了《推动共建丝绸之路经济带和21世纪海上丝绸之路的愿景和行动》;2016年9月,习近平总书记再次参加了全国推进"一带一路"建设工作座谈会,并特别强调了要总结经验、坚定信心、扎实推进,聚焦政策沟通、设施联通、贸易畅通、资金融通、民心相通,聚焦构建互利合作网络、新型合作模式、多元合作平台,聚焦携手打造绿色丝绸之路、健康丝绸之路、智力丝绸之路、和平丝绸之路,以钉钉子精神抓下去,一步一步把"一带一路"建设推向前进,让"一带一路"建设造福沿线各国人民。国家"一带一路"的战略构想逐步明晰,愿景计划日趋完善,实践工作稳步推进,作为全国经济发展的龙头江苏需要依据国家发展战略重新构建江苏发展的近期任务和远期目标。

加快推进"一带一路"建设,互联互通首当其冲。交通运输业是国民经济的基础性、先导性产业,也是现代物流发展的主要载体。物流业是融合运输、仓储、货代、信息等产业的复合型服务业,也是支撑国民经济发展的基础性、战略性产业。当下,在"一带一路"国家战略背景下,着力构建交通物流融合发展新体系,促进两大基础产业融合发展,对于推进供给侧结构性改革,加快培育新动能,改造提升传统产业,全面落实"去产能、去库存、去杠杆、降成本、补短板"五大重点任务具有重要意义。2014年,国务院专门发布了《物流业发展中长期规划(2014—2020)》,首次将现代物流业确定为国民经济的"基础性、战略性"产业。2016年7月,国办又专门出台了《交通物流16条》,标志着构建交通物流融合发展新体系,上升到国家战略层面。这是我国政府在经济新常态下,精准施政产业政策的具体体现,也是两大产业发展的重要顶层设计。

江苏是我国经济大省,也是国家外向型经济发展的标杆,经济总量和外贸值一直位居全国前三位,人均GDP突破1万美元大关,达到中等发达国家经济发展水平。未来十年,特别是"十三五"期间,江苏如何抢抓"一带一路"战略先机,加快推进"一中心、一基地"建设,全面实践"四个全面",加快发展交通和物流产业建设十分重要。 现代物流业是实施"一带一路"战略中的重要产业之一,也是围绕互联互通对接"一带一路"战略发展的切入点和显现成效的展示标杆。2016年是江苏"十三五"的开局之年,如何进一步厘清江苏交通和物流产业发展思路,服务"一带一路"战略,做好江苏现代物流产业的顶层设计和措施对接,积极推进江苏经济"再上新台阶",至关重要,意义深远。

二、江苏现代物流业的发展现状与不足

(一)江苏现代物流业的发展现状

江苏是全国的物流大省,"十二五"期间,现代物流业取得令人瞩目的成就。

1. 产业规模不断扩大,行业效率稳步提升。

2015年江苏物流业总体运行平稳、质量提升。江苏省物流业景气指数(LPI)全年每月保持在54%以上。据初步核算,全年社会物流总额达到230 955亿元,同比增长8.1%,是整个"十一五"累计总额的一半多,"十二五"期间年均增长14.7%;物流业增加值为4720亿元,同比增长8.8%,占GDP比例6.7%,是2010年增加值的1.78倍,比"十一五"末提高0.2个百分点,两项指标增速与2014年相比增速小幅放缓,但仍高于全省同期GDP增速;社会物流总费用与GDP的比率为14.8%,比2014年末下降0.3个百分点,比全国平均水平低1.2个百分点,降幅逐步放缓。"十二五"期间,社会物流总费用年均增长8.5%,社会物流总费用与GDP的比率累计下降0.7个百分点。

2. 企业收入不断增加,运营效益略有提高。

"十二五"期间,一批具有现代经营意识的物流企业快速成长,形成了所有制多元化、服务网络区域化和服务模式多样化的物流企业群。2015年,全省161家省级重点物流企业年平均物流业务收入为30947万元,同比增长8.2%;平均业务成本为28964万元,同比增长9.4%;平均业务利润额为2217万元,同比增长5.9%,利润率为7.7%;平均缴纳税金为269万元,同比下降4.0%。七家企业出现亏损,亏损面为4.3%。物流企业结构调整步伐加快,一批传统运输、仓储、联运企业通过模式创新、流程再造和服务延伸,加速向现代物流企业转型;一批重点物流企业通过兼并、上市等形式推进资产重组和资源整合,发展成为具有竞争优势的大型物流企业;一批实力强、知名度高的国内外大型物流企业入驻江苏,提高了物流业整体发展水平。

3. 货运需求总体稳定,货运方式存在差异。

2015年旅客运输量、货物运输量分别比上年增长 −1.3% 和 2.5%,旅客周转量、货物周转量分别增长 1.0% 和 5.0%,全省总体稳定。具体来看,货运量为208120.7万吨,比上年增长2.5%,货物周转量为73740亿吨公里,增长5.0%。其中铁路货运量5065.7万吨,同比下降16.8%,货物周转量303.7亿吨公里,比上年同期下降12.3%。这已经是继2014年后连续第二年下降了。水路货运量73641.0万吨,上升4.2%,货物周转量4382.1亿吨公里,增长7.2%。公路货运量117520.0万吨,同比增长2.7%,货物周转量2054.0亿吨公里,增长3.8%;增幅较2014年明显放缓。管道运输货运量为12881万吨,增长1.0%;货物周转量623.3亿吨公里,增长1.2%。完成规模以上港口货物吞吐量23.3亿吨,比上年增长3.1%,其中外贸货物吞吐量4.0亿吨,增长4.1%;集装箱吞吐量1600万标准集装箱,增长6.6%。

4. 传统物流增长乏力,新兴业态发展提速。

受大宗商品交易量下滑和国际贸易需求不足的影响,江苏2015年物流业与2014年相比,总体平稳增长,增速略有下降,出现新常态趋势。特别是钢铁、煤炭等大宗生产资料物流受产能过剩、需求乏力影响,业务下滑,即使是快递、快运等近年来增速较高的企业,增长幅度也有所放缓。于此同时,物流企业加快推广多式联运、甩挂运输、共同配送等先进运输组织方式,推进"互联网＋物流""物流＋金融""物流＋电商"等模式创新,多业联动、跨界融合发展趋势日益增强,企业创新能力不断提升。新兴物流业态发展提速,受电子、快消、医药、冷链等生活资料物流需求较旺的影响,电子商务物流、快递和配送、跨境电子商务、加盟和结盟、车货匹配平台、农村物流等新兴业态和创新型业务发展迅猛,智慧物流、云物流、绿色物流等现代物流产业要素开始集聚,发展速度均明显快于传统物流业态的增长速度。

5. 企业规模不断壮大,集聚效应逐步增强。

依托交通枢纽、经济开发区、制造业集聚区和商贸集中区,全省建设了一批投资多元、功能集成、特色鲜明的物流园区和物流基地。到 2015 年底,全省共有国家 A 级物流企业 421 家,占全国 A 级物流企业数量的 13%,其中国家 4A 级以上物流企业 163 家,数量居全国第一;省级重点物流企业 264 家,省认定物流企业技术中心 65 家。物流企业一体化运作、网络化经营能力进一步提高,涌现出苏宁物流、飞力达、林森物流等一批有影响力的本土知名物流企业,提升了全省物流的供应链管理水平。于此同时,江苏省级重点物流基地(园区)数量已达 104 家,约占全国物流园区数量的 7.25%。全省已形成一批功能较完善的物流园区,实现仓储、运输、配送、商务配套等功能集成,成为供需对接、集约化运作的物流平台。此外,全省建成四个综合保税(港)区和一批叠加保税物流功能的出口加工区,有力提升了我省保税物流服务能力。优良的基础设施和完善的配套服务,吸引了大量物流企业进驻,物流园区的集聚效应加速显现。

6. 物流网络不断完善,产业格局基本形成。

"十二五"期间,随着江苏新一轮沿海大开发步伐加快和"一带一路"国家战略和长江经济带发展战略的启动实施,江苏物流的基础设施不断完善,集疏运统筹能力不断增强。近日《江苏省国民经济和社会发展第十三个五年规划纲要》发布。"十三五"期,江苏将健全现代综合交通运输体系,以高速铁路、快速铁路和高速公路、高等级航道为骨干,打造"四纵四横"综合运输大通道,为全省率先全面建成小康社会、率先基本实现现代化提供支撑保障。到 2015 年底,年末全省公路里程约 15.9 万公里,比上年新增 1 283.8 公里。其中,高速公路里程 4 539.1 公里,新增 50.8 公里。铁路营业里程 2 679.2 公里,铁路正线延展长度 4 569.7 公里。全省内河航道总里程 2.4 万公里,其中千吨级及以上内河航道1 716公里,通达58%的县级节点。沿海沿江港口大型化、深水化、专业化发展成效显著,亿吨大港数、万吨级以上泊位数居全国前列;油气主干管道里程超过4 000公里;九个机场全部建成。同时,江苏对接丝绸之路经济带沿线地区和长三角区域的物流一体化步伐加快,随着"一带一路"和长江经济带战略的深入实施,我省与"一带一路"沿线国家和地区、长江经济带沿线省份在大陆桥运输、通关一体化、设施共建、信息互联等方面的合作步伐逐步加快,与上海、武汉、重庆长江流域三大航运中心的物流联动不断增强。上合组织(连云港)国际物流园、中哈物流基地和阿腾科里口岸已投入运营,连云港、苏州、南京、南通等地至中亚、欧洲的国际货运班列已开通运行。苏南、苏中、苏北三大区域在口岸合作机制、基础设施建设、物流园区运营、物流信息共享等方面联动加深,物流服务信息化、专业化、规模化水平明显提高,公共服务能力不断增强,海关大通关、商品检验检疫一体化、物流信息管理、物流标准化等软件服务水平不断提升,形成了良好的区域物流联动发展格局,以物流园区为骨干、物流中心为支撑、农村物流站点为补充的三级物流基地格局逐步建立。

(二)江苏交通和现代物流业的存在不足

1. **区域交通基础设施建设水平不均衡。**

江苏的经济发展历来分为苏南、苏中、苏北的基本格局,这也致使江苏物流业基础设施出现了不均衡的局面,特别是体现在江苏自身区域之间的不平衡。比如江苏苏南早已顺应了高铁时代,基本实现了"一小时"物流圈,而苏北、苏中尚需时日。又比如苏北、苏南的物流产业网络互联联通不够,物流形态不全面,铁路、运河河运、江海联运等方面均有差距,而且,要想完善需要下很大的功夫。又比如苏南与长三角、京津冀和安徽、河南等地的物流网络非常健全,效能也较高,而苏中、苏北则联通不畅。依照江苏交通发展规划,2019年,江苏基本实现"一个半小时"高铁网络,2020年实现江苏省际高铁化。在此过程中,苏南、苏中、苏北差距还将存在,不均衡的时间差异至少相差10年。

2. **多元化的物流运输方式契合度不够。**

江苏海陆空运输网络健全,也是海运、水运、铁运、公路运输的大省。其中高高速公路网平均密度达4.95公里/百平方公里,与发达国家相当。相比之下,公路与海运、水运、铁路等重要物流方式的契合方面存在差异,海运、水运、铁路运输的物流成本优势发挥不充分,公路运输成本居高不下的瓶颈依然是发展物流产业的障碍之一,多式联运发展不平衡,这些都致使江苏物流产业在选择多样,基础实施完备的状态下,各种运输方式之间的契合度不够。2016年全省完成货运量 213 831.6 万吨,比上年同期增长 2.3%,货物周转量为 7 815.9 亿吨公里,同比增长 5.9%。其中铁路货运量 5 335.0 万吨,比上年同期增长 5.3%,铁路货物周转量 282.5 亿吨公里,同比下降 7.0%;公路货运量 117 166.0 万吨,比上年同期增长 3.4%,公路货物周转量 2 140.3 亿吨公里,同比增长 3.2%;水路货运量 77 495.0 万吨,比上年同期下降 1.2%,货物周转量 4 749.8 亿吨公里,同比增长 2.5%。江苏省规模以上港口完成货物吞吐量 21.6 亿吨,比上年同期增长 3.7%。可见公路运输保持增长,铁运继续下降,水运呈下降趋势。港口集疏运结构不合理,公路集疏运比例过高,海铁联运、公铁联运比例低,影响中、远距离腹地拓展和运输成本,而且同质化竞争激烈。

3. 新兴物流业态发展深耕程度不足。

江苏是物流大省,每年的物流产业增加值位居全国之首,但还不能说是物流强省,特别随着国家"一带一路"战略的实施和经济全面深化改革的形势下,许多新兴物流产业业态发展还不能满足江苏社会、经济发展需要,物流产业发展还有相当大的提升空间。比如适应现代服务业和农业走出去的冷链物流;适应江苏制造业和商贸流通业发展的保税物流,契合"互联网+"时代发展的电子商贸物流,适宜现代农业产品销售的农村电子商务物流网络,与时代同步的智能化管理和运营需要的智慧物流,以及绿色物流、云物流等现代物流业态等均还需大力提升。这些新兴的物流业态都从一定程度地影响江苏物流业的发展,需要调整和关注。

4. 物流业自身产品供给形态单一。

这主要表现江苏虽有良好的制造业基础,但工业企业物流剥离程度低,物流需求没有得到充分培育和合理释放,对第三方物流发展造成严重制约。从物流企业发展水平看,企业自身规模化程度低,抗风险能力较弱,多数企业只能提供单一的传统物流服务,缺乏能够提供供应链全程服务的先进物流企业。特别是伴随着国家"一带一路"战略的全面推进和具体实施,江苏交通和物流企业的供给侧改革明显不够,区域交通短板现象依然存在,跨地区、跨国界的多式联运网络还需要提升,智慧物流、冷链物流、电商物流等跨行业、跨地区的物流体系还未形成,物流产业的规模化、一体化、智慧化、绿色化还不尽人意,物流产品单调的现状还不能在短期内解决,新型物流业态,比如物流动产质押融资、供应链物流、第四方物流等,依然未成气候,这些均制约了江苏未来对接"一带一路"交通和物流产业的发展。

三、江苏现代物流业发展的新常态

如上所示,江苏现代物流业在"十二五"期间取得了卓越的成效。但是,随着国家"一带一路"战略实践的不断深入,江苏现代物流业如何创新思路,在紧随国家战略、服务国家战略、实践国家战略等方面,面临诸多机遇和挑战。

1. 实施"一带一路"战略确立了江苏现代交通和物流产业发展新目标。

"一带一路"战略的全面实施是围绕"五通"来展开的,而"五通中首先是"互联互通"。"互联互通"是国家实践'一带一路'战略的首要任务,也是加快发展现代物流产业的基础。国家在《推动共建丝绸之路经济带和21世纪海上丝绸之路的愿景和行动》中明确提出了"共建'一带一路'致力于业欧非大陆及附近海洋的互联互通,建立和加强沿线各国互联互通伙伴关系,构建全方位、多层次、复合型的互联互通网络,实现沿线各国多元、自主、平衡、可持续的发展"使得"一带一路"沿线国家和区域逐步构建起基础设施更加完善,安全高效的陆海空通道网络。"设施联通"带来了贸易流、资金流和人流,才有"贸易畅通""资金融通"和"民心相通"。江苏是我国外向型经济高度发展的省份,是"一带一路"的战略交汇点,如何进一步争创新优势,建设新江苏,确立江苏现代物流业发展的新目标和新思路至关重要。随着,"一带一路"战略实践的逐步展开和与"一带一路"沿线国家商贸联系的更加深入,江苏需要运用"交汇点"思维统领全盘工作,需要站在全面实践"一带一路"的视角来省视江苏未来十年交通和物流产业的发展目标和着力方向,需要确立更高的新目标来对接国家"一带一路"战略。

2. 国家区域经济均衡发展战略凸现出现代交通和物流产业发展新要求。

经过"十二五"的发展,江苏物流产业基本搭建起了区域均衡发展、覆盖全球的物流网络。但是,随着国家多个区域经济协调发展计划的实施,江苏现代交通和物流业如何适应、如何对接则成为必须思考的问题。自十八大以来,国家深化改革步伐稳健,改革政策精准频发,实现"四个全面"任务,协调国家区域经济共同发展成为主线。为此,国家批准了上海、广东、福建、天津等四大自由贸易区,启动了京津冀协同发展战略,制定实施了《关于依托黄金水道推动长江经济带发展的指导意见》和《长江经济带综合立体体交通走廊规划(2014~2020)》《推动共建丝绸之路经济带和21世纪海上丝绸之路的愿景和行动》等区域经济发展战略规划。2016年8月,国家又新增了7个自贸区,形成了国内与国外、内陆与沿海、东中西部、沿海与沿海等经济协调发展的构架,这些区域经济发展的具体举措对于江苏交通和物流产业提出了新要求。物流业作为现代服务业,联系着生产、销售、流通和消费各个环节,是支撑和服务区域经济发展的最主要行业,也是推进区域经济协调发展,消除区域间产业发展障碍、畅通区域互联互通的关键。以"一带一路"战略实践为契机,以江苏现代物流业发展为抓手,加快江苏物流业的区域布局,将对发展江苏经济发展可以起到事半功倍的效果。

3. 国家实施现代物流重大工程催生江苏现代交通和物流业发展新机遇。

随着国家改革的不断深入,改革红利的不断释放,江苏正面临着前所未有的新的战略机遇期。自2009年以来,新一轮改革开放不断惠及江苏。在全面国家近期实施的战略计划中,江苏先后承接了江苏沿海大开发战略,国家"一带一路"战略和长江经济带发展战略,呈现出战略机遇期叠加的良好时局。为落实《物流业发展中长期规划(2014~2020年)》(国发[2014]42号)和《促进物流业发展三年行动计划(2014~2016年)》,加强重要物流基础设施建设,发挥物流业投资对稳增长的重要作用,2015年8月,国家发展改革委下发《关于加快实施现代物流重大工程的通知》,加快推进现代物流重大工程项目建设,特别是在多式联运工程、物流园区工程、农产品物流工程、制造业物流与供应链管理工程、资源型产品物流工程、城乡物流配送工程、电子商务物流工程、物流标准化工程、物流信息平台工程和应急物流工程等十大领域。2016年9月,国务院办公厅发出了《关于转发国家发展改革委营造良好市场环境、推动交通物流融合发展实施方案的通知》(国办发〔2016〕43号),提出了16条政策措施(以下简称《交通物流16条》),目标是构建交通物流融合发展新体系。

这是推进供给侧结构性改革的新举措,也是交通运输与现代物流融合发展的新机遇。然而,战略只是机遇,并非是成果,只有抢抓机遇,实践战略,真抓实干,才能收获这些战略的成果。新机遇、新格局、新挑战都对江苏如何发展现代交通和物流业提出了新要求。江苏已经告别"十二五",跨入"十三五",发挥"一带一路"战略在江苏交通和物流产业的统筹引领作用,把握机遇,准确谋划,加强对于江苏物流产业中基础设施、服务体系、通联网络和关联产业方面的布局,服务于、服从于国家战略实施,有序推进江苏融入"一带一路"建设,才能真正助推江苏物流产业自身的大发展。

4.江苏经济转型升级需要将现代交通和物流业作为经济发展的新载体。

"十三五"时期,江苏将围绕落实习近平总书记在江苏视察时提出的新要求,实践"四个全面",加快建设国际化的"一中心,一基地",建设"富强美高"新江苏,全面实现小康的发展目标。物流业是支撑国民经济发展的基础性、战略性产业,具有巨大的市场需求和发展空间。要加快实现经济转型升级,加快推进体制改革,加快实现经济强省、科技强省、文化强省的目标,发展现代物流业是非常有效的载体,对于江苏经济发展将产生巨大作用。"十二五"期间,江苏经济发展快于全国,稳居前三,但是,要实现更好、更快的提升,需要整合各类资源,借助各种生产要素。就全国而言,到2020年,要建设覆盖全国主要物流节点的物流基础设施网络,基本建立布局合理、技术先进、便捷高效、绿色环保、安全有序的现代物流服务体系,江苏仍然有很大的发展空间,加快构建交通物流融合发展新体系,初步形成了衔接互动的发展格局,江苏依然有新任务和新目标。因此,在"一带一路"战略背景下,重新审视和认识江苏交通和物流产业,重新定位江苏交通和物流产业发展的新思路、新措施和新路径十分必要,具有重要的现实意义和深远的历史意义。

四、江苏现代物流业融入"一带一路"建设的思路和对策

国家"一带一路"战略提出后,各个产业业态千帆竞发,百舸争流,勇当排头兵,争抓机遇期,交通是互联互通的基础和标杆,物流产业则是互联互通是否产生实效的标志和关键。在今后的"十三五"期间,江苏如何创新现代交通和物流业的运作模式,加快交通与物流产业的深度融合,改革现代交通和物

流业的运行体制机制,深耕江苏特色物流产业,强化物流发展保障,快速融入"一带一路"战略中值得思考。本课题将从提升江苏现代交通和物流产业发展的可行性、可能性和实践性的思路出发,阐述符合江苏特点的融入国家"一带一路"建设的新思路、新举措和新路径。

(一)指导思想

坚持创新、协调、绿色、开放、共享的核心发展理念,紧紧围绕江苏"一带一路"交汇点建设总体目标,加快推进江苏与"一带一路"沿线国家互联互通基础设施网络和国际物流运营体系和机制建设,抓住冷链物流、集装箱物流、保税物流、口岸物流、电子商务物流、供给链物流、绿色物流、智能物流等前瞻性物流产业链,整合资源,融通融合,着力巩固和提升长三角区域物流中心、全国性物流重点区域和新亚欧大陆桥经济带物流节点城市的地位,为建设海陆统筹、东西贯通的物流中心和"十三五"末实现江苏全面小康提供坚实、高效的物流服务支撑。

(二)主要对策

1. 编织江苏的世界物流网络。

外向型经济发展是江苏"十三五"经济增长的引擎,而物流产业服务于外向型经济,是发展的基础之一。一是,进一步加快物流市场对内对外开放步伐,坚持"引进来"和"走出去"相结合,加强与长三角、长江流域、沿海区域、沿新亚欧大陆桥区域,全国乃至全球的物流业合作联动,积极推进体制机制创新,改革完善有利于现代物流业一体化运作的市场体系,更好发挥物流枢纽城市的服务功能。二是,要将江苏建设成为"一带一路"的交汇点作为交通发展和物流产业远期发展总目标,紧盯世界物流产业的主导方向和构架,有效对接世界物流产业,精准发力,全力加快海运、航空、铁路的物流通道建设,对接"一带一路"沿线国家和区域的世界物流产业网络,尽快实现互联互通,从源头上把握战略机遇。三是,要抢抓国内重点省区加快"一带一路"建设的契机,主动对接"一带一路"愿景规划中设计的和国家确定的自贸区的重点省区和重要节点城市,南通珠三角物流网,北接环渤海物流网,中部承接中西部物流通道,力争在"十三五"期间实现与国内"一带一路"相关省区物流通道的无缝对接。四是要着力布局"十三五"江苏省内物流运输基础设施,重点完善江苏物流运输网络,外联内通,夯实基础,促进江苏物流产业的大发展。

2. 打造便捷的环江苏物流圈。

对接"一带一路",互联互通首当其冲。江苏经济发达,对于周边区域经济有着强大的辐射力,同时,江苏发展经济和维护人民生活也需要大量产品输入,物流的输出和输入同等重要。因此,打造便捷的环江苏物流圈将有助于江苏经济的"走出去"和"请进来"。一是,充分发挥南京、苏州、徐州三大中心城市城市圈的区位、交通、经济优势,以城市为核心,依托100公里半径内的重点物流节点城市,建设以服务三大城市圈经济发展为目标的"点—轴"式区域物流网络体系。重点服务三大城市圈的产业发展,构建现代物流信息平台和基础设施平台,合理布局物流节点和物流网络,积极培育一批有国际竞争力的物流企业,加快形成物流产业集群,满足城市圈内物流需求。二是,要认真研究江苏周边的上海、浙江、安徽、河南、陕西、山西、山东等省市的物流通道现状,审时度势,主动对接,打通接口,互联互通。要针对产业发展现状,精准设计"半日物流圈",辐射周边,拉动自身产业的发展。三是,要加快实施国家《长江经济带综合立体交通走廊规划》,重点接通南京、苏州、无锡、南通、徐州、连云港等地的接壤交通通道,打通环江苏物流圈的最后"一公里"。四是,可以加快环江苏物流基础设施的共建、共享、共用,采取多种合作模式,创新合作载体,通过市场机制和市场手段,推进物流网建设。五是,可以打造跨省际的公共合作物流平台,便利工商企业,促进产品多向流动,助推物流产业的发展。

3. 做实三大物流转运枢纽。

江苏物流产业对接"一带一路"走出去战略,需要搭建全国性乃至世界性的物流产业发展大平台。要抓住国际物流业重构的机遇和现代物流产业整合,拟选择国内的西安、乌鲁木齐和波兰华沙三大城市作为江苏物流新亚欧大陆桥沿线国内段的节点物流运输转运枢纽,鼓励连云港、徐州、南京、苏州等地的物流企业,采取投资、入股或收购等形式,设立运营机构,建设无水港、物流产业园、大型物流基地或综合保税区等平台。一方面运用市场机制,便利江苏物流西行出口中亚、欧洲;另一方面承揽中原和西部货物东行出海日、韩等国家。

4. 建设四大综合物流走廊。

当前,江苏地处国家三大战略叠加的核心区,同时,也面临三大战略发展的机遇和挑战,同时,沪宁贯通,江苏可以持续接受上海自贸区的溢出效应。物流产业作为服务经济和社会发展的重要支撑,需要重新调正思路,布局未来。一是,以长江经济带、沿海经济带、新亚欧大陆桥经济带和沪宁经济带建设为契机,抢抓机遇期、成长期和发展期先机,加快布局建设四大综合物流区域走廊,即沿江物流走廊、沿海物流走廊、沿新亚欧大陆桥物流走廊和沿沪宁物流走廊。二是,从水运、公路、铁路、航空等多式联运方面考量物流产业的发展,加快四大走廊内部、四大走廊运输模式之间和四大走廊的互联互通等重点基础设施建设,形成江苏物流产业的"叠加新三角"物流网络。三是,重点布局与传统物流产业关联的现代物流产业,加快开发信息物流、物联网物流、电子商务物流、绿色物流等,在国家"一带一路"战略的引领下,构建综合立体的"叠加新三角"交通物流走廊。

5. 开辟五条城际物流通道。

2016 年是谋划"十三五"的开启之年,谋划好江苏物流"十三五"发展是当前对接"一带一路"建设的关键之举。纵观江苏物流产业发展和为了经济发展态势,打造中观物流网络也是实践"一带一路"战略的重要环节。可以在"十三五"期间,加快城际物流产业资源的融合和整合,适应经济、社会发展新常态的要求,破除城际交通运输壁垒,整合多方面的的交通资源和产业资源。可以谋划发展苏州—无锡—上海、南通—上海、南京—镇江—扬州、南京—马鞍山—芜湖、徐州—连云港等五条城际物流主通道建设,一方面加快承接上海自贸区的溢出效应,以城市空间、现代服务、创新模式换经济发展层级和未来;一方面发挥南京、徐州、苏州城市辐射带动功能,以距离换空间,坚持创新就是发展的原则,拓展中心城市的城际经济圈,实施城际经济协同发展,延展经济发展空间,推进双城或多城一体化建设。

6. 消除江苏南北区域物流短板。

多年来,江苏经济发展发展始终存在着南北差异,这与交通有着密切的关系。按照现代物流的铁路、公路和水运等方式来计算,苏州到南京一般需要 2~4 小时;南通到南京需要 2~3 小时,而连云港、淮安到南京需要 3 小时至 2 天时间,这无形中增加了物流成本和生产成本。我们认为,要破解江苏经济的南北发展差异,加快物流业的对接是最为便捷和有效的方式之一。要加快推进多元化的物流运输体系的南北对接,尽快启动江苏北部的高铁、水运运输网络与苏南的沪宁高铁和长江、大运河水运的对接通道建设,形成运输能力;要合理布局苏南公路跨江桥梁、隧道的建设,打造便捷的苏南与苏北的公路通道,进一步完善江苏海运、河运、公路运输、铁路运输的一体化体系建设,实现苏南与苏北物流网络的全面贯通。

7. 深耕江苏区域特色物流产业。

江苏在"十三五"期间主动对接"一带一路"物流产业,需要创新载体,把握重点,抓住关键,适应经济新常态,选取前瞻性的物流产业发展支点,坚持创在新中寻求物流产业支撑。

可以针对加快江苏现代农业发展的机遇和对接"一带一路"沿线国家农产品进出口为导向,加快建设布局合理、设施先进、上下游衔接、功能完善、管理规范、标准健全的农产品冷链物流服务体系。构建省际、国际的冷物流输运通道和集疏运网络,开通集装箱班列,便利配载方式,缩短运输时间,提升冷物流链的竞争能力,实现生鲜农产品从产地到销地的一体化冷链物流运作。重点建设具有自动调节温度、智能化贮藏能力的大型区域性现代智能型冷库,夯实冷链物流基础。重点制定和推广一批农产品冷链物流操作规范和技术标准,建立以 HACCP 为基础的全程质量控制体系,积极推行质量安全认证和市场准入制度。建设一批区域性冷链物流配送中心,延伸冷链运输物流配送,实现冻品从出库到消费者的全程冷链无缝对接,针对江苏水产、设施蔬菜、现代果品、花卉及医药等产品,构建覆盖生产、储存、运输及销售整个环节的冷链,建立全程"无断链"的规模化、系统化冷链物流体系。加快冷链物流技术、规范、标准体系建设,加强各相关企业温度监控和追溯体系建设,实现农产品在生产流通各环节的品质可控性和安全性。

可以针对江苏国际多式联运的运输发达的特点,依据江苏自身物流产业现状,重点扶持集装箱物流。要合理运用水铁联运模式,下大力气提升水铁联运智能化管理水平,减少中间周转环节和时间,提高水铁联运的效能。要以国际贸易为龙头,同步进口市场培育,加快对接国际、国内两个市场,促进装卸、堆存、运输、拆拼箱、流通加工、配送、信息服务等功能集聚与整合,提高集装箱物流专业化、综合化服务水平。

可以进一步加快全省综合保税区的建设和资源整合,承接上海自贸区溢出效应,建立高度信息化、智能化和网络化的高效联动口岸综合物流信息系统。提高口岸效率和竞争力,简化通关程序,鼓励扩大关关合作、关企合作,实行通关"一站式"服务,进一步加强区域通关协作。完善保税物流功能,拓展保税物流服务腹地,提升保税物流服务能级,扩大保税物流规模,形成包括国际中转、国际采购、国际配送和国际转口贸易的综合保税物流服务。完善南京、苏州、徐州、连云港保税区建设,推进口岸物流发展,建立综合协调机制,推动保税区、保税物流园区、物流加工区等特殊监管区域进行"功能整合、政策叠加"的试点,形成多点、发散式的保税物流基地网络。

可以着眼于充分发挥江苏江海联动、海港和江港密布的特点,发挥口岸城市的综合服务功能,构建紧密联通国内外口岸、具有较强增值能力的口岸物流体系。积极争创江苏制造业发展新优势,把握江苏加工贸易转型升级的契机,扩大对外开放,发展国际贸易,用好区域性的出口加工区、保税区和制造基地,积极推进长三角、长江流域保税物流快速通关和联动机制,提高江苏口岸对于腹地的辐射服务能力,建立海、陆、空保税物流联动发展机制,促进江苏物流与国际惯例接轨。

还可以选择以物联网和电子商务为载体,搭建P2P、O2O、O2P等形式的虚拟和实体物流平台,大力发展"互联网+现代物流",使得江苏物流搭上全国互联网发展的快车。电子商务物流着眼于加快转变物流运行方式,构建更加信息化、便捷化、智能化的电子商务物流体系。积极推进现代信息技术和设备更多惠及本省快递物流、贸易物流等各个领域,促进物流效率提高和监管流程不断创新;积极推动电子商务与全社会物流资源更加紧密结合,进一步加快物流服务模式和业务流程创新;加大物流业体制、机制、税制、管制改革力度,努力建立适应现代物流业一体化运作的发展环境;不断增强电子商务物流服务智慧江苏运行的功能。

可以着眼于江苏纺织、服装、机械、电子、家电、汽车、食品、日用品等行业发达的特点,积极发展供应链物流。鼓励物流企业按照现代物流理念,综合集成仓储、运输、货代、包装、装卸、搬运、流通加工、配送、信息处理等多种功能,推进物流一体化运作。引导物流企业加强与供应链上下游企业协同联动,加强对采购、生产、销售等过程的全程计划和物流管理,通过优化供应链全程管理,缩短物流响应时间,提高物品可得率和资金周转率,降低平均库存水平和物流总成本,提高供应链的整体竞争能力。

8. 整合江苏现有物流存量资源。

加快发展江苏物流业和统筹江苏现有的物流资源同样重要。在"十二五"期间,江苏物流产业发展迅猛,运输基础设施建设取得了取得卓越的成效。因此,保持战略定力,增强发展自信,用好、用活现有的物流资源非常主要。一是,要注重发挥现有物流产业的基础设施的功能和效能,瞄准国家"一带一路"战略需求,利用好现有的沿海、沿江港口和铁路设施,注重提升管理软件的运营水平,改革经营管理模式,创新管理体制和机制,提升使用效能和科技水平,最有效地发挥其作用。二是,主动对接"一带一路"沿线国家和地区,增加航空物流的运输比例,通过增加航班、开辟航线、发展新物流业态等方式,提升航空物流业的地位。三是,加快公路运输的改革,适应多式联运发展需求,率先改革江苏公路物流经营管理,减少公路收费,降低物流成本,普惠省内的企业和产业,巩固现代公路物流的支柱地位。四是,整合物流基地、物流通道、运输装备等存量资源,促进港口与城市、城市与农村、重点区域与一般区域物流的统筹发展。五是,进一步推广现代物流管理理念和方法,鼓励商贸生产企业按照分工协作的原则,剥离或外包物流功能,促进企业内部物流的社会化,从供应侧改革方面扩大物流市场需求。鼓励商贸生产制造企业特别是大型制造企业改造物流流程,运用供应链管理与现代物流理念、技术与方法,通过联盟、外包等形式实现制造企业采购、生产、销售和回收物流的一体化运作;积极推进物流业与制造业联动,延伸物流产业链,重点发展制造业物流的过程管理、信息管理、系统设计等高端物流服务。六是,积极鼓励企业内部物流资源与社会物流设施的有机整合,放大资源功能效应。加强多种运输方式的衔接与协调,推进多式联运发展。以公共物流信息平台为载体,加强物流信息资源的整合和利用。

9. 打造布局合理的江苏物流产业平台。

对接"一带一路"物流产业,需要布局合理、功能多样的物流产业平台作为支撑,打造多元物流产业基地显得尤为重要。一是,要继续推进中哈物流园、上合作(国际)组织物流园建设,启动二期工程,尽快做大做强,示范全省,辐射新亚欧大陆桥交通走廊。二是,要以徐州无水港建设为契机,建设徐州国际物流园区,就地封关,就地检验检疫,实施"一带一路"运输的东西双向便捷流动,打通新亚欧大陆桥江苏段物流运输的"最后一公里"。三是,加快对接上海自贸区物流产业,发挥"苏新欧"铁运专列的引领作用,采用保税区模式,建设苏州国际物流园区,带动苏南和苏中,形成集疏运规模。四是,加快苏中与"一带一路"沿线国家和地区的对接,做好南通中亚直通车的运营,发挥江海联运、航空直取的物流优势,布局适宜的特色国际物流产业,服务区域经济的对外开放,主动对接海外市场。五是,均衡布局江苏物流产业基地。可以利用江苏现代科技产业高度集聚的特点和铁路、公路运输比较发达的能力,在全省 13个市分别设特色立国际物流集聚园区,集中管理,便利企业办理的相关手续,集聚物流资源,强化资源配置,全面提升物流产业效能。

10. 创建现代智能物流体系。

基于大数据时代的发展和物流国际化的进程不断加快,构建江苏现代物流的智能物流体系业已势在必行。一是,紧跟大数据时代物流产业的创新和创意,构建多级互通信息网络,增强江苏现代物流服务的精准化与智能化。二是,选择以物联网和电子商务为载体,搭建 P2P、O2O、O2P 等形式的虚拟和实体物流平台,大力发展"互联网 + 现代物流",使得江苏物流搭上全国互联网发展的快车。三是,分步骤、分区域、分层次建设现代智能物流平台和信息化体系,全面提升现代物流业的总体水平及综合服务能力,逐步完善互联互通、服务世界的国际型物流信息服务互动平台。四是,积极推广物流装卸管理智能化,加快开发物流行业机器人,引入物流机器人管理系统,提高物流产业管理效能,降低人力成本。五是,鼓励和支持企业广泛应用条码技术(BC)、射频技术(RFID)、地理信息系统(GIS)、全球定位系统(GPS)、快速响应(QR)、企业资源计划(ERP)、订货系统(EOS)及数据仓库技术(DW)等物流自动化技术和现代物流管理软件,实现物流作业的自动化和信息化、物流管理的专业化和高效化,拓展信息技术在企业应用的深度和广度。六是,加快网络化、智能化的公共物流信息平台建设,实现江苏全境客户、承运商、政府机构、中介服务机构平台的互通互联,提高物流、资金流和信息流的有效传输和处理。七是,加强物流新科技的自主研发和开发应用。重点支持货物跟踪定位、无线射频识别、物流信息平台、智能交通、物流管理软件、移动物流信息服务等关键技术攻关。适应物流业与互联网融合发展的趋势,加快物联网的研发应用,推动电子商务与物流服务的有效集成,加强技术标准体系建设,大力培育高端物流功能及延伸服务,促进全省物流业转型升级,推动智慧物流发展。

11. 引领全国现代绿色物流趋势。

20世纪90年代,绿色发展成为主旋律。绿色物流的兴起,给我国物流产业提出了新问题,创造了新机遇。一是,要牢固树立绿色物流的发展理念,从物流产业发展的大局把握导向,引导产业方向,实现江苏物流产业的根本性转变,全面适应物流产业的国际化、最优化、便利化、低能化。二是,要以第四次零售革命、互联网+、云消费等新技术革命为契机,精准实施构建市场消费的最优、便利、快捷物流通道,选择江苏物流产业发展的节点城市,如南京、无锡、徐州、扬州、南通、连云港等地,整合物联网、电子商务运营商、实体企业、代销点、直销店等消费平台的物流资源和国际物流园、物流平台、物流基地、大型仓库等物流产业载体,建设综合性的物流储存、集疏运产业基地,以最优的服务、最短的距离、最快的速度、最少的运费,搭建江苏的综合立体的绿色物流网络。三是,要进一步加强涉及城市废旧资源回收、加工、交易、连锁的逆向物流体系打造,积极鼓励"在线收废"等回收物流模式创新,促进城市资源的再生利用。四是,要加强对于绿色物流的政策引导,倡导绿色物流,引导产业升级。应该大力发展多式联运的物流运输形式,合理选择物流通道,减少物流中转环节,直接惠及物流客户和主体。五是,要以降低物流能耗、降低物流成本,减少物流浪费为抓手,全面提升江苏物流的绿色化水平。六是,要注重运输产品的绿色化,从产品自身、包装物体、流动污染、运输浪费等方面入手,加强江苏物流的信息化管理,设计合理的物流通道和渠道,全程跟踪,减少物流的流动性污染,保持江苏绿色物流的可持续发展。七是,进一步提高物流设施和各种物流资源的集约利用率,鼓励和推广低碳物流装备和技术的应用,不断降低物流业能源消耗和污染排放,确保物流业安全、有序运行,走经济社会可持续的绿色发展之路。

12. 深化物流行业管理改革。

物流是一个涉及面广、管理头绪多的现代服务产业,必须在管理改革创新上下功夫。当前,物流改革业已进入深水区。物流产业的基础是交通运输部门管理,运送的物品是商务部和其他经济部门管理,而物流的定价权则在物价部门,物流货物的管理则可能是邮政、海关、检验检疫等部门,而各种物流方式又与铁路、公路、航运等多个央企、国企联系,涉及多个行业管理部门。每走出一步都需要接受行业管理,承担管理费用和成本。我国物流产业费用居高不下已经成为一个阻碍物流产业发展的肌瘤顽症,需要下大气力改革。一是,江苏要率先在物流管理领域实现改革,先行先试,试水创新物流管理的体制、机制,用市场机制和"一个章,一站式"管理模式改革物流的国际运输,真正实现江苏产品流动的便利化。二是,发挥政府公共服务职能,完善物流信息采集、交换、共享、开放机制,搭建现代化的物流业政务交流管理平台。三是,继续深化推进口岸通关改革。进一步加强江苏电子口岸"大通关"平台建设,深入推动"一单两报"试点、关检联网核查、关税电子支付、提货单电子签章放行等工作。四是,加强区域通关和商品检验检疫改革,加强长三角、京津冀、长江流域、新亚欧大陆桥流域等跨区域电子口岸合作,全面推广"属地申报、口岸验放"、"口岸转检、属地施检"、"产地施检、口岸直通"的区域快速通关和检验检疫模式。五是,启动实施保税延展、检测维修、国际采购等业务的分类监管措施,研究实施新型货物贸易企业、国际物流服务外包企业等外汇便利管理制度。六是,高度重视物流标准化,不断提升物流业服务水平。在全面实现江苏省级物流标准化的同时,积极参与物流国际、国家和行业以及区域标准的研究和制定,大力推进长三角、京津冀、长江流域、新亚欧大陆桥区域物流通用标准的合作和互认,推动江苏物流园区、物流基地标准化示范工程建设,以及电子、机械、汽车、化工、钢铁、医药、食品冷链、农产品、快递等领域的物流作业服务地方标准,实现政府物流信息平台的标准化,努力做到信息联通共享、数据兼容和格式统一,逐步形成与国际通行标准接轨的一体化监管平台,力争物流产业标准化工作走在全国前列。

五、江苏现代物流产业实践"一带一路"的保障措施

实践江苏物流产业与国家"一带一路"的无缝对接,需要在从政府层面提供一定的保障措施。

（一）加强管理协调

建立健全职责明晰、分工精准、统一协调的物流业管理体制,调动各方面积极性,形成推进全省现代物流业发展的合力。完善政府公共服务职能,加快推进政务公开,及时发布引导物流业发展的市场信息、政策信息,完善物流信息采集、交换、共享、开放机制,为物流业发展提供良好的政务环境。加快推进物流管理体制改革,清理阻碍或限制跨行业、跨地区物流服务的政策措施,支持物流企业跨地区经营,促进物流企业公平竞争。清理、取消涉及物流企业的不合理行政收费,降低企业运作成本。完善市场准入和退出机制,加强依法行政,完善政府监管,强化行业自律。

（二）强化规划引导

加强对规划组织与实施、政策制定与落实、项目建设与推进等方面的监督检查与跟踪评估,定期开展考核评价。要从江苏沿海经济带、长江经济带和国家"一带一路"战略建设视角下和依据江苏物流产业现状,重新整合资源,深入分析和探讨现代江苏物流产业发展过程中存在的问题,着眼当前,谋划未来,做好"十三五"江苏现代物流产业的顶层设计。根据规划提出的思路、目标和重点,要抓紧制定或修订部门物流业各专项规划,形成完整的物流业发展规划体系。省发展改革委会同有关部门制定物流园区、能源物流、农产品冷链物流等专项规划;省经济与信息化委会同有关部门制定物流信息化专项规划;省商务厅会同有关部门制定商贸物流、电子商贸物流专项规划;省交通运输厅会同有关部门制定港口物流、空港物流、多式联运等专项规划;省质量技术监督局会同有关部门制定物流标准化专项规划。各市要将现代物流业发展纳入本地区国民经济和社会发展规划及年度计划,南京、徐州、连云港等物流枢纽城市要加快制定本地区的物流业发展规划。

（三）发挥政策效能

进一步完善物流法律法规体系,清理废除各类不适应物流业发展的行政规定,促进公平竞争。要发挥市场和政府双重功能,在以市场为主导的基础上,通过适度的公共政策引导推进产业发展。一是,要全面实施依法治国战略,加快制定地方物流法规,引导产业,规范经营,校正方向,使得江苏物流业持续健康发展。二是,要依法管理物流产业,治理物流乱收费现象,打击物流业的非法运营机构和行为,保障正规物流企业的基本权益。三是,要积极发挥各级政府和有关部门的职能作用和改革能动性,进一步加大对物流业的扶持力度,加快研究制定促进物流业发展的投资、土地、税收等方面的政策措施。积极争取国家在中央投资补助和贷款贴息等方面对重点物流项目的扶持政策,对采用物流信息系统、开展物流标准化试点的,优先列入各级政府科技创新资金和技术改造项目计划,享受相关优惠政策。四是,加快符合现代物流发展的税制改革,按照"营改增"的总体原则,不断调整完善,对物流企业总部和分支机构实行汇总申报缴纳所得税,在全国率先形成有利于现代物流产业一体化运作和专业化分工的税制。

(四)加强资金保障

资金是实现江苏物流产业现代化的关键,要以物流业发展趋势和金融服务需求为导向,强化金融创新,拓宽融资渠道,完善物流金融服务体系,全面提升物流金融服务供给能力,为物流业转型升级提供有力支撑。一是,进一步加大财政的投入力度,通过政府的财政扶持,引导物流经营主体发展物流业。各级政府在财政资金安排上,要支持重点物流项目建设、物流人才培养、物流科技研发和物流基础性工作,通过建立重点物流项目库,设立"江苏省物流业发展引导资金",对符合条件的重点物流企业的运输、仓储、配送、信息设施和物流园区的基础设施建设给予必要的资金扶持。二是,进一步加大政府对物流产业资金投入的引导,通过 PPP 模式、企业投融资、发行政府融资债券等方式,持续加大资金投入力度,推进物流产业基础设施建设。三是,要通过改革物流经营模式和投资方式,鼓励民营、股份制企业和上市公司投资物流业,借力市场机制,支持符合条件的物流企业通过银行贷款、股票上市、企业债券、短期融资债券、兼并重组、合资合作等途径和市场金融工具筹集建设资金,利益共享、风险共担。四是,鼓励第四方物流市场运营主体与金融机构、担保机构开展合作,为会员企业提供支付结算、信用增级、融资补贴、应收款质押贴现等增值服务。五是,发展以动产质押为基础的物流银行业务,为客户提供融资担保、存货质押、仓单质押、保兑仓、统一授信等增值服务。六是,完善物流企业融资担保机制,鼓励金融机构与物流行业龙头企业及同业组织加强合作,发展物流企业联保、互保贷款业务,探索组建行业性融资担保机构或专项担保资金。

（五）用好社会组织

要主动对接国际物流行业发展规则,有效强化社会组织在物流行业发展中的市场功能,充分发挥物流、仓储、交通运输、港口和国际货代等社会组织的桥梁和纽带作用,推进行业的自省、自律和自发。一是,发挥物流社会组织沟通政府和企业的桥梁纽带作用,加快开展物流标准的推广、物流技术的应用、物流人才的交流、构架诚信体系等工作。二是,充分发挥物流、仓储、交通运输、港口和国际货代等协会的行业管理功能,加强在调查研究,提供政策建议,做好服务企业、规范市场行为、开展合作交流、人才培训咨询等方面的中介服务。三是,要进一步发挥行业组织的专业功能和作用,从物流产业标准制定、定价权、运营流程、技术管理认证等方面放权予民,还权予企业,充分调动市场机制,参与行业管理。四是,要发挥行业组织的在诚信体系建设中的作用,支持物流企业参加诚信守法及等级评估,促进物流行业规范自律,推动物流市场有序健康发展。

（六）保障人才支撑

构建物流专业人才引进、培养和使用的激励机制,采取多种形式加快物流人才的培养,发展多层次教育体系和在职人员培训体系。一是,支持我省有条件的高等院校通过开展物流工程和管理的本科教育等方式加强物流相关学科建设和产学研基地建设,深化物流领域方面的课题研究,同时要进一步加大校企合作力度,努力培养物流经营管理与技术开发人才,拓宽人才培养模式。二是,强化职业技能教育,加强对物流企业从业人员的岗前培训、在职培训,提高现有物流从业人员职业技能和业务水平。三是,要加大江苏物流产业的国际化人才的引进和培养,通过论坛、短期培训等方式,培养江苏自己国际化人才。四是,实施人才激励政策,引进国内外优秀物流专业人才,尤其是物流管理和物流工程技术方面的复合型人才和熟悉国际物流业务运作的高级人才,为我省物流业的快速发展提供智力保障。五是,大力推进产、学、研合作,鼓励高校、科研机构与大型知名物流企业建立产学研联盟,建立物流实验基地和物流人才孵化平台。六是制定鼓励第四方物流企业和咨询公司业务发展的相关政策,开展物流研究和物流产业服务外包,借助外脑,为加快江苏现代物流业发展提供有力的人才支撑。

第六章 江苏文化发展与"一带一路"建设研究

一、引子

2013 年 9 月和 10 月,习近平主席在出访中亚和东南亚期间,分别提出建设"丝绸之路经济带"和 21 世纪"海上丝绸之路"(简称"一带一路")的战略构想。后来,习近平主席在访欧时进一步指出,建设文明共荣之桥,把中欧两大文明连接起来,让亚欧大陆上不同肤色、不同语言、不同信仰的人们携起手来,共同走向更加美好的生活。2015 年全国人大会议上,国家再次将"一带一路"列入重要议程,使之成为统揽我国近期对外开放和国内经济社会发展的总纲。2015 年 3 月 26 日在我国举办的博鳌论坛上,我国政府正式公布了国家关于"一带一路"建设的《愿景》计划。建设"一带一路",是以习近平同志为总书记的党中央统筹国内国际两个大局,着眼实现"两个一百年"奋斗目标和中华民族伟大复兴的中国梦,为进一步提高我国对外开放水平而提出的重大战略构想。"一带一路"是一个发展的理念和倡议,旨在借用古代"丝绸之路"的历史符号,高举和平发展的旗帜,积极主动地发展与沿线国家的经济合作伙伴关系,共同打造政治互信、经济融合、文化包容的利益共同体、命运共同体和责任共同体。在建设"一带一路"的进程中,应当坚持文化先行,通过进一步深化与沿线国家的文化交流与合作,促进区域合作,实现共同发展,让命运共同体意识在沿线国家落地生根。

2000 多年前,中国汉代张骞出使中亚,开辟出横贯东西、连接欧亚的古丝绸之路。随着古代航海业的不断发展,中外之间的海上贸易运输日益兴起,逐渐形成海上丝绸之路。丝绸之路不仅是中国与欧亚非各国之间商业贸易的通道,更是沟通东西方文明的桥梁。正是在丝绸之路的引领推动下,世界开始了解中国,中国开始影响世界。丝绸之路在推动东西方思想交流、文化交融,全球经济一体化、人类文明多样化方面发挥了十分重要的作用。在新的历史时期，随着中国与沿线国家经济文化联系的日益密切，古老的丝绸之路重新焕发出生机与活力，迎来难得的发展机遇。建设"一带一路"，是我们顺应时代发展潮流的必然选择。

文化的影响力超越时空，跨越国界。文化交流是民心工程、未来工程，潜移默化、润物无声。建设"一带一路"一定要积极发挥文化的桥梁作用和引领作用，加强各国、各领域、各阶层、各宗教信仰的交流交往，努力实现沿线各国的全方位交流与合作。江苏是文化大省，拥有丰富的人文资源和文化交流能力。江苏也是"一带一路"建设的重点省份，服务和推动国家战略发展是江苏文化发展的责任所在和发展导向。在大力推进文化强省发展的过程中，有针对性地围绕和强化"一带一路"区域文化交流，发挥江苏文化软实力优势，加快江苏文化"走出去，请进来"步伐，是当下江苏文化发展的重点，也是江苏文化发展的责任，具有重要的历史意义和现实意义。

多年来，江苏文化事业和文化产业快速发展，适应外部市场能力明显增强，特别是江苏文化软实力的作用愈加凸显，在国家"走出去，请进来"的大战略发展中所处的地位越来越重要，而且文化的外向度和开放步伐明显加快。江苏省多次在沿线国家、城市举办江苏文化周，配合国家文化交流战略的实施。2014 年，省文化厅提出了用好国家文化交流平台，主动对接"丝绸之路文化之旅"、中国—东盟文化交流年、"东亚文化之都"、海外中国文化中心等国家层面的文化交流活动项目，积极参加文化部在荷兰、法国、比利时、葡萄牙、丹麦、斯里兰卡举办的"精彩江苏"艺术节活动，不断扩大江苏对外文化交流领域，讲好江苏故事，弘扬中国精神，发挥江苏文化软实力的作用。江苏的演艺团体足迹遍布欧亚各国，由省文化厅和盐城市政府联合出品、盐城市杂技团演出的音乐杂技剧《猴·西游记》在美国林肯中心艺术节开幕大戏连续商演 27 场，刷新林肯艺术节举办以来演出单剧票房纪录，观众 6.21 万人次，约九成是当地主流人群，实现了江苏文化"走出去"从"技艺"到"内容"、从华人受众为主到当地主流人群为主、从"送出去"到"卖出去"的三大转变，取得了重大突破。南京的杂技《睡美人》和无锡的舞剧《绣娘》、京剧《镜海魂》、昆曲《桃花扇》等在海外和港澳台商演也取得了较大影响。精心组织"欢乐春节·精彩江苏"活动,在美国、马耳他、荷兰、埃及等国家展示了江苏文化的独特魅力。苏州昆曲团、江苏女子民乐团、盐城杂技团等文艺团体成为江苏省对外演出的名片。文物、非物质文化遗产展演靓丽登场,在韩国、日本、德国、法国、意大利、荷兰、埃及等国家收到热捧。韩国丽水世博会、法国巴黎文化周、俄罗斯文化周成为江苏文化走出去使得大舞台。江苏古琴、南京云锦、苏州缂丝、宋锦、刺绣、南通扎染、宜兴陶瓷、东海水晶、淮扬佳肴等是江苏对外开放的文化符号。对外文化贸易亮点纷呈,文化企业走出去成为新常态,苏州创博会、常州动漫节、无锡文博会等展会不断创新、可持续发展,极大地拓展了江苏文化产业在国际文化贸易的天地,成为国家文化产业"走出去"的新平台。对外文化贸易亮点纷呈,文化企业走出去成为新常态,苏州创博会、常州动漫节、无锡文博会等展会不断创新、可持续发展,极大地拓展了江苏文化产业在国际文化贸易的天地,成为国家文化产业"走出去"的新平台。特别是具有深厚文化积淀的江苏苏州园林文化、运河文化、中国活字印刷术等积极申报世界文化遗产,为海外人士所熟知,成为世界的文化经典。2014年,大运河成功申遗;2015年,江苏扬州、南京与全国一些其他城市一起,共同申报"海上丝绸之路"世界文化遗产,这将进一步凸显江苏在"一带一路"建设中的文化地位,更好地融入国家"一带一路"建设的大格局中,成为丝绸之路经济和文化发展的引领者。2015年12月,国家文化部确定由江苏牵头组织江南水乡古镇、中国明清城墙和海上丝绸之路等申报世界文化遗产,这不仅体现了江苏文化底蕴的深厚,更是激励江苏在"一带一路"建设中勇立潮头,争当先锋。江苏文化发展需要,也必须在国家"一带一路"建设中展示精彩江苏的绰约风姿。

二、江苏文化发展与"一带一路"建设研究的现实背景

(一)江苏文化对接"一带一路"战略是建设"强富美高"新江苏的重要组成部分。

2014年12月,习近平总书记在江苏视察时强调,江苏在"一带一路"交汇点上,需要协调推进全面建成小康社会、全面深化改革、全面推进依法治国、全面从严治党,在推动经济发展、现代农业建设、文化建设、民生建设、全面从严治党等五个方面迈上新台阶,努力建设经济强、百姓富、环境美、社会文明程度高的新江苏。文化发展水平是"强富美高"新江苏的主要标志之一,也是江苏对接"一带一路"的重要方面。尤其是随着"一带一路"国家战略的深入实施,需要江苏发挥重要交汇点的地位和作用,利用与沿线国家有深厚历史渊源和广阔经贸往来的优势,放大开放型经济优势,广泛开展与沿线国家文化交流与合作,做好文化先行、沟通民心的工作,奠定"一带一路"的民意基础和文化基础。因此,推动江苏文化发展主动对接"一带一路"建设是历史所托,责任所在,是江苏文化发展的重要组成部分。

(二)推动江苏地方文化融入"一带一路"建设是围绕"五通三同"建设的关键之举。

国家"一带一路"《愿景计划》提出后,围绕"五通三同"成为建设的核心。"五通"就是政策沟通、设施联通、贸易畅通、资金融通、民心相通。这"五通"是统一体、互为补充,缺一不可。"三同"就是利益共同体、命运共同体和责任共同体,三者融为整体,不可分割。而其中民心相通是"一带一路"建设的社会根基和联通基础,也是"一带一路"建设的目标任务和基础条件。民心相通,心有灵犀,一通百通,"一带一路"这项世纪工程才能真正获得沿线国家民众的广泛支持和顺利实施;反之,则会举步维艰,寸步难行。丝绸之路是文化之路、和平之路、绿色之路,没有文化的铺垫和抚育是无法完成的。江苏地方文化历史悠久,人文荟萃,积淀丰厚,曾经是传承和弘扬古"丝绸之路"精神的重点区域,拥有丰富的历史文化载体,是对接"一带一路"的极好纽带。推动江苏地方历史文化融入"一带一路"建设,将有助于整合地方的历史文化资源,高举古"丝绸之路"的文化旗帜,协同发力,力促国家战略的整体实施,共同推进"一带一路"建设。

(三)江苏实践"文化强省"目标必须在"一带一路"建设中主动有为、展示风采。

文化是民族的血脉,是凝聚力和创造力的源泉,也是地方发展的支撑和标杆。江苏是文化大省,并逐步向"文化强省"迈进,要在文化发展方面实现全面小康,既要体现经济强的硬实力上,也要体现在文化壮的软实力上,最终要体现在社会文明程度提升上,体现在人的全面发展和人的现代化上,体现在文化的国际影响力和美誉度上。江苏作为文化大省,要想实现"文化强省"的目标,不能没有地方文化的软实力提升,不能没有国家文化影响力,不能没有国际文化的知名度和美誉度。"一带一路"战略的实践为江苏文化走出去指出了方向,搭建了平台,提供了契机。江苏省委、省政府提出要在国际上施行树立"精彩江苏"的文化强省形象,梳理江苏作为中华文化的经典和标志的形象,就是需要借助"一带一路"的战略机遇期,主动有为,敢于探路,带动江苏地方文化整体走出去,在国际上树立"精彩江苏"的整体形象,展示江苏风采。

(四)主动融入国家"一带一路"建设有助于推动江苏文化建设整体迈上新台阶,创造新辉煌。

党的十八大以来,党中央高度重视文化建设,围绕加快建设社会主义文化强国、提高国家文化软实力,提出了一系列新思想新论断,作出具有深远影响的战略部署。文化交流是我国通过"一带一路"战略参与全球化进程的重要途径。 2016 年是江苏省全面对接"十三五"的开局之年,全省提出在"十三五"文化发展过程中,实施"一带一路"文化交流工程。提出要以"一带一路"沿线国家江苏友城为切入点,以设在沿线国家的海外中国文化中心为平台,以海外"欢乐春节"活动等为契机,赴沿线国家举办"精彩江苏·丝路情韵"文化周(年),推动交流合作。建设"强富美高"新江苏不仅要体现在经济建设方面,也要体现在文化建设方面。不仅要建设文明程度高的文明大省,也需要在国际上讲好文明中国、讲好文明江苏的故事。当下,江苏需要全面审视当前"一带一路"视野下文化交流的现实,找出推进地方文化建设与"一带一路"建设的契合点和交接点,厚植地方丝路文化优势,高举"一带一路"旗帜,积极融入"一带一路"建设,全力推动江苏文化整体迈上新台阶,创造历史新辉煌。

三、江苏与"一带一路"的文化渊源

(一)"一带一路"的缘起和界定

"一带一路"是指"丝绸之路经济带"和"21 世纪海上丝绸之路"的简称。它缘起于 2013 年 9 月 7 日,习近平主席在哈萨克斯坦纳扎尔巴耶夫大学发表重要演讲。这是我国首次提出了加强政策沟通、道路联通、贸易畅通、货币流通、民心相通,共同建设"丝绸之路经济带"的战略倡议。同年 10 月 3 日,习近平主席在印度尼西亚国会发表重要演讲时明确提出,中国致力于加强同东盟

国家的互联互通建设,愿同东盟国家发展好海洋合作伙伴关系,共同建设"21世纪海上丝绸之路"。后来,习近平主席在访欧时进一步指出,建设文明共荣之桥,把中欧两大文明连接起来,让亚欧大陆上不同肤色、不同语言、不同信仰的人们携起手来,共同走向更加美好的生活。"一带一路"由此诞生了。

建设"一带一路",是以习近平同志为总书记的党中央统筹国内国际两个大局,着眼实现"两个一百年"奋斗目标和中华民族伟大复兴的中国梦,为进一步提高我国对外开放水平而提出的重大战略构想。它不是一个实体和机制,而是合作发展的理念和倡议,是充分依靠中国与有关国家既有的双多边机制,借助既有的、行之有效的区域合作平台,旨在借用古代"丝绸之路"的历史符号,高举和平发展的旗帜,积极主动地发展与沿线国家的经济合作伙伴关系,共同打造政治互信、经济融合、文化包容的利益共同体、命运共同体和责任共同体。

"一带一路"比古海陆"丝绸之路"的范围更广,内容更实,内涵更宽。丝绸之路经济带的发展重点是畅通中国经中亚、俄罗斯至欧洲(波罗的海);中国经中亚、西亚至波斯湾、地中海;中国至东南亚、南亚、印度洋。与此同时,依托国际大通道,以沿线中心城市为支撑,以重点经贸产业园区为合作平台,共同打造新亚欧大陆桥、中蒙俄、中国—中亚—西亚、中国—中南半岛、中巴、孟中印缅等多个国际经济合作走廊等。21世纪海上丝绸之路发展重点方向是从中国沿海港口过南海到印度洋,延伸至欧洲;从中国沿海港口过南海到南太平洋。海上以重点港口为节点,共同建设通畅安全高效的运输大通道。在国内,"一带一路"分西北、东北、西南、内陆、沿海和港澳台等地区板块,几乎涵盖全国。根据各个地区的地理、经济特点,发挥各自的优势,全国一盘棋,东西双向开放,全面提升开放型经济水平。

(二)"一带一路"的发展进程

"一带一路"倡议是我国现阶段改革开放的战略,提出后受到了国内外的广泛关注和认同。在国内,我国全面深化"一带一路"倡议,2013年11月,十八届三中全会通过的《中共中央关于全面深化改革若干重大问题的决定》明确指出:"加快同周边国家和区域基础设施互联互通建设,推进丝绸之路经济带、海上丝绸之路建设,形成全方位开放新格局。"2014年11月的中央财经领导小组第八次会议专门研究了丝绸之路经济带和21世纪海上丝绸之路规划,发起建立亚洲基础设施投资银行和设立丝路基金。2014年博鳌亚洲论坛年会开幕大会上,中国全面阐述了亚洲合作政策,并特别强调要推进"一带一路"的建设。习近平主席呼吁各国积极参与"一带一路"建设。随后,中国政府发布《推动共建丝绸之路经济带和21世纪海上丝绸之路的愿景与行动》,明确了"一带一路"的共建原则、框架思路、合作重点、合作机制等。2016年3月,国家"十三五"规划纲要正式发布,"推进一带一路建设"成为其中专门一章。2016年8月,习近平在推进"一带一路"建设工作座谈会上,进一步提出三个聚焦和八项要求。从统一思想到统筹落实,从金融创新到人文合作,从话语体系建设到安全保障,面面俱到。三个"聚焦"的第一个方面是"五通":"政策沟通、设施联通、贸易畅通、资金融通、民心相通"。"通"则"顺","顺"则"成"。"聚焦"的第二个方面是三"合作",即构建"互利合作网络、新型合作模式、多元合作平台"。合作产生合力,合力铸造辉煌。"聚焦"的第三个方面是四"路",即携手打造"绿色丝绸之路、健康丝绸之路、智力丝绸之路、和平丝绸之路"。绿色、健康、智力、和平,这条路是一条真正的阳光大道。八个切实是"切实推进思想统一""切实推进规划落实""切实推进统筹协调""切实推进关键项目落地""切实推进金融创新""切实推进民心相通""切实推进舆论宣传""切实推进安全保障",八项要求巨细无遗,项项"切实"。通过三年多的实践,"一带一路"战略早已深入人心,成为我国各地统筹改革开放,全面建设小康的前进方向和实践抓手。2017年1月17日,习近平主席达沃斯峰会上再次向世界诠释了"一带一路"发展理念,并提出2017年年5月,中国将在北京主办"一带一路"国际合作高峰论坛,共商合作大计,共建合作平台,共享合作成果,为解决当前世界和区域经济面临的问题寻找方案,为实现联动式发展注入新能量,让"一带一路"建设更好造福各国人民。

在海外,"一带一路"受到了众多沿线国家和国际组织的认同和关注。目前已有100多个国家和国际组织参与到"一带一路"建设中来,中国同40多个沿线国家和国际组织签署了共建合作协议,开展了国际产能合作,对海外投资达到了500亿美元,联合国等国际组织也态度积极,以亚投行、丝路基金为代表的金融合作不断深入,一批有影响力的标志性项目逐步落地。"一带一路"

建设从无到有、由点及面,进度和成果超出预期。区域合作成为亮点,从中国东盟自由贸易区、中巴经济走廊、孟中印缅经济走廊到中俄蒙经济走廊,区域合作新倡议应运而生。俄罗斯欧亚经济联盟建设、欧盟"容克计划"、英国"英格兰北部经济中心"和哈萨克斯坦"光明大道"计划等都在积极探索与中国"一带一路"的战略对接。中老铁路、中泰铁路、印尼雅万高铁等重大项目,带着"一带一路"合作共赢的理念,在东南亚地区落地、生根、发芽。2016 年 1 月,习近平的中东三国行,从推进"一带一路"谅解备忘录到五大领域交往合作,打开了中国梦与中东梦相融合的"筑梦空间"。9 月 2 日,G20 杭州峰会召开前夕,习近平与哈萨克斯坦总统纳扎尔巴耶夫共同见证了有关"丝绸之路经济带"建设与"光明之路"新经济政策对接合作等文件的签署。9 月 3 日开幕的 20 国集团工商峰会上,习近平向世界承诺:"中国的发展得益于国际社会,也愿为国际社会提供更多公共产品。我提出'一带一路'倡议,旨在同沿线各国分享中国发展机遇,实现共同繁荣。"9 月 11 日至 14 日,以"共建 21 世纪海上丝绸之路,共筑更紧密的中国—东盟命运共同体"为主题的第十三届中国—东盟博览会(东博会)、中国—东盟商务与投资峰会在广西南宁举行,东盟与中国的合作步入了新的历史阶段。"一带一路"作为我国国家战略,正在以钉钉子精神得到落实,并一步一步推向前进,成为造福沿线各国人民的中国国际新形象。2017 年 1 月 17 日举行的达沃斯世界经济论坛年会上,习近平主席宣布 2017 年 5 月 14 日中国将在北京主办"一带一路"国际合作高峰论坛,共商合作大计,共建合作平台,共享合作成果,为解决当前世界和区域经济面临的问题寻找方案,为实现联动式发展注入新能量,让"一带一路"建设更好造福各国人民。习主席关于主办高峰论坛的这段讲话勾勒出我们办会的总体设想,再次体现了我们倡导"一带一路"核心宗旨和战略愿景。希望通过此次会议在世界范围内进一步凝聚各国对于合作建设"一带一路"的共识,加强发展战略对接,深化伙伴关系,实现联动发展,推动国际合作,实现合作共赢,为促进世界经济增长、深化地区合作打造更坚实的发展基础,创造更便利的联通条件,更好造福各国和各国人民。

(三)江苏与"一带一路"的历史渊源

中国是丝绸之国,历史上就通过海上和陆地,与世界上许多国家建立联系,开展经济、贸易、文化领域的对外交往和合作。应该看到,尽管丝绸之路源自中国,发端于中国,位于中国,但从一开始就是一个国际认同的产物。社会公认的"丝绸之路"概念源自19世纪晚期的德国地理学家李希霍芬的德语文字"Seidenstrassen"。他在自己撰写的《中国亲程旅行记》中,描写了中国经西域到希腊、罗马的交通路线,首次使用了"丝绸之路",并在一张地图中提到了"海上丝绸之路"。其后法国汉学家沙畹在《西突厥史料》中具体提到:"丝路有陆、海二道,北道出康居,南道为通印度诸港之海道。"由此有"海上丝绸之路"之称谓,并得到了各国史学家、汉学家的广泛认同。我国《中国大百科全书》对"丝绸之路"解释说:"中国古代经中亚通往南亚、西亚以及欧洲、北非的陆上贸易通道。因大量中国丝和丝织品多经此路西运,故称丝绸之路,简称丝路。"第38届世界遗产多哈大会批准通过陆上"丝绸之路:起始段和天山廊道的路网"世界遗产名录申请报告,中国与吉尔吉斯斯坦、哈萨克斯坦联合提交的这一文化遗产项目正式列入世界遗产名录。

历史上的丝绸之路有着多条线路。路上丝绸之路主要是指从中国西安至中亚、西亚、中东、欧洲等地通道的开辟。它起始于中国西安,经过天山廊道,西出中亚,乃至其他地区。最初是以汉代使臣张骞出使西域作为标志。它是古代亚欧大陆间以丝绸为大宗贸易而开展的长距离商业贸易与文化交流的交通大动脉,是东西方文明与文化的融合、交流对话之路,已经有2000多年的历史。"海上丝绸之路"是相对陆上丝绸之路而言的,是中国与西亚、中亚、西方进行海上贸易运输线路的统称。海上丝绸之路不仅出口丝绸、瓷器、食糖、五金等货物,同时也进口香料、宝石。海上丝绸之路的发展过程,大致可分为这样几个历史阶段:一是,从周秦到唐代以前为形成时期;二是,唐宋为发展时期;三是,元、明两代为极盛时期。大体形成了三大航线,一条是东洋航线由中国沿海港口到朝鲜、韩国、日本;一条是南洋航线到东南亚各国;一条是西洋航线到南亚、西亚、东北非乃至更远国家。从经济地理和地缘环境来看,江苏与海陆丝绸之路均有联系。

江苏地区襟江带海,历史悠久,历史上曾经是一个物华天宝、人杰地灵的鱼米之乡,也是海上与陆地丝绸之路的交汇点之一。江苏地方先民流寓海外的历史可以追溯到2000多年以前的战国、先秦时代。早在公元前8～3世纪,位于今苏南地区的诸侯国——吴国,农耕、纺织、陶瓷、冶炼、建筑和造船等生产技艺已相当发达,与中原、西域之间的丝绸贸易、陶器交流古来有之,同时,还开创了海上航行交通。当地的丝绸、瓷器、稻米作为贡品源源不断的运往中原,开启了东南沿海至中原的陆域丝绸之路。公元前473年,以苏州为国都的诸侯国吴王夫差在吴越之战中身亡国灭,导致部分吴国臣民及王室后裔流亡海外,成为江苏最早出境的先民。

秦汉时期,吴地丝绸、瓷器成为"赡军足国"和与海外交流的重要物资。秦始皇统一中国后,于公元前212年在今连云港市的海州设立朐县,并立石阙,设立"秦东门",这是当时我国唯一对海外开放的门户。秦汉时期的朐港(今连云港市境内)不仅"通九州,直达吴中",而且与东南亚及南亚一些地区(现越南、缅甸、印度、斯里兰卡等国)直接通航、通商,成为"海上丝绸之路"的重要一环。公元前200多年,赣榆县(秦代隶属琅琊郡)方士徐福奉秦始皇之命,入海求神药,携三千童男童女及百工、五谷等,浮海东渡,开辟了海上丝绸之路。他途经韩国济州岛西归浦,并在此停留,最后止于日本,日本史籍尊之为司农耕、医药之神,留下我国有史料记载的航海史,也是海上丝绸之路的拓荒者。汉代,佛教东传,途径西域进入当时的国都——西安。连云港孔望山留有东汉时期汉代佛教摩崖造像,在此静穆了2000多年,印证了海陆丝绸之路文化交流的史实。"海上丝绸路早开,阙文史实证摩崖。可能孔望山头像,及见流沙白马来"。中国佛教协会原会长赵朴初先生的诗提出了一个新的设想,即佛教可能从海路传入中国,而连云港也可能就是当时海上丝绸之路的起点之一。

六朝、隋唐时代,北方战乱频发,全国经济、文化重心相继南移,人口迭次南徙,使江淮流域经济、文化获得长足发展,以至形成"天下大计,仰于东南","财赋所产,江淮居多"的局面。江苏的苏南的丝绸、瓷器、茶叶、苏中和苏北的淮盐、茶叶等都是都是重要的贸易商品和皇室贡品。公元3~6世纪相继建都于南京(时称建业、建康)的东吴、东晋和南朝的宋、齐、梁、陈等六朝时代,与海外相互交往进一步发展,并出现以传授技艺、传播文化为缘由及通过官方交往渠道迁徙出国的侨民。六朝时期的南京(时称建业、建康)和隋唐时期的扬州,相继成为"贡使商旅,方舟万计"和"富雄冠天下,商贾如织"的大都市,并且是通向海东百济(朝鲜半岛古国)、大和(日本),海南狮子国(今斯里兰卡）、林邑、占婆（今越南中、南部）、扶南（今柬埔寨），以及天竺（今印度）、大食（古阿拉伯帝国）、大秦（古罗马帝国）等亚、欧国家的商贸口岸和交通门户。来自海外的"蕃客"，足迹遍及江苏境内的苏州、常州、润州（今镇江）、楚州（今淮安）、泗州（今宿迁）、海州（今连云港）、徐州等地。历史上的苏州是享誉国内外的"丝绸之府"，这里生产的大量丝织品为陆上丝绸之路和海上丝绸之路源源不断地输送了丝绸产品，见证了江苏海上丝绸之路的发展。苏北海州、盐城等地的淮盐是当时国家财税的重要来源，源源不断地输送到全国各地。东吴时期，南京地区就有从事纺织、制镜等技艺的工匠从石头津远渡海外，流寓日本、朝鲜、扶南（今柬埔寨）等国传艺营生。公元237～470年，日本曾先后多次派遣使者向东吴、西晋和南朝宋王朝求得从事纺织、缝纫的吴地女工多人徙居日本。不少佛教僧侣也赴海外传播佛教及中华文化。当时的连云港，建有海州港，设立驿站接待海外来客。连云港的宿城留有新罗村遗址，韩国人张保皋、金乔菊、日本园仁和尚等都曾经驻足于此，留下印迹。公元8世纪的盛唐时期，扬州大明寺高僧鉴真应日本入唐留学僧人及遣唐使节邀请，于唐天宝十二年（753）率弟子法进等东渡日本传授律宗佛学和包括建筑、雕塑、医学、印刷与书法、绘画、文学及手工艺等多方面的技艺与知识，被尊为日本佛教"律宗之祖"，并影响及今。

宋、元以来，自南宋绍熙五年（1194）"黄河夺淮"后，水灾频仍肇致淮河下游地区经济发展长期滞后，而江苏大部分地区尤其是处于长江三角洲的江苏南部地区，经济、文化和对外商贸持续发展。宋末元初（13世纪），江苏境内的江阴、上海和太仓相继成为对外贸易的港口。与此相媲美的还有宋代无锡翠微寺高僧大觉禅师，于南宋淳祐六年（1246）赴日本传经讲法，至公元1278年圆寂，历时32年，被奉为日本佛教"建长寺派"开山祖师。元代（14世纪）以后，随着商品经济和中外交通的发展，以官方为主体的"贡赐贸易"（或称"赍赐贸易"）和以海商形式出现的私人海外贸易相继兴起。在南宋时期，伊斯兰教创始人穆罕默德的第十六世裔孙阿拉伯人普哈丁为了传播伊斯兰教义，不远万里，于南宋咸淳年间（1265–1274年）来到扬州传教，最后，安葬在扬州市区解放桥南堍、古运河东岸岗上。他经常活动的仙鹤寺、普哈丁墓都是扬州作为海上丝绸之路的重要起点城市和东方著名港口与中亚之间文明交流的历史见证。

这里最值得一提的是从隋唐宋一直至明清的大运河。它横穿江苏苏南,联通江苏苏中、苏北许多城市,曾经是历史上重要的对外运输通道,也是沿途有许多海陆丝绸之路的重要转运口岸。它最为世界上开凿时间较早、规模最大、线路最长、延续时间最久的运河,是江苏作为"一带一路"交汇点的最好佐证。江苏境内的徐州、淮安、扬州、镇江、苏州、无锡等都是运河经过的地方,一些昔日名不见经传的小村落、小集镇现已发展成为一个个繁华的大都市。大运河的印记早已融入这些城市的血液里,成为江苏的文化之魂;而它发挥的极为重要的运输中转功能,地接江苏与全国各地的水陆联系,也是江苏历史文化的杰出代表作。

明清时期,继上海成为对外通商口岸之后,江苏的镇江、苏州、南京和海州、无锡、徐州等地也先后对外开埠通商。清康熙年间,苏州近郊的浒墅关,往来商舶日以千计,成为全国内外贸易和商品转口的中心之一。明代永乐、宣德年间(15世纪初叶),明王朝遣使四出,大规模开展与海外各国的"贡赐贸易"。明朝时期,明成祖朱棣命郑和七次下西洋,开启了江苏海上丝绸之路最辉煌的历史。郑和率包括江苏境内南京、太仓、昆山、常熟、江阴等地在内的东南沿海地区的数万军民组成官商船队七下"西洋"。从南京龙江港起航,经太仓出海,率领200多艘海船和2.7万多人,远航西太平洋和印度洋,拜访了30多个包括印度洋的国家和地区,曾到达过爪哇、苏门答腊、苏禄、彭亨、真腊、古里、暹罗、榜葛剌、阿丹、天方、左法尔、忽鲁谟斯、木骨都束等30多个国家,累计在海外历时15年有余,最远曾达非洲东部,红海、麦加,并有可能到过美洲、大洋洲以及南极洲,加深了明朝和南洋诸国(今东南亚)、东非的联系。这一我国海上丝绸之路的历史壮举,是我国丝绸之路发展的一块里程碑。南京至今好保留着六朝都城遗址、道场寺遗址、明代都城遗址、静海寺、天妃宫、龙江宝船厂遗址、郑和墓地、浡泥国王墓、净觉寺、郑和府邸旧址、洪保墓和大报恩寺等遗址,它们共同见证了江苏与丝绸之路文化交流的历史。

明代,受倭寇威胁,政府发出禁令,实施海禁政策,断绝了江苏沿海区域的海上贸易交流。明嘉靖年间(16世纪中叶),包括江苏地区在内的东南沿海相继出现了不少实力雄厚的海商集团,在受到官方禁止的情况下,从事海盗式贸易。很多因不堪重赋和其他灾害而破产的沿海人民也参与其间,以"贩海"为生。尽管官方严禁片板下海、寸货入番,海商及贩海群众仍冲决禁令,携人载货远航日本和东南亚各国进行贸易。明末清初,南京至长崎成为中日贸易往来的主要航线。来自江苏、安徽、江西等地的客商,由南京启航至日本经商的人数日益增多,从而形成了一度主宰中日贸易并在日本华侨社会具有深远影响的"三江帮"华侨群体。其后,在日本函馆、京滨、大阪、神户等地以及东南亚各国和美国纽约、旧金山等地,都相继形成了以上述乡土关系区分的华侨群体和以"三江""苏浙"等地域命名的华侨社团。"海商"贸易及由此形成的旅外侨民,从明代一直延续至清代中后期。尽管海上丝绸之路出现的阻隔,而陆上丝绸之路从未间断过。江苏的丝绸、茶叶、淮盐,以及各类精巧工艺品一直是明清时期皇家的最爱,通过大运河和陆路源源不断的输送到全国各地和北京皇家宫廷内。特别是值得一提是在我国著名的明清小说中,《西游记》《镜花缘》是唯一两部反映我国与海外交往历史的小说,都产生于江苏。书中的内容似乎是坊间传说和社会奇闻,但是,它们都是这个时代对外文化交流的见证,并作为中国的文化经典一直保留至今。

清末民初,江苏境内就有一些规模较大的生产企业走出国门去海外开设商店、行栈,经营传统的外销产品。20世纪二三十年代,以轻纺工业为主的民族工商业有了较大发展,为了摆脱洋行控制,开拓外销市场,部分民族工商业者在以往通过中间商外销产品的基础上,陆续派遣人员在美、欧和东南亚等地创建分支企业和营销机构,直接营销产品。

秦代徐福浮海、唐代鉴真东渡和明代郑和"七下西洋"等一系列伟大历史壮举早已成为中华民族的宝贵精神财富。他们将封闭打开,将世界连成了一体,促进经济文化的广泛交流,经由丝绸之路的艰苦旅程和经济文化交流,促使各种文化的相融并长,丰富并加深世界文化的内蕴,反映了江苏古代先民曾为开创、发展中外经济文化交流,弘扬中华文化谱写了光辉的历史篇章。江苏位于"一带一路"交汇点上,发展与"一带一路"沿线国家和地区的文化交流,将会促进各国相互增进了解,协同共享,推动江苏新一轮的对外开放和全面发展。

四、江苏文化发展新常态

（一）文化综合实力扎实厚实。

江苏以构建现代社会化的公共文化服务体系为目标，基本完成乡镇（街道）综合文化站和村（社区）综合文化服务中心达标建设任务。在全国率先建成"省有四馆、市有三馆、县有两馆、乡有一站、村有一室"五级公共文化设施网络体系，图书馆、博物馆、群众艺术馆设施覆盖率达到95%。南京博物院、南京图书馆等标志性工程全部投入使用；江苏大剧院行将建成；全省国家一级图书馆、文化馆、博物馆的总数居全国前列。全省万人拥有公共文化设施面积由2010年的601平方米增加到1490平方米，居全国前列。江苏率先完成全省第三次全国不可移动文物普查，登录文物点20007处。第一次全国可移动文物普查登录数据位居全国前列。全省新增106处全国重点文物保护单位、188处省级文物保护单位，国保单位总数达226处，继续位居全国前列。全省现有国家历史文化名城12座，世界文化遗产三处，世界文化遗产预备名单四处。作为中国大运河申报世界文化遗产牵头省份（国家申遗办设在扬州市），开展中国大运河保护和申遗工作获得成功。国家文物局确定苏州市为我国江南水乡古镇联合申遗牵头城市，南京市为我国明清城墙申遗牵头城市。八个镇、七个村被国家住建部、国家文物局公布为中国历史文化名镇名村。苏州木渎古城等五个项目入选全国年度十大考古新发现。省、市、县（市、区）三级共认定命名非遗代表性名录项目4591个、传承人4489名，四级非遗名录体系全面建成。设立了10个省级文化生态保护实验区。文化综合实力位居全国领先水平。

（二）文化开放格局逐步形成。

发挥江苏海外友城多的优势推进友城文化交流，打造精彩江苏文化品牌，成功举办第三届中美文化论坛（南京会场）、世博会江苏活动周文化艺术展演、"精彩江苏"进剑桥及音乐杂技剧《猴·西游记》美国林肯中心商演等大型对外文化交流和贸易活动。与港澳台文化交流更加密切，对台文化交流基地作用进一步发挥。江苏作为主宾省成功参加海峡两岸文化创意产业展。南京图书馆、南京博物院等省级文化机构与台湾相关文化机构建立交流合作机制。推动文化企业走出去，培育文化出口龙头企业，对外文化贸易呈现多元投入格局形成、自主创新能力提升、优势产业门类突显的良好态势,在演艺业、动漫游戏业、艺术品业等领域取得显著成绩。全省共有 75 家企业、10 个项目被商务部、文化部等五部委认定为"国家文化出口重点企业和重点项目",数量均居全国前列。

多年来,江苏文化事业和文化产业快速发展,适应外部市场能力明显增强,特别是江苏文化软实力的作用愈加凸显,在国家"走出去,请进来"的大战略发展中所处的地位越来越重要,而且文化的外向度和开放步伐明显加快。江苏省多次在沿线国家、城市举办江苏文化周,配合国家文化交流战略的实施。2014 年,省文化厅提出了用好国家文化交流平台,主动对接"丝绸之路文化之旅"、中国—东盟文化交流年、"东亚文化之都"、海外中国文化中心等国家层面的文化交流活动项目,积极参加文化部在荷兰、法国、比利时、葡萄牙、丹麦、斯里兰卡举办的"精彩江苏"艺术节活动,不断扩大江苏对外文化交流领域,讲好江苏故事,弘扬中国精神,发挥江苏文化软实力的作用;江苏的演艺团体足迹遍布欧亚各国,由省文化厅和盐城市政府联合出品、盐城市杂技团演出的音乐杂技剧《猴·西游记》在美国林肯中心艺术节开幕大戏连续商演 27 场,刷新林肯艺术节举办以来演出单剧票房纪录,观众 6.21 万人次,约九成是当地主流人群,实现了江苏文化"走出去"从"技艺"到"内容"、从华人受众为主到当地主流人群为主、从"送出去"到"卖出去"的三大转变,取得了重大突破。南京的杂技《睡美人》和无锡的舞剧《绣娘》、京剧《镜海魂》、昆曲《桃花扇》等在海外和港澳台商演也取得了较大影响。精心组织"欢乐春节·精彩江苏"活动,在美国、马耳他、荷兰、埃及等国家展示了江苏文化的独特魅力。苏州昆曲团、江苏女子民乐团、盐城杂技团等文艺团体成为江苏省对外演出的名片。文物、非物质文化遗产展演靓丽登场,在韩国、日本、德国、法国、意大利、荷兰、埃及等国家收到热捧。韩国丽水世博会、法国巴黎文化周、俄罗斯文化周成为江苏文化走出去使得大舞台。江苏古琴、南京云锦、苏州缂丝、宋锦、刺绣、南通扎染、宜兴陶瓷、东海水晶、淮扬佳肴等是江苏对外开放的文化符号。对外文化贸易亮点纷呈,文化企业走出去成为新常态,苏州创博会、常州动漫节、无锡文博会等展会不断创新、可持续发展,极大地拓展了江苏文化产业在国际文化贸易的天地,成为国家文化产业"走出去"的新平台。对外文化贸易亮点纷呈,文化企业"走出去"成为新常态,苏州创博会、常州动漫节、无锡文博会等展会不断创新、可持续发展,极大地拓展了江苏文化产业在国际文化贸易的天地,成为国家文化产业"走出去"的新平台。特别是具有深厚文化积淀的江苏苏州园林文化、运河文化、中国活字印刷术等积极申报世界文化遗产,为海外人士所熟知,成为世界的文化经典。2014年,大运河成功申遗;2015年,江苏扬州、南京与全国一些其他城市一起,共同申报"海上丝绸之路"世界文化遗产,这将进一步凸显江苏在"一带一路"建设中的文化地位,更好地融入国家"一带一路"建设的大格局中,成为丝绸之路经济和文化发展的引领者。2015年12月,国家文化部确定由江苏牵头组织江南水乡古镇、中国明清城墙和海上丝绸之路等申报世界文化遗产,这不仅体现了江苏文化底蕴的深厚,更是激励江苏在"一带一路"建设中勇立潮头,争当县份。江苏文化发展需要,也必须在国家"一带一路"建设中展示精彩江苏的风姿。

(三)"精彩江苏"融入意识明显增强。

自"一带一路"战略实施以来,江苏主动从顶层设计方面对接,提出了实施"一带一路"文化交流工程的规划构想。以"一带一路"沿线国家江苏友城为切入点,以设在沿线国家的海外中国文化中心为平台,以海外"欢乐春节"活动等为契机,赴沿线国家举办"精彩江苏·丝路情韵"文化周(年),推动江苏文化走出去,加强江苏与"一带一路"沿线国家和地区之间的文化交流合作。江苏"十三五"文化发展规划还提出了对接"一带一路"的友城文化交流推进工程、对台文化交流深化工程,以及江浙沪文化市场区域合作发展计划和"精彩江苏进剑桥"系列活动,力求通过以英国埃塞克斯郡、加拿大安大略省等传统友城及新建友城为重点,以海外"欢乐春节"活动、友城周年庆典活动等为契机,赴友城举办"精彩江苏"文化周活动,深化我省与国际友城的文化交流合作。进一步发挥对台文化交流基地作用,利用江苏丰富的民国时期历史文化资源优势和地域特色传统文化资源,深化苏台两地在舞台艺术、造型艺术、文化产业、文化遗产、图书文献等领域的交流合作。对接"一带一路",建立三地文化市场大数据应用平台,推进三地文化市场一体化建设。探索建立行政审批"一地准入,三地通行"联动机制,推动跨地区企业连锁、项目联动、行业联盟,形成联动管理、共同发展的新格局。与英国剑桥大学合作,共建"昆曲国际在线数字博物馆",举办国际面具交流展、世界冷兵器交流展等活动,在英国精英知识阶层传播江苏的文化精彩,并通过剑桥大学产生强辐射效应。

(四)文化产业实力日益提升。

文化产业快速发展。在文化部发布的全国省市文化产业发展综合指数排名跃升第二。全省共有文化法人单位10万多家,其中年营业额500万元以上规模企业6500余家。涌现出一批自主创新能力强,竞争力、影响力、辐射力较高的规模企业。文化产业基地、园区建设加快,打造了一批不同主题、形态多样、功能互补的文化产业集聚区。全省共有200余个文化产业园区,含一个国家级文化产业试验园区、16个国家文化产业示范基地、四个国家级动漫产业基地、三个国家级文化与科技融合示范基地,同时建成14个省级文化产业示范园区、44个省级文化产业示范基地,数量和规模均居全国前列。"南京秦淮特色文化产业园"入选第五批国家级文化产业试验园区,实现我省零的突破。利用数字、网络、信息等高新技术的新兴文化业态迅速兴起,成为文化产业发展新亮点。全省拥有动漫企业300多家,其中被文化部认定享受财税优惠政策的动漫企业86家。着力打造苏州创博会、常州动漫周、南京文交会、无锡文博会等四个文化产业会展平台,推动常州、南京、无锡三个国家文化科技融合示范基地建设。全省文化企业70%为民营企业,发展成为全省文化产业主力军,南京云锦、常州卡龙、苏州蜗牛等一批优秀民营文化品牌脱颖而出,形成文化产业多元投入、竞争发展的良好格局。

五、江苏文化对接"一带一路"存在的问题

尽管在江苏文化发展过程中,"走出去、请进来"步伐不断加快,服务"一带一路"的意识逐步增强,但就江苏自身发展需要和作为"一带一路"交汇点上的政治地位来比较,依然存在着差距和短板。

(一)服务"一带一路"主体意识需进一步提升

江苏文化走出去是江苏对接"一带一路"战略的主要抓手,也是江苏对外开放、全面建设小康社会的主要组成部分,需要整合江苏整体的文化资源,搭建大平台,构架大格局,要主动有为,整体"走出去",多元"请进来"。需要文化事业、文化产业协同发力,政府、企业、社会团体和个人共同发声,是责任和义务,也是机遇和挑战,更是契机和抓手。江苏在"一带一路"交互点上是习近平总书记对江苏明确定位,也是对江苏如何对接"一带一路"建设的殷殷嘱托。作为民心相通的支撑,江苏文化走出去还须进一步提升主体意识,有为有位,敢于做全国文化走出去的"领头羊",先行一步,敢为人先,力争第一。

（二）服务"一带一路"适宜项目需进一步梳理

文化"走出去、请进来"不是一个空泛的口号,需要通过具体的活动、具体的人员、具体的项目为载体,才能对接和切入。江苏文化发展是一个系统工程,如何切入"一带一路"建设这个主题,必须要有合适的切入项目作为载体才能实施。目前,江苏文化对接"一带一路"的工程中,主要设计了友城交往、春节活动、地方文化周等活动,大多活动是依托省、市、县区的文化事业单位来承担,这与市场对接的程度和广度是显然不够的,明显存在缺憾和短板。文化发展涉及文化事业和文化产业,也涉及关联产业和行业,精准对接"一带一路"需要选择适合的对接项目,特别是在市场经济环境中,简单的理论思考和空泛的说教都无法承载民心相通的功能和责任。

（三）服务"一带一路"特色平台需进一步打造

在江苏对接"一带一路"建设过程中,经济发展的平台业已产生,如中哈物流基地是中国和哈萨克斯坦政府间的对接平台；无锡红豆的柬埔寨西港特区、苏州张家港的埃塞俄比亚东方工业园、南通在印度尼西亚办的双马农工贸经济合作区以及中韩盐城产业园、连云港"一带一路"国际农业合作示范区等重点产业集聚平台(园区)进展顺利,发展步履稳健,势头强劲。而就文化而言,江苏还未曾有类似的海外重点发展平台,没有"一带一路"沿线国家和地区的文化机构,政府服务"一带一路"文化发展的公共服务平台还未建设,文化企业到海外拓展市场,扩大交流还缺少可行的依托和有效的抓手。

（四）服务"一带一路"运行机制需进一步锻造

文化"走出去、请进来"是一项需要长期积淀和打磨的事项,并非一早一夕之功能够胜任。不管是搞一些展示,还是从事一项活动,整体的综合能力和顺畅的机制是制胜的关键。江苏文化发展对接"一带一路"文化交流是一项系统工程,从前期策划准备、时机选择、人员配置、国别划分、内容设计、语言保障等方面一直到后期具体实施、市场开发、效益预测分配等,需要精准而无误。在此过程中运行管理、机制运用、保障措施都有讲究。长期以来,江苏文化走出去主要依托行政组织、事业单位和国有公司,而对于民营企业和市场机制比较陌生,在体制制约、商业模式、市场机制等方面存在着明显不足,文化走出去的整体能力还需进一步提升,新型的行业机制还需要进一步锻造和打磨。

(五)服务"一带一路"理论研究需进一步深化

理论是实践的先导,有什么样的思路,就有什么样的行动,思路决定出路。江苏文化"走出去"一直是文化主管部门专注的重点之一。但是,在"一带一路"视野下,文化"走出去、请进来"都需要我们用更加开阔的视野、更加深厚的定力、更加扎实的措施去对接,全面融入"一带一路"建设中。因此,特别需要理论创新,需要用全新的思路去探寻江苏文化对接"一带一路"的路径和方法,要善于用世界语言,讲好中国江苏的精彩故事。自"一带一路"战略提出以来,关于文化走出去的研究不绝于耳,但是,如何在跨文化、跨市场、跨管理、跨机制、跨体制的宏观背景下,深入探讨江苏文化如何"走出去",如何收获社会和经济双重效益,江苏尚存短板和缺憾,还需进一步深入研究。

(六)服务"一带一路"长效机制需进一步完善

"一带一路"是一项国家长期战略,而服务"一带一路"建设也非一日之功。"十三五"期间,江苏文化发展需要在"一带一路"建设中主动有为,需要构建参与"一带一路"建设的长效机制。江苏文化"走出去"不仅是文化的交流和互动,也是社会人文的融通和汇聚,存在着体制机制的互相适应和对决过程。"一带一路"地域辽阔,文化多元,包容性特别强。依照我们现行的文化体制和机制,与"一带一路"沿线国家和地区对接需要在机制做好精准对接,方能融会贯通,事半功倍。

六、江苏文化融入"一带一路"建设的思路与原则

"十三五"发展再启征程,文化强省建设时不待我,江苏文化发展如何尽快融入"一带一路"建设发展大局是当下江苏文化界需要深思的课题,特别是推进"一带一路"文化建设,具有跨国家、跨文化、跨区域、跨民族、跨体制等诸多特点,传统国内通行的文化发展思路、交流方式、运行办法,在国际交流中存在着一定的差异性,需要在具体措施和办法方面重点研究。思路和建议如下。

（一）江苏文化发展融入"一带一路"建设思路

以民心相通为启动点和落脚点，充分发挥政府、企业、个人的各自优势，明晰目标，把握重点，整合资源，设计顶层，突出创新，运用有针对性的适宜机制和措施，主动融入"一带一路"建设，用世界语言，讲好江苏故事，为建设"强富美高"新江苏、全面实现小康社会展现文明江苏、精彩江苏、靓丽江苏、辉煌江苏。

（二）江苏文化融入"一带一路"的基本原则

1. 自觉性原则

"一带一路"战略是我国为了进一步统筹国内、国外两个方面，构建现有环境下我国对外开放新型模式而提出的战略。主动有为、以我为主是我们工作需要遵循的原则之一。推进"五通"建设，民心相通是关键。要敢于并善于用中国语言去解读中国故事，还要善于用世界语言解读中国故事，不仅要解读到位，而且要讲得精彩。这就需要我们牢固树立文化自觉和文化自信，树立自觉融入的主动性和创造性，用生动、适宜的形式和方法诠释"强富美高"新江苏。

2. 针对性原则

"一带一路"沿线国家和地区区域辽阔，涉及世界 60 多个国家，将近 45 亿人口，文化种类多样，社会环境复杂，思想碰撞激越，因此，有针对性地传播中国文化、传播江苏精彩形象是至关重要的。要针对不同的国家、不同的宗族、不同的群体、不同的宗教、不同的场合、不同的契机去有的放矢地传播中国文化，表达文明江苏、文化江苏的新形象，既要讲好、讲精彩，也要善于学会用对方接受的形式和语言来表达我们的思想和内容，用客观、精准、生动的形式，掌握话语主动权，达到文化沟通和传播的目的。

3. 适宜性原则

国家之间的文化交流，润物无声。在"一带一路"建设过程中，要力戒是是而非、大水漫灌式的无序文化灌输行为。不能自己想讲就讲，想如何讲就如何讲，想对谁讲就对谁讲。不看对象，不注意方式、方法。我们既要有民族自觉和文化自信，用自己的语言讲好自己的故事，还要善于用世界语言讲好中国故事。用"一带一路"沿线国家能够接受的语言、形态、方式，讲深、讲透、讲完整中国故事。我们不能期盼这些国家和地方的人群与我们思想一致，不能生搬硬套，自以为是，以偏概全；希望别人全盘接受，要打造利益共同体、命运共同体和责任共同体,用共享、共赢地思路精准表达精彩江苏的形象。

4. 可持续原则

"一带一路"作为国家战略,是我们需要长期坚守和着力推进的方向。前瞻性地谋划、科学合理的规划、坚忍不拔的践行都是必须的。民心相通是一项潜移默化、润物无声、细腻入微的沟通形态,不可能也不会一蹴而就。履行江苏"一带一路"文化工程的任务不能好大喜功、靠搞运动来推进,需要长期、细致和不懈地努力,因此,可持续性是我们工作中必须遵循的原则之一。

七、江苏文化发展对接"一带一路"建设的对策

(一)主动谋划,做好对接"一带一路"建设的顶层设计

江苏是文化大省,正在努力实现文化强省的目标,发挥地域文化在国家战略发展中的中坚作用,主动对接国家"一带一路"战略和建设是现实需求,也是历史责任。一是,要在现有出台的江苏文化发展"十三五"规划的基础上,加快制定江苏文化发展融入"一带一路"文化建设工程的地方性专题规划,谋划当前,着力长远,明晰江苏文化发展过程中融入"一带一路"具体目标、发展重点、主要方向、时序表和任务书,通过前瞻性的规划引领,带动对接"一带一路"文化建设工程的整体推进。二是,梳理和设立江苏文化对接"一带一路"项目库。开展广泛深入的调查研究,梳理江苏文化脉络和发展优势,坚持政府主导、社会参与的"走出去"形式,倡导社会力量和企业共同参与"一带一路"建设,充分发挥和动员社会力量,通过政府引导,企业、个人参与,社会团体协力,建设切实可行可信的江苏文化走出去项目库,通过具体项目,实践江苏文化走出去的任务。三是,加快完善与国家有关文化部门的对接机制。要主动对接国家文化管理部门,通过与国家文化、文物、广播电视、新闻出版、旅游、教育、体育、科技等关联部门的对接和联系,把握国家"一带一路"文化建设走出去的思路和项目,精准设计江苏文化发展融入"一带一路"的具体步骤、方式和切入点和着力点,主动为国家承担"一带一路"文化建设任务,借助国家政策和阶梯走出去。

(二)区别对待,深化"一带一路"沿线国家的国情研究

在"一带一路"建设过程中,"知己知彼,百战不殆"是许多专家和学者认

同的观点。江苏文化对接"一带一路"建设,需要加强"一带一路"沿线国情研究。一是,要树立主动有为的大局意识。近年来,江苏文化走出去取得了一定成效,但是,服务"一带一路"战略的意识尚需提升,要强化文化自觉,善于为"一带一路"建设探路和谋划,特别是要强化地方政府推动文化走出去的意识,在主动有为中推动文化与经济的协同出海。二是,要发挥江苏研究机构和人才优势开展有针对性的国情研究。文化企业走出去一直是对接"一带一路"建设的难点。要抓住江苏省、市哲学社会科学年度研究课题发布和文化研究机构年度研究工作安排之际,强化研究的指导和引导功能,有针对性地逐步明晰重点国别、重点区域、重点文化行业、重点研究形态的内容,倡导开展推进江苏文化走出去的专题研究项目;要在重点区域、重点高校、重点社会智库机构设立江苏文化走出去的研究基地,通过联合、委托、定点和协作方式,深化研究内容和研究成果,鼓励江苏各界加盟"一带一路"建设研究;要充分发挥江苏人才汇聚的优势,适时召开专题的重点国家、重点区域、重点内容的研讨会,有针对性地谋划、探讨江苏文化走到哪里去?如何走出去?如何走得好?如何走得远?为江苏政府部门决策和推动文化对接"一带一路"建设提供智力保障。三是,动员社会力量开展研究。江苏文化发展对接"一带一路"建设是一个范围广、社会化程度高的课题,需要全社会共同努力实践,不能仅靠政府文化部门自身来完成,需要拓展研究工作的视野。要善于总结民间文化走出去的经验,提炼成为理论,指导政府工作。要进一步深化文化体制改革,改善文化管理模式和形态,充分发挥社会力量,整合社会资源,善于联合和运用民间智库、民间社团、民营企业通力完成对接"一带一路"文化发展研究。

(三)把握重点,提升"一带一路"文化建设的综合能力

江苏文化对接"一带一路"建设需要进一步提升自身的综合实力和能力,提升对接的精准度和水平。对接"一带一路"建设不是泛泛而谈,需要有抓铁有痕的扎实手段和实力。一是要进一步夯实江苏文化走出去的基础。要在深化第三次全国文物普查的阶段性成果,全面梳理江苏非物质文化遗产项目资源,整理出一批符合"一带一路"沿线国家和地区的文化交流对接方向和内容的基础资料,挖掘地方现有文化资源,为精准设计和精准对接提供良好基础。二是,着力设计和实施江苏文化数字工程。要加快对接国家互联网发展计划,进一步深入组织实施"互联网＋江苏文化"、"互联网＋江苏传播"、"互联网＋江苏形象"的数字化工程,有效利用江苏文化历史资源和文物史料,规划设计和实施江苏文化的数字化工程,加快江苏数字文化与海外民众的无线对接,拓展互联网文化传播渠道和文化空间,用活江苏历史文化资源。比如针对现有的省级、地方博物馆资源,建设一批数字化生态博物馆;针对非物质文化遗产保护项目,建设一批数字化保护传承项目;针对社会文化资源,制作和出版系列数字化的影视图文资料;等等。三是,加快设计适销对路的"丝路情韵·精彩江苏"项目。江苏提出了对接"一带一路"的文化走出去工程,但是,按照市场经济的思路来看,只是一个构想,是一个统货,到哪里都是一样的。春节期间到一个地方展示或演出,只要是中国的文化元素的东西,谁看都是一样,大同小异,差异不大,缺少讲述精彩江苏的元素。比如剪纸有陕西剪纸、山东剪纸、安徽剪纸、江苏剪纸,各有特色。要讲好精彩江苏的故事,则需要突出江苏剪纸的颜值,只有凸显出江苏剪纸特色,凸显江苏特有的文化内容,方能展示精彩江苏魅力。四是,要有计划地组织实施江苏精品文化项目翻译工程。语言是表达交流的基础,也是交流的前提,夯实语言基础是至关重要。要精准地表达江苏文化内容,共享文化成果,准确发声,用适宜的语言表达非常关键。鼓励江苏文化企业和文化团体走出去,没有正确语言的传递和帮助是不可能实现的。因此,有计划地组织精准翻译江苏文化是江苏文化发展对接"一带一路"的制胜利器。

（四）明晰目标,推进江苏文化"走出去、请进来"的整体布局

江苏文化"走出去、请进来"是地方政府的需要和任务,需要走到哪里,去干什么,如何"走出去、请谁来"等等,都需要整体谋划布局。一是,要根据江苏对接"一带一路"建设的重点区域和国家整体布局。江苏对接"一带一路"建设不会全面开花,需要根据自身的特点和优势发挥作用。比如江苏与东亚地区交际密切,地缘优势明显,文化互补性强,可以以日韩等东亚地区的文化交流和对接为重点,凸显特色,形成整体优势。2016 年 12 月 20 日,江苏原创历史歌剧《鉴真东渡》在东京首演就是一个极佳的经典范例。二是,要根据江苏经济对接"一带一路"的重点范围整体布局。江苏是经济大省,对外贸易和技术输出是强项。近年来,江苏着力打造国际运输大通道,江苏的苏州、南京、南通、徐州、连云港都有开行至中亚、欧洲的集装箱班列,苏南、苏中、苏北物流大通道实现了全覆盖。这就对地方文化走出去提出了新要求,互联互通走到哪里,文化相通就可以布局到那里,这是非常契合的,也是非常必要。三是,要根据江苏文化"走出去、请进来"的重点内容整体布局。江苏文化资源多样,积淀深厚,但是,在对接"一打一路"建设过程中需要扬长避短,凸显重点,要选择相对文化知晓度和美誉度较高的文化产品走出去。比如海上丝绸之路申遗是江苏文化对接"一带一路"建设的重点内容,在江苏涉及苏北、苏中、苏南三大区域,渊源久远,海外知名度高,也是海外民众最易接受的内容,也该重点给予关注和扶持。这样可以整合江苏各地的文化资源,打组合拳,举一反三,纲举目张。

(五)主动有为,紧盯国家"一带一路"文化走出去计划

自"一带一路"战略实施以来,国家在加快经济转型升级,推进产能合作,拓展人文交流方面做了大量工作。要想融入国家"一带一路"战略,地方政府需要统筹考量,综合平衡,紧盯国家具体战略布局和举措。一是,要加快与中央关联部委的联系和对接。江苏省级、市级文化、新闻出版、广播电视等地方政府部门要主动对接,建立与中央关联部门的"一带一路"建设访谈会、联席会机制,不定期的联络、沟通,了解国家"一带一路"走出去布局与项目,做好与国家"一带一路"文化建设项目的对接。二是,要服务国家在海外开展重大国事访问、展示活动和年度交流计划。随着我国外事大外交格局的确立和对外活动的日益增加,我国外交环境逐步改善,整体外交能力日益强盛。配合国家整体外交需要,着力提升地方文化软实力是非常有效的抓手。江苏可以借助国家外交活动之机,特别是友好活动周、友好活动年、国际性展示活动等机遇,融入整体,借船出海,借力发力,打造"精彩江苏"精品活动,凸显江苏文化魅力。三是,服务和对接国家整体文化走出去。江苏文化积淀丰厚,地域特色鲜明,文化元素众多,拥有推进"一带一路"文化建设的良好基础条件。而且,江苏南京、苏州、无锡、扬州、连云港、徐州、淮安等城市均与海陆丝绸之路发展结缘,是海陆丝绸之路的节点城市,社会、人文基础良好,对外开放度高,易于在省文化主管部门协调下,共同推进"一带一路"文化走出去。多年来,江苏还倡导"率先"发展的理念,早在"十二五"期间就提出了在全国率先实现小康,率先实现基本现代化的发展目标,文化发展也是如此;加快推进国家赋予江苏对接"一带一路"文化发展的任务,为国家整体战略服务顺理成章,责任在肩。如海上丝绸之路申遗工作。要加快推进海上丝绸之路申遗工作,在综合国内各类文化资源的基础上,善于挖掘和整合江苏区域内的海上丝绸之路申遗方面的文化资源,强化江苏符号在海上丝绸之路申遗的分量,既能凸显江苏特色,又能肩负起国家责任。

(六)突出创新,开辟江苏"十三五"文化走出去新通道

我国"十三五"规划明确提出"创新、协调、绿色、开放、共享"的五大核心理念,其中创新是最为关键的。我国正处于经济转型升级、社会治理进一步深入的档口,只有创新才能保障各项任务的圆满实施。江苏文化发展要想对接好国家"一带一路"战略实践,创新最为重要。一是,要探索江苏文化对接"一带一路"的新机制。要逐步探索地方文化走出去的社会化市场机制,探索国有企业、民营企业、文化企业、事业单位协同走出去发展的文化新机制,采用项目合作、招标投标、股份合作、补贴补助等多种形式,整合社会文化人才和文化资源,鼓励社会团体、文化单位、文化企业和个人承担文化走出去的任务,改变传统的文化事业单位走出去大一统的格局。二是,拓展江苏文化对接"一带一路"的新空间。要拓展视野,放大区域,抓住"一带一路"沿线国家和地区的地方节庆、民俗活动、民间习俗等节点事项,拓展我们文化走出去的时间空间和内容空间。要改革和改善原有的一般都是春节出国演出的习惯,善于参加"一带一路"沿线国家的大型文化活动,如大型音乐会、大型文化展会、大型文化赛事等,主动融入对方的主流文化活动,拓展江苏文化走出去的展示空间。三是,创立江苏文化对接"一带一路"的新载体。江苏文化发展需要各类文化组织和机构协力而动,江苏目前已经有各类社会组织超过1万多个,这些社会组织都有自己的社会空间和擅长之处,江苏文化对接"一带一路"建设,仅仅凭借文化部门的一自之力是很难完成的,需要借力社会组织、社会机构、社会团体和民营企业,甚至个人的力量,共同完成走出去的任务。开发新的文化走出去载体至关重要。四是,开辟江苏文化对接"一带一路"的新渠道。实践"一带一路"建设任务,做好民心相通工作,打通心心相印的"最后一公里"文化是关键,但是,不能仅仅依靠文化本身,而是要善于运用各种不同的形式,开辟不同的渠道来完成。如创意农业、创意文化、创意设计、文化旅游、科技教育、医疗卫

生等都可以成为有效的渠道。因此,我们不能将文化走出去禁锢在传统的演艺、展览、展会等形式的文化交流方面,要适应新常态,适应国际化的通行规则,适应并善于用世界语言诠释中国故事,运用新形态,拓展新渠道,开启江苏文化发展的新天地。

（七）树立品牌,打造江苏文化对接"一带一路"精品项目

江苏文化对外开放时间长,文化交流活动多样,与丝绸之路经济带和21世纪海上丝绸之路的沿线国家的文化交流历史悠久,友谊深厚,已经发挥了一定的作用,有了一定的知名度和美誉度,但是,江苏文化符号和江苏文化品牌建设还需加强。一是,加强对原有江苏文化品牌的推广。要进一步深化原有的传统文化品牌的推广力度,持续发力,不断推广,厚植江苏文化符号的海外基础,为江苏文化对接"一带一路"奠定坚实基础。如苏州园林、昆曲、大运河文化、徐州汉文化、《西游记》文化、淮扬菜肴、水晶文化等,加快融入"一带一路"文化建设项目中,率先出海,唱响江苏文化品牌。二是,树立适宜"一带一路"的文化新品牌。促进"一带一路"文化建设,需要面广量大的文化内容。要依托江苏深厚的历史文化,进一步整合江苏文化资源,设计新载体、新项目、新品牌,着力提升江苏文化牌品的海外穿透力和适应性。比如江苏的徐福文化、淮盐文化、江海文化、明清小说文化等,用适宜"一带一路"文化建设的具体产品,打造文化走出去的标杆和品牌。三是,提升江苏文化品牌的层级。通过多年的打造,江苏文化发展中已经产生或提炼出一些较好的品牌,已经有了一定的文化品牌基础。但是,就融合"一带一路"文化建设的需求来说,还需进一步提升。打造世界著名的文化品牌好莱坞、迪士尼等并非一日之功。要着力研究世界文化发展的法律和法规,善于运用世界通行规则,提升江苏文化品牌的层级。比如借助联合国科教文组织的物质文化遗产、非物质文化遗产的保护规则,着力推进海上丝绸之路、江南水乡、明长城的遗产申报活动。

（八）探寻模式,构建江苏文化发展走出去的长效机制

对接"一带一路"建设,文化先行既要走好,也要走稳,构建长效机制是关键。一是,完善政府走出去的示范机制。"一带一路"建设是江苏文化发展的重要载体,也是历史机遇,政府是核心,是主体。江苏文化走出去,政府必须积极倡导,有所准备,先期介入,从文化产业、文化事业多重视角去认识。政府倡导文化走出去,并非政府替代社会和企业走出去。而是,政府鼓励、推动、倡导文化走出去。要积极发挥市场和政府"两只手"的作用,加强谋划,主动出击,逐步完善国内与国际、市场与文化、政府与民间的互通运行机制,通过舒解引导,调动社会力量共同推进"一路一带"文化建设。二是,搭建政府与民间文化走出去的协同共享机制。"一带一路"文化建设是江苏文化强省建设和"十三五"文化发展的重点,也是江苏文化发展的机遇和挑战。江苏文化"走出去"长期得益于政府的扶持和推进,但是,如何在海外多元的文化市场和经济环境中切入我国主流文化一直是政府需要积极探寻和努力的方向。江苏文化民营企业实力较好,社会文化团体众多,社会文化资源非常丰富,民间文化走出去的力量绝不能忽视。要在原有公共文化事业单位走出去开展文化交流发展的基础上,尽快构建政府与民营企业、民间社团文化走出去、请进来的协同共享机制,制定相关运行规则,明晰相互的责权力,深化文化管理,透明运行,通过完善的运行规则和机制,达到共享文化发展成果的目的。三是,建设文化走出去的社会化运行机制。深化文化体制改革,加强文化的综合管理,就是要破解传统文化管理体制的弊端,弥补原有文化管理的短板。文化涉及面广,范围宽泛,管理机制多样,特别是对接"一带一路"建设的对象是一个多元复杂的社会,需要形成借助各方面力量来完成和实现,搭建社会化运行机制不仅有助于地方文化走出去,而且有助于整合资源,形成合力。比如以非物质文化遗产保护项目为例,涉及社会上的三百六十行,小到路边摆摊设点的,大到关乎国计民生的经济、社会、医疗、卫生、等各个领域,还有传统音乐、传统戏曲、传统曲艺等。要想带动他们协同共进,促进地方文化走出去,必须构建适宜可行、共享的运行机制,否则,很难依照现行文化管理和运行机制来实现。

八、江苏文化融入"一带一路"建设的保障措施

"一带一路"是国家发展战略,加快推进地方文化走出去,地方政府承担重要责任。如何运用政策、机制、体制、人才、资金等方面的杠杆作用和发展优势,是保障江苏文化快速融入"一带一路"建设的最有效的方法和手段。

(一)政策保障

政策是政府调控的重要手段之一。一是,加快制定江苏文化走出去的扶持

政策。要加强调查研究,实事求是,制定适宜的方针政策,用行之有效的政策强化对于参与"一带一路"文化建设的企业、单位和个人的引导作用。二是,用好现有的文化产业和事业扶持政策。梳理现有的文化事业、文化产业、科技企业、服务贸易、税收减免等方面的政策,强化对于江苏文化走出去政策执行力度,把控机遇,鼓励走出去企业使用这些优惠政策。三是,用好扶持文化走出去的外事政策。要严格准守中央的八项规定,一方面着力减少文化行政事业单位公务出访人员数量,严格审批、加强管理;另一方面,进一步扩展文化企业和个人走出去的范围,鼓励江苏文化企业人员走出去、请进来,增加文化企业走出去的人员数量,深化文化企业走出去的社会化程度,通过社会运作机制增强文化走出去的能力。

(二)服务保障

政府就是服务,服务就是支持。一是,要全面深化文化项目类走出去项目的审批改革。取消或减少文化走出去项目的审批环节,鼓励各类所有制的企业、单位,特别是民营企业和个人承担文化走出去的任务。如新闻出版类、广播电视类、工艺美术类、文化演艺类、展示活动类等。二是,改革和施行文化产品大通关政策。要主动对接上海自贸区和海关大通关政策,除了文物以外,实行文化产品与经济类产品同等政策待遇,深化文化产品进出口岸政策改革和检查制度改革,有利于文化产品进出口。三是,搭建文化产品走出去公共服务平台。进一步深化政府公共服务平台建设,大力运用互联网、物联网,改革政府文化走出去公共服务平台的模式和形态,主动为企业提供国际文化交流信息、文化市场行情和文化消费趋势、研究成果等,提供政府扶持的文化走出去项目和文化政策、资金保障等信息,实现国际、国内文化产品和消费的无缝对接。

(三)资金保障

江苏文化对接"一带一路"建设是一项长期而艰巨的工作,资金保障必不可少,特别是在文化企业走出去的过程中。一是,增强资金保障力度。要采取文化产业引导资金的形式,每年核准部分文化产业引导资金用于扶持"一带一路"走出去项目,有针对性地定向扶持"一带一路"文化建设。二是,改进原有公共文化走出去扶持资金的保障形式。依据研究,可以看到江苏传统走出去大多集中在国有或公共事业单位,大多走出去资金扶持也集中在这些单位。而现代文化产业发展大多集中在民营企业和小微企业,甚至是个人,要想推动他们融入"一带一路"文化建设项目,必须改变原有资金的使用模式,可以采取"民营公助"、项目扶持、专题补贴等多种形态,鼓励和弥补民营企业和个人走出去,并有计划地弥补这些企业和个人的资金不足。三是,改革现行的文化交流项目施行方式。要进一步深化文化行政管理改革,在文化走出去项目实施过程中实施招标投标机制,允许江苏文化企业、社会团体甚至个人承担文化走出去的项目和任务,整合社会资源,调动社会力量参与"一带一路"文化建设项目,并提供相应的资金保障,逐步改变公益文化资金包揽文化走出去项目的困局。

(四)人才保障

江苏对接"一带一路"文化建设,人才很关键。一是,要进一步引进特殊外语人才。语言是人类沟通的必需。要依据江苏对接"一带一路"建设的工作需要和重点国别,适度引进一批重点区域的外语人才,特别是小语种的一专多能的外语人才,为今后文化走出去做好铺垫。二是,加快培养和引进各类文化经济管理人才。推进江苏文化对接"一带一路"建设是鼓励和引导江苏文化融入世界文化市场和发展的大格局中,要学会到世界舞台上去展示江苏,离开了国际化的视野和运作能力是不行的。江苏文化部门的现有人才中,懂一项或多项文化专业的人才多,懂市场经济运行和管理的人才少;研究性人才多,实践性人才少;适应国内文化运营的人才多,适应国外文化运行的人才少。他们长期习惯于社会主义文化体制下的运行模式,而对于海外市场经济运行模式则比较陌生,甚至不太适应。因此,需要特别改善和提升。三是,加强对于现有文化人才的国际化培训。要善于利用现有的文化人才,制定年度培训计划,开办专题培训班,拓展传统人才的管理视野,提升他们的管理能力,到世界舞台上去展示才华。

九、结语

实施"一带一路"战略是国家面向21世纪经济社会发展的重要战略构想,作为文化主管部门如何抢抓历史机遇,加快推进江苏文化强省建设,构建民族和谐,提升我省文化软实力,急需重点关注和认真研究的重要课题。运用现代文化发展理论,探讨研究我国主流文化如何进入海外市场的体制、机制、策略和方式将极大地推动江苏主流文化的世界影响力和美誉度,对提升江苏文化软实力,最终实现江苏文化强省目标均是十分有益的。

"一带一路"文化建设是一项长期而艰巨的系统工程,并非一日之功可以完成。作为国家战略,江苏如何敢为人先,有所作为,有为有位,需要着力探讨和思考。今后五年是江苏文化落实"十三五"规划,建设"强富美高"新江苏的关键时期,"一带一路"战略统筹国际、国内,覆盖世界发展主要区域,是江苏文化再上新台阶、实现文化强省的主战场和目的地。

当下,江苏文化发展步入新阶段。重点研究现代社会发展状态下,江苏文化发展的新基点、新内容、新模式、新机制都离不开在国家"一带一路"战略布局下的新变化、新视野、新愿景和新标杆。只有坚持融入国家发展大局,树立大局意识、看齐意识、责任意识,树立江苏文化自觉、文化自信的信心和决心,才能推动江苏文化发展再攀新高峰,为建设"强富美高"新江苏再立新功,再创辉煌。

第七章 江苏"一带一路"旅游产业发展对策研究

一、引子

江苏是我国的旅游大省,"十二五"期间一直保持着快速发展的势头。全省境内外游客数和旅游收入实现了两位数的"双增长",年均增速分别达到11.5% 和 14.1% ;全省旅游产业增加值占地区生产总值的 5.6% ;5A 级景区、国家旅游度假区数量全国第一,省旅游度假区 45 家,居全国前列。国家"一带一路"战略实施以来,江苏旅游业主动加强了与"一带一路"沿线国家和地区的旅游合作,深化国内区域旅游合作,已经积累了丰富的经验,奠定了坚实的基础。

在谋划江苏旅游业"十三五"和加快融入"一带一路"战略之际,如何积极谋大局、谋全局,抓重点、抓难点,积极参与国家"一带一路"旅游产业开发,做好民心联通的先行者,是保持江苏旅游业持续健康发展,全面"迈上新台阶"的关键之举,值得研究。

基于江苏旅游业的"交通引导,资源整合,主题突出,强化体验"的总体发展思路,着力开发江苏旅游新业态、新项目、新品牌、新模式,做实、做大"一带一路"旅游大市场,再塑江苏旅游新形象,主动融入"一带一路"建设,需要超前谋划,认真思考。

二、旅游产业与"一带一路"建设

"一带一路"的重大战略构想,是时代发展的新要求,是中国亲诚惠容、和平发展理念的新体现,是推动沿线各国合作发展的新构想,同样也是江苏旅游业发展的新视角和新重点。

（一）旅游是促进与"一带一路"沿线国家民心相通的重要抓手

旅游合作能让双方百姓更多地了解对方国家，消除偏见和误解，同时带来大量的人流、物流、信息流和资金流，有力推动经贸发展。据国家旅游局预计，"十三五"时期，中国将为"一带一路"沿线国家输送 1.5 亿人次中国游客、2000 亿美元中国游客旅游消费；同时我们还将吸引沿线国家 8 500 万人次游客来华旅游，拉动旅游消费约 1100 亿美元。深度开展旅游合作，能以资源、客源、市场和利益共享为目标，积极推动市场相互开放，共同建立旅游便利化机制。因此，旅游业是促进经济合作和民心相通的重要抓手，应当作为江苏"一带一路"交汇点建设的先导产业，加以重视。

（二）旅游是实现"一带一路"沿线国家共同认可的有效途径

丝绸之路是世界最精华旅游资源的汇集之路，汇集了 80% 的世界文化遗产。丝绸之路也是世界最具活力和潜力的黄金旅游之路，涉及 60 多个国家，44 亿人口。丝路沿线众多文化旅游资源的交流是拉动对外合资合作的好方式，在开拓国际市场的同时，也能够打造江苏"软实力"。江苏旅游业能够全力塑造江苏旅游新形象，吸引更多的国内外游客前来领略江苏之美、丝路之美，也是"一带一路"沿线国家了解江苏、认识江苏、投资江苏，提升江苏在"一带一路"沿线国家知名度和美誉度的最便捷、最有效的途径。

（三）旅游是加强与"一带一路"沿线国家交通可达的良好载体

旅游业的发展与交通联系密切，旅游交通是旅游业的重要组成部分。旅游系统主要由三个部分组成，即目的地系统、客源地系统和旅游出行系统。出行系统是连接目的地系统和客源地系统的纽带，旅游交通可达性是利用特定交通系统从旅游客源地到达旅游目的地的便利程度，它是影响旅游客源市场与旅游目的地之间旅游要素流动的重要因素，也是制约区域旅游经济相互联系强度的空间指向，是对出行系统的量化，关系到旅游业的持续、健康、快速发展。中国高铁的出现将成为重塑丝路辉煌的有力保障，江苏四通八达的高铁网络将为江苏大力开发高铁 3~4 日游提供强大支撑。同时倒逼路网、航空网、能源网、水网、互联网五大基础网络建设，为江苏融入"一带一路"建设提供进一步有力支撑。

三、江苏旅游业面临的新常态

自"一带一路"战略实施和我国全面深化改革以来,中国经济社会步入发展新常态。江苏旅游业作为现代服务业的重要领域之一,实施战略调整,融入新常态是必然的。主要体现在以下几个方面。

1. "一带一路"为江苏旅游业确立了新定位。

旅游是"一带一路"国家战略建设中的一部分,也是在"海上丝绸之路"建设中最易见效的。旅游合作成为江苏与"一带一路"沿线国家和地区文化交流的重要途径。国际旅游作为一种异文化的交往,成为江苏与"一带一路"沿线国家和地区人民相互了解的途径及文化传播的有效渠道。习近平总书记在视察江苏时对江苏"一带一路"工作提出了新要求,要求江苏加快"一带一路"交汇点建设,东西开放,主动有为。旅游业自然不能缺席。特别是国家文化部确定江苏牵头申报江南水乡古镇和海上丝绸之路等项目为世界文化遗产,这也是为江苏旅游业融入"一带一路"提供了机遇。在"十三五"以及更长时间内,如何准确定位"一带一路"旅游发展成为江苏旅游业需要研究的重点。江苏需要在新目标下重新定位自己位置,完成总书记的殷殷托付和希望,在"一带一路"旅游产业发展中再立新功。

2. 江苏"十三五"旅游规划提出了新目标。

2014年8月份,国务院出台了《关于促进旅游业改革发展的若干意见》,对旅游业从"一带一路"的战略层面进行了详细阐述,将丝路旅游上升到国家高度,为国家为把旅游业打造成战略性支柱产业制定了时间表。2015年12月,江苏"十三五"旅游规划出台。规划中明确江苏旅游业在"十三五"期间要以五大发展理念引领江苏旅游业发展。实施"一带一路"战略必须围绕"五通"展开,做好民心沟通,旅游业责无旁贷。旅游规划的出台给江苏旅游业对接"一带一路"发展提出了新目标,指明了新路径,同时,也为"一带一路"战略在江苏落地奠定了新的坚实基础。

3. 国内外"一带一路"区域旅游呈现新竞合。

在"一带一路"沿线地区和国家积极建设"一带一路"旅游大市场的背景下,江苏旅游业可能遭遇更加复杂的外部环境,面临更为激烈的区域和行业竞争。特别是在江苏旅游市场产品同质化和国内供给侧旅游产品相对匮乏的情况下,江苏与中亚、东欧、东南亚部分国家、国内各城市间互相竞争,争取旅游客源的问题将越来越明显,困难也越来越多。2015 年 10 月 17 日,由中国 32 座"一带一路"沿线城市共同组建的"'一带一路'城市旅游联盟"在河南古都开封宣告成立。城市联盟旨在主动融入"一带一路"建设,把沿线旅游城市集结起来,本着开放合作、互利共赢的原则形成联盟,招徕更多的海内外旅游者,促进沿线城市旅游及经济社会全面发展。同年 9 月份在宁夏召开的"中阿博览会"期间举办的中阿旅行商大会上发布了《宁夏宣言》,宁夏与约旦、马来西亚、哈萨克斯坦等国家,及台湾、福建、广西、新疆等地区共同签署成立"一带一路"旅游联盟,并就建立"一带一路"沿线旅游合作机制,促进统一大市场建设达成一致,认同相互提供优惠政策和便利条件。看见区域间旅游业的竞合成为对接"一带一路"的有效形式。目前,江苏尚缺席这些区域旅游合作联盟活动,竞合发展态势逼人。

4. 江苏"一带一路"旅游资源亟需新整合。

江苏是我国的旅游大省,但不是旅游强省,旅游业在现代服务业中的综合带动作用还没有很好发挥,"一带一路"旅游资源的整合度也不够。江苏旅游业与"一带一路"沿线国家互联互通的业态方面还有很大挖掘潜力,海陆空多种方式互联互通的综合交通运输体系、融合、安全的通信信息网络体系等尚未建成,这些均有待进一步整合和挖掘。江苏自认进入了"高铁时代",但是,全省苏南、苏中、苏北城际之间的高速交通网络要等到"十三五"末才能形成;城市各重点景区之间商贸交通一体化还需加强,尚缺合理的旅游交通体系;城市商圈缺乏与旅游产业的协调和牵引,旅游会展服务水平还不完善,旅游景区服务功能单一,不能满足旅游多元化的需要和人性化服务的要求,对未来旅游发展产生一定限制。特别是全省旅游景区按资源的性质分属不同部门,多头管理造成了条块分割和整合不足。这些制约了江苏"一带一路"旅游的整合和融通。

5. 江苏对接"一带一路"旅游产品有待新整合。

"一带一路"沿线国家和地区幅员广阔,需求多样,消费层级差异明显,这些对江苏开发适宜"一带一路"人群的消费产品提出了更高要求。这不仅要求景区开发建设要常建常新,服务规范有序,而且还要求旅游产品适销对路、文化娱乐并重、针对性强。早在2015年初,江苏旅游部门规划了对接"一带一路"旅游计划,设计出苏南、苏中、苏北三条对接"一带一路"的旅游线路产品,这是一个良好的开端。但这一旅游线路设计的确存在着开发深度不足,布局分散,系统性不强等缺憾。随着"一带一路"愿景计划的实施和战略布局的深化,以及江苏"十三五"旅游规划的落地,整合江苏旅游资源,打破产品的区域界限,"一带一路"旅游产品有待深化和升级。

6. 江苏旅游品牌美誉度尚需新塑造。

江苏历史底蕴丰厚,但是在文化品牌的打造上相对滞后。江苏的历史文化主要包括底蕴厚重的金陵文化、刚劲雄浑的楚汉文化、清新柔美的吴文化、兼容并蓄的淮扬文化,此外还有江海文化、海盐文化、京口文化等。这些具有鲜明特色的地域文化,是江苏历史文化的重要组成部分。更有苏南水乡古镇、中国明清城墙、海上丝绸之路、木板雕刻印刷、古运河、南京云锦等多项世界自然文化和非物质文化遗产项目,体现了江苏文脉的传承和创造。但是,如何将这些文化转化为旅游生产力,形成旅游产业的文化品牌,应该讲还在路上。因此,需要提炼出概括江苏文化的总品牌,需要打造出代表江苏旅游业发展水平的旅游品牌、旅游路线、旅游项目,这是文化强省建设的重要内容和有效途径,对于增强江苏文化软实力、提升江苏美誉度具有重要意义。

7. 江苏旅游产业适用性人才亟待新血液。

根据江苏省旅游局对全省13个省辖市的旅游核心企业进行的调查(如表7-1所示)。调查结果显示,目前江苏省旅游人才具有以下一些特征:从年龄看,江苏旅行社和旅游饭店的从业人员以26~35岁年龄段比例最大;从学历看,江苏旅游人才以中低学历层次为主,拥有较高学历的旅游人才较少;从专业结构看,非旅游专业的人员比例高达75.5%,旅游专业人才的数量远远不能满足旅游业发展的需要;从外语程度看,只有8.4%的员工熟练掌握英语,45.93%的员工一般掌握英文,多达45.73%的员工不会英文。其他语种的调查结果也不容乐观。可见,我省旅游业中小语种人才缺乏是个不争的事实,适应国际市场的高端旅游管理人才依然存在短板,制约了我省旅游业对接"一带一路"旅游市场。

表7-1：江苏省旅游人才学历结构

	硕士		本科		大专		中专及职校		其他		合计
	人数	比例	人数	比例	人数	比例	人数	比例	人数	比例	人数
旅行社	85	0.64%	1597	12.1%	6802	51.4%	3989	30.1%	765	5.8%	13238
饭店	47	0.05%	1936	2.3%	12375	14.4%	51329	59.6%	20436	23.7%	86123
景区	22	0.15%	1144	7.9%	2810	19.4%	5732	33.9%	5763	44.6%	14449
旅游商店	1	0.3%	194	6%	670	21.3%	1151	36.6%	1124	35.8%	3140
旅游车船	44	0.1%	1280	2.8%	6041	13.2%	16308	35.7%	21948	48%	45621
其他	3	0.17%	88	5%	279	16%	447	25.7%	924	53.1%	1741
总计	200	0.12%	6145	3.7%	28871	17.7%	77972	47.8%	49987	30.6%	163175

8. 与"一带一路"国家互联互通急需新提升。

"一带一路"贯穿欧亚大陆,统筹海陆,联通东西,双向开放,是新形势下我国实施全方位对外开放战略的"先手棋"和突破口。"一带一路"战略以民心联通为切入点,而互联互通是一切战略实施的先导。目前,江苏旅游业与"一带一路"沿线国家互联互通潜力有待进一步发掘。这主要表现在基础设施互联互通需要加强,与亚太、欧洲联系的海陆联运网络和国际航空运输网络尚不完善,海陆空多种方式互联互通的综合交通运输体系,融合、安全的通信信息网络体系,尚未建成。

四、做好江苏"一带一路"旅游产业的对策

"十三五"开局在即,江苏旅游如何坚持"交通引导,资源整合,主题突出,强化体验"的总体发展思路,开发目的地旅游,再塑新江苏形象,对接国家"一带一路"战略,确实需要认真思考。

(一)均衡江苏"一带一路"旅游产业新布局。

江苏处于我国"一带一路"交汇点上,在"一带一路"战略中有着举足轻重的地位,具有独特区位优势和支点作用,这对江苏旅游业扩大对内对外开放,促进转型升级意义重大。因此,我们要找准在"一带一路"中旅游产业发展的着力点,把握先机,合理布局,精准发力。

1. 继续布局江苏沿海旅游带,推进江苏滨海旅游新格局建设。

要利用连云港是丝绸之路经济带的东向出海口,向东与日本、韩国隔海相望,向西通过新亚欧大陆桥与我国中西部地区、中亚、西亚乃至欧洲相连,成为洲际间物流、信息流传输的重要战略节点的优势,继续积极推进连云港、盐城、南通旅游产业的资源整合与开发,精心构建江苏沿海文化旅游带,向西对接中西部和中亚、南亚、俄罗斯等内陆国家,向东联系日本、韩国,同时,接纳长三角和山东半岛的辐射人流效应,对接"一带一路"沿线国家和地区,拓展江苏旅游新市场。

2. 稳步推进长江经济带沿线旅游资源整合,打造快捷、便利的沿江旅游经济带。

要借助高铁、高速等运输工具,提升游览便利化,开发休闲旅游、购物旅游、自驾游、房车游、自由行等旅游方式。要借助国家申报世界文化遗产之机,整合吴越、金陵文化中与海陆丝绸之路、大运河等有关的文化内容,设计契合"一带一路"主题的"畅游江苏"精品线路,主推"一带一路"沿线国家和地区,开发新的旅游发展空间。

3. 积极推进江苏区域旅游的融合和提升,构建苏南、苏中、苏北互联互通的旅游网络。

要全面破除江苏传统旅游中依照文化区域划分旅游线路的状态,整合江苏苏南、苏中、苏北三大板块的旅游资源,依据江苏旅游资源、交通状态和旅游市场的需要,从省级层面和省际之间布局江苏旅游线路,以文化为纽带,设计跨界、跨区"畅游江苏"旅游精品线路,充分发挥每个城市的独特优势和市场的导向作用,改革创新,整合资源,打造独特的江苏交汇点旅游业。

4. 重点推进江苏国家级旅游度假区建设,加快布局江苏重点旅游度假区。

可考虑推进无锡万达文化旅游城、清名桥旅游区,苏州古城旅游区、吴江东太湖旅游度假区、淮安世界运河文化旅游区、周恩来故里及南京江宁温泉旅游度假区、常州东方盐湖城项目建设。促进镇江茅山、连云港花果山、盐城大丰麋鹿生态旅游区、徐州云龙湖等景区创建国家 5A 级旅游景区。到 2020 年,全省力争新认定五家以上国家级旅游度假区,每市至少创建一家国家 5A 级旅游景区或国家级生态旅游示范区,全省 50 个旅游重大项目力争完成投资超过2000 亿元,加快江苏旅游强省步伐。

(二)探寻区域间旅游合作发展新模式。

江苏在"一带一路"交汇点上,拓展江苏对接"一带一路"的旅游市场,是扩大"畅游江苏"品牌影响力的一个重要契机。

在对外发展方面江苏应依托推进"一带一路"旅游建设,与"一带一路"沿线国家和地区在旅游品牌、旅游标准、旅游营销等方面开展合作。一是,构建江苏与"一带一路"沿线国家和地区旅游合作的运营平台和主体。要充分调动各合作国、地区、企业、社团参与运营主体,通过构建主体,加强参与国跟江苏的沟通,积极协调共同应对合作中出现的问题,促进旅游的全方位合作和顺利开展。二是,要设立专门负责"一带一路"沿线国家与地区的旅游协作办公室。由江苏省旅欧局选取"一带一路"沿线国家与地区的重要城市,互设旅游协作办公室,专门负责旅游合作相关事宜,为江苏各地旅游部门提供便利。三是,要出台更为积极有效的政策,简化"一带一路"沿线国家与地区到江苏的出入境手续。积极与国家有关部门协商,争取有利政策,扩带江苏重点旅游城市的旅客落地签范围,为游客通关提供更便利的服务。通过简化通关手续,扩大免签证国家与地区的范围。进一步规范出入境管理,江苏要为出入境游客提供更便捷的出入境服务,提高游客旅游效率,降低出入境费用。

在对内发展方面联动上海、安徽、河南、山西、陕西、新疆等"一带一路"沿线省份城市,建立"一带一路"旅游经济圈,建立"一带一路"沿线旅游合作机制,促进统一大市场建设,相互提供优惠政策和便利条件,形成"资源共享、优势互补、市场互动、共促发展"的旅游市场新格局。各地共同推出精品旅游线路,通过资源共享的合作,在联盟内实现更加便捷和优惠的旅游系列产品。共享"一带一路"给旅游业所带来的利益。

(三)创新江苏"一带一路"旅游游览新方式。

江苏区位适中,但是,多年来旅游游览形态发展不健全,邮轮、房车、铁路旅游形态存在短腿,应该列入江苏旅游"十三五"期间发展重点。一是,要抓住江苏"一带一路"交汇点建设契机,优先发展海洋旅游与海上邮轮,建立邮轮母港基地,完善邮轮维护、后勤供给等保障体系建设。二是,针对西出中亚的地域特点,通过连霍高速、陇海铁路、新丝绸之路航空网络,在高铁、机场、航运、高速公路建设等方面继续加大建设力度,构建新丝绸之路铁路旅游大通道。三是,加强江苏区域内部旅游交通运输体系建设,加快市市通高铁、县县通高速、房车营地工程建设进程,完善交通标识,提高所有旅游区的可进入性和舒适性。四是,专门设计面向高铁、高速公路、空中、航运游客对接的旅游线路,以热点旅游区为核心,科学布局交通梯度旅游节点,使江苏成为旅游客源集散地、旅游目的地、交通汇集地"三地合一"的旅游桥头堡。

(四)发掘江苏"一带一路"旅游文化资源新效能。

文化是旅游的灵魂,旅游是文化传承的载体,发挥区域文化的作用,将会极大地拉近江苏与"一带一路"沿线国家之间的联系和距离。一是,要展现江苏省世界文化遗产资源丰富的特色。江苏文化遗产丰厚,其中物质文化遗产就达 11 项。江苏还有 19 项世界非物质文化遗产项目。江苏还有大量的省级非物质文化遗产保护项目。这些丰富的文化遗产对于"一带一路"国家有着极大地吸引力,是开发江苏旅游业不可或缺的文化资源。二是,加快推进江苏旅游创意产业发展。江苏应鼓励历史文化资源与现代旅游发展的融合,用创意、科技驱动,将历史文化资源优势转化为旅游资源优势与旅游经济优势。三是,鼓励推出文化旅游融合性创新产品。要鼓励专业艺术院团与重点旅游目的地合作,在民族传统歌舞、民俗饮食节庆等大文化产业上相互融合、传承创新,打造特色旅游精品,提高综合效益。要发挥文化投资集团的风向标作用,用好江苏旅游产业引导资金,创投针对"一带一路"旅游市场的文化旅游项目和产品,为发展"一带一路"的跨境旅游、修学旅游、文化旅游、商务旅游探索新的路径,创造新的价值。

(五)再造江苏特色旅游产业品牌新形象。

江苏应该利用深厚的文化底蕴和独特的文化资源,精心打造江苏自身的特色旅游产业品牌。一是,围绕全省旅游发展新目标,有计划推出针对"一带一路"旅游市场的"畅游江苏"精品线路。依托各级旅游度假区大力发展休闲度假旅游产品,将环太湖、环洪泽湖、沿海、沿江以及苏南丘陵等区域打造成为国内知名休闲度假目的地。依托扬州的宗教文化、盐文化、连云港的《西游记》文化、南京的郑和下西洋等江苏经典文化题材开发旅游实景演出项目。二是,开发高品位文化旅游产品。依托江苏丰富的世界遗产、历史文化街区、古村落、考古遗址公园、寺院道观、博物馆等文化资源,开发高品位文化旅游产品。进一步提升地质公园、矿山遗址公园、水利风景区、森林公园的旅游服务功能。支持苏南地区积极发展会展旅游,支持一些有条件的地区加快发展低空飞行旅游。

选择有条件的地区发展房车营地、自驾游基地,培育江苏十大旅游露营地。三是,推出研学旅游和体育旅游。鼓励开展中小学生研学旅行,推出一批具有江苏特色的科普教育、历史文化、红色旅游、工业旅游等主题研学旅行基地。支持和引导南京青奥公园、省金牛湖水上训练基地等一些运动训练基地和大型体育场馆开展体育旅游服务,发挥环太湖国际公路自行车赛、扬州鉴真国际半程马拉松等品牌赛事对旅游业的促进作用。

（六）构建江苏现代旅游营销新平台。

随着旅游产业信息化、数字化、网络化状态的改变和国内外大数据时代的到来,江苏增强新型传播力成为必然。一是,加强交通运输媒介宣传。高速交通系统的完善和人们出游欲望的高涨,高铁的旅游宣传推广价值迅速凸显。在高铁车厢内做旅游目的地广告,打造高铁旅游推广的主题车厢。在旅游淡季时,可以将旅游目的地的文艺表演队伍拉到高铁上,进行实景式表演。与高铁相关部门及机构合作,在高铁上发送系列化的"高铁旅游手册"。与高铁部门进行旅游单项产品的协同开发,乘高铁游客持票享受景点等方面的优惠等。二是,加强旅游商务网站宣传。目前,我国多数旅游目的地在利用旅游视频进行营销方面还存在空白。可以考虑将制作精良的宣传片放到国内主要的视频媒体网站,以方便潜在消费人群的免费下载与传播。三是,注重移动终端宣传。手机作为移动营销平台的地位将日益凸显。一方面,旅游目的地可以将移动终端作为电子导游的重要媒介,这种电子导游可以更好的为旅游者提供解说信息方面的服务。另一方面,这个移动终端还可以成为旅游目的地营销中进行市场调查分析的重要数据来源媒介。

（七）提供适应"一带一路"旅游供给侧改革新服务。

"一带一路"幅员辽阔,消费群体多样,旅游公共服务的需求呈现出多元化发展,需要通过供给侧改革,创新和改革江苏旅游公共服务体系。一是适应"一带一路"旅游市场变化,完善供给主体多元化。旅游公共服务的供给是构建整个旅游公共服务体系的核心,可以在政府的主导下,允许和鼓励私人部门和其他社会组织参与旅游公共服务体系的建设,并且引入市场竞争机制,从而提高旅游公共服务供给的效率和质量。二是适应信息市场变化,推进供给技术信息化。"一带一路"区域旅游市场需求差异性较强,供给旅游产品和项目提升空间巨大,必须要突破传统的服务供给手段,依靠现代信息技术并加以创新,才能实现旅游公共服务供给手段的丰富化和现代化。要精心打造江苏的"智慧旅游"公共服务平台,依托云计算、物联网等高新技术,整合旅游目的地吃、住、行、游、购、娱以及和旅游相关的各类资讯和服务于一体,构建江苏旅游公共服务供给体系信息化体系。三是适应市场需求,注重供给途径优化。注重多维度,多层次对江苏的城市、景区、乡村旅游资源进行深度开发和打造。可以开发以佛禅文化、绿色养生、文化滋养、休闲度假等为主题文化的多种旅游项目。可以以创意旅游发展为导向和切入点,引入慢城旅游的概念,包括打造田园"慢城"、休闲"慢城"、生活"慢城",开发以山水观光为基础、休闲度假为主导的旅游产品,塑造旅游新视点,延长海内外游客在江苏滞留的时间,打造江苏旅游目的地。

(八)培养江苏"一带一路"旅游行业新人才。

江苏对接"一带一路"沿线国家和地区旅游合作,对江苏旅游人才培养提出了新的素质要求。江苏省旅游局要将旅游专业人才队伍建设纳入各级人才队伍建设规划,把旅游业紧缺人才培养纳入省"333工程"和"双创计划"。完善旅游行政管理人员和从业人员定期培训制度,要吸引"一带一路"沿线国家与地区中有实力、知名的教育培训机构落户时江苏,为江苏培养高水平的旅游从人员。加强与"一带一路"沿线国家与地区的知名旅游院校、著名旅游集团合作,每年在境内外组织旅游专题培训,培养一批江苏高端旅游人才。依托省内相关高校资源,加强旅游相关学科建设,建立一批校企合作、教学实习一体化的旅游培训基地。加快旅游职业教育发展步伐,努力把南京旅游职业学院打造成为国内一流的旅游职业院校。高度重视导游队伍建设和培训,动态推出江苏金牌导游和优秀导游名单,建立健全导游人员社会保障体系。

五、结语

江苏省作为古丝绸之路起点省,有着丰富的丝路文化旅游资源,积极融入国家"一带一路"战略,做大做强江苏旅游产业是江苏的责任和必然,也是"迈上新台阶,建设新江苏"的需要。

在国家"一带一路"战略引领下,江苏应该抓住机遇,在总体规划、整合资源、联合营销、创新产品等方面加强与沿线国家和地区的合作,形成优势互补,共享共赢。要全面优化江苏省区域旅游业系统结构,均衡布局江苏"十三五"旅游发展,做精苏南地区旅游产业,加速苏中旅游产业,全力提升苏北地区旅游业发展水平,努力构建江苏协调发展的旅游产业格局。要进一步强化江苏内部旅游基础设施和江苏与"一带一路"沿线国家和地区基础设施的互联互通,完善旅游交通网络,便利"一带一路"旅游游客。要强化供给侧改革,整合"一带一路"沿线国家与地区的旅游产品和旅游资源,注重沟通,强化"一带一路"旅游精品、重点产品和重点区域的开发与推介,共同培育"一带一路"旅游新产品,开拓客源新市场,打造产业新业态,共享产业效益和成果。要坚持创新,注重协调,倡导绿色,持续开放,努力发挥江苏"一带一路"交汇天下的功能和作用,精心打造"畅游江苏"品牌,拉"美丽江苏"形象,为"十三五"期间共享江苏旅游产业发展成果而努力。

第八章　江苏与 21 世纪海上丝绸之路研究

一、引子

2013 年 10 月习近平总书记访问东盟国家时提出"建设 21 世纪海上丝绸之路"。十八届三中全会审议通过的《中共中央关于全面深化改革若干重大问题的决定》，提出"建立开发性金融机构，加快同周边国家和区域基础设施互联互通建设，推进丝绸之路经济带、海上丝绸之路建设，形成全方位开放新格局"。2014 年 3 月 5 日李克强总理所作的政府工作报告也提出"抓紧规划建设丝绸之路经济带和 21 世纪海上丝绸之路"。21 世纪海上丝绸之路已经不再是单纯意义上的中外之间海上交通线以及由海上交通发展起来的经济贸易关系，而是在传承古代海上丝绸之路和平友好、互利共赢价值理念的基础上，注入了新的时代内涵，合作层次更高，覆盖范围更广，参与国家更多，将串起连通东盟、中西亚、东北亚、非洲、欧洲等各大经济板块的市场链，构建更加紧密的命运共同体，实现共享共赢的战略构想。

江苏与海上丝绸之路有着很深的渊源。江苏的扬州、南京、连云港都曾经是古海上丝绸之路上的重要港口城市，而今江苏沿海又是 21 世纪海上丝绸之路的重要出海口。历史上的海上丝绸之路分为三大航线，一条是东洋航线，由中国沿海港口到朝鲜、韩国、日本；一条是南洋航线到东南亚各国；一条是西洋航线到南亚、西亚、东北非乃至更远国家。江苏沿海是 21 世纪海上丝绸之路东线和南线的重要出海口，尤其是东线，江苏占有极其重要的地缘优势。可以说，江苏的发展与 21 世纪海上丝绸之路建设相互辐射，相互服务，江苏的发展将推动海上丝绸之路沿线重要城市的发展，21 世纪海上丝绸之路的建设也将推动江苏新一轮的全面发展。

有人认为：江苏现代化进程分为三个发展阶段。第一个阶段（1978 年

~1989 年）是乡镇企业异军突起、工业经济高速增长阶段，即以大力发展乡镇企业为主的江苏现代化建设的第一次发展机遇。第二个阶段（1990 年 ~1997 年）是强化外向开拓、国民经济加快发展阶段，即以大力发展开放型经济为主的江苏现代化建设的第二次发展机遇。第三个阶段（从 1997 年 ~2013 年）是调整经济结构、提高综合实力阶段，即以经济结构战略性调整为主的江苏现代化建设的第三次发展机遇。我们认为目前江苏正处于第四个阶段（2014 年 ~），即江苏积极参加海上丝绸之路经济带建设，培育竞争新优势，形成江苏全方位开放新格局，实现江苏全面建成小康社会、基本现代化的第四次全面发展机遇。

当前正是江苏全面实现小康并向基本现代化迈进的关键期，也是全面实施创新驱动战略、加快转变经济发展方式的攻坚期。经济全球化不可逆转，江苏只有积极主动地深化与海上丝绸之路沿线国家的互动，趋利避害，抢占先机，才能牢牢把握发展的主动权，否则已有的开放型经济优势就可能丧失，集聚的资本和人才就可能流失。江苏必须紧紧抓住 21 世纪海上丝绸之路给江苏现代化进程带来的第四次发展机遇，深化江苏与 21 世纪海上丝绸之路沿线国家的合作，加快实现江苏与 21 世纪海上丝绸之路建设的对接，克服江苏与 21 世纪海上丝绸之路对接的重重困难，突破江苏建设 21 世纪海上丝绸之路的瓶颈，重塑江苏对外开放新优势、培育江苏竞争新优势，营造和平稳定的周边环境，形成江苏全方位对外开放新格局，进一步与 21 世纪海上丝绸之路沿线国家地区构建更加紧密的命运共同体，为推动江苏实施"一带一路"国家战略，建成全面小康作出新的贡献。

二、建设 21 世纪海上丝绸之路给江苏争做发展排头兵带来崭新历史机遇

（一）历史悠久：海上丝绸之路的历史渊源

中国是丝绸之国，历史上就通过海上和陆地，与世界上许多国家建立联系，开展经济、贸易、文化领域的对外交往和合作。社会公认，"丝绸之路"的概念源自 19 世纪晚期的德国地理学家李希霍芬的德语文字"Seidenstrassen"。他在自己撰写的《中国亲程旅行记》中，描写了中国经西域到希腊、罗马的交通路线，首次使用了"丝绸之路"，并在一张地图中提到了"海上丝绸之路"。其后法国汉学家沙畹在《西突厥史料》中具体提到："丝路有陆、海二道，北道出康居,南道为通印度诸港之海道。"由此有"海上丝绸之路"之称谓,并得到了各国史学家、汉学家的广泛认同。我国《中国大百科全书》对"丝绸之路"解释说:"中国古代经中亚通往南亚、西亚以及欧洲、北非的陆上贸易通道。因大量中国丝和丝织品多经此路西运,故称丝绸之路,简称丝路。"

历史上的"海上丝绸之路",是指中国与世界其他地区之间的海上交通路线,是中国与海外友好交往、文明传播之路,最早可以溯源至秦汉,发展于三国隋朝时期,兴于唐宋,盛于宋元,明初达到顶峰,明中叶因海禁而衰落转变,是世界已知的最古老的海上航线。

海上丝绸之路是古代中国海外贸易的连接延伸,中国著名的陶瓷、茶叶、丝绸和铁器等,经由这条海上交通路线销往各国,西方的西药也通过这条路线输入中国。历代海上丝绸之路,可分为三大航线:一是,东洋航线由中国沿海港口至朝鲜、日本。二是,南洋航线由中国沿海港口至东南亚诸国。三是,西洋航线由中国沿海港口至南亚、阿拉伯和东非沿海诸国。江苏扬州、浙江明州(宁波)、福建泉州、广东番禺(广州)、徐闻、广西合浦被认为是历史上海上丝绸之路的重要节点城市。

海上丝绸之路的开辟是人类文明进程的重要里程碑式事件,它缩短了东西方之间的距离,大大增进了东西方之间的贸易、技术和文化交流,是经济贸易之路,也是文化交流之路,同时还是和平友谊之路。1990 年 10 月联合国教科文组织组织了海上丝绸之路的考察,促进了海上丝绸之路史的研究。

(二)继往开来:21 世纪海上丝绸之路的时代内涵

1. 21 世纪海上丝绸之路的提出

海上丝绸之路是我国历史上对外开放的重要实践,也是一条政治、经济、贸易、文化走廊,曾经几度辉煌,几度衰落。2013 年 10 月 3 日,中国国家主席习近平应邀在印度尼西亚国会发表重要演讲,重新提出海上丝绸之路,并倡导"中国愿同东盟国家加强海上合作,……发展好海洋合作伙伴关系,共同建设21 世纪'海上丝绸之路'"。

古老的海上丝绸之路自秦汉时期开通以来,一直是沟通东西方经济文化交流的重要桥梁,而东南亚地区自古就是海上丝绸之路的重要枢纽和组成部分。习近平总书记基于历史,着眼中国与东盟建立战略伙伴十周年这一新的历史起点上,代表中国提出共同建设 21 世纪海上丝绸之路,主要是为进一步深化中国与东盟的合作,构建更加紧密的命运共同体,为双方乃至本地区人民的福祉而提出的战略构想。同时,"21 世纪海上丝绸之路"是我国在世界格局发生复杂变化的当前,主动创造合作、和平、和谐的对外合作环境的有力手段,为我国全面深化改革创造良好的机遇和外部环境。

2. 21 世纪海上丝绸之路的历史定位和发展方向

21 世纪海上丝绸之路是对海上丝绸之路的历史传承和未来展望,是我国新时代对外开放的和平、合作、联通、发展之路。党的十八届三中全会明确提出,要推进 21 世纪海上丝绸之路建设,形成全方位开放新格局。这一战略构想,既继承了古代中国与海上丝绸之路沿线各国的友好往来、互利共赢的传统,又注入了新的时代内涵,合作层次更高,覆盖范围更广,参与国家更多,将成为连通东盟、南亚、西亚、北非、欧洲等各大区域的海上政治、经济、文化走廊。

21 世纪海上丝绸之路的提出给历史上的海上丝绸之路注入了新的生机和活力,也赋予其新的历史定位和发展方向。依据习近平总书记的描述大体可以确定为以下几个方面。

21 世纪海上丝绸之路是开放之路。习近平总书记访问东盟时,基于积极发展东盟自由贸易区的角度提出了 21 世纪海上丝绸之路发展战略,表达了中国愿意在平等互利的基础上,扩大对东盟国家开放,使自身发展更好惠及东盟国家。中国愿进一步提高中国—东盟自由贸易区水平,致力于加强同东盟国家的互联互通建设,中国倡议筹建亚洲基础设施投资银行,支持本地区发展中国家包括东盟国家开展基础设施互联互通建设。目前,东盟已经是中国第三大经济贸易合作伙伴,并力争于 2020 年双方贸易额达到 1 万亿美元。中国愿通过扩大同东盟国家各领域务实合作,互通有无、优势互补,同东盟国家共享机遇、共迎挑战,实现共同发展、共同繁荣。显然,开放是 21 世纪海上丝绸之路的主基调。

21 世纪海上丝绸之路是和平之路。共建 21 世纪海上丝绸之路是一个传承历史、面向未来、顺应时代潮流之举,符合中国与世界各国共同发展愿望的重大战略构想,是一条增进理解信任、加强人文交流的和平友谊之路。自新中国成立以来,我国一直在坚持和平共处五项原则的基础上,与世界各国发展外交关系,和平发展是一个恒定的主题。中国坚持倡导和平发展对外交往的原则,建设 21 世纪海上丝绸之路也必须遵循这一原则。21 世纪海上丝绸之路建设就是通过或运用这条国际大通道,发展好我国与沿线各国的海洋合作伙伴关系,也只有这样才能获得更大范围的世界认同和支持,保障 21 世纪海上丝绸之路的顺利实施。

21 世纪海上丝绸之路是合作之路。建设 21 世纪海上丝绸之路需要进一步加强海上丝绸之路沿线国家和地区间政府往来,增进各国之间的沟通了解,巩固国家政治和战略互信,尊重彼此自主选择社会制度和发展道路的权利,通过共赢的政策机制,深化区域合作。21 世纪海上丝绸之路建设要以周边国家与地区为基础加快实施自由贸易区战略,扩大贸易、投资合作空间,构建区域经济一体化新格局。建设 21 世纪海上丝绸之路将力求给丝绸之路沿线区域各国带来和谐、多领域的合作和互惠互利,可以进一步建立完善沿线各国的基础设施互联互通,推动政府、民间的国际合作交流国际化,健全各个层级的常态化的合作交流机制,积极深化与相关国家开展经济、贸易、能源、金融、技术、服务、基础设施等领域合作,促进共建 21 世纪海上丝绸之路。

21 世纪海上丝绸之路是联通之路。2013 年 9 月 7 日,习近平主席在哈萨克斯坦纳扎尔巴耶夫大学发表重要演讲,首次提出了加强政策沟通、道路联通、贸易畅通、货币流通、民心相通,共同建设丝绸之路经济带的战略构想。习近平总书记提出的这"五通"举措不仅适用于指引 21 世纪海上丝绸之路建设,而且,从多个方面解读了我国建设 21 世纪海上丝绸之路的初衷和愿景。联通是发展的基本前提,没有政策、交通、贸易、货币的联通,就不可能有人民的往来、民心的沟通,当然也谈不上各国人民的民心相通和国家之间的互通。关系亲不亲,关键在民心。要全方位推进人文交流,深入开展旅游、科教、地方合作等友好交往,广交朋友,广结善缘。要对外介绍好我国的内外方针政策,讲好中国故事,传播好中国声音,把中国梦同周边各国人民过上美好生活的愿望、同地区发展前景对接起来,让命运共同体意识在周边国家落地生根。否则,我国的对外开放将成为空中楼阁,自我欣赏,经济社会发展也将缺少世界的支撑和互动。

21 世纪海上丝绸之路是发展之路。"发展是硬道理",这是我们党和国家在总结我国近几十年来所经历的历史经验得出的核心要义。没有发展,要实现中国梦,实现海洋强国梦都只能是设想而已。共同建设 21 世纪海上丝绸之路主要体现在我国政府为了适应新的世界形势形成的,是在新执政理念和新发展共识基础上提出的。中国是发展中国家,而 21 世纪是海洋世纪,要走出去、实现海洋强国的愿景,必须开拓进取,创新发展思路,寻找新的发展机遇,必须化解地缘政治的障碍,探讨睦邻友好合作,加强海上安全领域交流与合作,建设新型的海洋合作发展机制。形式也好,机制也好,通道也罢,发展是各国人民的期盼和梦想。在我国新一轮改革开放的新布局中,中国与 21 丝绸之路沿线各国人民一起共同建设 21 世纪海上丝绸之路,使之成为一条共同发展、共同繁荣的合作共赢之路,增进战略互信,并共同编制命运共同体,实现沿线各国的共同发展。

（三）意义重大：全方位对外开放的重大战略部署

海上丝绸之路是中国历史上以丝绸和其他商品贸易为特征、连接中外海上贸易的交通线,以及由此建立起来的源远流长的中外经济、贸易和人文的联系。自秦汉以来的两千多年,海上丝绸之路始终是东西方商贸流通、人员往来、文化交融的重要海上通道,对中国和沿线各国的经济社会发展产生了深远影响。21 世纪海上丝绸之路,在传承古代海上丝绸之路和平友好、互利共赢价值理念的基础上,注入了新的时代内涵,合作层次更高,覆盖范围更广,参与国家更多,将串起连通东盟、南亚、西亚、北非、欧洲等各大经济板块的市场链。建设 21 世纪海上丝绸之路,对于形成全方位的对外开放新格局、促进我国与沿线国家的友谊、合作与共赢,具有重大而深远的意义。

加强国际合作、拓展发展空间的重要途径。中国新一轮改革开放是决定当代中国命运的关键抉择。十八届三中全会《中共中央关于全面深化改革若干重大问题的决定》,对全面深化改革、扩大对外开放作出了重大部署。建设 21 世纪海上丝绸之路,以和平发展、合作共赢为主题,积极主动发展与沿线国家的经济合作伙伴关系,旨在共同打造政治互信、经济融合、文化包容的命运共同体和利益共同体。这一战略构想,已成为我国全方位对外开放格局的重要组成部分。目前,全球范围内市场、技术、资源等的竞争日益激烈,一些发达国家试图通过制订新的国际区域经贸安排继续主导世界经济发展。建设 21 世纪海上丝绸之路,发挥我国作为世界第二大经济体的强大辐射和带动力作用,对于拓展和平发展的广阔空间,实现中华民族伟大复兴的"中国梦",具有重大的战略意义。

扩大对外开放、促进转型发展的现实需要。改革开放以来,我国经济持续快速发展,取得举世瞩目成就。在新的历史起点上科学谋划发展,突破资源、能源、环境等瓶颈,推动发展转型升级,保持经济持续健康发展,是我国面临的重大课题。建设 21 世纪海上丝绸之路,突出"政策沟通、道路联通、贸易畅通、货币流通、民心相通"的合作内核,顺应经济全球化和区域一体化潮流,将有效扩大我国对外开放水平,拓展经济发展的腹地与市场,促进经济结构调整和转型升级,增强经济内生动力和抗风险能力。与此同时,促进沿线各国共同发展,尤其是大力推动中国—东盟自贸区升级版建设,将使中国与东盟关系由"黄金十年"迈入"钻石十年"。

构建和平稳定周边环境、实现睦邻安邻富邻的战略选择。随着我国综合国力的不断提升,"中国威胁论"也此起彼伏,我国周边地缘政治和安全环境形势严峻。在此背景下,党中央提出建设 21 世纪海上丝绸之路战略构想,是对周边国家释放出和平发展的善意信号,是睦邻、安邻、富邻周边外交战略的具体体现。它将成为我国与沿线各国之间开拓新的合作领域、深化互利合作的战略契合点,通过大力发展经贸联系,扩大我国经济的影响力,有利于缓解南海的紧张局势,有利于搁置争议、增进共识、合作共赢,推动构建和平稳定、繁荣共进的周边环境,服务于国家三步走战略发展的大局。

(四)千载难逢:江苏争当发展排头兵的重大历史机遇

深入实施 21 世纪海上丝绸之路国家战略将为江苏深化全面改革、建设小康社会、加快建设"强富美高"新江苏目标提供极为重大的历史机遇。

1. 建设 21 世纪海上丝绸之路——江苏实现全面小康的加速器

(1)江苏全面建成小康社会的重要战略支点

"21 世纪海上丝绸之路"建设是以推动发展作为终极目标的。江苏近年发展快于全国发展水平,并提出在 2020 年基本实现现代化。江苏基本实现现代化的经济指标主要有人均地区生产总值达到 13 万元、服务业增加值占 GDP

比重达 60%、工业全员劳动生产率达 45 万元 / 人、信息化发展水平比重达 90%、现代农业发展水平比重达 90%、研发经费支出占 GDP 比重达 2.8%、高新技术产业产值占规模以上工业产值比重达 45% 等。转变经济发展方式取得重大成效,基本形成以高新技术产业为主导、服务经济为主体、先进制造业为支撑、现代农业为基础的现代产业体系;区域创新体系更趋完善,科技创新能力和科技进步贡献率大幅提升。

这些目标的实现需要整合国内、国际要素资源,需要在现有发展基础上寻找新的国际合作和支撑。21 世纪海上丝绸之路是提倡以合作理念,促进相互连接,实现共同繁荣和共同发展。江苏应当借此良机,加速实现全面小康的各项经济指标。海上丝绸之路沿线国家实现的连接将创造一个庞大的经济区,且沿线国家多为发展中国家,不仅人口众多,而且还相对年轻,将为产业发展提供庞大的劳动力。江苏应紧抓契机,以海洋为特色,积极打造江苏各地名片,加强对外合作,变竞争为合作;充分利用本地资源,错位发展,积极推动江苏经济保持平稳较快发展,人均地区生产总值达到 10 万元以上。

重要战略支点的内涵就是要在经济发展中发挥核心顶托作用。具体说来,它应该是江苏省经济最集中、最活跃的区域,是产生新技术、新思想的孵化器,是全国乃至国际经济网络中的重要节点,即一头联结着国际市场,一头联结着中西部地区。既是外资进入中西部的入口,又是中西部进入国际市场的前沿和开展经济活动的重要平台。

表 8-1:2005-2013 年江苏省长江经济带和沿海带 GDP 比重

地区＼年份	2005	2006	2007	2008	2009	2010	2011	2012	2013
江苏省 GDP 总量	18598.69	21742.05	26018.48	30981.98	34457.3	41425.48	49110.27	54058.22	59161.75
沿海经济带 3 市 GDP 总量	3037.53	3616.57	4305.35	5107.24	5730.93	6991.74	8262.07	9282.09	10299.81
长三角经济带 8 市 GDP 总量	14916.58	17614.95	20985.13	24796.79	27544.3	32929.27	38768.23	43575.2	47683.39
沿海经济带 3 市 GDP 总量占江苏省 GDP 总量比值	16.33%	16.63%	16.55%	16.48%	16.63%	16.88%	16.82%	17.17%	17.41%
长江经济带 8 市 GDP 总量占江苏省 GDP 总量比值	80.20%	81.02%	80.65%	80.04%	79.94%	79.49%	78.94%	80.61%	80.60%

数据来源:根据 2013 年《江苏省统计年鉴》以及《2013 年江苏省国民经济和社会发报》相关数据整理所得

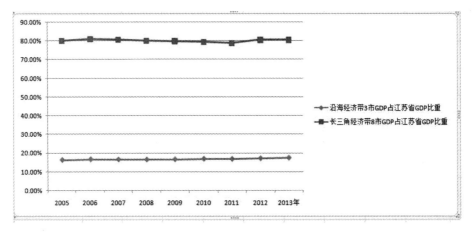

图 8-1

江苏目前经济的发展主要有两大战略支点,一是长三角经济圈,二是沿海经济带。其中主要依托长三角经济圈的沿江八市来带动江苏经济的发展。长三角经济圈八市在 2005 年到 2013 年的 GDP 总量占江苏全省 GDP 总量始终徘徊在 80% 左右。而沿海经济带的沿海三市在 2005 年到 2013 年的 GDP 总量占江苏全省 GDP 总量仅在 17% 左右。当下,加快推进 21 世纪海上丝绸之路经济带建立,则必将成为江苏的第三个重要战略支点,通过东陇海经济带联通国际、国内两大市场,带动江苏苏北与苏中、苏南协同发展。与长三角经济圈,沿海经济带一起,成为江苏经济发展的三大战略支点。江苏经济也将形成三足鼎立的可喜局面,为江苏建设"一中心、一基地",进而全面实现小康社会奠定坚实的经济支撑。

（2）江苏实现全面小康的重要国际市场

江苏要基本实现现代化,必须要依靠庞大的国内和国际市场,而 21 世纪海上丝绸之路沿线国家有着 30 亿人口的大市场,正好为江苏基本实现现代化提供这样一个极其重要的条件。从认识和学习国际市场这一角度来说,江苏企业除了具备本土特色外,还应在产品及服务品质上符合国际标准。例如,麦当劳在全球各地都有一致的管理水准,但是为了符合当地顾客的需求,在汉堡包口味上会因地制宜。举例来说,在印度会以羊肉取代牛肉,在回教国家便不使用猪肉。

江苏企业要成功经营 21 世纪海上丝绸之路沿线国家的庞大市场,其未来的国际发展策略即是站在全球看江苏,立足江苏想世界。要进一步加强策略制定、研究与开发、生产制造、提供服务、市场营销的全球化、网络化和本地化,江苏公司在不同海上丝绸之路沿线国家的经营策略将按地方的特性灵活调整,以便准确掌握顾客需求,尽量贴近目标市场。只有这样 21 世纪海上丝绸之路沿线国家才有可能为江苏企业提供前所未有的发展机遇,从而加速江苏建设"一中心,一基地"的经济发展目标。

（3）江苏实现全面小康的能源资源所在

21 世纪海上丝绸之路沿线国家有着丰富的自然资源,是江苏基本实现现代化的重要资源来源。沿线国家,多为发展中国家,自然资源丰富,由于有许多尚未开采的自然资源,一直被视为利于投资的黄金宝地。如印度尼西亚盛产石油、天然气,越南铝土矿资源之丰富令人咋舌,泰国拥有丰富的褐煤、烟煤等矿产资源。随着江苏经济发展的增快,基本实现现代化节奏进一步加速,未来对能源、电力方面的需求肯定会成倍地增加。江苏可积极与东南亚、中亚、东欧等 21 世纪海上丝绸之路沿线国家和区域进行资源开发,电厂建设木材加工、有色金属开采等方面合作,为江苏加快实现基本现代化提供自然资源支持。

（4）成为江苏实现全面小康的重要途径

海上丝绸之路沿线许多国家及地区与江苏经济互补,是江苏基本实现现代化的经济转型升级与质的提高的重要途径。21 世纪海上丝绸之路,东端连着充满活力的亚太地区,中间串着资源丰富的中亚地区及非洲地区,西边通往欧洲发达经济体,沿线国家经济互补性强,互利共赢的合作潜力巨大。江苏作为全国第二大经济省份、重要的桥头堡和结合部,21 世纪海上丝绸之路必然把江苏和中亚、东南亚、东亚、东欧国家的沿海港口城市串起来,通过海上互联互通、港口城市合作机制以及海洋经济合作等途径,最终形成海上 21 世纪海上丝绸之路经济带,造福江苏与 21 世纪海上丝绸之路国家与地区,并为促进江苏的经济转型升级,为江苏全同建成小康社会提供重要的途径。

2. 建设 21 世纪海上丝绸之路——江苏经济发展和转型升级的助推器

（1）推动江苏经济发展方式转型

江苏经济过去发展的基本模式是政府主导、投入推动、成本竞争,区域竞争力的核心是低成本为基础的比较优势,尚未形成以企业创新为基础的竞争优势。虽然近20年江苏主要通过大规模引进外资形成了目前的现代产业体系,但在产业的技术层面,基本处于全球产业价值链的中低端,主要是利用廉价劳动力的优势,以劳动密集的加工装配为主;在产业的组织层面,主要以分散的要素形式参与国际分工,参与国际分工的组织化程度仍然较低,企业的国际竞争能力薄弱;在产业发展路径层面,主要是跟随和模仿,出口很大但属于自己的创新和品牌不多。

江苏拥有8000万(数据来源:2015年江苏省国民经济和社会发展统计公报)常住人口,不仅是生产大省,也是消费大省,完全可以运用消费资源整合生产资源,提升开放型经济水平,培育国际化企业,形成新的优势。过去20多年,江苏开放型经济快速发展的成功经验之一,就是形成了以开发区为载体、出口加工为导向、外资企业为支撑的开放体系。在面向现代化的发展新阶段,江苏开放型经济应围绕提升全省经济社会国际化的目标,以国际化城市为重点、国际化企业为支撑、国际化人才为核心,全面构建对外开放的新体系。江苏产业基础好,改革开放以来形成了一批在国内有一定竞争力的企业,苏宁、红豆等企业正在走向国际化,但总体而言数量太少、水平还不高。

江苏作为沿海发达地区,处在改革开放的前沿。率先发展,就会率先遇到问题,而解决这些问题,只有不断深化改革开放。改革跟不上,经济发展的成果就可能保不住。作为地方政府,应该进行积极的探索,进一步深化体制改革,强化市场对资源配置的基础性作用,从目前政府主导、不计成本的开放模式,转向以企业为主导、充分发挥市场配置的开放模式。江苏积极推动21世纪海上丝绸之路建设,通过增强与沿线国家经贸合作的优势互补性,将有利于江苏企业国际化,提升产业技术水平,从而加快产业结构调整,形成具有国际竞争力的产业体系。

(2)加快江苏产业结构优化升级

从图8-2可以看出,江苏省三次产业结构的转变基本符合产业结构演变的规律,1975年~1988年,江苏产业结构模式为"二一三"型,在此期间,第一产业比重逐渐下降,第三产业比重开始上升,第二产业基本保持不变。1989年~2005年,第三产业比重超过第一产业比重,江苏省产业结构转变为"二三一"型,产业结构逐渐得到优化,但第二产业比重明显过大,第三产业比

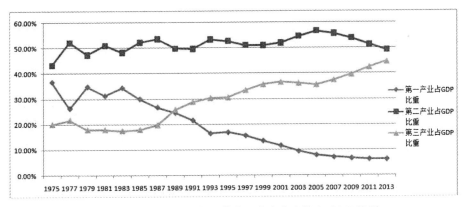

图 8-2 1975~2013 年江苏省三次产业产值占 GDP 比重

数据来源：根据 2013 年《江苏省统计年鉴》以及《2013 年江苏省国民经济和社会发报》相关数据整理所得

重仍过小，说明江苏现有的产业结构存在一定的偏差，仍需进行产业结构调整。2005 年~2013 年，第三产业比重逐年上升，正在接近第二产业，说明江苏的产业机构仍在逐渐优化的过程中，距离发达国家还有一定差距。总体来看，江苏已进入工业化中期向后期转变的过渡阶段，将呈现制造业和服务业齐头并进、经济增长质量和效益明显提升、高新技术产业快速发展的新特征，促进产业结构优化升级，低消耗、低排放、集约化、高效益的新型工业化将成为江苏经济发展的主流。

积极参与和推动 21 世纪海上丝绸之路建设，与海丝沿线国家与地区进行合理的分工与合作，有利于推动江苏支柱产业积极利用先进的高新技术，实现产业结构的跳跃式非均衡转换；有利于增强支柱产业的技术研发能力，延长产业本身的生命周期；有利于提高企业技术水平，加快江苏第三产业发展步伐。建设 21 世纪海上丝绸之路，还将加强江苏与 21 世纪海上丝绸之路沿线国家在港口航运、海洋能源、经济贸易、科技创新、生态环境、海洋经济等领域的全方位合作，加快构建长三角经济合作圈，在更高层次、更宽领域形成对外开放新格局，更好服务于江苏产业转型升级争当发展排头兵大局。

3. 建设 21 世纪海上丝绸之路——江苏构建全方位对外开放格局的新契机

江苏地处中国南方和北方的交界地，是丝绸之路经济带、长江经济带以及 21 世纪海上丝绸之路的战略交汇点：向东通过 21 世纪海上丝绸之路可达日本、朝鲜、韩国；向西通过新亚欧大陆桥经济带上的国际铁路联运大通道、连霍高速，通过新疆可至哈萨克斯坦等中亚国家，为打造丝绸之路经济带提供了有效平台。建设 21 世纪海上丝绸之路，有利于江苏拓展东西双向开放通道，打造中国经济升级版支撑带。向西，可以更好地发挥新亚欧大陆桥上的陇海铁路、连霍高速的作用，促进与丝绸之路经济带沿线国家和地区的经贸合作；向东，可以更好地加强与 21 世纪海上丝绸之路沿线国家，日韩等东亚国家，以及东南亚国家，甚至非洲国家的交往与联系。江苏向东在 21 世纪海上丝绸之路经济带起着重要作用，向西在陆上丝绸之路经济带和长江经济带建设中的重要作用不言而喻。而这一战略的实施，更重要的是，江苏将在 21 世纪海上丝绸之路沿线国家的合作发展中发挥更大的作用，为国家战略意图的实现贡献力量。

建设 21 世纪海上丝绸之路，江苏可以实行更加积极主动的开放战略，不断拓展新的开放领域和空间，以开放促发展、促改革、促创新。江苏可以抓住中央提出建设 21 世纪海上丝绸之路的战略机遇，充分发挥江苏作为海上丝绸之路建设重要地区的作用，进一步加强与中亚、东亚、南亚、甚至欧洲与非洲等地区的经贸合作，进一步拓展江苏东西双向对外开放的新空间，构建沿海、沿江、沿边、沿"桥"全方位开放的新格局。

4. 建设 21 世纪海上丝绸之路——江苏推进海洋强省建设的新引擎

江苏沿海开发战略是经过国务院批准的国家级发展规划，经过五年建设已经实现了三大转变。首先原来"江北"的发展思路向江苏"沿海"整体发展思路的转变。沿海大开发让原来"江北"城市打开了视野，将自身的定位从长江之北变为江苏乃至中国的沿海重地，以一种开放、对外的观念和心态谋求发展。其次，原来的"经济洼地"向"发展高地"的转变。由于"江北"地区开始重新谋划自己的未来发展，沿海大开发提供了一个新平台，站在了一个新高地，创造了一个新起点，沿海区域城市根据自身的特点制定发展规划，利用可持续的发展模式实现错位发展，完成了向江苏沿海新的发展高地的转变。第三，是由"东方小城"向龙头型、辐射型中心城市的转变。连云港是亚欧大陆桥的东起点，却长期以来摆脱不了"东方小城"的印象，其对接海洋、贯通大陆的辐射能力并未完全发挥出来。江苏在沿海开发中提出，以连云港为中心，建立物流港和产业港配合的港口群,以港口为龙头,以产业为纽带,提高连云港、盐城和南通三座沿海开发中心城市的龙头作用和辐射效应。以盐城的大丰港为例,作为一个产业港,其进出港货物基本由当地产业项目消化,2013 年完成货物吞吐量 3250 万吨,同年大丰市公共财政预算收入突破 50 亿元。

江苏沿海开发包括港口功能提升、沿海产业升级、临海城镇培育、滩涂开发利用、沿海环境保护和重大载体建设等"六大行动"。这些规划行动不仅需要原有的发展要素支撑,还需要寻找新的发展载体。建设 21 世纪海上丝绸之路为江苏港口提供更加充沛的货源和更加辽阔的世界港口群体,一方面给江苏发展港口物流业提供可能,另一方面也为江苏港口运输提供出口和联通渠道。建设 21 世纪海上丝绸之路将从政策导向、道路联通、贸易交流入手,加强人流、资金流、信息流的流动速度和流动强度,增加江苏沿海区域与沿线各国的经济社会发展对接,全面推进沿海区域重大发展载体的建设,特别是推进连云港国家东中西区域合作示范区、盐城可持续发展实验区、南通陆海统筹综合配套改革试验区建设,不断提升沿海开发重大战略载体支撑和服务功能。

积极参与和推动 21 世纪海上丝绸之路建设,发展好与沿海各国的合作伙伴关系,有助于江苏充分发挥海洋资源和产业优势,依托海上丝绸之路商贸物流大通道,发展临海先进制造业,实现"江苏制造"向"江苏创造"的转变;有助于江苏大力发展海洋石油、海洋生物、海洋医药、海洋旅游等产业,形成区域特色鲜明的海洋产业集群,不断提升江苏国际市场竞争力,巩固江苏在新一轮发展中的排头兵地位。

5. 建设 21 世纪海上丝绸之路——江苏提升国际影响力的新平台

长江三角洲地区是江苏经济社会发展的龙头,拥有南京、苏州、无锡、常州等一大批在中国最具发展活力的城市。积极参与和推动 21 世纪海上丝绸之路建设,将使南京、苏州、无锡等城市在长江三角洲的地位进一步凸显,发展空间和辐射范围进一步扩大,建设世界级城市群的态势进一步增强,将有助于发挥江苏在建设 21 世纪海上丝绸之路中的突出优势,扩大江苏在沿线国家的影响,拓展对外经济、文化交流,进一步发挥江苏对区域经济社会发展的重要引领作用。

6. 建设 21 世纪海上丝绸之路——江苏提升文化软实力的新机遇

"一带一路"战略构想,旨在推动中国同沿线国家与地区形成互利共赢的利益共同体和共同发展的命运共同体,其中最重要的内容和目标就是要实现民心相通。实现这样的目标,不仅有国家层面的责任,也有地区层面的责任。江苏特殊的历史、地理、经贸、文化优势,打下了江苏与沿线国家全方位合作交流特别是文化交流的坚实基础。建设 21 世纪海上丝绸之路,将充分发挥江苏文化大省、文化强省的优势,扩大江苏文化软实力的辐射影响,深化江苏与沿线国家地区合作共赢的理念精神,为打造"两个共同体"探索新路子贡献新理念。

三、江苏参与和推进 21 世纪海上丝绸之路建设有着明显优势

江苏特殊的历史、地理、经贸、文化等方面优势,在建设 21 世纪海上丝绸之路进程中,具有不可替代的重要地位和作用。

1. 源远流长的历史优势

习近平同志 2014 年 7 月 4 日在韩国国立首尔大学发表的题为《共创中韩合作未来同襄亚洲振兴繁荣》的演讲中提到:徐福出海求药,孔子后代高丽做官。可以说,古代中国与朝鲜半岛很早就开展人员交往,中国历代朝廷派遣的使臣、官员、学者等落户融入当地人群。其中, 2200 多年前,徐福受命于秦始皇出海。徐福,即徐市,字君房,齐地琅琊(今江苏赣榆)人,秦著名方士。根据韩国济州当地传承的传说故事,徐福曾在济州岛西归浦停留。"徐福东渡"也成为中国人民和朝鲜半岛人民之间的友好交流中浓墨重彩的一笔。后来,徐福最终在日本九州"熊野浦"登录,向当地人民传授农耕、医药、纺织技艺,并被当地人民尊为"司农耕神""司药神""纺织之神"和"航海之神"。

汉代,佛教盛行。静穆在江苏连云港的孔望山摩崖造像一下子成为世人关注的焦点,成为 20 世纪 80 年代中国考古的重大发现之一。"海上丝绸路早开,阙文史实证摩崖。可能孔望山头像,及见流沙白马来"中国佛教协会原会长赵朴初先生的诗提出了一个新的设想,即佛教可能从海路传入中国,而连云港也可能是海上丝绸之路的起点之一。

唐宋时期,江苏对外交往日趋增多,苏州、无锡、扬州、连云港均成为海陆丝绸之路的节点城市。历史上的苏州是享誉国内外的"丝绸之府",这里生产

的大量丝织品为陆上丝绸之路和海上丝绸之路源源不断地输送了丝绸产品，见证了江苏海上丝绸之路的发展。当时的连云港，建有海州港，设立驿站接待海外来客。连云港的宿城留有新罗村遗址，韩国人张保皋、日本园仁和尚等都曾经驻足于此，留下印迹。

扬州成为当时对外交往的窗口和门户。扬州大明寺雄踞在古城扬州北郊蜀冈中峰之上。它初建于南朝刘宋孝武帝大明年间（457 年 ~464 年）。唐朝鉴真法师任大明寺住持，使大明寺成为中日佛教文物关系史上的重要古刹。鉴真法师东渡日本，从唐天宝元年（742 年）起，先后十余年，鉴真法师历尽艰险，至第六次东渡成功，将我国佛学、医学、语言文学、建筑、雕塑、书法、印刷等介绍到日本，为发展中日两国的文化交流作出了重要的贡献。

在南宋时期，伊斯兰教创始人穆罕默德的第十六世裔孙阿拉伯人普哈丁为了传播伊斯兰教义，不远万里，于南宋咸淳年间（1265 年 ~1274 年）来到扬州传教，最后，安葬在扬州市区解放桥南塊、古运河东岸岗上。他经常活动的仙鹤寺、普哈丁墓都是扬州作为海上丝绸之路的重要起点城市和东方著名港口与中亚之间文明交流的历史。这里提及的仙鹤寺、普哈丁墓，大明寺、扬州城遗址（隋—宋）现在都是扬州申报世界文化遗产——海上丝绸之路的重要证明，见证了这段时间江苏海上丝绸之路中外文化交流的历史。

明朝时期，明成祖朱棣命郑和七次下西洋，开启了江苏海上丝绸之路最辉煌的历史。郑和从南京龙江港起航，经太仓出海，率领 200 多艘海船和 2.7 万多人，远航西太平洋和印度洋，拜访了 30 多个包括印度洋的国家和地区，曾到达过爪哇、苏门答腊、苏禄、彭亨、真腊、古里、暹罗、榜葛剌、阿丹、天方、左法尔、忽鲁谟斯、木骨都束等 30 多个国家，最远曾达非洲东部，红海、麦加，并有可能到过美洲、大洋洲以及南极洲，加深了明朝和南洋诸国（今东南亚）、东非的联系。

大运河横穿江苏苏南，联通江苏苏中、苏北许多城市，曾经是历史上重要的对外运输通道，也是沿途许多与海陆丝绸之路接轨城市的重要转运口岸。2014 年 6 月 15 日，"大运河"成功入选《世界遗产名录》。"大运河"文化遗产申请项目由隋唐宋时期以洛阳为中心的隋唐大运河，元明清时期以北京、杭州为起始的京杭大运河和从宁波入海与海上丝绸之路相连的浙东运河三条河流组成,涉及沿线八个省市 27 座城市的 27 段河道和 58 个遗产点,河道总长 1011 公里。大运河是世界上开凿时间较早、规模最大、线路最长、延续时间最久的运河,被国际工业遗产保护委员会在《国际运河古迹名录》中列为最具影响力的水道,至今依然在使用中。江苏境内的徐州、淮安、扬州、镇江、苏州、无锡等都是运河经过的地方,一些昔日名不见经传的小村落、小集镇现已发展成为一个个繁华的大都市。大运河的印记早已融入这些城市的血液里,成为江苏的文化之魂。而它发挥的极为重要的运输中转功能,也是江苏今天经济现代化进程中不可替代的水运命脉。

目前,海上丝绸之路的申报文本编制单位选取了泉州、宁波、广州、扬州、南京等 7 省 9 个城市的 55 个文保单位捆绑申报。其中,扬州有四个项目列入"海丝"遗产点,分别是立即列入项目仙鹤寺、普哈丁墓,后续列入项目大明寺、扬州城遗址(隋—宋);南京现存的海上丝绸之路遗迹共有 12 处联合申报,分别是六朝都城遗址、道场寺遗址、明代都城遗址、静海寺、天妃宫、龙江宝船厂遗址、郑和墓地、浡泥国王墓、净觉寺、郑和府邸旧址、洪保墓和大报恩寺遗址,遗产区总面积达 22.6 万平方米。扬州和南京的海上丝绸之路遗迹共同见证了海上丝绸之路中外文化交流的历史。

连云港是丝绸之路经济带的东向出海口,处于陆上丝绸之路与海上丝绸之路的交会节点,向东与日本、韩国隔海相望,向西通过新亚欧大陆桥与中西部地区、中亚、西亚乃至欧洲相连。连云港市作为新亚欧大陆桥的东端起点,理应有所作为,加盟海上丝绸之路的申遗团队。将军崖石刻、孔望山摩崖造像、苏马湾汉代界域石碑、云台山藏军洞、平山旗杆夹成为连云港市对接海上丝绸之路申遗的重要历史证据。2015 年,江苏出台了"十三五"全省文化发展规划,已经将其列入其中。

2. 得天独厚的区位优势

江苏位于连接新亚欧大陆桥产业带、亚太经济圈、环渤海经济圈和长三角经济圈"十"字结点位置,向东与日韩隔海相望,向西通过新亚欧大陆桥,将太平洋沿岸和上合组织成员国、西亚乃至欧洲紧密联系起来,具有沟通中西、连接南北的独特区位。这种区位优势,一头联结着国际市场,一头联结着中西部地区。既是外资进入中西部的入口,又是中西部进入国际市场的前沿和开展经济活动的重要平台。

江苏是港口大省,国家交通运输部公布的全国 53 个主要港口名录中,江苏有七个;在沿海 25 个主要港口中,江苏有五个。目前,长江航运量 75% 集中在江苏段,港口企业最先感受到 21 世纪海上丝绸之路带来的新机遇。据统计,2015 年江苏经济总量超过 7 万亿元,居全国沿海 11 个省市第二位。通江达海、扼守门户的独特区位优势注定江苏是 21 世纪海上丝绸之路上的一颗重要"棋子"。

截至 2013 年底,全省共有生产用泊位 7546 个(万吨级以上 434 个),货物通过能力 17.1 亿吨,集装箱能力 1424 万标箱。全年完成货物吞吐量 21.4 亿吨,集装箱 1662.5 万标箱,连云港、南京、镇江、苏州、南通、江阴、泰州等七港吞吐量超亿吨。港口货物通过能力、万吨级以上泊位数、货物吞吐量、亿吨大港数等多项指标全国第一。2015 年,全省港口建设投资完成 126 亿元,新增万吨级以上泊位 24 个。通过多年的建设和发展,为江苏融入和参与 21 世纪海上丝绸之路建设奠定了良好的基础。

3. 经贸合作的先行优势

江苏是经济大省,经济社会发展一直保持在全国前列。改革开放以来,江苏经济社会发展取得了显著成就。2015 年,江苏在沿海 11 省市综合经济实力中排名第三,表明江苏的综合经济实力在沿海省市中相对较强。特别是江苏省的贸易能力较强,依托优越的地理位置和历史条件,江苏省自古对内对外都拥有频繁的贸易往来,远远高于沿海省市贸易平均值。

江苏在沿海 11 省市相对较强的综合经济实力,特别是较强的贸易能力,为江苏参与 21 世纪海上丝绸之路奠定了良好的基础。

江苏是中国开放较早的省份之一。改革开放以来,开放型经济不断发展壮大,成为江苏经济社会发展的重要动力。"十二五"以来,开放型经济更加注重稳增长、调结构、促转型,呈现出量稳质升的发展局面。

表 8-2：2015 年沿海各省市综合经济实力排名表

省市	上海	广东	江苏	浙江	天津	山东	辽宁	福建	河北	广西	海南
排名	1	2	3	4	5	6	7	8	9	10	11

《GN 中国省区、直辖市综合竞争力评价指标体系》涵盖经济、社会、环境、文化四大系

统,由包括经济竞争力指数、产业竞争力指数、财政金融竞争力指数、商业贸易竞争力指数、基础设施竞争力指数、社会体制竞争力指数、环境/资源/区位竞争力指数、人力资本教育竞争力指数、科技竞争力指数和文化形象竞争力指数在内的10项一级指标、50项二级指标、217项三级指标组成。

备注:结合沿海11省市的经济发展特征,选取了地区生产总值、固定资产投资总额、地方财政一般预算收入、商品出口总额、资本形成总额、人均地区生产总值、居民消费水平、居民人均储蓄存款八项指标,并通过主成份来分析沿海11省市的经济发展特征,相关数据来源于各省市统计年鉴。

21世纪海上丝绸之路的建设,为江苏外向型经济的空间集聚和多边贸易的扩大提供了有利契机。对外贸易方式上主要为一般贸易、加工贸易和其他贸易等。2013年,全省货物贸易进出口总额达5508.4亿美元,同比增长0.5%。其中,出口3288.5亿美元,进口2219.9亿美元。进出口规模居全国第二位,占全国比重为13.2%。服务贸易进出口总额达710.1亿美元,同比增长37.5%。江苏与21世纪海上丝绸之路沿线的日本、韩国、东盟等国家和地区的2013年主要贸易情况见表8-3。

贸易结构的转变有利于提升产业和需求结构,合理的利用国际分工带来的规模经济效应,增强江苏基于内生优势的产业竞争力。江苏与21世纪海上丝绸之路沿线的国家和地区的对外贸易中,商品结构由古老海上丝绸之路的陶瓷、茶叶、丝绸、铁器和香料等发展为现在的高新技术产品、机电产品、纺织服装和农产品等,主要贸易结构见表8-4。

21世纪海上丝绸之路沿线的多数国家和地区的劳动力成本低于江苏,适合江苏省的纺织服装、家电、化工、机械等劳动密集型产业向这些国家和地区进行拓展转移。因此,投资结构上江苏由原来的"引进来"发展为"走出去",有利于江苏的产业转型升级。2013年,全省共核准对外投资项目605个,同比增长5.8%;中方协议投资额为61.4亿美元,同比增长21.8%,项目平均投资规模达1112万美元;其中医药制造、专用设备制造、交通运输设备制造、电气机械及器材制造等高端制造业对外投资增长4.7倍。柬埔寨西港特区和埃塞俄比亚东方工业园两个国家级境外经贸合作区进展顺利。全省对外承包工程完成营业额72.6亿美元,同比增长12.3%,居全国第四位,劳务人员实际收入总额8.9亿美元,同比增长14.7%。企业国际化水平和层次进一步提高。

表8-3：江苏省2013年进出口分主要市场完成情况

金额单位：万美元

主要市场	出　口		进　口	
	金额	同比 ±%	金额	同比 ±%
总值	32 885 683	0.1	22 198 752	1.2
亚洲	15 678 623	5.5	15 359 578	−1.9
香港	3 683 411	9.2	61 403	−1.7
日本	3 123 705	1.4	2 976 946	−8.0
台湾	1 196 511	13.2	3 115 886	2.6
韩国	1 674 680	2.2	4 151 041	7.8
东盟	3 344 372	9.0	2 299 347	−15.4
中东	1 411 364	−4.2	769 007	25.4
非洲	929 883	−6.0	259 367	46.2
欧洲	6 455 471	−9.2	2 677 742	3.2
欧盟	5 712 101	−9.7	2 415 175	4.2
拉丁美洲	1 982 221	−9.6	889 340	4.2
北美洲	7 030 828	2.3	1 949 272	13.4
美国	6 543 011	2.6	1 655 496	15.1
大洋洲	808 658	−2.0	1 060 433	11.7
澳大利亚	629 437	−8.6	950 086	9.5

表8-4：江苏省2013年部分大类商品进出口完成情况

金额单位：万美元

商品结构	出　口		进　口	
	金额	同比 ±%	金额	同比 ±%
总值	32 885 683	0.1	22 198 752	1.2
高新技术产品	12 741 875	−2.7	9 235 875	0.8
机电产品	21 439 801	−1.5	12 887 593	−0.1
纺织服装	4 370 792	6.1	304 171	2.9
纺织品	1 901 669	8.3	275 650	2.2
服装	2 469 122	4.5	28 521	10.4
农产品	316 230	3.1	1 052 942	−3.6

4. 文化相通的人文优势

江苏以文化昌盛闻名全国,历代名人辈出,文化资源丰富,有苏州园林、明孝陵、中国大运河等世界文化遗产和昆曲、雕版、扬州剪纸等世界非物质文化遗产。文化遗产保护、文化市场管理、文化产业发展、对外文化交流等工作均走在全国前列。2013年至今,江苏共组织200多批文化团组赴世界30多个国家及我国港澳台地区开展文化交流,接待 20 多个国家及我国港台地区的 100 多批文化团组来访,音乐杂技剧《猴·西游记》作为美国林肯中心艺术节开幕大戏连续商演 27 场,多项交流活动向世界展示了江苏文化的独特魅力。

旅游合作成为江苏与 21 世纪海上丝绸之路沿线国家和地区文化交流的重要途径。2015 年,江苏全省全年接待境内外游客 62 238.7 万人次,比上年增长 8.4%;实现旅游业总收入 9 050.1 亿元,增长 11.1%。其中:外国人 200.8 万人次,增长 1.9%。旅游外汇收入 35.3 亿美元,增长 16.3%。"畅游江苏"成为国际性品牌。国际旅游作为一种异文化的交往,成为江苏与 21 世纪海上丝绸之路沿线国家和地区人民相互了解的途径及文化传播的有效渠道。文化是旅游的灵魂,旅游是文化的载体,国际旅游正成为扩大文化传播的重要途径。21 世纪海上丝绸之路的建设,为江苏与 21 世纪海上丝绸之路沿线国家和地区的旅游合作提供了更宽广的平台。

5. 支撑有力的环境优势

(1)江苏境内金融体系日益完善。金融作为地方经济的发展"推手",也是"一带一路"的"五通"的主要方面,对于地区经济的发展拥有绝对的话语权和支撑作用,金融业已经成为江苏省的支柱性产业之一。目前,江苏境内银行业金融机构共有 180 多家。截至 2015 年末,江苏省金融机构人民币存款余额 10.79 万亿元,同比增长 11.7%;比 2014 年年初增加 1.18 万亿元。人民币贷款余额 7.89 万亿元,增长 13.4%;比年初增加 9285.1 亿元。江苏省金融业增加值占全省 GDP 的比重达 7.6%,同比增长 15.8% 左右。2016 年以来,江苏银行业在发力,截止到 2016 年 6 月末,江苏省金融机构人民币存款余额 12.09 万亿元,同比增长 11.2%;比年初增加 1.3 万亿元,同比多增 366.6 亿元。人民币贷款余额 8.69 万亿元,增长 16.1%;比年初增加 8059.3 亿元,同比多增 2786.7 亿元,有力地提振了江苏对接"一带一路"的信心。

在具体金融产品开发创新方面,江苏金融业不断创新,服务产品业已日益增多。各银行在传统金融产品的基础上,积极开发金融创新产品,采取多种新型方式支持企业发展,推动地方经济和社会发展。2014 年 7 月召开的江苏省委十二届七次全会上讨论通过的《关于加快推进金融改革创新的意见》,33 条举措中单列一条谈跨境人民币业务试点,除了苏州工业园区和昆山试验区,还将适时推广到连云港中哈物流基地。目前,昆山试验区主要是推动两岸金融合作,成为台资金融机构和企业集团立足长三角,布局大陆市场的重要基地。苏州工业园区是新中人民币跨境业务金融试点,主要有新加坡银行机构对园区企业发放跨境人民币贷款、股权投资基金人民币对外投资、园区内企业到新加坡发行人民币债券,个人对外投资跨境人民币业务。2016 年,江苏省着力引导银行业金融机构支持符合"创新、协调、绿色、开放、共享"五大发展理念的地方产业和行业,将银行体系资金向致力于转型升级的产业和企业倾斜,向战略性新兴产业和科技创新创业企业倾斜,向环保、低碳领域倾斜。此外,信贷聚焦"一带一路"、长江经济带开发等重大战略的重点项目、重大工程等重点领域;建立绿色信贷长效机制,积极探索能效融资、碳排放权融资、绿色信贷资产证券化等绿色金融。金融体系建设成为推动江苏经济增长和可持续发展的重要动力,金融体系的改革创新为江苏推进 21 世纪海上丝绸之路建设提供了基础和保障。

（2）国际间的科技合作不断深化。科技进步成为推动江苏经济增长和可持续发展的重要动力。作为国际科技合作较为活跃的省份,江苏拥有丰富的科技资源和成熟的产业链条,是我国与 21 世纪海上丝绸之路沿线国家和地区科技合作的重点地区之一。目前,江苏与新加坡的科技合作一直保持着比较活跃的态势,双方建立了稳定的合作关系,在电子信息、生物医药、先进制造、物联网等领域达成了多项合作。与其他国家和地区的科技合作以技术输出为主,主要集中在农业和新材料领域等。江苏还需要增设与欧洲、东亚、东盟、中东区域的科技合作项目,加大项目实施力度,通过合作、交流,增强江苏科技竞争力和聚集度,为江苏科技兴省提供智力支撑。

（3）丝绸之路建设关联人才有效集聚。21 世纪海上丝绸之路的建设需要国际化的人才,包括金融、物流、旅游、文化等方面的高端人才。近年来,江苏坚持人才立省理念,积极实施科教兴省和人才强省战略,使江苏的人才总量稳步增长,人才层次明显提高,高层次人才队伍不断壮大,出现了产业集聚与人才集聚相互促进的良好态势。

江苏历来高度重视与 21 世纪海上丝绸之路沿线国家与地区在文化和教育领域开展交流与合作。为促进共同发展,增进了解,江苏根据国家有关规定每年都划拨专项资金和名额面向东南亚等国家招收留学生。江苏与21世纪海上丝绸之路沿线国家和地区加强高等教育国际化合作,通过以学术交流、师生交换、人才培养等方式,让21世纪海上丝绸之路沿线国家和地区通过江苏这个桥梁了解中国,也让中国以江苏为窗口了解其他各国,这样既有助于中国与21世纪海上丝绸之路沿线国家和地区彼此更深入了解沟通与合作,同时也能更切实际地推动江苏教育和经济向前发展。目前,21世纪海上丝绸之路沿线国家和地区诸多高校、企业已经与江苏相关院校、公司签订合作协议或备忘录,内容涉及金融与财税人才培训、海洋产业开发、特色中药研发推广、高层次人才引进、旅游文化综合体项目、产业园区建设等。例如,新加坡已经在江苏开展包括城市管理、电子商务、智慧城市、财政、物流等多方面的人才合作培训。人才队伍的建设和合作为江苏的经济增长和可持续发展提供了基础作用,为江苏推进21世纪海上丝绸之路建设提供了坚强的人才保证和强有力的智力支持。

(4)理论研究先导作用得到发挥。党的十八届三中全会以来,中央基于对世情国情党情的准确把握,做出了全面深化改革的战略部署。省委在中央顶层设计的大框架下,紧密结合江苏发展实际谋划改革蓝图,把深化经济体制改革作为重点,积极探索江苏特点改革创新路子,努力在全面深化改革中继续走在前列。

江苏社科理论界围绕深入贯彻落实中央和省委精神,聚焦、聚神、聚力全面深化改革,迅速掀起了学习、研究、宣讲的热潮,既充当了学习贯彻全会精神的排头兵,又很好地发挥了思想库、智囊团作用,得到省委领导肯定。党的十八届三中全会公报首次明确提出"要加快海上丝绸之路建设",海上丝绸之路战略作为国家战略成为江苏理论界热议和研究的重点。2013年至2016年,江苏省社科联、社科院以及地方高等院校、学术团体,都将江苏如何对接"一带一路"作为年度研究的重点,设定了大量的研究课题。当前,全省社科理论界紧紧围绕推动加快推进江苏进一步深化经济发展的供给侧结构性改革、建设"一中心,一基地"、主动对接"一带一路"战略、长江经济带战略和建设"强富美高"新江苏等问题展开研究。坚持正确研究导向、理论联系实际、创新体制机制,着力聚焦江苏全面深化改革的重大问题,在贯彻落实中央精神和省委要求,增强研究成果的针对性与实效性,推进江苏新型智库建设等方面再发力,在发挥社科理论界思想库、智囊团作用上有更大作为。社科理论界的理论研究为江苏推进 21 世纪海上丝绸之路建设提供了理论支持。

四、江苏参与和推进 21 世纪海上丝绸之路建设面临诸多挑战与困难

江苏如何深度融入 21 世纪海上丝绸之路建设是一个现实问题,依然存在一定掣肘和瓶颈,主要问题如下。

1. 国际政治经济形势不容乐观

(1)沿线国家安全形势严峻。南海争端浮现,领土争端、资源开发、共同安全、权力角逐等复杂矛盾交织,使维持中国——东盟良好关系面临严峻考验。特别是南海仲裁事件发生后,南海区域国家之间的竞争态势已成事实。同时,东盟等沿线国家政治因素多变,泰国政局动荡、柬埔寨政局不稳、印尼大选、缅甸修宪等因素的综合影响下,东盟及沿线国家地区安全风险上升。

(2)国际贸易摩擦不断。一些沿线国家基础设施数量严重不足,水平普遍落后,直接影响了相关国家的生产效率。生产效率的低下和我国去产能的影响,使得沿线国家普遍采取贸易保护政策。同时,沿线国家对中国贸易的逆差较多,不可避免地引发区域间的贸易摩擦与矛盾。

(3)沿线国家政治互信不足。东盟国家一些人士对中国倡导建设海上丝绸之路仍抱持疑虑,担心这一倡议背后隐含某种特别的政治意图。一些学者甚至曲解,认为海上丝绸之路建设会附加条件,从政治、经济甚至安全上对东南亚地区施加压力。

2. 国内区域竞争日趋激烈

国家发改委和外交部曾于 2013 年 12 月 14 日召开了推进丝绸之路经济带和海上丝绸之路建设座谈会,参加的省份主要包括陕西、甘肃、青海、宁夏、新疆和重庆、四川、云南、广西、江苏、浙江、广东、福建、海南等 14 个省区市。2014 年,国家《愿景计划》发布后,连云港、徐州作为"一带一路"的东端上重要节点城市,主要任务对接新亚欧大陆桥经济带。但江苏作为一个整体,如何应对 21 世纪海上丝绸之路的挑战成为一个重大课题。同时,沿海港口与集装箱吞吐量的规模是江苏参与建设 21 世纪海上丝绸之路经济带枢纽城市的重要功能载体。江苏沿海开发战略实施以来,江苏沿海开发的区位优势尽显,江苏沿海港口经济发展优势较为突出。但是,从我国沿海主要港口城市布局来看,江苏沿海附近区域集中了长三角地区的上海、宁波舟山港、青岛港、日照港,江苏沿海开发面临着激烈的区域竞争,江苏还没有自贸区平台,发展转口贸易和自由贸易面临着激烈的市场、货源、腹地、政策的争夺战。从地缘情况来看,21世纪海上丝绸之路西洋航线的地缘省份应该是中国西南如广西等省份;南洋航线的地缘省份应该是海南、广东、福建;东洋航线日、韩及东北亚国家的地缘省份应该是浙江、江苏、山东。根据2013年海上丝绸之路沿线省份对外出口额情况对比来看,江苏对欧盟出口额较广东低,跟浙江比肩;对美国出口额不敌广东;对日韩出口额较其他沿海省份高;对俄罗斯出口额不敌广东、浙江。(详见表8-5)各省份之间对外贸易因为地缘不同而各有重点倾向,其中以广东最为全面,且实力强劲。海丝沿线,上海作为长三角经济区的龙头具有最理想的地缘位置,距离日韩不远,还可以江海联运通过长江一直渗透到武汉长沙等中部地带;浙江宁波舟山具备长三角最好的港口,东洋航线比较便利;广东、福建、广西与东盟的地缘最为亲近,福建泉州与台湾、东南亚地缘、文化紧密联系,又具有东南沿海最优质港口,海上丝绸之路留给泉州的政治经济遗产是真实巨大的存在,作为中国第一侨乡,东南亚有七百多万泉籍华侨,还有超四成祖籍泉州的台胞;广东既有古海丝沿线重要港口又是改革开放的最前沿,粤港澳合作的地缘优势也是其他地区无可比拟的。因此,江苏如何面对长三角、闽东南、珠三角、胶东半岛、环渤海等沿海经济高位地区的竞争,在各具地缘优势的海丝沿线城市中凸显自己的独特地位与作用成为目前江苏对接21世纪海上丝绸之路建设的重大挑战之一。

3．江苏对海上丝绸之路沿线国家推进步伐仍待加强

2010年至2015年江苏GDP增长20.2%、18.6%、10.1%、9.4%、8.7%、8.5%,增长率连续五年下降,表现出江苏经济发展开始步入新常态;2015年,江苏全省进出口出现下降趋势。全年进出口总额5456.1亿美元,比2014年下降3.2%。其中,出口总额3386.7亿美元,下降0.9%;进口总额2069.5亿美元,下降6.7%。出口总额中,对美国出口728亿美元,比上年增长3.7%;对欧盟出口607.9亿美元,下降4.3%;对日本出口280.8亿美元,下降9%;对韩国

出口 166.8 亿美元, 增长 0.2%; 对东盟出口 351.1 亿美元, 增长 2.6%; 对台湾省出口 137.8 亿美元, 下降 3%; 对香港特别行政区出口 347.9 亿美元, 下降 0.2%; 对俄罗斯出口 34.7 亿美元, 下降 29%; 对印度出口 96.3 亿美元, 增长 11.8%; 对拉丁美洲出口 189.3 亿美元, 下降 1.4%; 对非洲出口 87 亿美元, 下降 6.4%, 对外开放发展还有较大拓展空间。同时, 江苏对接 21 世纪海上丝绸之路的应对速度较其他省份尤其是海丝沿线的广西、福建和广东等重要省份稍显迟缓, 江苏对于 21 世纪海上丝绸之路的投入和推进力度相对于其他沿海省份, 仍待加强。特别是近两年来, 广西通过举办中国—东盟博览会, 以及积极推动泛北部湾经济合作, 开通与泛北部湾国家间的港口航线, 建设沿边金融改革试验区、跨境经济合作区, 对 "21 世纪海上丝绸之路" 建设进行了一系列卓有成效的先行探索。广西政府也正在谋划从多个层面构建 "海上丝绸之路" 的战略支撑, 包括推动在泛北部湾经济合作路线基础上探索 "21 世纪海上丝绸之路" 先行项目, 利用中国—东盟博览会、中国—东盟商务与投资峰会服务 "丝绸之路" 建设, 积极推进将中国—东盟博览会服务范围扩展至 10+6 等。福建省则一直致力于推动建立福建与东盟政府机构、闽籍华侨华人社团和行业商协会之间常态化的沟通协调机制, 推进 "中国—东盟海上合作基金" 项目建设。全面推进海洋经济和文化的交流合作, 签订了 "共同推进福建海洋经济发展的战略合作框架协议" "关于海洋产业技术创新研究机构及战略联盟合作框架协议书" "教育与学术交流合作协议书" 等战略框架合作协议, 鼓励海外企业家到福建投资。打造海洋文化产业基地, 组织 "6.8 世界海洋日暨全国海洋宣传日", 依托 "厦门国际海洋周" 举办国际性海洋文化论坛, 开展海洋博物馆藏品互展交流, 利用 "哥德堡号海洋文化之旅" 在中国航行期间, 开展海洋文化宣传交流, 推动设立中国—东盟海洋文化研究机构。以海洋为纽带促进福建与东盟的交流与合作。广东省政协十一届七次常委会将 "推进 21 世纪海上丝绸之路建设" 列为议政专题, 会前组织了大规模专题调研, 专题调研报告更是 "十易其稿", 对广东省推进 21 世纪海上丝绸之路建设提出了既有战略高度又切实可行的对策建议。广东省特别重视参与海上丝绸之路的平台建设, 积极申报粤港澳自贸区。广东参照中国—东盟博览会的做法, 建立了一个面向东盟、非洲、南亚以及东欧地区的 "海上丝绸之路" 的论坛平台—— "21 世纪海上丝绸之路博览会",作为固定的国际性展会,为双方合作搭建更为广阔的平台,促成一批广东与海上丝绸之路沿线国家和地区之间的经贸和旅游文化合作项目,扩大了广东与海上丝绸之路沿线国家和地区的进出口贸易。

4．本土历史文化资源利用不足

目前"海上丝绸之路"全国九个联合申遗的城市,江苏仅南京和扬州2009年入列。有着2500年历史的扬州曾经是唐宋四大名港之一,陆上丝绸之路与海上丝绸之路在此交会,扬州大运河是古海上丝绸之路的重要航线。南京与"海上丝绸之路"的联系主要集中在两个历史时期:一是,汉唐之间的三国两晋南北朝时期;二是,明代。这两个时期,南京作为都城,是封建中央政权以国家力量来组织、实施海上物质文化交流的核心地。2014年8月连云港开始加入申遗行列,古海上丝绸之路并没有明确连云港为海上丝绸之路起点、终点或者某一节点,但是连云港遗留有海上丝绸之路经历沧海桑田的一些文物物证、徐福东渡、孔望山等历史证据。21世纪海上丝绸之路在古海上丝绸之路的基础上辐射范围更加宽广,21世纪海上丝绸之路离不开海港,更加强调面向海洋,江苏沿海必将成为21世纪海上丝绸之路的重要组成部分。就目前全国城市积极投入到海上丝绸之路申遗活动的趋势来看,江苏亟需深入挖掘海上丝绸之路历史积淀,推动21世纪海上丝绸之路沿线的文化交流,以文化促经贸。

5．配套基础设施建设仍存短板

建设21世纪海上丝绸之路必须加强互联互通设施建设,提升海运便利化水平,加强海上安全合作,完善多式联运和集疏运体系。江苏在这方面进展不快,尚未达到深入对接21世纪海上丝绸之路的现实要求。

（1）江苏沿海港口建设存在差距

建设21世纪海上丝绸之路,离不开海港建设,江苏沿海港口建设较为缓慢,距离实现各海港之间互联互通,提升江苏海运便利化水平仍有很大差距。江苏沿海港口的建设与发展比较缓慢,起点较低,江苏沿海港口集中分布在苏中、苏北地区,这些海港中,还没有一个港口的集疏运交通做到内河、公路、铁路三种运输方式俱全,缺少现代化的运输网,特别是在集装箱铁路集疏运等方面发展迟缓,严重影响了江苏沿海港口综合服务功能的提升。同时,江苏沿海货物吞吐量较周边的上海、浙江的宁波——舟山港还有较大差距。另一方面,江苏沿海的腹地苏中、苏北地区经济总体较弱,交通、信息、能源、电力等基础设施建设相对滞后,产业结构水平与技术水平都相对较低,投资环境不够优质,影响了江苏沿海经济发展的进程。

（2）省内江海河联运体系建设刚刚起步

实现港口的互联互通,就必须考虑江苏境内实现江海河联运,多种方式联运的交通运输体系才能成为 21 世纪海上丝绸之路建设的基础保障。就目前来看,江苏境内江海河联运项目还处于起步阶段。江苏沿海城市连云港 2009 年 9 月启动海河联运工程,开展盐灌船闸、疏港航道等水运工程建设。"十一五"期间,连云港市内河航道按照"南北连通、东西成网、海河联运、等级提升"的总体要求,加强了干线航道网的规划建设,但是海河联运工程进度不是十分理想,导致连云港海河联运集疏运体系仍不够完善。南通 2013 年 5 月 30 日正式印发《关于建立南通市江海河联运项目建设指挥部的通知》,强势推进江海河联运项目,掀开南通市江海河联运工程建设的新阶段,该项目西接连申线、京杭运河,东至东灶港、吕四港,北抵连云港,南通长江。项目分为通吕运河航道整治工程,九圩港船闸扩容及连接线工程,通扬线市区段改线工程三个部分。但是南通江海河联运体系仍处于起步阶段,还未能达到建设海上丝绸之路所需标准。因此,江苏缺乏江海河皆备的现代化运输体系,为建设海上丝绸之路提供便利的交通服务,这是目前最大的问题所在。

（3）江苏物流体系建设亟待提升

随着我国对外开放的逐步推进,江苏物流业面临着拥有资金、技术和管理优势的国际物流企业的竞争。由于国际物流产业巨头云集,经济实力雄厚,运输设备技术先进,管理现代化、成本较低,因此,其所提供的物流服务在合适性、安全性、准确性和便捷性方面相对更高,给江苏物流业的发展带来了巨大挑战。特别是当前,江苏省物流的规模化、智慧化、一体化和绿色化水平还比较低,缺少一批跨地区、跨行业、跨所有制国际化物流企业集团,综合性的物流园区布局不太均衡,前瞻性的物流综合服务平台还未搭建,现代物流的管理机制和体制还不太到位,这就使得江苏物流体系建设不能为海上丝绸之路建设提供相匹配的物流服务。江苏亟需构建分层次的物流体系和网络化的多式联运体系,需要实现区域联动的物流信息平台对接,实现信息资源共享。

（4）沿线国内港口协力共进格局尚未形成

江苏沿海港口与海上丝绸之路沿线港口城市之间的竞争使得港口间的良性分工格局尚未形成。尤其近处着眼,江苏沿海港口与长三角地区港口、山东半岛蓝色经济区港口之间激烈的竞争,上海、宁波港口的发展,给江苏港口发展带来了巨大的压力,上海港年吞吐量中的集装箱货源,有一半左右来自江苏,而上海洋山深水港的建成,又将整个长江流域纳入其腹地。同时,近距的宁波港集装箱吞吐量中来自江苏的约占 25%。2016 年,国家又将宁波舟山港列为国家自贸港区的实验区。江苏的物流、财源大量地流向上海及宁波等周边大港,使江苏港口经济的发展受到极大的制约。另一方面,山东半岛经济区与江苏沿海地区相似的地理区位、一定的腹地叠加,尤其江苏的连云港与山东的日照、青岛港竞争,连云港与日照同时竞争着面向新亚欧大陆桥沿线、日韩东北亚地区,特别是面向日韩东北亚的竞争地区青岛港占极大优势。为了各自港口发展,未能合作分工进行错位发展。其他距离江苏稍远的沿海省份如广东、福建、海南、广西,也未能充分考虑到其与东盟、台湾、港澳地区的地缘关系,而有选择地合作错位发展。港口之间没有形成携手共建、合作共赢的良好局面,将江苏陷入了发展困境。

（5）沿线各国合作共赢战略具体实施困难

不同于国内港口城市的合作,海上丝绸之路沿线各个国家之间的合作更加复杂。首当其冲的便是如何解决与海丝沿线国家产业、产品结构趋同的问题,这个问题不解决,江苏对接 21 世纪海上丝绸之路将面临严重的同质化竞争问题。沿线各国港口性质各异,发展模式不同,国家政治、经济策略也不相同,国内港口合作共赢尚未形成良好局面,江苏港口与国际上其他港口想要实现合作共赢则难上加难。江苏对于沿线国际港口的运作模式、发展需求还不能详细把握,对于寻找合作共建的突破点还处于摸着石头过河的阶段,这些都在无形中阻碍了江苏对接 21 世纪海上丝绸之路的步伐。

6. 省内南北经济均衡发展问题比较突出

苏中地区的扬州是古海上丝绸之路的重要港口城市,苏南地区的南京是古海上丝绸之路上的重要起点城市,苏北地区的徐州与苏中的扬州之间的京杭大运河徐扬段是海上丝绸之路的重要航线,苏北的连云港又是"一带一路"

重要交汇点,因此,江苏省内地区间的平衡发展是江苏对接 21 世纪海上丝绸之路建设的坚实基础。江苏南北经济差距是一个历史问题,也是一个现实问题。它一直是制约江苏经济协调发展的一个"瓶颈"。江苏的沿江及苏南地区一直是江苏省的经济重点,江苏"重江轻海""重南轻北"的发展格局十分突出。江苏沿海地区总体经济实力相对周边地区比较薄弱,经济发展速度缓慢,属于江苏的欠发达地区,直接导致了物流需求增加缓慢,制约了现代化物流体系的发展,达不到海上丝绸之路建设对物流体系建设的要求。虽然从 20 世纪 90 年代起江苏省就开始重视南北经济协调发展,并先后建立了"五方挂钩"的帮扶制度和财政、产业、科技、劳动力"四项转移"制度。至新世纪之初,江苏省根据苏南、苏北经济发展梯级差异明显的省情,又提出了"苏南提升、苏中崛起、苏北振兴"的区域协调发展战略。2005 年至 2006 年,江苏省再一次做出了支持南北挂钩、共建苏北开发区的决策,让苏南十个县(市、区)在苏北跨区域挂钩共同建设十个开发区,鼓励苏南重大产业转移项目落户苏北。之后又先后制定了长三角一体化战略和沿江开发战略。在一定程度上推动了江苏产业在区域间的梯度转移,缓解了江苏地域经济发展不平衡的问题,但是距离江苏省内经济发展平衡还有相当距离。也正是这一距离使得江苏建设 21 世纪海上丝绸之路、打造经济开放新优势面临严峻挑战。

7. 自身对外开放支撑平台建设压力重重

江苏对接 21 世纪海上丝绸之路建设的对外开放平台最重要的就是桥头堡、自贸区及各类出口加工区、保税物流园区等,目前仍显支撑不足。

(1)桥头堡群建设面临巨大挑战

桥头堡群的主要功能定位是融国际运输中心、金融中心、信息中心为一体,桥头堡群必须有现代化的港口和发达便捷的交通运输网络,才能担当起对外开放重要平台的角色。江苏对外开放平台之桥头堡群不仅仅指连云港一个城市,而是一个全新的集群概念。虽然连云港是新亚欧大陆桥东方桥头堡,也是海上丝绸之路与陆地丝绸之路交汇点,具有独特的区位优势,更随着江苏沿海大开发、长三角一体化、东中西区域合作示范区建设、创新型城市试点等国家战略的深入实施,连云港的桥头堡作用逐渐凸显。但是举连云港一城之力担当对接 21 世纪海上丝绸之路的桥头堡已经不能够为对接提供必要的平台支撑。举全省之力构建桥头堡群,以连云港为桥头堡窗口,集江苏省内周边其他城市优势资源辅助连云港,以连云港辐射周边其他城市,形成桥头堡集群,提升江苏对外开放平台层次,是江苏对接 21 世纪海上丝绸之路的一个战略选择。但是就目前全省情况来看,构建江苏桥头堡群面临着巨大的挑战,尚没有形成这一战略的具体规划,缺乏方向指导,也没有具体实施措施,还需要全省各城市的协调机制促进合作共建。

(2)自贸区建设尚在路上

2013 年以来,自贸区建设成为我国对外开放的亮点,也是对接海上丝绸之路重要开放平台。2013 年 8 月,上海自贸区获得中央批准成立,成为中国首个自贸区。2015 年 3 月,广东、天津、福建纳入第二批自贸区试点,使得我国的自贸区增加到四个。自由贸易试验区开启了中国新一轮改革开放的试验田。经过一年的先行先试,取得了较好的成绩。以负面清单管理为核心的投资管理体制改革基本建立,以贸易便利化为重点的贸易监管制度有效运行,以资本项目可兑换和金融服务开放为目标的金融制度创新有序推进,以政府职能转变为核心的事中事后监管制度初步形成。据不完全统计,在 2015 年各地方政府工作报告中,明确写到要申报自贸区的有 20 多个,这还不包括广西凭祥沿边自贸区、长沙文化创意自由贸易区等国家试点等。目前除了青海、吉林、北京、山西、西藏、河北之外,其余 21 个省市(自治区)都提出了申建自贸区的要求。其中至少有 16 地已经将申建自贸区列入 2016 年工作计划中。在此期间,江苏苏州、连云港也申报了自贸区方案,尚未获准。2016 年 8 月 31 日,党中央、国务院决定,在辽宁省、浙江省、河南省、湖北省、重庆市、四川省、陕西省新设立七个自贸试验区。这代表着自贸试验区建设进入了试点探索的新航程。新设的七个自贸试验区,将继续依托现有经国务院批准的新区、园区,继续紧扣制度创新这一核心,进一步对接高标准国际经贸规则,在更广领域、更大范围形成各具特色、各有侧重的试点格局,推动全面深化改革扩大开放。在未来一段时间内,我国将进一步加快实施自由贸易区战略,加紧推广复制成功的自贸试验区经验,深入落实国务院《关于加快实施自由贸易区战略的若干意见》,进一步优化自贸区布局,做好中韩、中澳自贸协定实施工作,推动中国—东盟自贸区升级版协定的早日生效,加快推进中日韩等自贸区的谈判。可见自贸区建设将成为中国推动"一带一路"战略的主要抓手和方法之一。

此外,研究表明:近年来,随着多边贸易体制发展受阻,区域一体化有了迅速发展,全球约有 3000 个各种类型的自贸区分布在 135 个国家和地区。自贸区已成为国家间经贸竞争重要工具,也是全球经济一体化的重要组成部分。而江苏对国家设立自贸区的宗旨还需准确把握,不能一味追求为"设立"而"设立",没有主动融入上海自贸区,接受上海自贸区的溢出效应,或多或少掺杂了追求优惠政策的思路。

（3）省内各种保税区布局不均衡

近年来,随着江苏省内综合保税区、保税物流园区等的批准设立,江苏保税物流能力有所增强。到 2015 年底,江苏省综合保税区、保税港区已达 17 家,保税物流中心五家。其中,苏州工业园综合保税区、昆山综合保税区、苏州高新技术产业开发区综合保税区、无锡高新区综合保税区、淮安综合保税区、盐城综合保税区、南京综合保税区,均已经封关运行,为江苏对接海上丝绸之路开展供保税物流提供了坚实的服务基础。分区域来看,苏南有苏州七家、无锡两家、常州两家,南京一家、镇江一家;苏中的扬州一家、南通一家;苏北的盐城一家、淮安一家,可见苏南、苏中、苏北区域分布不均衡,提供保税物流服务的能力参差不齐。保税物流中心也多数在建设中,规模相对较小,苏北仅连云港一家 B 型保税物流中心,尚在建设中,无法提供与 21 世纪海上丝绸之路对接相适应的保税物流服务。

8. 沿线国家与地区安全、合作、协调机制错综复杂

21 世纪海上丝绸之路辐射范围从东盟到南亚、西亚、中亚、东北亚、北非、欧洲等各大经济板块,发展面向南海、太平洋和印度洋的战略合作经济带,期望实现亚非欧经济贸易一体化,范围较广、跨度较大,这就决定了沿线辐射范围内的国家十分多元化,它们在政治、经济、文化方面都各不相同,江苏要与这些国家合作必然涉及安全、合作、协调等机制的构建问题。正是由于各国政治、经济、文化的多元化和差异性,给合作带来了相当大的困难,也给江苏与 21 世纪海上丝绸之路对接带来了更加复杂的挑战。江苏与 21 世纪海上丝绸之路对接,要求江苏解决与海丝沿线国家产业、产品结构雷同的问题,避免同质化竞争;要求江苏在与各国合作的过程中,必须统筹考虑 21 世纪海上丝绸之路区

域的航行安全、海上搜救打捞和船舶污染防治,统筹安排沿线各国海事技术交流、人力资源开发以及清洁船舶研发等重大事项;解决相关国家港口的互联互通,运用现代先进技术提高港口和设施的建设水平,提升物流集散功能,为推动各方经贸合作发展提供良好的基础条件。目前,单凭江苏一己之力还难以构建出完善的统筹协调机制,也无法为与21世纪海上丝绸之路对接提供必要的合作基础和保障。

五、江苏要为打造充满活力的21世纪海上丝绸之路经济大走廊探索道路、贡献力量

面对21世纪海上丝绸之路建设对江苏提供的重大机遇与挑战,江苏必须拿出切实有效的对策和措施,着力打造充满活力的21世纪海上丝绸之路经济大走廊。

(一)强化顶层设计,统筹推进江苏积极融入21世纪海上丝绸之路

1.加强组织协调,建立省加快推进21世纪海上丝绸之路建设工作领导机制

建议成立江苏省"一带一路"建设工作领导小组,统筹研究和制定相关政策,协调解决"一带一路"建设中的重大问题。在主动参与国家层面的相关规划、政策制定和落实的同时,统筹全省重大战略规划和各项专项规划,形成层次清晰、定位准确、特色鲜明、操作性强的行动纲领。省各有关部门要按照职能分工,研究制定具体实施方案。各市、县(市、区)要建立健全相应的领导机构,研究制定符合本地实际的规划(意见)和具体政策措施。建立规划实施的协调机制,明确各地各部门的任务分工和时间要求,加大工作目标考核和督查力度。

2.积极融入国家对外开放大局,争取在国家规划盘子里占有更大位置

积极与统筹好推进江苏对接21世纪海上丝绸之路与国家海丝战略的关系,促进整体与局部的协调发展。习近平总书记2014年11月4日主持召开中央财经领导小组第八次会议,研究丝绸之路经济带和21世纪海上丝绸之路规划、发起建立亚洲基础设施投资银行和设立丝路基金。习总书记着重提出:要集中力量办好这件大事。江苏与21世纪海上丝绸之路对接首要的就是与国家

关于"一带一路"总体规划方案衔接,在国家"一带一路"整体框架下,实现江苏与 21 世纪海上丝绸之路无缝对接。国家规划为江苏发展规划指明方向,江苏发展规划又是国家规划的探路者,做好江苏规划与国家规划的衔接工作,确保江苏与 21 世纪海上丝绸之路的对接可以成为国家"一带一路"战略实施的成功典型。

3.尽早确定江苏未来推进海上丝绸之路建设的时间表、路线图和任务书

在"一带一路"总体布局下,要尽早确定江苏未来推进海上丝绸之路建设的时间表、路线图,坚持由易到难、由近及远、以点带线、由线到面,做好早期收获计划和领域。必须进一步理清江苏对接 21 世纪海上丝绸之路的优劣势,抓住江苏对接的重点区域、重点行业、重点平台和重点项目。对于江苏来说,苏北的徐州、连云港,苏南的南京、苏州、无锡和苏中的南通都是对接 21 世纪海上丝绸之路的节点城市,而江苏的沿海区域、沿江区域、沿运河区域和新亚欧大陆桥经济带是线,这些点和线,既可以东联东亚、东盟、南亚,也可以西出中亚联通东西欧、俄罗斯。要以点带线,由线到面,推动新亚欧大陆桥经济带和 21 世纪海上丝绸之路东西双线的经贸与人文交流,以江苏沿海、沿江、沿桥、沿运河开发,推动长三角地区整体的经济一体化建设,进而推动中新经济走廊、新亚欧大陆桥经济走廊、中伊土经济走廊建设。

4.在"十三五"规划中强化 21 世纪海上丝绸之路建设引导

规划是经济社会发展之纲,是实现江苏真正与 21 世纪海上丝绸之路对接的愿景和工作指南。江苏"十三五"经济社会发展规划步入实践。江苏要在未来几年中争创新优势,开拓新领域,实现新跨越,在 2020 年前全面建成小康社会。因此,加强规划引领,在总体规划中加入江苏经济社会发展中如何实现与 21 世纪海上丝绸之路对接的内容,将有助于理清江苏呼应中央对外开放总体布局,重新梳理江苏开放思路,整合江苏政策、经济、文化要素全面融入 21 世纪海上丝绸之路建设,谋篇江苏未来发展提供保障和展望。规划要加强对 21 世纪丝绸之路开发的引导,巩固东亚,重点开拓东南亚、印度洋沿岸国家和欧洲区域;选择战略性新兴产业、现代服务业、海陆联运、基础设施、人文交流等方面作为拓展的重点和主导方向,用好江苏建设 21 世纪海上丝绸之路的基础条件和前期经济发展成果,争取主动对接,全方位实施对外开放,加强人文交

流,积极推进政府、社会的机制创新。应该注意提示江苏政府各有关部门,超前谋划,在各自工作职能中主动担当,未雨绸缪,研究自身融入 21 世纪海上丝绸之路建设的具体任务,用统筹国内国外两个大局的视角指导分类规划,从基础做起,从部门做起,从具体事做起,勇于承担加快建设"富强美高"新江苏的目标责任,为使江苏与 21 世纪海上丝绸之路对接提供可能。

(二)突出互联互通,倾力打造 21 世纪海上丝绸之路陆海空联动走廊

江苏在建设 21 世纪海上丝绸之路过程中应该突出互联互通,加快对内对外通道建设。应该整合资源,加大投入,加快推进全省海陆空及信息通道互联互通,使江苏最终成为海上丝绸之路通陆达海的重要节点。

1. 打造江海联运大通道

打造江海联运大通道,可以实现江苏江海联运的"无缝对接"。海上丝绸之路,通道在海上,支撑在陆地。江苏背靠中西部广阔腹地,内有长江黄金水道,外接黄海,紧邻亚太国际主航道要冲。通过江海联运,实现江苏参与 21 世纪海上丝绸之路建设的交通上的"无缝对接"。一是,围绕国家区域发展战略布局,加快完善综合运输大通道,构建以高速快速铁路、高速公路、高等级航道为骨干的国家级综合运输大通道。二是,加快实施长江南京以下 12.5 米深水航道建设和主要港口扩能改造,积极推进沿江城际、沪泰宁、宁启扩能改造(含二期)等铁路规划建设,突出铁路、公路、航空、水运综合配套,推进锡通、五峰山、常泰、锡澄靖、南京龙潭等过江通道规划建设,支撑和引导苏中与苏南地区融合发展,进一步强化沿江城市群与上海的联系,形成东接上海,西连长江中上游城市群的交通大动脉。三是,加强与丝绸之路经济带、海上丝绸之路建设的衔接互动,重点推动沪通铁路、连盐铁路、宁盐高速、临海高等级公路、崇海通道等项目规划建设,促进沿海地区加快融入长三角核心区,形成南连沪浙闽、北接环渤海的沿海大通道。四是,以丝绸之路经济带建设为依托,重点推进徐连客运专线铁路规划建设,提升出海通道功能,打造联系中原、关中乃至中亚地区的陆桥运输大通道,更好服务中西部地区出海运输需求。五是,推进连淮扬镇、徐宿淮盐等铁路通道建设,以及淮河入海水道航道、盐河出海通道规划建设,加强与上海、南京、徐州、连云港等城市和重要枢纽的交通联系。以支线机场、通用机场为依托,探索发展通勤航空,使之成为城际快速交通的重要补充。

2. 建设综合交通枢纽

以提升区域整体竞争力为目标,建设以铁路、机场、港口等为主的综合交通枢纽,强化南京、徐州、连云港三大国家级综合交通枢纽功能,加快建设一批区域性综合交通枢纽。重点打造南京禄口国际机场、无锡硕放机场、南京铁路南站、徐州铁路东站、连云港港、苏州港、南京港、南通港等一批较强竞争力的综合交通枢纽,强化各种交通方式衔接,完善集疏运体系与配送系统,实现货运无缝衔接,城市内客运零距离换乘。

3. 建设高效无障碍的信息走廊

搭建面向东盟国家和东亚国家的跨境电子商务及物流信息平台,推进 21 世纪海上丝绸之路区域信息互联互通。依托国家交通物流公共信息平台,加快申报海上丝绸之路物流信息互连互通合作项目,推进港口、航运信息交换,形成便捷高效的物流信息走廊。搭建面向东盟和东亚的跨境贸易电商服务平台,建设一条阳光、便利、放心的跨境网购新渠道。

(三)强化区域合作,打造长三角区域科学发展新引擎

将全面落实长三角区域发展战略与建设 21 世纪海上丝绸之路紧密结合,充分发挥江苏开发开放优势,加强区域合作,共同推进长江经济带、长三角经济圈和 21 世纪海上丝绸之路建设。

1. 发挥改革开放先发优势

要积极推进长三角统一大市场建设,着力消除市场壁垒,协同加大"信用长三角"建设力度,建立统一开放的人力资源、资本、技术等各类要素市场,实现生产要素跨区域合理流动和资源优化配置。

2. 推动创新型区域建设

要深入实施创新驱动核心战略,打造长三角地区促进创新要素自由流动的体制环境,共建共享科技平台载体,争取国家科技体制改革有关举措和政策规定在江苏地区先行先试。发挥产业、资源的比较优势,推动产业结构高端化、产业布局合理化、产业发展集聚化,加快形成以服务业为主的产业结构。

3. 推动长三角区域发展一体化

深化以上海为龙头的长三角一体化区域合作,加快苏南现代化建设示范

区建设,重点推进宁镇扬大都市同城化和苏锡常都市圈一体化,做强长江三角洲世界级城市群北翼核心区,主动承接上海自贸区的溢出效应。

(四)挖掘海洋优势,加快江苏海洋强省建设时代步伐

建设 21 世纪海上丝绸之路是发展好江苏与沿海沿线各国和地区的合作伙伴关系,建设海洋强省的重要机遇。江苏要抓住机遇,坚持陆海统筹,建设海洋强省。大力实施新一轮的沿海大开发,统筹推进沿海港口建设、临港产业发展、港城建设、滩涂开发和生态保护,加强海洋综合管理,大力发展海洋经济。

1. 打通海上丝绸之路商贸物流大通道

全力实施"以港出海""连线出境"战略,不断加大江苏省内重大基础设施建设力度和资金投入,逐步健全通道基础设施建设体系,日益完善基础设施框架。打造连接中西部地区、沟通日韩和东南亚沿线等海上丝绸之路,公路、铁路和海上运输相互衔接、相互配套的国际大通道。运用现代先进技术提高港口和设施的建设水平,提升港口集散功能,为推动各方经贸合作发展提供良好的基础条件。

进一步加强江苏省内区域性港口整合与合作,加强省外 21 世纪海上丝绸之路间的港口整合与合作。通过航运领域间的联系、沟通与合作,有利于共同分享各自的发展经验,促进 21 世纪海上丝绸之路航运业的共同繁荣,促进相互间港口与经济、环境的和谐发展。以 21 世纪海上丝绸之路枢纽港口、重要港口为节点,强化港口物流地位和作用,按照沿路各国资源、产业、消费等的分布,建设,完善国际物流网络,加快培育供应链龙头企业和区域性国际性物流企业,构建开放融合、完整高效的现代物流系统。

进一步加强沿路各国多边和双边磋商,推动简化通关手续,加快"单一窗口"建设,提供海运货物通关便利。提升通关便利水平。海关、检验检疫、港口、船公司等单位协同工作,实施"区域管理封闭化、海关管理智能化、园区管理信息化、报关通关快捷化"等项管理模式,形成具有保关、报验、订舱、集疏港、储运、包装、分送、EDI 等功能的现场一站式办公形式,实现"一次申报,一次查验,一次放行",达到简化手续,提高效率,缩短结汇时间,降低运输成本、规范运输市场的现代物流要求,使货物就地实现进出港,加快口岸物流速度,大大提高通关效率。

进一步加快完善运输安全保障机制,建议成立 21 世纪海上丝绸之路安全与合作协调中心,统筹协调 21 世纪海上丝绸之路区域的航行安全,海上搜救打捞和船舶污染防治,统筹安排沿路各国海事技术交流、人力资源开发以及清洁船舶研发等重大事项。

2. 提升海洋经济综合发展水平

加快建设江苏海洋经济合作试验区,深化与海上丝绸之路沿线国家和地区的产业合作,推进产业发展高端化、集群化、国际化。优化产业合作布局,拓展粮食、食用菌等具有比较优势的现代农业合作,推进石油化工、机械装备、建筑建材等先进制造业项目对接合作,推动能源、矿产等领域勘探开发与建设合作。加强海洋开发合作,建成一批境外远洋渔业生产基地、冷藏加工基地和服务保障平台,加强海洋科技创新、环境保护、联合执法、安全救助等领域国际合作。创新产业合作模式,加快规划建设产业合作园区、跨境经济合作区和跨境经济走廊,探索江苏与中亚东欧及东南亚国家互设"产业园"或"海丝产业园"等"两国双园"模式,推进区域经济一体化发展。

引导和鼓励企业、院校和科研机构"走出去,请进来",开展国际间海洋产业技术、文化与人才的交流合作。建设海洋文化交流合作平台,宣传江苏海洋文化的特点,与相关国家开展全方位、多层次的国际科技合作和交流,打造海洋文化产业基地;建立海洋人才交流互派、培养、培训机制;推动海洋产品出口贸易,实现海洋渔业资源的有效合作与开发利用。以此加强与海丝沿线国家海洋经济、旅游、物流等合作,加快构筑海上互联互通网络,促进双向投资与贸易。

3. 推动海洋科技创新及深度合作

要加快海洋科技创新,加快建设盐城风能与海水淡化产业示范园区、以大丰港为核心的江苏海洋生物产业园。创建一批省级、国家级海洋科技创新平台,加快海洋科技成果的转化与应用。加强与东盟国家在水产养殖等海洋科技领域合作。

建议设立东亚海洋合作平台。以助推海洋强国战略为目标,争取国家政策支持,推动在江苏建设东亚海洋合作交流中心,探索设立东亚海洋经济合作示范区,立足东亚、辐射亚太,在海洋科技、环境保护、灾害应对、海洋经贸等领域,与东亚、东南亚国家开展多层次务实合作。

拓宽双向投资渠道,引导外资投向海洋主导产业、高新技术产业、现代服务业和节能环保等领域,积极吸引世界 500 强企业和全球行业龙头企业来江苏(尤其是苏北)投资,引导支持符合条件的企业在境外建设经贸合作区,打造商贸物流、原材料生产加工及传统优势产品生产等基地,形成双向投资新格局。拓展劳务合作领域,扩大境外工程承包、海洋运输、现代渔业等优势领域劳务输出规模,争取率先开放对东盟、非洲的劳工输入,开辟劳务合作新领域。

(五)拓展发展载体,搭建江苏参与 21 世纪海上丝绸之路建设新平台

1. 推动连云港、苏州申建自贸港区、园区

发挥中国(上海)自贸区的溢出效应,利用连云港东中西国家区域合作示范区、苏南现代化建设示范区建设的良好基础,争取将中国(上海)自贸区的投资便利化、贸易便利化有关试点成果复制到江苏,争取国家尽快批准建设连云港、苏州自贸港区或特色自贸园区。

2. 申建中韩自贸区先导区

江苏作为对外开放地区,无论是历史渊源、文化积淀,还是区位条件、发展基础,完全可以成为 21 世纪海上丝绸之路建设的先行区。江苏要勇于担当,勇于探索,努力把江苏打造成为国家建设 21 世纪海上丝绸之路的重要战略引擎。抓住中韩自贸区建设契机和靠近日韩、呼应环太平洋的地缘优势,发挥江苏沿海沿江开放优势,建议江苏积极申建中韩自贸区先导区。以此再创开放型经济新优势,为全国改革发展大局做出新贡献。

3. 建设产业合作园区

加强与日韩、东盟国家在重大产业项目方面合作,推进重点商品出口基地、江苏商品市场和商贸园区建设。可以选择合适的国家和地区,建设江苏—东盟产业转移园和江苏—东盟产业合作示范区,积极搭建对外合作平台,促进生产要素有效流动,在产业、能源、基础设施等方面实现优势互补。要在原有柬埔寨西港特区和埃塞俄比亚东方工业园的前期成果基础上,加大 21 世纪海上丝绸之路沿线国家工业园区的建设力度,有条件的可以建设"双国双园"模式的产业园区。

4. 打造开放发展平台

建议依托现有的各类海关特殊监管区、城市功能区，围绕贸易物流产业链，搭建一批贸易、物流、航运、金融等行业发展集聚区，加快落地国家"互联网＋"产业的发展政策和模式，为做大做强贸易物流产业提供空间载体。

5. 构建金融合作平台

以江苏境内综合保税区为依托，推动跨境人民币业务创新，加快完善金融组织体系，培育发展多层次资本市场，推进保险市场发展，加强金融基础设施建设的跨境合作，促进跨境贸易投资便利化。要以金融合作创新为切入点，在有望批复的自贸区、自由贸易港区、中日韩自由贸易试验区等内设立人民币离岸结算中心。建议江苏与国家开发银行等金融机构合作，设立"江苏'一带一路'建设基金"，通过市场化运作，积极推动 21 世纪海上丝绸之路建设。

（六）开展先行先试，为打造"共同体"探寻路径

建设 21 世纪海上丝绸之路的目标，旨在于推动区域内的经贸文化交流与社会整合，从而构建区域利益共同体和命运共同体。江苏在加快推进 21 世纪海上丝绸之路建设中，应承接好商贸人文的历史辉煌，发挥好"海上海外"的特色优势，以中亚、东亚和东南亚东欧为重点，坚持"走出去"与"引进来"结合、经济合作与人文融合并重，努力打造成为海上丝绸之路互联互通的重要枢纽、经贸合作的前沿平台、人文交流的重要纽带，为国家推进海上丝绸之路战略探寻新路径。要坚持经济合作和人文交流共同推进，先行推进江苏传统文化的宣传工作，促进江苏同沿线国家教育、旅游、学术、艺术等人文交流，使之提高到一个新的水平。

1. 高度重视经济合作

一是，重视产品产业领域合作，对于江苏和中亚国家同构同质的产品，如能源、机电等产品，可以通过提供服务的方式寻求合作，对于差异性产品如民用装备制造、轻工产品，可以通过发展贸易的方式进行合作。二是，加强投资领域合作，采取资本输出、产品（制成品）进口的合作模式，这有利于促进中亚国家工业化发展，带动江苏经济健康持续发展，是互惠互利的一种合作方式。我们要转变观念，将投资合作、输出资本作为重点。三是，增进服务领域合作，为丝绸之路经济带沿线国家提供贸易服务、金融服务、科技服务、外事领事服务等。如建立"丝绸之路自由贸易（港）区""能源交易中心""丝绸之路经济带研发设计与技术咨询基地""丝绸之路经济带开发银行""基础设施建设银行"等。这方面江苏作为经济大省,应该也有条件走在前列。

2. 切实加强文化交流

一是,加强文化教育领域合作与交流。在海上丝绸之路沿线国家适时组织、开展"江苏文化周"活动。要抓住国家举办的人文、经贸交流活动,主动对接,文化先行,积极参与;积极参加国际间的人文交流,力促江苏文化"走出去",提升文化软实力。与沿线国家和地区开展友好城市互动和结对,通过友城交流、互访,推进经济贸易往来。设立面向沿线国家的教育培训中心和留学生基地,扩大教育卫生、文化体育等领域的全方位交流合作。要着重在推动青年与智库交流上多下功夫、多设项目,对于东盟的青年留学生项目,可给予财政支持,鼓励东盟青年领袖来江苏学习,同时可以探索建立起两地智库机制化交流的平台,不断增进民心相通、民间相亲的友好关系,积极打造各国人民的命运共同体。

二是,着力打造海上丝绸之路文化旅游品牌。旅游业开发不仅可以提升江苏旅游业的发展空间,更可以对整个社会经济发展产生重要影响。据世界旅游组织统计,旅游产业能够影响、带动和促进 110 多个行业的发展,旅游收入每增加 1 元,就可带动相关产业增收 4.3 元,产生经济增长的乘数效应,实现产业规模的快速扩张。旅游业还是多行业相关性产业,它的发展无疑会带动多个行业甚至整个社会的发展。同时江苏海上丝绸之路的旅游开发还可以对海上丝绸之路文化进行保护和保存,使世人和后人都可领略这宝贵的世界文化遗产和人类文明。相比其他沿海城市,江苏在旅游资源的开发上还存在不足。要积极开展与海上丝绸之路沿线国家合作,开辟有针对性的旅游线路。通过整合 21 世纪海上丝绸之路沿线旅游产品,整体促销,加快 21 世纪海上丝绸之路沿线旅游精品、重点产品的开发与推介,共同培育 21 世纪海上丝绸之路沿线旅游新产品,开拓客源市场,共享潜在效益。以新亚欧大陆桥为依托,积极推动丝绸之路旅游专列建设。建议加强与国家旅游局的联络,争取在江苏举办"丝绸之路国际旅游文化节",借此加大对江苏旅游资源的推广,同时也提升江苏文化的影响力。

三是,积极推进江苏海上丝绸之路国际申遗工作。加强江苏与古海上丝绸之路关系的研究,充分挖掘江苏地方文化遗产,将南京、扬州、连云港及相关城市与"海上丝绸之路"有关的遗迹进行整理打包,会同相关城市联合推动申报海上丝绸之路世界文化遗产工作。建议推动在江苏设立海上丝绸之路永久论坛,凝聚各方力量为服务国家海洋战略、开发利用海洋资源、维护海洋合法权益提供强大的文化支撑。

(七)加快人才培养,打造江苏建设 21 世纪海上丝绸之路的人才高地

21 世纪海上丝绸之路建设离不开人才支撑,人才是海上丝绸之路建设不可或缺的助力。因此,江苏与海上丝绸之路建设对接必须将强化对 21 世纪海上丝绸之路建设的人才支撑摆上重要位置。

1. 建立江苏与 21 海上丝绸之路沿线产业人才教育培养基地

遵循"以江苏为起点,合作共建"的原则,建立合作共建机制,把教育培训基地建设成为产业人才培养、科技研发、区域合作、国际交流的重要平台。在江苏与海丝沿线国家有代表性、有选择地设立教学点,建立科学的产业技术培训课程体系和高水平的师资队伍,采取师资队伍输出,派教师出国开展教学与培训,在海丝沿线国家就地培养一批具有较高专业学术造诣,掌握一门以上海丝沿线国家语言的教师队伍相结合的模式,整合优质教学资源,面向海丝沿线国家招收生源,重点培训江苏与海丝沿线国家间互补发展的产业技术人才,推动为服务国家外交战略大局,服务江苏与 21 世纪海上丝绸之路建设对接的一系列经贸交流活动,提供充分有力的人才和智力支撑。

2. 选择重点学科强化科技人才培养

海上丝绸之路建设面向海洋,必然要求更多的海洋经济、海洋科技等专业人才。江苏参与 21 世纪海上丝绸之路建设必须支持涉海科研机构发展,大力培育海洋高层次科技人才,鼓励高校优化调整专业设置,摆脱旧有的专业分布单一、不平衡状态,培育更多从事海洋高新技术成果研究与应用开发的人才,大力培育能够从事海洋新兴产业尖端技术开发、市场预测、技术经济分析、产品营销研究以及情报信息处理的"软科学"人才,以此作为海上丝绸之路人才战略的有益补充。

大力培育能够从事海洋新兴产业尖端技术开发、市场预测、技术经济分析、产品营销研究以及情报信息处理的"软科学"人才。

3. 加强政府机关的服务性人才引进

政府机关要加强培养和引进急需的熟悉丝绸之路沿线各国经济、政治、文化、法律、语言的高级人才，优化人员结构，提高公务员整体素质，打造国际竞争与合作所需的优良工作环境，进一步优化江苏各级政府的服务水平。

（八）坚持改革创新，完善21世纪海上丝绸之路开放合作体制机制

1. 坚持科技创新服务

21世纪海上丝绸之路建设首先要解决相关国家港口的互联互通，运用现代先进技术提高港口和设施的建设水平，提升物流集散功能，为推动沿线各方经贸合作发展提供良好的基础条件。因此，江苏建设21世纪海上丝绸之路需以科技创新为动力保障。一方面，江苏建设海上丝绸之路要坚持互联互通设施建设中的科技创新，特别在港口、口岸、物流和信息设施等领域努力与沿线国家开展科技共建，要更加注重大力提升多式联运和集疏运体系建设的科技含量。同时要运用科技创新提升江苏海运便利化水平，推动便利化运输，推进"一站式"通关。还要通过科技创新加强江苏与海上丝绸之路沿线城市及国家的海上安全合作，共同打造区域海上交通安全保障体系。另一方面，江苏建设21世纪海上丝绸之路必须提升海洋能力建设，就必须推进海洋资源的勘探、海洋环境的监测、海洋资源的利用等方面的科技创新，进一步重视和加大江苏对海洋装备制造的科技投入，大力支持科研开发项目，形成江苏海洋装备制造量中提质的发展环境，为江苏面向海洋的开放提供必要的装备基础。此外，江苏还应该通过与海上丝绸之路沿线国家共建技术转移中心，打造国际科技合作创新平台，共建科技示范园区及科技产业园区等措施，完善21世纪海上丝绸之路开放合作新机制。一是，通过与海丝沿线国家共建技术转移中心，建设覆盖全国重点省市和海丝沿线其他国家的一体化技术转移协作网络，推动中国与海丝沿线各国之间先进适用技术的转移与应用。二是，加强面向海丝沿线国家的国际科技合作创新平台建设，支持江苏科研机构、高校及企业与海丝沿线合作伙伴在特色农业、生物医药、海洋开发等领域共建联合实验室，建立稳定的人员交流与科技合作机制。三是，与海丝沿线国家共建科技示范园区，支持企业和科研机构走出去在海丝沿线国家共建科技示范园区（基地）。既扩大承接海丝沿线发达国家技术和产业项目转移，又面向海丝沿线发展中国家和

欠发达国家实施技术、产业援助,实行双向开放战略。

2. 拓展金融改革服务

21 世纪海上丝绸之路建设离不开金融服务保障,海丝沿线国家间的贸易往来、资金与物流的流通必须以更加自由的金融服务为根本保障。江苏对接海上丝绸之路建设必须积极拓展金融改革,提高江苏金融、投资、贸易的国际化水平。以推进金融改革和实现投资贸易便利化为重点,整合江苏现有的各项国家战略,积极争取海关、金融、自贸区建设等各项政策在江苏"先行先试",强势推进金融改革。一是,推动江苏金融领域创新与突破。完善江苏全省内金融组织体系,培育发展多层次资本市场,加强金融基础设施建设的跨境合作,促进跨境贸易投资便利化;开拓适应国际市场的金融产品,改变江苏企业尤其是苏中、苏北欠发达区域企业跨国经营融资困难局面,完善对外投资的风险保障机制,增强海上丝绸之路金融服务和保障能力。在开放国际投融资、人民币资本账户可兑换、利率市场化、金融产品创新等方面先行先试。同时,不断拓展与海丝沿线国家金融市场合作的广度与深度,发展便捷、高效的跨境金融服务,推动人民币在海丝沿线国家的自由流通,以此加快人民币的国际化。二是,推动江苏投资贸易便利化。与海丝沿线相关国家紧密合作,构建统一的区域市场,实现各自的法律、法规、政策的对接,在贸易投资促进、通关便利化、基础设施建设、发展电子商务等领域加强合作,深化对现行对外投资管理体制的改革,减少对外投资审批环节,缩短企业项目办理时间,放宽跨国经营人员出境限制,简化人员进出境手续。建议与国开行等机构合作的基础上,在江苏区域内设立"21 世纪海上丝绸之路建设基金",主要用于江苏对接海丝的基础设施建设和帮助完善海丝沿线一些国家的基础设施建设,促进经济合作,及支持举办展会、拓展市场,支持江苏重点企业、重点项目走出去。

3. 有效转变政府职能

江苏与 21 世纪海上丝绸之路对接是江苏新一轮对外开放的战略举措。这为江苏经济社会发展提供了千载难逢的好机遇,同时也对江苏各级政府管理提出了新的要求。江苏要想在新一轮开放大潮中分得一块蛋糕,必须积极推动政府职能转变,推进深化江苏行政管理体制改革,充分发挥政府的引导、服务和保障作用,以政府支持、企业运作的形式,在相关国家创办产业园区,完善贸易摩擦预警和应诉机制、知识产权争端解决机制,为企业提供相应的支持。营造统一、公平、高效、透明的市场环境,建立发达的现代服务体系,促进江苏与海上丝绸之路沿线国家的合作与发展。建立江苏与海丝沿线国家都能适应的经济管理体制和行政管理体制。江苏与海丝沿线国家合作共建势必会使政府管理的内容更加负责、更加广泛,经济合作所要求的经济环境也势必更加优质,管理方式也要契合各方要求,随着合作不断深入,政府经济管理和社会管理的范围和难度将不断增加,管理方式也要更加合理,这就要求江苏各级政府按照江苏实际结合与海丝沿线国家合作共建实际,转变管理观念,改进管理方式,创新政府管理体制,降低行政成本,提高行政效率。

加快转变政府职能,强化权力运行监督。要营造良好的投资硬软环境,减少对微观经济的干涉,真正成为公共产品和公共服务的提供者。一是,加强和完善政府的经济调节职能,完善宏观调控体系,维持经济和社会的宏观平衡,严格按照国际标准和海丝沿线各国市场准入标准,切实加强江苏出口产品行业标准化体系、认证体系、市场准入体系建设。二是,深化行政审批改革,明确审批范围,下放审批权限,精简审批环节,依法规范行政审批,提高行政审批的时效性和透明度,切实减少政府对市场的直接干预。切实把政府管理经济的职能转到为市场主体服务和创造良好环境上来。三是,政府机关要加强培养和引进急需的熟悉海丝沿线各国经济、政治、文化、法律、语言的高级人才,优化人员结构,提高公务员整体素质,打造国际竞争与合作所需的人才队伍。四是,健全和完善服务体系,强化政府的服务功能。江苏对接 21 世纪海上丝绸之路,加强与海丝沿线各国的合作发展关系,必须加强江苏各级政府的服务功能,健全和完善服务体系,为企业提供优质高效的公共服务。比如政府为企业及时提供准确的服务信息,正确引导企业投资和发展;为企业提供研讨,培训等服务,帮助企业熟悉海丝沿线国家的法律、法规、市场规则和运作体制;为企业特别是中小企业提供出口经营服务;政府与金融结构合作为企业提供融资服务,等等,更好地为江苏企业参与国内和海丝沿线市场的竞争和合作提供优质的服务。

六、结语

鉴于此,我们总结出江苏与 21 世纪海上丝绸之路对接的基本思路应该是:深刻理解 21 世纪海上丝绸之路建设对于江苏发展的重要意义,深入挖掘江苏与古海上丝绸之路的历史渊源,为江苏参与 21 世纪海上丝绸之路建设找准定位,在江苏发展新阶段的大背景下,结合江苏经济社会发展现状,以提升江苏与 21 世纪海上丝绸之路沿线各国经贸合作关系为目标;以江苏沿海港口基础设施的合作建设为切入点,以"江海河"联运为连通方式,积极推进江苏与 21 世纪海上丝绸之路对接的通道建设;采取一般贸易、加工贸易、补偿贸易、跨境电子商务等多种贸易方式,大力提升江苏与海丝沿线各国贸易水平;依托现有的资源贸易基础,提升江苏在这些国家资源开发、加工制造、产业合作水平,培育江苏竞争新优势;在区域空间布局方面,根据 21 世纪海上丝绸之路各航段国家的差异,实行分航段、分层次建设部署,积极改善江苏腹地支撑条件,加强内陆出海通道建设;推进江苏与海丝沿线国家的政治、文化交流,以文化交流促进经贸合作;推进科技创新、人才培育、金融改革、政府职能转变,全力完善江苏与 21 世纪海上丝绸之路对接的保障体系。期望按着江苏与 21 世纪海上丝绸之路对接的基本思路,切实实现江苏经济社会发展与 21 世纪海上丝绸之路建设的无缝对接,为江苏全面建成小康社会进而基本实现现代化,为扩大江苏对外开放水平、拓展江苏对外开放格局,提高我国与东南亚、南亚、中西亚、东北亚、非洲以及欧洲互利共赢的经贸合作关系做出应有贡献。

表 8-5:2013 年 21 世纪海上丝绸之路沿线主要省份出口额

单位:亿美元

省份＼地区	欧盟	美国	日本	东盟	韩国	台湾	香港	拉美	非洲	俄罗斯
江苏	571.2	654.3	312.4	334.4	167.5	119.7	368.3	198.2	93.0	49.3
广东	711.65	936.99	263.97	456.17	238.37		2622.2			70.01
浙江	544.7	414.0	133.2	201.3	58.5	26.2	59.1			93.1
福建	190.69	184.42	64.81	163.17	29.00	32.23	105.61			19.87
广西	7.46	11.85	3.26	125.84	1.70		16.36	4.72	3.68	

第九章 "一带一路"背景下江苏沿海区域人才战略重点研究

一、引子

人才是区域经济发展必不可少的基础条件之一,在现代社会发展过程中,没有人才就无法企及经济社会发展的彼岸。江苏沿海地区是我国对外开放的前沿,也是我国"一带一路"战略实践的前沿,运用有针对性的人才战略,着力开发地方人才资源,运用好各类人才服务地方发展,是区域经济社会进步的关键。因此,当前立足"一带一路"战略背景,倒逼江苏沿海开发而产生的对人才资源的新需求,分析战略性人才培养的对策和特点,是实现江苏沿海开发战略与"一带一路"战略叠加效应最大化的必要举措。

二、"一带一路"背景下江苏沿海明确人才战略重点的重要性

江苏沿海作为"一带一路"交汇点的重要组成部分,一直致力于积极对接"一带一路"建设,并取得了一定的前期成效。然而,"一带一路"战略规模宏大,地域跨度大,涉及领域广,伟大的事业需要人才去成就,宏伟的蓝图需要人才去实现。江苏沿海重视人才战略的实施,但是距离服务"一带一路"战略要求还有一定差距。所以,明确人才战略重点在江苏沿海进一步服务"一带一路"战略中具有举足轻重、成败攸关的地位与作用是十分必要的。

1. 明确人才战略重点是江苏沿海进一步服务"一带一路"建设的战略需求

江苏沿海服务"一带一路"战略,关键是人才。"一带一路"建设是一个宏大的系统工程,合作领域涉及各行各业,需要大批各类人才广泛参与和建设。从江苏沿海与"一带一路"沿线国家往来需求与前景来看,江苏沿海与"一带一路"沿线国家技术法规标准、双边或多边贸易投资实施情况并不十分顺畅,我们缺乏能够熟练解读和掌握"一带一路"沿线国家的相关投资政策的人才、

各项专业技术人才以及翻译人才,这直接影响江苏沿海与"一带一路"沿线政策沟通信息的准确性。因此,江苏沿海服务"一带一路"建设,不但需要"丝路基金""亚投行"这样重要的经济基础作为支撑,更需要大批专业人才的支撑。加大相关专业技术人才引进、培养的支持力度,对相关专业的设置、调整和相关专业技术人才的开发、引进,是江苏沿海积极服务"一带一路"建设的战略需求。

2. 明确人才战略重点是江苏沿海适应"走出去"战略发展新趋势的现实需求

"一带一路"战略的提出,极大激发了江苏沿海地区很多企业"走出去"的热情。江苏沿海服务"一带一路"战略,实施"走出去"发展,对人才资源提出了更高层次、更大数量、更高素质的现实需求。麦肯锡全球研究院资深董事华强森认为,中国企业借助"一带一路"东风"走出去"面临三大挑战与风险,其中,人是根本的一个挑战。因为很多中国企业特别是传统企业缺乏国际化人才,高级管理层中有海外教育经历和国际经验的人较少。落实"一带一路"战略将有更庞大的资金投入和更多企业参与,因此,江苏沿海地区的企业必须汲取以往教训,加大对人的投入,做好人才开发和人的工作,特别是做好与沿线国家合作的人才开发和人的工作,筑牢"一带一路"建设的人才根基。一是,江苏沿海实施"走出去"战略需要国际化资本运作人才,包括金融资本、产业资本、项目资本运作能力,要求熟悉国际金融市场规则和规律,善于开展金融投资、并购、资产证券化、金融衍生品交易、产融对接、互联网金融等各方面的复合型人才。对江苏沿海而言,这类人才是稀缺资源,真正的高手屈指可数。对江苏沿海企业来讲,千军易得,一将难求,应该千方百计网罗这类高手,发挥狮子效应,培养后备团队。二是,江苏沿海实施"走出去"战略需要新型国际贸易人才。随着"一带一路"战略的深入落实,对外贸易的形态将发生根本性的改变,产业贸易、资本贸易、信息贸易、文化贸易、知识贸易将升级传统的商品贸易,并最终成为江苏沿海对外贸易的主导。具体而言,江苏对外贸易迫切需要具备跨境电商、产业园区投资建设运营、知识产权交易、电子物流、国际采购等行业新知识技能的人才。三是,江苏沿海实施"走出去"战略需要国际化企业家、职业经理人、项目经理等企业经营管理人才。江苏沿海实施"走出去"战略的企业已经培养了一批能够在国际舞台大展身手的经理人队伍,但是数量远远不足,人才缺口巨大。四是,江苏沿海实施"走出去"战略需要各类法律咨询评估等方面的规划策划信息人才队伍。服务"一带一路"建设将催生更加复杂的软性服务行业,这是江苏沿海即将面临的现实。五是,江苏沿海实施"走出去"战略需要各类境外基础设施投资与建设管理人才。"一带一路"战略将带动沿线国家在基础设施领域的投资高潮,从而引发在交通、通讯、能源、建材、化工、电力以及房地产、民生工程等领域大量的投资与建设管理人才的需求。

3. 明确人才战略重点是江苏沿海大力实施创新驱动发展战略的必然需求

江苏沿海大力实施创新驱动的发展态势日趋增强,人力资本对经济增长的贡献不断提高。大力发展创新型经济,必须坚持以科技创新为先导,充分发挥知识和人才的作用。高层次人才培养、引进逐步成为创新驱动的战略举措,围绕实施新兴产业倍增、服务业提速、传统产业升级"三大计划",重点培养一批能够突破关键技术、拥有自主知识产权的高层次人才和掌握核心技术自主创业的科技企业家,是不断发挥人才引领和推动产业发展,提升区域创新能力,推动江苏沿海经济社会发展走上依靠创新驱动轨道必然路径。千秋基业,人才为先。知识就是力量,人才就是未来。创新驱动战略以人力资源为第一资源,人是科技创新最关键的因素。目前江苏沿海科技队伍规模有了一定的扩大,但创新型科技人才结构性不足的矛盾仍旧突出。为发挥江苏沿海科技队伍上的优势、弥补不足,要推动江苏沿海在科技创新方面走向世界,就必须把人才资源开发放在科技创新最优先的位置,明确江苏沿海近期、远期人才重点,有的放矢,努力造就一批适应"一带一路"发展需要的科技领军人才、工程师和高水平创新团队,注重培养一线创新人才和青年科技人才,推动江苏沿海创新驱动发展。同时,江苏沿海创新发展需要以创新点逐步凝结成创新网络,带动江苏沿海整体发展,不可能一开始即各项工作齐头并进,因此,明确人才战略重点是江苏沿海大力实施创新驱动发展战略的必然需求。

三、"一带一路"战略对江苏沿海人才发展的要求

1. "一带一路"战略对江苏沿海人才数量的要求

人才数量主要反映人才的规模状况,可通过人才资源总量和人才资源密

度两个指标衡量。其中,人才总量体现人才资源整体规模大小,是人才绝对量指标;人才密度表示的是人才资源相对量指标。

改革开放以来,尤其是进入"十二五"时期以来,江苏沿海人才数量持续快速增长,并已形成总量可观、规模较大的各类人才队伍,截至2015年,江苏沿海地区共有各类专业技术人员25.83万人,这支队伍在数量上基本适应了江苏沿海地区经济社会发展的需要。总体上,江苏沿海地区已越过人才总量短缺阶段,总量不足的矛盾已根本缓解,人才密度达到9.7%,已跨过国际公认的经济腾飞所要求的7%界线。从未来看,人才总量每年将平均增加40万人以上,江苏沿海人才数量发展情景向好。但是,人才总量和密度与支撑沿海经济社会发展的高标准要求及服务"一带一路"建设所需人才资源要求相比,与发达省份尤其是发达国家相比,还有一定差距。这主要体现在:一是,未来人才总量及各类人才数量仍需进一步增加,人才密度还需进一步提高。二是,结构性短缺将长期存在,就一些地区、产业、领域及人才类型而言,人才数量依然短缺。而结构性短缺,既是人才对江苏沿海地区经济社会发展的主要矛盾和突出制约之一,又是江苏沿海地区人才数量发展的需求空间所在,一方面,人才总量、密度与先进省份、发达国家存在差距;另一方面,又存在许多人才数量过剩,其主要原因就在于人才结构性短缺问题尚未根本解决。弥补人才结构"短板",既可提升人才结构层次水平和优化度,又是缩短与发达省份和发达国家在人才总量与密度上的差距,提高江苏沿海地区人才队伍整体实力、支撑力和竞争力的根本途径。因此,着力解决人才结构性短缺问题,将人才数量发展建立在结构合理的基础上,是今后江苏沿海地区人才建设的基本方向和重点任务之所在。

2. "一带一路"战略对江苏沿海人才质量的要求

在人才总量一定情况下,人才的质量即素质能力是决定支撑力的主要因素。一个区域的人才质量状况,可通过人才学历层次结构、能级层次结构以及高学历、高能级、高层次人才的数量等来衡量。目前,江苏沿海地区人才队伍素质能力整体上偏低,还不能与服务"一带一路"建设的要求相匹配,也不足以支撑江苏沿海面向世界"走出去",这成为人才对江苏沿海经济社会发展的主要矛盾和制约因素。事实上,学历、职称、职务高低并不完全反映素质能力水平的高低,高学历、高职称、高职务、低能力者大有人在。据调查,江苏沿海适应岗位需要的高素质能力人才仅占 20%,与发达省份尤其是发达国家相比,江苏沿海各类人才队伍的整体素质能力仍偏低,代表江苏沿海地区最高水平的专业技术人才和经营管理人才与发达省份及发达国家的相应人才相比,无论数量还是能力水平上都有差距。目前,江苏沿海各类人才素质能力都有待于高位提升,各行各业普遍缺少高素质能力的人才。江苏沿海对接"一带一路"建设必须加快提升人才队伍的整体素质和能力,建设一支与之相适应的高素质能力的人才队伍。因此,加快素质能力建设是今后一个时期江苏沿海人才战略的主要任务和重点。

3. "一带一路"战略对江苏沿海人才结构的要求

江苏沿海要更好的服务"一带一路"战略,要想保持江苏沿海经济的持续、稳定、快速、全面发展,在进一步优化产业结构的同时必须在人才结构上做出调整,要适应江苏经济社会的发展水平,要满足服务"一带一路"战略的总体要求。人才结构包括年龄结构、性别结构、教育结构、行业结构、人才空间分布结构等。人才资源的年龄结构是指各个年龄段的人才数量占总人口的比重。江苏沿海积极融入"一带一路"交汇点建设是一项长期的系统的工程,因此,一要在年龄结构上,新生代人才资源补充应持续、稳定、充分;高层次、高技能的人才资源平均年龄不应过大,缩小年龄差,使人才资源向年轻化方向发展。二要在教育结构方面,普遍提高人才资源的受教育水平的同时,努力抓好高等教育、职业技术教育,使高、中、初级层次的人才资源保持合理的比例构成,更好的为"一带一路"建设服务。三要在行业分布结构方面,不管是基础性服务产业和生产性行业,还是支柱产业和新兴产业,人才资源的分布必须适应"一带一路"建设的要求,符合江苏沿海开发战略方针,以利于产业结构升级和经济快速发展。四要在区域分布上,人才资源分布更加合理化,缓解城乡二元结构带来的问题。城市和农村,沿海地区和内陆地区的人才资源分布要合理,促进江苏沿海极其腹地经济社会协调可持续发展。

4. "一带一路"战略对江苏沿海人才培育的要求

目前,江苏沿海地区服务"一带一路"的重点任务是政策沟通、设施联通、贸易畅通、资金融通、民心相通。但目前,江苏沿海地区没有一所国家"985工程"重点建设高校或国家"211工程"重点建设高校。如何提升人才的创新力和竞争力,突出人才在江苏沿海地区发展中的地位和作用,培养符合"一带一路"交汇点建设要求的人才显得十分迫切。江苏处于"一带一路"交汇点上,"一带一路"交汇点建设对江苏沿海人才培育提出了新要求,要求江苏沿海地区高校要积极投身服务"一带一路"战略,切实抓好高校服务沿海地区发展的重点环节,紧扣"一带一路"战略需求,加强学科专业建设,积极探索灵活多变的人才培养模式,为江苏沿海地区更好的服务"一带一路"战略培养更多、更好的创新人才和应用型人才。

面对这一战略重点任务,对于江苏沿海的高校来讲,则需要组织各种资源,发挥高校学术学科的整体优势,在培育江苏沿海人才上取得新突破。一是,重视"一带一路"跨文化的研究和人才培养。"一带一路"沿线国家的历史传统、风俗习惯、语言文字、宗教信仰等不尽相同。对此,就需要江苏沿海高校发挥学校人文历史语言的优势,重点研究"一带一路"可能带来的文化冲突,加快培养熟悉"一带一路"国家历史文化的人才,要特别注重培养一些小语种的语言人才。二是,要重视"一带一路"的政治法律的研究和人才培养。"一带一路"是一项普惠中国与世界的重大福祉,但我们也要看到,由于"一带一路"沿线国家的政治制度不尽相同,法律法规也有很大的差异,而建设"一带一路"的前提就需要政治互信。因此,江苏沿海高校急需进一步围绕"一带一路"可能出现的政治法律风险,深入加以研究,开设专门的"一带一路"的政治法律课程,培养这方面的专门人才。三是,要重视"一带一路"的国际贸易和金融研究及人才培养。"一带一路"所提出的贸易畅通和资金融通,都需要高校在学科布局和人才培养创新方面有新进展。如何面对世界经济一体化的态势,如何结合"一带一路"的新实践,深入研究金融创新、自贸区建立、通关便利化等,都需要江苏沿海高校进一步组织好队伍,凝炼好方向,在这方面培养出更多有扎实功底、实战经验和创新能力的人才。四是,要依据"一带一路"战略的外向型需求,推行"产学合作"的培养模式。推行"产学合作",加大企业参与教学的深度和广度,增强学生学习的目的性、方向性和针对性,在较大程度上激发学生学习的积极性,促进创新人才的培养。这不仅为人才的培养走出一条与企业合作办学的创新之路,加强对学生商务技能的培训,而且为"一带一路"人才培养提供必要的环境与土壤。

四、"一带一路"背景下江苏沿海人才发展差距

(一)国内其他沿海地区人才发展模式

国家"一带一路"战略推出以来,我国众多沿海地区为了积极推进和融入"一带一路"战略,推出和实施了一系列政策和措施,在沿海人才开发、培养、利用等方面形成了各具特色的发展模式,取得了显著的成效,值得我们深入研究和学习借鉴。

1. 上海沿海人才发展模式

上海在全面把握人才工作目标任务的基础上,结合自身发展特点,突出重点、科学筹划、分步实施、有序推进,形成了自身特有的沿海人才发展模式。一是,瞄准世界前沿,推进沿海人才国际化。实施海外高层次人才引进计划,推动本土人才参与国际竞争合作,集聚和造就全球杰出人才。二是,突破发展瓶颈,建设沿海人才试验区。以建设浦东国际人才创新试验区和海外高层次人才创新创业基地为重点,先行先试,大胆创新,在人才薪酬、人才管理、人才激励模式和人才发展制度及机制创新方面有较大突破。三是,聚集服务经济,实施沿海人才重大工程。在现代服务业、战略性新兴产业和高新技术产业等若干沿海重点发展领域,启动若干沿海高端人才开发计划。四是,放眼全球市场,配置人才资源。以建设中国上海人力资源服务产业园区为重点,充分发挥市场配置人才资源的基础性作用,形成国际人才资源配置中心,提升沿海人才服务效能。五是,探索建立浦东国际人才创新试验区,建设一批海外高层次人才创新创业基地,在人才构成、素质、管理服务等方面形成国际竞争比较优势,依靠人才优势推动上海快速融入国家"一带一路"发展。可以说,上海在人才资源雄厚的基础上先行先试,是高标准、国际化推进人才发展的典范,这种方式多适用于发展基础较好的发达地区。

2. 山东蓝色经济区人才发展模式

近年来,为了推进山东沿海地区快速融入国家"一带一路"战略发展,山东省政府出台了一系列文件,加快培养沿海地区发展急需人才,造就智能型、复合型国际人才,留住并用好国际国内人才。山东沿海地区良好的人才开发模

式,规范的人才工作运作方式,极大地激发了广大人才工作的积极性和主动性,促进了山东蓝色经济区的快速发展。一是,建立蓝色经济区人才包括高端产业、临港产业等沿海人才需求预测和发布制度。大力培养引进海洋生物、海洋装备制造、海洋能源矿产、现代海洋化工业、现代海洋渔业、海洋交通运输物流、海洋文化旅游、海洋工程建筑、海洋生态环保、现代海洋商务服务业等山东沿海地区优势产业人才和创新团队。二是,建立一批蓝色经济区人才培训基地。大力开展职业技术教育,调整职业教育专业设置,对山东沿海地区发展重点产业、重点项目所需的高技能人才实施前置培养。三是,建设一批支撑蓝色经济区包括高端产业、临港产业发展的沿海重大创新平台。四是,山东现有的人才政策和人才工程向蓝色经济领域倾斜。五是,促进科技人才、管理人才和产业化人才向山东半岛蓝色经济区集聚,引领和支撑山东蓝色经济区的经济快速发展。可以说,山东沿海是以优势产业、优势学科推动相关人才发展的模式,是在其"长技"基础上提升相关人才竞争力,以"精""专"代"全",做出自己的人才开发特色,很值得我们借鉴。

3. 浙江沿海人才发展模式

国家"一带一路"、长江经济带战略的提出,为处于我国弧形海岸线和长江航道交汇中心区域的浙江沿海地区转型升级发展提供了难得的历史机遇。浙江沿海地区通过"内育、外引、借智"三管齐下,重点抓好企业家、高级专业人才、技术工人三支人才队伍建设,构筑与沿海区域产业特点相适应的多层次、多门类、开放型区域人才体系。一是,充分发挥高教园区的创新源、人才库作用。重点推进浙江沿海地区高教园区建设,力争建成具有国内领先水平的大学城。围绕浙江沿海经济发展所需人才,培育和建设一批特色专业和重点专业。二是,大力发展特色职业教育和沿海地区特色专业。根据浙江沿海地区经济特点,以与沿海产业发展密切相关的职业教育、职业培训为主,扩大职业教育资源的规模,建设一批在浙江省内乃至全国有较大影响和示范作用的职业学校(院),健全职业技术培训体系,形成区域性职业教育中心。三是,逐步完善人力资源开发利用机制。推行技术入股、管理入股和股票期权、年薪制等各种新型分配方式,集聚有高素质的经营管理人才和高水平的科技人才在浙江沿海地区工作和发展。对高级人才"柔性流动",在户籍管理、社会保障、住房、子女就读等多方面提供全面配套服务。充分利用现代网络技术,在全国乃至世界范围内搜寻浙江沿海地区发展所需的优秀人才,开展跨国人才合作。可以说,浙江沿海是"软硬兼施",一方面以开放的理念做强人才培育工作,另一方面以创新的手段塑造良好的人才发展环境,这种先进的人才发展观念是江苏沿海目前迫切需要转变的。

4.辽宁沿海人才发展模式

辽宁主要围绕辽宁沿海经济带开发开放的战略定位与布局,加强产业、行业人才发展统筹规划和分类指导等沿海人才发展工作,促进辽宁沿海地区的快速发展。一是,调整优化辽宁沿海地区高等学校学科专业设置,加大沿海地区发展急需的研发人才和紧缺的技术、管理人才的培养力度。二是,建立重点领域人才开发协调机制,完善重点领域科研骨干人才分配激励办法。三是,组织实施沿海地区重点产业人才培养工程,培养造就一批装备制造、冶金、石化、高新技术、农产品深加工等涉海重点产业急需的高级研发人才和高技能人才。四是,组织实施沿海地区经济发展人才支撑"151"工程,培养一批本土人才、吸引集聚一批创新创业人才。五是,组织实施千名优秀企业家培养计划,培养造就一批具有世界眼光、战略思维、创新精神和经营能力的企业家。可以说,辽宁沿海这种人才战略重点明确,以重点人才项目带动人才战略实施的做法实效性较强,很适合江苏沿海目前实现人才发展新突破。

(二)江苏在沿海人才发展上的不足

江苏在推进"一带一路"建设中多个方面都已经取得了初步成果,例如人才政策体系不断完善,江苏省委、省政府近年来制定出台的《江苏省中长期人才发展规划纲要(2010~2020年)》《关于加强高层次创新创业人才队伍建设的意见》《关于实施江苏省"333高层次人才培养工程"的意见》等一系列政策文件,涵盖了江苏人才工作的主要方面,形成了层次分明、相互配套的人才政策体系。但必须清醒地看到,随着《江苏沿海发展战略》上升为国家战略,随着国家"一带一路"战略的实施推进,江苏沿海作为国家"一带一路"战略"交汇点"的重要组成部分,其快速发展已经站在一个新的历史起点上,迫切需要培养造就宏大的高素质人才队伍。可以说,与新形势新任务新要求相比,江苏在对沿海人才发展工作上还存在一些亟待解决的矛盾和问题,特别是政府在对接"一带一路"沿海人才发展投入和队伍建设方面稍显滞后；推进沿海人才发展战略方案的政策还未出台；沿海人才发展的体制机制尚需理顺；沿海人才发展的平台搭建还未完善和成熟等,这些沿海人才发展方面的不足都或多或少地阻滞了江苏沿海地区推进"一带一路"建设的速度,需要加以重视。

1. 人才工作意识上的不足

一是,尽管江苏沿海地区三个地市的相关政府部门已经认识到人才工作的重要性,但是江苏省级层面还需要站在国家"一带一路"战略的高度统筹考虑江苏沿海地区人才工作和整体推进江苏沿海地区人才工作。二是,江苏沿海地区企业作为科技创新和集聚人才的主体,还因产业规模、产业结构、技术含量、开放意识等诸多原因造成人才竞争意识不强,对人才开发重视不够；部分企业缺乏战略眼光,看不到目前的市场竞争已由过去的争资金、争项目、争市场演化为人才的竞争,缺少人才开发和人才争夺的紧迫感；部分企业竞争的视野仅限于本省本市,还不能从全国乃至国家"一带一路"战略的制高点上制订引才、留才的措施。可以说,人才工作意识上的差距,直接导致了江苏沿海地区人才总量偏少,整体素质不高。

2. 人才体制机制上的不足

江苏沿海地区的沿海人才发展体制机制不管是在省级层面还是江苏沿海各市层面都尚需理顺。体制不新、机制不灵活是江苏沿海地区人才工作的一大短板。体制不新,政府部门之间领导与执行关系不够畅通,政府与市场之间分工不够明确,政府部门职能的转变及对企业等市场主体的公共服务不够到位,企业和中介机构在人才开发中的自觉自主性不高。机制不活,在沿海人才的培养、引进、使用、激励、配置、转化等一系列具体环节中市场化程度不高。

3. 人才投入上的不足

在人才投入工作上,既要强调市场化,也要注重发挥政府投入的引导作用,这样用人主体和人才主体的积极性才能得到充分调动,人才发展才能活力十足。但江苏沿海地区在人才投入工作上还存在一定不足：一是,对人才重引进、轻管理和培养,没有建立引进后再学习、培训、选拔的机制,人才的"引才、育才、用才"的机制还不过完善和健全,容易导致人才流失和服务能力衰退。二是,江苏沿海地区海洋人才人数不多,且应届生毕业后进入企业需要较长时间培训才能适应用人单位需要,用人成本高,企业难以承受。三是,海洋经济大多涉及海洋高技术科技及其应用,专业要求精深,当前江苏沿海地区高校和科研院所的够教学力量、课程设置和培养模式等无法满足江苏海洋产业发展对人才结构的需求。

4. 人才队伍上的不足

江苏沿海人才队伍中高层次人才的规模、研发能力和转化能力差距比较明显。目前江苏沿海地区人才队伍总量较小,结构相对单一,有的以基础研究为主,有的以盐化工为主,有的以水产养殖为主,有的以装备制造业为主,等等,而一些新兴行业和重点产业人才数量明显不足,人才资源整合的难度较大。其中国际化人才、掌握核心技术人才、高新技术领军人才不多,面向海洋高技术产业的专业人才以及实用型、技能型人才也比较缺乏;民营科技企业,高层次研发和管理人员匮乏的矛盾比较突出。

5. 人才开发平台上的不足

江苏沿海地区经济的快速增长,离不开优良的人才软硬件环境、科研成果转化平台。江苏沿海地区各种产业平台人才开发集聚功能没有充分体现,各种人才的承载、集聚作用还不能发挥到位,直接导致了在人才引进、成果转化等方面明显缺乏竞争力。一是,江苏沿海地区人才大多集中在政府、高校和科研单位,企业人才相对薄弱。二是,科研与产业化之间缺少纽带和畅通的渠道。科研单位从事基础理论研究优势明显,但在解决与产品相关的技术和工艺方面处于弱势,使科研成果难以转化成产品,发展成产业。三是,促进科技成果转化的风险投融资机制还不健全。从事风险投资的机构较少,风险资本市场的发展速度与江苏沿海各市的经济规模和增长速度不相称。四是,科技中介服务体系发展不充分,专业化程度低,人才队伍建设滞后,不能满足企业日益增长的需求。

五、"一带一路"背景下江苏沿海人才战略重点

从江苏沿海地区人才发展现状和其他沿海地区竞争趋势以及江苏沿海融入"一带一路"交汇点建设实践来看,江苏沿海必须跳出全盘齐头并进的模式,改向"优先发展战略重点,以重点带动整体发展"转型。为此,"一带一路"

战略背景下江苏沿海人才战略重点应该放在以下三个领域：

（一）实施江苏沿海服务"一带一路"国际化人才战略

实施江苏沿海"一带一路"国际化人才战略推动和加速江苏沿海融入"一带一路"建设和发展，首先要明确"十三五"时期江苏沿海服务"一带一路"国际化人才战略实施目标与时间列表——用三年左右时间，在《江苏省沿海开发总体规划》《江苏省中长期人才发展规划纲要（2010~2020年）》和《江苏省"十三五"人才发展规划》的基础上，制定和落实《江苏沿海国际化人才战略方案》；用五年左右时间建立完善江苏沿海地区对接"一带一路"战略的国际化人才"选、引、用、留、育"的长效管理体制和运行机制，建设服务"一带一路"战略的江苏沿海国际化人才高地。其次，要坚持《江苏沿海国际化人才战略方案》制定的基本原则——坚持党管人才原则；坚持人才发展与"一带一路"背景下江苏沿海开发相适应的原则；坚持人才发展优先投入原则；坚持优化人才结构原则；坚持创新原则。再次，要确保《江苏沿海国际化人才战略方案》内容的实用性，应从载体建设、制度创新、双向引才和多元培训等方面分别提出可操作性强的行动计划方案。

1. 加强载体建设

一要加强江苏沿海地区人才发展的平台和载体建设。依托江苏沿海地区开发园区和重点企业，着力打造技术公共服务、技术成果交易、创新创业融资服务和社会化人才服务的平台和载体，为各类人才创新创业提供全方位服务和集成化支持。重点建设服务江苏"一带一路"的沿海国际化人才"一站式"服务平台，组建江苏沿海"一带一路"国际人才智力合作联盟，探索1+X"江苏国际海洋人才合作平台"和江苏海洋产业人才管理改革试验区，为沿海人才发展提供各类创新创业平台。二要鼓励高新技术企业建立开放的技术公共服务平台。比如：引导省级以上海洋研发机构面向社会开放，建设一批机制灵活、功能齐全、配套完善的创新创业孵化器；完善省级海洋技术成果交易平台建设，构建区域海洋交易服务体系；整合各类技术成果资源，开展公平交易和优质服务。鼓励发展各类创业投资机构，不断扩大创业风险投资基金规模，为人才创新创业提供投融资服务。发挥沿海地区人才服务机构在政策咨询、技术转移、风险投资、需求调查、资源评估等方面的作用，构建管理规范、服务高效的市场化人才服务体系。加快企业创新载体建设,建设一批国家级、省级产业示范基地和技术服务示范平台;加强企业院士工作站、博士后科研工作站、留学人员创业园、工程技术研究中心、企业技术中心和企业工程中心建设。

2. 强化制度创新

一要建立和完善江苏沿海地区对接"一带一路"战略的国际化人才"选、引、用、留、育"的长效管理体制和运行机制,构筑服务"一带一路"战略的江苏沿海国际化人才高地。二要构建江苏沿海地区人才资源开发一体化合作机制。江苏沿海三市要充分发挥沿海地区人才资源开发一体化合作机制的作用,进一步拓展合作领域,深化合作内容,完善合作制度,构建江苏沿海地区统一的人才制度框架、技术标准、信息平台和服务体系,实现沿海三市人才优势互补、资源共享。以产业转移带动人才智力转移和人才交流,促进江苏沿海地区人才资源的整体开发,增强江苏沿海三市的人才优势,加大沿海城市的人才开发力度,提升三市的人才竞争力。设立江苏沿海三市人才开发专项资金和财政转移支付等手段,加强对沿海三市发展急需人才培养和引进的资金扶持,增强江苏沿海地区对人才的吸引力和凝聚力。

3. 推动双向引才

一要制定实施江苏沿海地区"一带一路"国际化人才专项引进计划,建立江苏沿海地区"一带一路"引才引智工作站,设立江苏沿海地区"一带一路"海外研发机构就地引智引才,推动江苏沿海地区优势产业国际化人才环流。二要围绕人才配置国际化、人才使用国际化和人才价值国际化,建立江苏沿海地区人才国际化政策体系。实行海外高层次人才"居住证"制度,在住房、保险、子女入学、配偶安置、承担重大科技项目等方面享受国民同等待遇。完善国外智力资源供给、市场准入、使用激励、成果共享等政策措施,鼓励海外留学人员和外国专家来江苏沿海地区工作、创业或以多种方式为江苏沿海地区发展服务。支持江苏沿海地区的高等院校、科研院所和企业面向海外招聘高层次创新创业人才。依托境外培训机构和高等院校,组织江苏沿海各类人才出国留学、培训,提高本土人才国际化素质。支持江苏沿海高等院校、科研院所与海外教育、科研机构共同建立研发基地。鼓励江苏沿海企业设立海外研发机构,吸引国际优秀人才参与工作,为其服务。加强与国外著名高等院校、人力资源中介服务机构、海外华人华侨社团、留学生团体的合作与交流,培育面向海外的国际化人才市场,推进国内和国际人才市场的融通,完善"江苏海外回国人才信息库"。研究制定国际人才薪酬政策,实行灵活的薪金制度,提高特殊岗位专业技术人员待遇,逐步与国际水平接轨。

4. 开展多元培训

人才的来源主要有引进和培养两个途径,而最重要的就是人才的培养。人才培育为主,人才引进为辅,不断提高江苏沿海人才队伍质量。要建立完善的人力资源能力建设与衔接配套的教育体系,健全的人才培养机制,使江苏沿海人才得到持续健康的成长与发展。多元培训方面,重在激发社会力量建立"一带一路""全人才成长链"等人才培养扶持机制,加强对"一带一路"人才培养机构的扶持力度,实施"一带一路"海外人才培训实训工程项目。一是,结合现有江苏海洋实用型人才状况,在江苏沿海三市重点扶持和建设一到两所规模大、层次高、专业设置合理的涉海类高职院校,培养符合江苏海洋经济发展特点的实用型人才,如海洋船舶制造、海洋水产、滨海旅游、海洋建筑工程、海洋电力、海洋交通运输、海洋化工、海洋生物医药、海水利用、海洋盐业等相关专业人才的培养。二是,实行定向培养机制,每年由人事部门牵头组织相关部门和企业研究确定紧缺人才类型,对紧缺型人才的培养,由政府给予一定的技能培训经费补贴。三是,加大对港口物流、涉海金融保险、滨海旅游、环境保护、海洋科普、海洋文化、法律等服务业人才的培养。

(二)实施产业带动人才开发战略

1. 进一步加强海洋经济所需各类人才的开发

在21世纪的蓝色经济时代,海洋战略性新兴产业成为不少国家和地区竞相抢占的战略制高点。海洋战略性新兴产业是以科技含量大、技术水平高、环境友好为特征,处于海洋产业链高端,引领海洋经济发展方向,具有全局性、长远性和导向性作用的海洋新兴产业。加快江苏沿海开发,积极融入"一带一路",需要发展江苏海洋经济,需要进一步优化江苏沿海地区海洋和临海生产力布局,加快改造提升船舶、汽车、医药、化工、纺织等主导产业和传统产业,做大做强新能源、新材料、新医药、高端装备、电子信息、新能源汽车、轻型飞机等战略性新兴产业,集聚发展石化、钢铁、海工等临港产业。江苏海洋经济和海洋产业的快速发展,需要以海洋各类人才开发为支撑。如"现代化海洋产业发展示范区"的建立,需要海洋先进装备、海洋可再生能源、海洋生物产业等新兴产业人才;"现代化港口"的建设,需要大量能提供相关技术、法律、金融、贸易等服务支持的专业人才。除了以上几类人才,江苏发展海洋经济还需要配置港航、国际物流、海洋开发、高端装备制造业、海洋新能源开发、海洋工程、海洋环境保护等各种专业人才。要大力扶持和发展海洋工程装备制造业、海洋新能源产业、海洋生物医药业、海水综合利用业、现代海洋服务业等支持海洋战略性新型产业发展的海洋新兴和优势产业人才,提升江苏沿海人才核心竞争力。同时加快构建政产学研相结合的江苏海洋高技术产业创新体系,推动建立海洋科技创新联盟,加强海洋科技重点攻关,创新海洋科技成果转化机制,加快打造一批海洋新兴产业研发孵化和产业化基地。通过江苏沿海新兴和优势产业人才的建设,推进江苏沿海高技术创新和产业化,推动江苏沿海海洋事业的发展。以海洋人才的开发带动江苏沿海积极参与"一带一路"交汇点建设。

2. 进一步打造适应国际化要求的复合型人才

经济国际化对江苏沿海人才工作提出了更高要求。为适应国家"一带一路"战略发展的要求,江苏沿海人才发展必须瞄准世界前沿,大力实施本土人才国际化战略,提升江苏沿海人才国际化水平,加快建设一支具有全球思维、战略视野、国际经验和创新能力的国际化人才队伍。江苏沿海人才不足是江苏沿海地区企业扩大国际化经营规模,提高国际化管理水平的主要制约因素。因此,江苏沿海融入"一带一路"战略,发展国际化经营管理,不仅需要打造金融、法律、财务、技术、营销等方面的专业人才,更需要培养战略思想和熟悉现代企业经营管理的高级人才。力争"十三五"时期,培养出能通晓国际规则、具有较强国际理解能力的知识型、发展型技能人才;打造一支具有国际化视野的较高国际化素质的江苏沿海地区高职院校师资队伍;实现江苏沿海人才多元化、可持续化发展。大力开发和培养符合"一带一路"战略发展要求的复合型人才,在目前国内比较缺乏熟悉国际规则和东道国的市场法律的人才的情况下,还可以通过招聘优秀的国际人才来弥补自身培养的不足。同时,江苏沿海地区对外直接投资企业可以通过公开招募人才,建立培训中心或者委托专业机构从事相关活动等方式,加强对沿海人才的培养。

3. 进一步强化国际人文交流人才的开发

国家提出的"一带一路"战略,不仅仅是为了经济方面的发展,也是为了促进文化方面交流合作。通过文化方面的交流与合作,实现江苏沿海与"一带一路"沿线国家及地区民心相通,相互认可,通过人文交流,能够求同存异来相互了解和促进合作,推动共赢发展。这就需要江苏沿海在国家"一带一路"战略下,培养和发展国际人文交流所需人才。一是,江苏沿海地区的高职院校和科研院所等培训机构,要把与江苏沿海地区发展相联系的"一带一路"沿线国家的相关学科迅速发展起来,用两到三年的时间,培养出一批真正了解"一带一路"沿线国家各方面情况的人才。尽快解决目前江苏沿海地区小语种高端人才匮乏的问题,扩大人文交流,促进经贸合作。二是,江苏沿海地区企业可以设立研究基金,与专业智库或科研机构来共同研究江苏沿海地区"一带一路"发展所面临的人文问题,加强合作,相互沟通,形成共识。三是,加大力度为"一带一路"相关国家的学生创造条件来江苏学习,通过留学生教育制度培养一批有着语言和文化背景的专业人才,同时选派更多的江苏沿海青年人才去沿线国家学习,通过人才的相互交流和学习,让他们扎扎实实地成为江苏与"一带一路"相关国家和地区交往的纽带,形成"一带一路"合作共赢的江苏沿海人才资源。

4. 进一步致力"智慧沿海"人才的开发

新时期新形势下,江苏沿海有必要通过创建"智慧沿海",推进重大科技成果转化,引进培养科技型领军人才,打造智慧城市、智慧园区,加速江苏沿海地区现代化进程,从而不断增强江苏沿海地区在"一带一路"和长江经济带建设中的核心竞争力。一要大力培养和发展"智慧沿海"建设所需的高层次领导人才、高层次复合型实用人才和高技能人才,以及企业家人才、信息产业和重点企业紧缺人才、现代服务业、国际化涉外人才和网络设施与商业应用经营管理人才等。二要加快江苏沿海地区高等教育和职业技术教育改革和发展,推动专业和学科调整,依托高校院所、园区、企业和社会办学机构,联合建立各类"智慧沿海"人才教育培训基地,提供教育、培训和执业资格考试等服务,着力培养"智慧沿海"建设所需人才。

（三）实施江苏沿海区域人才工作一体化战略

加快推进江苏沿海融入"一带一路"交汇点建设,必须进一步拓展江苏沿海地区人才工作空间,加强沿海人才发展统筹规划,实施江苏沿海区域人才工作一体化,为江苏沿海地区融入"一带一路"发展提供有力的人才保证。一是,实施江苏沿海区域人才开发一体化战略,构筑人才高地,充分发挥江苏沿海三市间的协同发展优势,促进三市间整体快速的可持续发展。在加强江苏沿海三市经济合作的同时,牢固树立"人力资源是第一资源"的理念,积极推进江苏沿海人才一体化。本着"不求所有,但求所用"的用人理念,注重柔性引才和人才共享,以"人才创新创业工程"为突破口,主动作为,积极推动江苏沿海三市及"一带一路"沿线区域之间进行人才开发合作交流,在区域人才市场、人才服务合作、专家互访、人才培训、公务员交流、人事政策信息共享等方面加强合作,建立人才共享机制,完善江苏沿海人才一体化的制度安排和实施载体建设,把人才当成一条河流来管理,设法管理它的流速和方向,构建有利于人才流动的宏观预测、控制和法律机制,使得人才流动更加有序朝着我们所希望的方向进行。二是,建立江苏沿海地区人才工作一体化机制,加强区域人才深度合作。建立有关部门和沿海三市人才联席会议制度和协商合作机制,统筹规划、合理部署、形成合力,推进江苏沿海人才队伍建设工作的顺利进行。组织开展各类人才定向选派和培养,从省级机关、苏南地区选派干部到沿海地区任职、挂职,从高等院校、科研院所、医疗机构选派专业技术人才到沿海地区开展科技项目对接、提供技术服务活动,提升沿海地区的发展后劲。加强人才发展统筹规划和分类指导,推动沿海区域人才流动和智力共享,形成错位发展、优势互补、合作共赢的发展格局。

六、"一带一路"背景下江苏沿海人才战略重点举措

（一）提升江苏沿海人才竞争力

党的十八大报告提出,"加快人才发展体制机制改革和政策创新,形成激发人才创造活力、具有国际竞争力的人才制度优势"。当前,江苏沿海地区人才竞争力仍然是该地区综合竞争力的短板,无法为江苏沿海积极参与"一带一路"建设提供足够的支撑,为更好地提升江苏沿海区域人才竞争力水平,必须

强化以下措施。

1. 推进人才竞争意识战略化

首先,"一带一路"战略背景下,江苏沿海地区必须有更加准确的战略定位。一直以来,江苏沿海的人才战略定位不够明晰,针对性不足。虽然一直提出"江苏沿海开发需要人才支撑",但人才竞争意识不够强烈。国家首批开放的14个沿海城市就包括了江苏沿海地区的连云港和南通两市,但是江苏沿海的发展却比同时期的其他沿海城市发展迟缓。甚至从2009年6月江苏沿海发展上升为国家战略,到2013年9月"一带一路"战略的提出,再到2015年5月江苏《贯彻落实一带一路建设战略规划》的提出,都未能促进江苏沿海人才竞争意识真正战略化。"一带一路"战略背景下,江苏沿海亟需对人才竞争进行明确的新定位,以推动江苏沿海人才竞争战略与整体发展战略达到有机统一。其次,"一带一路"战略背景下,提升江苏沿海人才竞争力必须有科学的战略分析。必须能够将江苏沿海地区人才状况分析、江苏沿海服务"一带一路"战略的要求、江苏沿海对接"一带一路"所面临的人才竞争形势分析等作为制定江苏沿海人才竞争战略的基础,确保江苏沿海人才竞争战略的有效性。再次,"一带一路"战略背景下江苏沿海人才竞争战略必须有明晰的战略目标。即通过实施人才竞争战略,在未来特定时间节点江苏沿海人才发展达到如何的水平、实现如何的目标等。比如江苏沿海打造服务"一带一路"人才资源高地,江苏沿海三市分别提出"连云港市建设成中国沿海中部的人才高地""盐城打造长三角北翼人才高地""南通打造创新人才高地"等人才发展目标。通过人才竞争意识战略化促进江苏沿海地区人才竞争战略与江苏沿海发展总战略相契合,推动江苏沿海逐步向以人才竞争优势实现经济竞争优势转型。

2. 推进人才竞争战略项目化

一直以来,江苏沿海不乏宏观人才发展战略,但是却缺少可操作性强的、具备较强竞争力的人才项目,以实效性人才项目推进江苏沿海地区人才竞争战略是江苏沿海对接"一带一路"战略的必然路径。比如将江苏沿海人才战略项目划分为对接"一带一路"各类人才开发计划——领军人才开发计划、高技能人才培养计划、"一带一路"语言人才开发计划、国际化人才开发计划等有针对性的具体项目,分步实施,人才项目支持资金按照项目规模和层次进行专项分配,逐步推进人才发展战略从宏观战略层面向具体实践层面转型,通过具体项目的突破来实现江苏沿海人才竞争力的提升。通过举办"一带一路"沿线国际人才交流会等具体活动,提高江苏沿海在对接"一带一路"建设中的人才竞争意识。

3. 推进人才竞争手段差异化

"一带一路"战略背景下,打造江苏沿海区域整体发展优势必须以人才竞争为手段。面临"一带一路"沿线国家和地区的人才竞争,江苏沿海人才战略必须吸取先进国家和地区的人才战略经验,采用差异化的人才竞争手段,规避恶性竞争,逐步提升江苏沿海地区人才竞争力。一要在人才类型上实行差异化。要全面了解和把握"一带一路"沿线国家及地区人才资源类型(比如上海汇聚了国内外优质金融人才、浙江与广东汇聚了民营企业人才、山东汇聚了海洋科技人才,等等),尤其是优势类型和劣势类型,以便更合理的塑造江苏沿海地区人才资源特色优势。二要在人才素质上实行差异化。根据不同地区人才资源素质的不同层次,错位竞争,寻找江苏沿海人才资源的比较优势,提高江苏沿海人才资源利用率。比如江苏沿海目前最缺乏的是高端人才和基层一线人才,完全可以将人才战略重点放在争夺产业高端人才和基层一线技能型人才,高端人才引入即"领军",一线技能人才引入即"实干",既满足了江苏沿海人才层次的现实需要,同时节省了中间的培训环节,大大提高人才使用效率。三要在人才结构上实行差异化。比如江苏沿海三市,根据连云港、南通、盐城三市不同人才资源特点构建不同的人才高地,通过对三市人才资源的组合配置,形成不同于其他地区的人才资源结构,挖掘江苏沿海人才结构比较优势。四要在人才开发观念上实行差异化。江苏沿海发展缓慢,很大程度上源于人才发展观念上的固化,因此,江苏沿海必须尽快实现人才开发观念上的大转变,跳出以学历论英雄、以学校选人才的条条框框,更多地以实力衡量、选拔人才,树立能力本位的人才观。这样才能为江苏沿海引进更多实用性人才,提高江苏沿海人才竞争力。五要在人才待遇上实行差异化。进一步推行按劳分配、按成果分配原则,将公平和竞争融入江苏沿海人才待遇战略中,根据人才的不同层次和不同贡献将人才待遇差别化。同时多元化人才待遇,不仅仅局限于薪酬待遇,更兼有职业生涯培训设计等供各层次人才自主选择。

4. 推进人才竞争方式柔性化

江苏沿海融入"一带一路"建设,必须推动人才合理流动,通过人才的流动实现与沿线地区人才资源共享,继而实现共赢。因此,十分必要采取更加柔性化的竞争方式,通过项目共享、外包共享、兼职共享等形式柔性引入人才资源,降低高端人才引进的难度和高端人才流失率。江苏沿海无论从薪酬待遇还是发展环境相较长三角、珠三角甚至苏南发达地区都有一定差距,在吸引人才、集聚人才不占明显优势的情况下,满足江苏沿海的人才需求的必要路径就是实行柔性人才竞争,推动人才资源共享。

5. 推进人才竞争载体产业化

金凤凰需要合适的巢穴,人才资源需要产业作为载体。江苏沿海人才竞争力的提升需要以产业为载体,应该根据江苏沿海三市不同的产业特色推动三市产业集聚,以产业汇聚更多更高端的专业人才。紧紧围绕盐城汽车、机械、纺织和化工四大支柱产业,南通船舶海工及配套、新能源汽车及汽车零部件、新材料、纺织四大支柱产业,连云港新医药、石化、钢铁、新材料四大支柱产业,以及江苏沿海高端装备、电子信息、新能源等战略性新兴产业,开展人才集聚工程,将大大提高江苏沿海人才集聚力。

6. 推进人才竞争对象高层化

目前,我国区域人才发展重点无一不在高层次人才的吸引上面,"一带一路"战略背景下,面临更大范围的区域竞争,江苏沿海也必须将高层次人才竞争作为人才竞争的重点。一要充分发挥高层次人才的导向和示范作用。继续强化江苏沿海人才开发政策向高层次人才倾斜,为高端人才的引进和培养创造优质的发展环境。二要充分激发高层次人才的凝聚力。将高端人才作为江苏沿海发展的领军队伍,鼓励高端人才发挥领军作用,集聚更多的高素质人才、大量资金资本和产业项目。三要充分挖掘高层次人才的培养带动作用。以高层次人才带动、培养中低层次人才的带动与培养,提升整个人才队伍素质。值得注意的是,现在一般谈起高端人才大家都认为是金融家、高端商务谈判人才等等,但是根据现在国际上的经验来看,不仅仅要培养高端的白领,也要培养高端的蓝领,高端产业如果只有一些领军的高端白领人物,没有蓝领队伍作基础支撑,是不行的。高端的蓝领是非常重要的,高端蓝领把自身工作做好了,能够大大的提高高端白领的工作效率。因此,江苏沿海在集聚和打造高端人才队伍时候,必须把眼光放远,不仅仅是白领,还有高端的蓝领,比如德国和日本,他们之所以制造业做得好,就是有一大批非常优秀的高端蓝领工人,这方面也是我们应该学习借鉴的经验。高端蓝领包括新型制造业生产一线的高端操作工、现代物流业的一线仓储管理员等,这些关键性人物,可以大大提高本行业管理水平,提高高端白领的工作效率,促进整个江苏沿海人才队伍的高层化。

(二)强化江苏沿海人才发展"三化"导向

1. 强化人才开发国际化导向

江苏沿海对接"一带一路"建设,将面临更广阔的国际市场和更激烈的国际竞争,强化人才开发国际化导向成为重中之重。推动江苏沿海人才构成国际化,"引进来"与"走出去"并举,提高江苏沿海人才的国际化水平;坚持人才标准国际化,建立人才开发国际交流合作机制,在人才培养模式、激励保障机制等方面逐渐与国际接轨;坚持人才素质国际化,重视培养人才具有全球视野和开放思维,提高国际化运作和跨文化沟通能力;坚持人才配置国际化,在全球范围内开发和配置人才资源,加快国际化人才引进合作平台建设,构建具有一流水准的现代国际人才市场,新建海外引才引智基地和联络站,努力形成机制领先、功能完备、富有竞争力的国际化人才开发格局,以人才的国际化带动城市的国际化。

一是,以城市导向为重点推动江苏沿海人才国际化。"一带一路"战略背景下,江苏沿海人才开发国际化必须以"先城市,后区域"为战略导向,即先以江苏沿海地区连云港、盐城、南通三座中心城市为人才开发国际化战略的实施起点。充分激发城市对经济、贸易、文化、政策的积聚功能,推动三市对外开放、融入"一带一路"战略的国际大环境。通过三市城市化进程的加快,不断汇聚各种优势要素,催发城市功能的规模效益,使三个城市逐步成为培养国际化人才的重要载体。在以三个城市为中心的人才国际化战略基本实现的基础上,进一步通过传递效应的扩散和辐射,实施江苏沿海区域范围的人才国际化战略。

二是,启动"经济、文化与环境"多元推动江苏沿海人才国际化。江苏沿海人才国际化不仅需要经济基础作为支撑,也需要江苏沿海文化与综合环境的共同支撑。积极实施"经济、文化与环境"多元推动的战略格局,有利于促进江苏沿海人才国际化。要紧紧抓住积极融入"一带一路"的经济国际化的趋势，吸纳多元文化打造江苏沿海独有的先进文化，在江苏沿海地区形成多元文化交汇的沿海环境，与"一带一路"沿线国家和地区进行跨区域文化沟通与互动，注重江苏沿海生态环境、创新环境与政策环境的塑造，打造江苏沿海人才国家化所需的优质综合环境。

三是，实施"多点链接"促进江苏沿海人才国际化。逐步推行江苏沿海人才国际化的"多点链接"战略。鼓励企业、高校、研究院所、政府和社会民间团体共同参与，形成江苏沿海人才资源网中的重要"节点"，同时加强这些主体之间的互动，从而"连点为线，聚线成网"，形成江苏沿海强有力的人才资源网络，提高江苏沿海人才国际化水平的密度与深度。

四是，加快推动模式转型促进江苏沿海人才国际化。要立足于将江苏人才国际化的主导力量向社会推动模式转变，尽快实现政府推动为主向社会推动为主、政府服务为辅的人才国际化模式转型，确保政府服务好社会各类主体参与经济国际化、文化国际化与环境国际化共举格局下的人才国际化进程。江苏沿海积极对接"一带一路"战略必须要突破政府主导的"单边模式"，重新做出清晰定位。政府要强化服务和引导职能，重点致力于促进人才国际化的政策制定与环境营造。

2. 强化人才创新高端化导向

江苏沿海发展急需创新驱动，尤其缺乏高端人才、领军人才的创新驱动。江苏沿海要融入"一带一路"建设就必须把科技人力资源作为战略资源和提升国际竞争力的核心因素，围绕江苏沿海重要产业、重点领域，不拘一格培养打造一支高素质的领军人才队伍和创新核心团队。不仅要保留对高层次人才的引进力度、高新项目的扶持力度、高端人才的激励力度，更要正视目前江苏沿海创新创业环境较苏南、长三角、珠三角的差距，对高端人才不局限于"引进来"，可以迂回选择以项目合作、兼职交流等方式吸引高端人才积极参与新一轮江苏沿海开发，增强高端人才自我价值实现的成就感，激发高端人才参与江苏沿海开发的积极性和创造性，从而推动江苏沿海地区高端人才的汇聚。

3. 强化人才发展应用化导向

江苏沿海尚未建立起完善的应用型人才培养教育体系，仍沿用传统的培养学术型人才的课程和教学方法,同时缺乏应用性较强的社会培训、技术人才继续教育等,这不能与当前江苏沿海对应用型人才的迫切需求相匹配。因此,强化江苏沿海人才发展的应用化导向十分必要。要加强江苏沿海与"一带一路"沿线国家和地区的教育合作,准确收集、整合江苏沿海对接"一带一路"战略紧缺的人才需求信息,有目的、有针对性地培养应用型人才,强化校企深度合作,以参与"一带一路"建设和对外开放所需人才的能力需求为导向,构建模块化教育培养体系,鼓励沿线企业深度参与人才的培养,实现企业、学校、培训机构相互开放,促进校企深度融合,提升人才继续教育水平。

(三)拓展江苏沿海人才发展绿色通道

1.拓展人才流动的绿色通道

人才合理流动是实现人才资源有效配置的必然选择,能够促进人力资本增值,充分发挥人才效能,推动江苏沿海发展。然而,在现实中我们看到,江苏沿海地区人才流动性不足,很大一部分人还不能够按照个人意愿和专长选择工作岗位,人才被捆绑大大降低了人才使用效率,人才价格与人才价值不匹配,阻碍了江苏沿海人才合理流动。为此,"一带一路"背景下,江苏沿海人才要实现合理流动,就必须打通人才流动的绿色通道,着力破除干扰人才市场配置的体制机制障碍,消除人才流动壁垒,创新人才流动模式,建立开放、包容的人才流动机制和环境,确保人尽其能、有为有位、才尽其用。鼓励人才在区域之间、产学研之间、城乡之间、政府高校与社会之间、事业与企业之间的无障碍自由流动。一要,以市场为导向,消除人才流动障碍。承认和重视人才的主体地位,建立市场价值取向的人才观,实现人才管理的社会化,强化人才对单位的选择权和流动权,为人才发展和增值创造良好的制度和市场环境,真正实现各类人才"能进能出、能上能下",确保被引进人才可以自主选择去留,消除引进人才的"被禁锢"顾虑,简化人才流动办事程序,增强用人制度灵活性,提升人才服务水平,从而推动江苏沿海引进人才、留住人才。二要,着力加强人才服务的物理和信息平台建设,建立区域协同的人才服务网络体系。整合江苏沿海现有的人才服务资源,增强服务系统的协同性、专业性,推进江苏沿海与"一带一路"沿线跨区域人才公共服务合作,建立区域间相互衔接的人才服务网络,形成统一开放的人才服务联网体系,推动人才跨区域流动。三要培育优势产业,实现产业与人才互动发展。在人才流动较为开放、充分的市场条件下,人们会有较多的机会寻找自己的定位,通过多种渠道发现自身的价值,做出创造性的贡献。因此,江苏沿海应该积极促进优势产业集聚,为人才群体的发展、壮大提供载体,从而大幅度提升江苏沿海区域人才承载力。通过提升创业园、科技园、孵化基地、博士后工作站的利用成效,依托重点产业、重点项目、重点学科,为各类人才的集聚和发展打造坚实平台。同时,积极发挥风险投资、科技评估、专利代理、科技招标等中介机构组织在促进科技成果转化、高端人才培育以及科技产业化中的作用,打造较成熟的人才生存、发展、流动生态圈,为各类人才提供成长的机会和可供施展的舞台。

2. 拓展人才创业的绿色通道

积极推动各层次人才向创业者转变从而实现多渠道就业,是解决当前就业难问题重要的、不可或缺的重要举措,也是今后一段时间内江苏沿海人才发展重点之一。拓展江苏沿海人才创业绿色通道,全面落实鼓励创业的方针,就必须整合政策、资金、培训和服务四个体系,引导各层次人才乐于创业,鼓励各类人才敢于创业,扶持创业者成功创业,进一步推动各类人才实现自我价值。一是,整合政策支持体系,为创业人才量身打造创业扶持政策。政策的引导、支持、拉动,不仅体现在解决创业活动中遇到的门槛难入、资金难筹、场地难租、手续难办等问题,而且还要在政策适用的范围、群体、业界以及创业阶段等方面,有所创新、有所突破,实现政策支持普惠性与针对性的辩证统一。二是,整合资金支持体系,为创业人才广辟融资天地。进一步增加创业专项资金,统筹安排创业投资引导资金,用于创业培训、初次创业补贴、创业租金补贴、创业孵化基地建设、创业(就业)实训补贴,等等。根据创业的不同阶段采取不同的支持措施。创业筹备阶段,要加大"种子资金"的支持力度;创业起步阶段,应加大信贷支持力度,落实好小额担保贷款和相关贴息的政策;创业发展阶段,要运用中小企业信用担保机制,缓解企业发展中面临的资金压力。三是,整合创业培训体系,为创业人才办好进修课堂。实施个性化的创业指导服务,为各类人才提供专项指导,有效规避创业失败的风险,进一步提高创业成功率和稳定率。

3. 拓展人才创新的绿色通道

人才创新将是江苏沿海服务"一带一路"建设的驱动力量。因此,江苏沿海人才发展必须积极拓展人才创新绿色通道,构筑创新平台,培育创新团队,完善投资机制、夯实创新载体、实现创新投入高增长、创新网络高覆盖,创新文化高感知、创新保障高效能,从而提升江苏沿海人才创新能力。重点支持领军高端人才建立创新团队,解决制约江苏沿海经济社会发展的重大科技问题,着力构建江苏沿海企业为主体、市场为导向、产学研紧密结合的科技创新体系,推进科技成果产业化。

(四)打造江苏沿海人才重点集聚区

1. 打造重点园区人才集聚区

"一带一路"战略背景下,江苏沿海人才集聚需要产业项目带动,产业项目以园区为载体。因此,应在江苏沿海的经济技术开发区、高新区、保税区、出口加工区等国家级园区,重点建设科学技术研究院、留学生创业园和博士后工作站等创新创业平台,制定特殊优惠政策,优化创新创业环境,提升产业能级,加快项目引进,集聚科技研发、系统集成、成果转化的高端人才。同时,开辟毕业生创新创业实践基地,增强产学研结合度,提升毕业生自主创新能力,以创业带动就业,实现重点园区集聚各类人才的功能。

2. 打造重点机构人才集聚区

重点研发机构的数量和质量一定程度上标志着该地区的人才发展水平。江苏沿海积极对接"一带一路"战略就必须打造重点机构人才集聚区。大力引进和培养国家级、省级科研机构,以国家级、省级重点科研院所、高校为载体,采取联建、合建等多种方式,争取设立调研基地、研发中心等,招商引智的同时加强江苏沿海与国际间的交流和合作,发挥重点机构对领军拔尖人才的集聚作用。

3. 打造重点产业人才集聚区

人才以产业为基础,产业以人才为支撑,江苏沿海与"一带一路"沿线合作往来需要各类产业人才。江苏沿海重点产业人才的集聚可以分为四个领域:一是,在优势产业领域,主要集聚石化、钢铁、装备制造、汽车家电、纺织服装等先进制造业人才;二是,在新兴产业领域,主要集聚新材料、新能源、新光源、电子元器件和软件等高科技人才;三是,在现代服务业领域,主要集聚商贸物流、旅游会展、服务外包和金融服务等高端服务业人才;四是,在现代农业领域,主要集聚生态农业、休闲农业和出口创汇农业等现代农业人才。

(五)推进江苏沿海人才战略合作一体化

连云港、盐城、南通三市的地理位置和人才发展现状,决定了江苏沿海需尽快推进人才战略合作一体化,实现人才资源共享、人才政策对接、人才网络互联、人才信息互通、人才工作互动的人才战略一体化局面。江苏沿海积极融入"一带一路"建设,就必须在江苏沿海区域内建立人才资源共享机制,在三市现有的国家级开发区、省级高新区等范围内相互开放各园区的公共技术平台,加强人才交流,既要突出各自特色,又要实现错位发展,还要实现三市人才合作一体化。一要推动江苏沿海区域内人才市场的整合,按照时间节点逐步建立运行规范的人力资源市场体系,促进沿海三市人才开发与合作一体化。不仅要加强与"一带一路"沿线区域合作,更要在江苏沿海区域内加强协作,共同开展人才培训、评价等方面的合作。对于沿海三市人力资源和社会保障部门审核办法的专业技术职务资格、职业资格,区域内要实行互认制,以便促进区内人才的无障碍流动。以连云港、盐城、南通三座城市为中心,实现江苏沿海和"一带一路"沿线地区人才工作的整体联动,建立江苏沿海人才合作机制和经济区域人才工作一体化机制,逐步扩大到江苏沿海与"一带一路"沿线大区域的人才合作和人才工作一体化,提高江苏沿海与"一带一路"沿线区域人才深度合作的可能性。同时,根据人才开发客观规律,通过有效的人才措施,有效地进行人才资源跨区域的最优配置,夯实江苏沿海开发的人才基础。

总之,江苏沿海是国家提出的重点发展战略区域,也是"一带一路"交汇点的重要组成部分,"一带一路"战略背景下江苏沿海人才战略重点研究对于优化配置江苏沿海人才资源、增强江苏沿海的国际竞争力有着举足轻重的现实作用。只有江苏沿海三个城市间同舟共济、共同发展,坚持人才发展战略,明确江苏沿海区域人才战略重点,创新人才发展模式,促进人才发展各环节的良性互动与紧密衔接,才能促进江苏沿海人才发展与国际接轨,实现全球范围内人才资源配置,创造出江苏沿海发展的新优势。

第二部分

实践篇

第十章　江苏积极参与"一带一路"建设实践研究

一、引子

习近平总书记在视察江苏重要讲话中指出：江苏处于丝绸之路经济带和21世纪海上丝绸之路的交汇点上，要主动参与"一带一路"建设，放大向东开放优势，做好向西开放文章，拓展对内对外开放新空间。江苏历来是对外开放前沿，江苏经济的一大特点就是"两头在外"。进入经济发展新常态后，江苏发挥自身新优势，对接国家"十三五"发展计划，提出了了打造"一中心、一基地"的经济发展目标，在全面深化供给侧结构改革、加快转变经济发展方式的同时，坚定不移地拓展开放的广度和深度，更加注重和更加有效利用国际市场和国际资源，实现国际国内两个大局的联动，构建全方位对外开放新格局。

"一带一路"联通五大洲，海陆地域辽阔，各类资源丰沛，发展空间极大，与江苏开展投资贸易往来、人文合作交流潜力巨大。国家实施"一带一路"战略，为江苏深度开发国际市场，深入利用国际资源，全面推进企业、城市、人才"三个国际化"，在更大范围、更宽领域、更深层次上融入全球经济体系、参与全球范围内资源的优化配置和均衡产业链价值段提供了新的重大机遇。该战略实施的三年多来，江苏抢抓机遇，积极参与"一带一路"建设，由务虚转入务实阶段，有力、有序、有效地推进"一带一路"战略的落地，取得了卓著的成效，为推动江苏经济发展迈上新台阶提供新动能，取得了实实在在的成效。

国家两委一部发布"一带一路"《愿景与计划》，标志着"一带一路"建设已经进入实践期，全国20多个省份均就如何落实"一带一路"建设的推进工作作出了具体安排，"一带一路"战略进入实质性操作阶段。江苏也不例外。至2016年底，我国与"一带一路"相关国家贸易额约占进出口总额的四分之一，在36个国家投资建设了70多个境外合作区和工业园，承包工程项目突破

3000 项。同样，2015 年江苏在沿线国家的经贸合作持续升温。在沿线国家江苏累计实际投资额已占全国比重的三分之一，江苏与沿线国家贸易额约占全国的十分之一。无锡红豆集团、常州金昇实业、苏州永鼎股份、江苏阳光集团、南通双马化工集团、徐工集团、江苏华发集团、江苏梦兰集团等一批企业已经走入"一带一路"沿线国家，拓展企业发展空间，也为东道国经济社会发展作出了贡献。至 2016 年底，江苏赴沿线国家投资企业数已经达 1270 多个，中方协议资金 79.3 亿美元，其中千万美元以上的项目占 70%；大多集中在机械、电子、石化、医药、建材、轻工、纺织、冶金等产业，而这些产业正是江苏的优势所在，产能规模位居全国前列。连云港中哈物流基地是丝绸之路经济带首个落地的实体平台；柬埔寨西港特区发展成为国家境外经贸合作园区的样板工程；印尼双马农工贸经济合作区、埃塞俄比亚东方工业园、坦桑尼亚中坦现代农业合作示范园、中韩盐城产业园等重点产业集聚平台（园区）进展顺利，发展势头强劲。

本课题拟从江苏对"一带一路"建设的新认识切入，通观"一带一路"建设中江苏的实践情况，具体分析江苏参与"一带一路"建设的重点典型实践案例，从中探索江苏参与"一带一路"建设发展思路和建议路径，并进一步分析模式的复制和借鉴路径与可行性，力求解决江苏现有发展规划与"一带一路"建设的契合度不足、全国各地开放态势挑战严峻的问题；实现江苏与"一带一路"沿线国家发展需求的无缝对接；实现江苏与"一带一路"沿线市场深度融合；实现江苏在世界范围内配置资源；形成江苏对外开放新格局，促进江苏整体走出去。通过对具体事例的剖析和归纳，总结下一步江苏如何积极参与"一带一路"建设的具体路径和措施保障，推动江苏用好"一带一路"的战略，积极参与"一带一路"建设，化解江苏自身发展的矛盾，解决自然资源、劳动力、科技创新、产业结构调整、环境、生态文明建设等制约基本现代化建设中的瓶颈问题，提高可持续发展的能力和水平，最终为建设"富强美高"新江苏，全面"聚焦富民"实现小康而提供智力支持。

本课题把握时机，先行一步，开展建设"一带一路"建设的实证研究，力求寻找适合国家战略、江苏省实情和国家通行规则的发展运用模式，紧紧围绕"一带一路"建设这个主题，一石三鸟，举一反三，示范企业。本课题选择了目前正在实施的"一带一路"建设项目,跟踪调研,重点研究地方政府实践"一带一路"战略的具体路径,为江苏积极参与"一带一路"建设提供范本和示范,为尽快推动江苏"一带一路"建设迈上新台阶、产生新动能提供依据和理论支撑。

二、江苏融入"一带一路"发展的经典例证分析

自国家"一带一路"《愿景与计划》发布以来,江苏主动作为,在"一带一路"沿线国家累计投资了近1300个项目,总投资额达到了近80亿美元,参与"一带一路"战略建设步入发展新常态。江苏地处"一带一路"交汇点上,责任重大,担当再肩,更加要勇力潮头,扬长避短,注重实效,发挥自身经济发展和东西双向开放的优势,有效利用国际市场和国际资源,实现国际国内两个大局的联动,构建全方位对外开放新格局,取得了扎扎实实的成效。特别值得点赞的江苏"一带一路"国际物流大通道、中哈(连云港)物流基地、无锡柬埔寨西哈努克港经济特区、苏州埃塞俄比亚东方工业园、连云港"一带一路"农业国际合作示范区、中韩盐城工业园、太仓港对接"一带一路"战略实践、海上丝绸之路申遗,以及徐工集团"一带一路"欧洲研究中心、中复连众伊朗对外承包等项目。

(一)江苏"一带一路"国际物流大通道

"一带一路"战略实施以来,围绕"五通"建设,各地各显其能,设想了许多方式和渠道。而"五通"建设中,互联互通居于首要。江苏位于"一带一路"战略交汇点上,是我国最早开展中欧(中亚)大陆桥运输的省份之一,建设"一带一路"国际物流运输大通道有着得天独厚的基础和条件。经过多年的发展,江苏凭借新亚欧大陆桥的独特区位优势,开行江苏至中亚、欧洲的班列,形成了均衡畅达的运输大通道,为江苏服务"一带一路"奠定了良好的互联互通基础。目前苏州、南京、连云港、徐州、南通五地开行班列情况如下。

连云港港口集团自1992年开始开行自连云港至中亚和欧洲的班列,原来的每周一列,现在发展到每周三列,至2015年12月,经由连云港运送的过境集装箱已经达60多万标准箱,是我国目前开行中运送数量最多的线路。连云港还借助国家"一带一路"战略的实施,建成了中国和哈萨克斯坦的第一个合

资项目——中哈（连云港）物流基地第一期工程，总投资达 6 亿人民币，年处理集装箱可达 40 万标准箱，并且，还正在建设二期工程和上合组织（连云港）国际物流园等项目。

苏州高新区综合保税区自 2012 年开始探索开行中欧班列事宜，到 2014 年逐步实现了班列运营的正常化。原来每月 3 列，到 2015 年 7 月发展到每周 2 列。原来开行"苏满欧"，后来逐步发展为"苏满俄""苏新亚"等多类江苏至欧洲、俄罗斯和中亚区域的班列，并逐步实现常态化。自班列常态化运行以来，截至 2015 年底，"苏满欧""苏满俄""苏新亚"各线路累计开行进、出口班列 158 列（次），发运标准集装箱 13446 箱，发运货物 6.88 万吨，货值 12.24 亿美元。该线路共计为三条，一是，新亚欧大陆桥的北线，经满洲里出境，再经华沙进入欧洲。二是，新亚欧大陆桥的中线，经阿拉山口、霍尔果斯出境，再进入中亚。三是，新亚欧大陆桥的北线，经满洲里出境，直接进入俄罗斯。这是我国开行班列中全面的地区，同时开行三条线。

南京港（集团）公司第二港务公司自 2013 年开始调研试行开行"苏满欧"出境班列，到 2014 年 8 月正式开通专列，至 2015 年 12 月总计开行近 40 趟班列，共计运送集装箱 1500 多个标准箱，目前基本保持在每月四列。

此外，2015 年底，徐州也开行了"苏新欧"专列，目前运行逐步常态化，整体经营良好。特别是南通，于 2016 年 8 月 25 日，开通至阿富汗的"中亚班列"。该班列从南通装车发运，自新疆阿拉山口出境后，途经哈萨克斯坦、乌兹别克斯坦，最终进入阿富汗重要的进出口岸和货运重镇——海拉顿。这是我国首条通过陆路进入阿富汗的中亚班列，意义重大。由此可见，江苏"一带一路"均衡性的物流大通道的格局基本形成。

（二）中哈（连云港）物流基地

连云港中哈国际物流基地项目中国与哈萨克斯坦国之间重要经贸合作项目，也是我国与中亚国家之间的发展重点，是江苏服务丝绸之路经济带建设的重点。

该项目是依据中国与哈国双方签订的合作协议发展而来的。双方将进一步加强国际运输合作，发挥哈国的出口和过境货物运输优势以及中国连云港港口区位优势，将连云港作为哈国货物出海口，促进哈国优势货种通过连云港集散，并保证日本、韩国及东南亚国家运往哈国的货物，以及这些国家过境哈国运往第三国的货物从连云港港口中转；双方将共同成立中哈合资企业，在连云港合资开发物流场站，并负责开发建设及经营管理。在此基础上，进一步研究探讨延伸物流产业链，扩大双方合作的空间和范围。

在推进项目前期工作过程中，连云港市政府与港口集团积极主动对接哈国铁，共同委托铁三院及哈国交通运输研究院等相关研究机构，先后召开六次工作小组会议，加快推进中哈国际物流合作项目的研究论证，完成《连云港中哈物流场站工程可行性研究报告》。同时，重点洽谈了合资公司组建、项目建设、项目运营三个环节九个方面的问题，并报备国家发改委进行项目备案批复和哈方审批办理流程，先期垫资开工建设，完成了堆场约16万平方米。2013年9月7日，在中哈两国元首的共同见证下，连云港市政府与哈萨克斯坦国有铁路股份有限公司签署了中哈国际物流合作项目协议，此项目作为国家"一带一路"建设的首个实体平台，对推动江苏东西双向开放格局，加快自由贸易港区对上争取，促进区域经济协调发展具有重要意义。

2014年2月26日，连云港市与哈国铁在北京举办了中哈连云港国际物流公司成立签约仪式，连云港港口集团与哈国铁正式签署了合资合同和章程，进一步明确了合资公司组建相关事宜，2014年投资5亿元人民币，建成了中哈物流园的集装箱堆场和管控系统设施。同年5月19日，在哈萨克斯坦总统纳扎尔巴耶夫访华，出席上海亚洲相互协作与信任措施会议峰会期间，举办项目工程主体竣工暨运营仪式。中哈两国元首通过远程视频直播，再次见证项目启用仪式。同年5月7日，习近平再次访问哈萨克斯坦，在与纳扎尔巴耶夫举行会谈时习近平强调，2013年9月，我访问哈萨克斯坦期间首次提出建设"丝绸之路经济带"倡议。一年多来，中哈两国在共建"丝绸之路经济带"方面已经取得早期收获。可以确信，这个早期收获，就是一年前由他亲自启动的中哈（连云港）物流合作基地一期工程。2015年8月31日，在习近平与纳扎尔巴耶夫第三次共同见证下，江苏省与哈国铁在北京签署战略合作框架协议。根据协议，双方继续加强连云港物流基地开发，支持发展连云港国际货运班列。同年9月2日，纳扎尔巴耶夫在会见江苏省委书记罗志军和省长李学勇时表示，连云港物流基地投入使用后，将极大地推动江苏与哈萨克斯坦的合作，并辐射到中亚和里海地区,更好地发挥哈萨克斯坦在区域经济发展中的作用。同年,12月16日,习近平主席在会见来华访问的哈国总理马西莫夫时着重指出,中方将支持中哈(连云港)国际物流合作基地建设,做强互联互通,加深两国利益融合。李克强总理在上合组织成员国总理第14次会议上也将基地纳入六大平台建设重点,并写入中哈联合公报。

中哈连云港国际物流场站主要经营国际多式联运、拆装箱托运、仓储等国际货物运输业务,是作为"一带一路"战略提出后首个落地的实体项目。项目本着"边建设、边经营、边发展"的原则,一期配套设施建设已经完成,全面形成生产能力,良好的平台集聚效应和示范带动作用日益凸显。该项目位于庙岭作业区后方,毗邻集装箱和散粮泊位,北侧为陇海铁路,周边多条疏港道路相连,集疏运条件便利。根据合资协议及公司章程,合资公司的注册资本4.2亿元人民币,将由连云港港口集团出资51%(约2.14亿元)和哈铁快运公司出资49%(约2.06亿元)共同建设,首期工程总投资6.06亿元,规划建设集装箱堆场20万平方米、1763个集装箱位,拆装箱库2.3万平方米。堆场铁路专用线3.8公里,日均装卸能力10.2列,年最大装卸能力41万标箱。2014年,中哈物流基地铁路专用线于6月9日正式开通启用,6月19日正式进行装卸车作业,实现了铁路专用线和港口的水运、陆运之间的无缝对接,标志着中哈物流园正式启用,同年3月20日,首批哈铁集装箱通过内贸船调回连云港,由中哈物流基地组织班列发往中亚,开创了海铁联运整体物流循环的格局。这种互动对流的业务方式,不仅极大地促进了中哈物流公司箱量的增加,也有效带动了陆桥沿线箱量的增加。2017年2月5日连云港市与国家质量监督检验检疫总局和哈萨克斯坦方共同举行了哈萨克斯坦小麦过境运输仪式,预计全年将有50多万吨哈国小麦将通过连云港转口东南亚、环太平洋地区,这不仅扭转了中亚集装箱实箱出口多返回少的困局,深化了中哈物流基地的合作,而且标注着中哈粮食过境安全大通道全面贯通。

自2015年2月25日,中哈物流基地开出首列"连新亚"班列;12月13日又开行"连新欧"集装箱专列,连云港至中亚、欧洲的国际班列全年累计完成543列,共计5.43万标箱。特别是2016年来,环比均呈现两位数增长态势。由于中哈双方的密切协作,在压缩通关时间、减少换装手续等方面做到了极致,目前,"连新亚"、"连新欧"班列形成一周 5.3 列规模,运行时间控制在 6 天之内,出口货源大幅增量,全年基地共实现空、重箱进出场量 14 万标箱,拆装箱量 3 万标箱,货物进出量 138 万吨,初步形成了集仓储、加工、贸易、中转等于一体的国际物流基地。随着中哈物流场站铁路专用线全部建成并通过竣工验收,将进一步提升过境货业务能力,有效拓展哈国以及中亚地区与东南亚、日韩等国家经连云港中转运输业务范围,加快推进项目二期、三期规划建设,确保项目做实做大。2016 年 9 月,在中国浙江杭州 D20 峰会期间。连云港港口集团与哈萨克斯坦铁路公司再次握手,签署了在哈萨克斯坦东门建设无水港的协议,这标志着中哈物流基地的"双国双园"合作格局拉开帷幕,目前,各项投资建设正在有序进行中。连云港中哈物流公司将立足于中哈两国互联互通、物流增值等现实需求和良好的合作基础,深挖市场潜力,形成通往亚太市场个性化、特色化的前沿阵地,努力打造好"一带一路"建设样本工程。

(三)无锡柬埔寨西哈努克港经济特区

西港特区紧邻柬埔寨环境最好的港口——西哈努克港,总体规划面积 11.13 平方公里。由无锡市的红豆、光明、华泰、益多等四家民营企业联合一家柬埔寨公司共同创建。2006 年在中国商务部首批境外经贸合作区招标中中标,成立的西哈努克港经济特区有限公司由中方控股股东——红豆集团全权负责各项事务。

西哈努克港经济特区(以下简称"西港特区")是由红豆集团等四家江苏企业联合柬埔寨著名华资企业在柬埔寨西哈努克市共同打造的经济特区,也是全国首批六个通过商务部、财政部考核确认的境外经贸合作区之一。

西港特区紧邻柬埔寨四号国道,距港口、火车站约 12 公里,距西哈努克机场 3 公里,离首都金边 210 公里。特区人流、物流可以通过水、陆、空三种交通方式与外界输出输入,区位优越,交通便利。首期开发建设了 5.28 平方公里。

西港特区起步于 2007 年,2008 年正式奠基。西港特区自始建以来,就得到中柬两国政府的大力支持和关注,2014 年 4 月,习近平主席在雅加达会见洪森首相时提及,要在"一带一路"框架内加强互联互通合作,并特别指出要运营好西港特区。洪森首相对西港特区的成就也大加赞赏,并寄望它成为"柬埔寨的深圳"。

在中柬两国政府部门的关心下,建设、招商齐头并进,目前,总面积 11.13 平方公里昔日的荒芜山丘,现已形成 5 平方公里区域的建设规模,初步呈现一个国际工业园区。目前,建有 100 栋厂房,并建设了集办公、居住、餐饮等多种服务功能于一体的综合服务中心大楼、柬籍员工宿舍、集贸市场等,为园区内的企业和员工提供了良好的工作与生活环境。目前,特区现已引入工业企业 109 家,分别来自中国、欧美及日本等国家和地区,其中,90 多家已生产经营,特区内柬籍从业人数 16000 多人,中国籍管理人员约千人,目前西港特区已经形成一个初具规模的华人经济特区。在我国"十三五"期间西港特区将紧紧围绕国家"一带一路"战略,以打造"一带一路"上合作共赢的样板园区为愿景目标,重点打造"一城两港三中心",即建成有 300 家企业入驻、10 万产业工人就业、20 万人口居住的生态化宜居新城——中柬友谊城;依托临近西港港口及国际机场的地理优势,参与港口建设,通过临港产业发展,形成特区具有竞争力的产业结构;以"三中心"为重点抓手,建设工业化新城,打造柬埔寨新经济中心、东南亚新物流中心、大湄公河次区域培训交流中心,使之成为"一带一路"上的闪亮明珠。

(四)苏州埃塞俄比亚东方工业园

埃塞俄比亚东方工业园由张家港市企业江苏永元投资有限公司投资兴建,是全国县级市第一个、苏州市唯一的国家级境外经贸合作区。该园于 2007 年 6 月被埃塞俄比亚政府列为国家"持续性发展及脱贫计划(SDPRP)"的一部分,列为工业发展计划中重要的优先项目。2007 年 11 月在国家 商务部第二次境外经贸合作区招投标中成功中标。2015 年 4 月正式得到中国财政部和商务部确认的境外经贸合作区。

东方工业园位于埃塞俄比亚 OROMIA 地区高原中的山谷地区,周围 15 平方公里范围内的土地为已经平整的农用耕地。西北距离首都亚的斯亚贝巴和博莱国际机场约 30 公里,东南距塔博尔赞提市 3 公里,北侧紧靠连接亚的斯亚贝巴和吉布提的国家公路和铁路,距吉布提港约 900 公里。

工业园位于埃塞俄比亚首都亚的斯亚贝巴附近的杜卡姆市,规划面积 5 平方公里,首期开发 4 平方公里,总投资 6.94 亿元人民币。目前工业园已完成 2.33 平方公里的四通一平基础设施建设,建成标准型钢结构厂房近 20 万平方米。工业园已经成为中国企业在非洲集聚投资的一个亮点,成为埃塞工业经济发展的重大示范项目。为中国中小企业抱团"走出去"提供新的发展平台。截至2015年,园区入区企业36家,主要从事建材、金属、化工、纺织、服装、制鞋、汽车组装、农机组装、汽车配件、食品加工、塑料制品加工等行业。

工业园主营冶金、建材和机电,兼营其他适合埃塞市场需求的产业,最终形成以外向型制造加工业为主,兼有进出口贸易、资源开发、保税仓储、物流运输、商品展销等功能,逐步形成集工业、商业、商务、居住、餐饮、娱乐等多行业、多功能发展的工商贸综合功能区。东方工业园将作为我国产业转移的优良载体,承担境外加工贸易基地的作用,成为中国企业进入非洲、中东和欧洲市场的重要跳板和我国适用科学技术和文化对外辐射的窗口。

七年多来,工业园得到中埃两国政府领导的高度重视,埃塞俄比亚总统穆拉图、总理海尔马里亚姆、中国国务院总理李克强、副总理汪洋、刘延东、中共中央书记处赵洪祝书记、商务部高虎城部长、商务部王和民副部长、中联部艾平副部长、农业部张桃林副部长、中央统战部副部长、全国工商联全哲洙副主席等30多批次的国家领导人,国家部委、省(市)以及地方党政主要领导,原世界银行副行长林毅夫、南南合作促进会吕新华会长等先后亲临工业园视察指导,对工业园发展给予了高度评价。

该园区遵循"政府指导、依法管理、市场运作、企业经营"的运营管理模式,近年来,工业园全力加快基础设施和服务环境建设,大力开展招商引资,各项工作持续有序健康推进。截至2015年10月底,园区入区企业36家,实际投资额18761万美元,入园企业总产值42414万美元,上缴埃塞国税费总额2847万美元。园区从业人员近7000人,其中为埃塞解决创造就业岗位超过6500人。该工业园计划在三年内引进80家企业,重点发展适合埃塞及非洲市场需求的纺织、皮革、农产品加工、冶金、建材、机电产业,将建成以外向型制造加工业为主,并有进出口贸易、资源开发、保税仓库、物流运输、仓储分拨、商品展示等功能,逐步形成集工业、商业、商务、居住、娱乐等多行业、多功能发展的工商贸综合功能区。

(五)"一带一路"连云港农业国际合作示范区

"一带一路"连云港农业国际合作示范区是农业部国际合作司、江苏省农委和连云港市政府三方共同建设的,也是"一带一路"首个农业国际合作示范区。示范区的启动和建设对于江苏和连云港主动参与国家"一带一路"战略,深化我国与"一带一路"沿线区域的农业合作,带动和提升区域农业合作水平,发挥好示范区对全国农业对外合作的示范带动作用,推动江苏外向型农业发展,具有非常重要和深远意义。

该项目于2014年4月21日在南京由市政府与农业部国际合作司、省农业委员会三方签署战略合作协议。2015年3月26日,《"一带一路"连云港农业国际合作示范区规划》通过专家组评审。2015年6月26日,连云港市政府第29次常务会议审议通过《"一带一路"连云港农业国际合作示范区规划》和《关于加快推进"一带一路"连云港农业国际合作示范区建设的意见》,印发全市执行,意味着"一带一路"连云港农业国际合作示范区建设全面启动。此后,连云港市全力推进示范区建设,相继出台了《"一带一路"连云港农业国际合作示范区实施意见》《2015年"一带一路"连云港农业国际合作示范区工作方案》,确定优先推进的65个项目和2015年重点推进的50个项目。如今,50个重点项目已全面完成,圆满实现"一年开好局"规划目标。下一步,"一带一路"连云港农业国际合作示范区建设继续按照《规划》抓好各项工程、项目的推进落实,为"三年见成效"打下坚实基础。重点在对外合作、中西部合作、示范区建设、信息平台建设上取得更大成效,实现更多突破,建成一批标志性工程、标志性项目。

"一带一路"连云港农业国际合作示范区规划由农业部对外交流中心进行编制,明确示范区发展定位是,建成"贯通一东一西、服务一带一路"的农产品和生产要素双向流通枢纽,打造全国开展农业国际合作的示范样板,开辟我国引领"一带一路"农业合作的前沿阵地。具体目标是,到2020年,全市农业对外经贸合作指标全面实现翻番,在全省保持领先,农产品进出口总额、农业实际利用外资、港口农产品吞吐量、出口额千万美元以上企业数量分别达到25亿美元、5亿美元、1200万吨、20家,农业"走出去"抓住后发优势实现第一步跨越,对外投资总额达到1亿美元。

《规划》还将重点建设五大平台、五大园区、六大基地。五大合作平台,即政策交流平台、科技合作平台、贸易物流平台、金融服务平台、信息合作平台,实现政策沟通、设施联通、贸易畅通、资金融通、民心相通。五大园区,即赣榆农业合作园区、东海农业合作园区、灌云农业合作园区、灌南农业合作园区、现代农场合作园区。六大基地,即农产品物流基地、出口农产品生产示范基地、农产品加工示范基地、农业特色装备制造产业基地。另外,还将建设现代农业科技示范基地和园艺作物种苗繁育基地,立足本市,辐射带动江苏及山东、安徽、河南等新亚欧大陆桥沿线地区,逐步建立起布局合理、结构优化、功能完备、运行有效的国际化高效种苗产业体系。

该示范区将按照"全方位、全产业、全过程"服务追求,不断创新机制,通过设立"一带一路"农业国际合作示范区专项资金、共建中韩出口食品农产品示范区、成立"一带一路"连云港农业国际合作研究院、成立农产品进出口企业服务联盟、开展政银保企"四位一体"合作探索、筹备发起建立"一带一路"农业国际合作产业联盟等十件事,努力为市场主体提供优质高效的服务。

(六)中韩盐城工业园

中韩盐城产业园的开始还要追溯到20世纪90年代初,当时第一个韩资企业在盐城落户,直至现在成为江苏省韩资大企业最集中的城市,再到现在国家层面上合作的中韩盐城产业园,盐城在中韩合作方面走出了一条不平凡的路。

早在2013年,盐城市就提出了建设中韩盐城产业园的构想,并被列为第12届泛黄海中日韩经济技术交流会重点提案。2013年10月,中国商务部和韩国产业通商资源部举行"第三次中韩经贸合作实务磋商",就中韩盐城产业园创建作了推介。2014年7月,习近平主席与韩国总统朴槿惠达成了"共同建设中韩产业园"的共识。2014年12月23日,在第20次中韩副部级经贸联委会上,盐城被国家商务部正式推荐为中韩产业园三个重点合作城市之一,创建中韩(盐城)产业园正式提上日程。2015年3月13日,盐城经济技术开发区与韩国大邱庆北经济自由区在盐城签署了合作共建中韩产业园谅解备忘录。5月26日,在中国驻韩邱国洪大使的见证下,盐城市政府与韩国庆尚北道政府、大邱广域市政府,在首尔签订地方政府共建中韩产业园合作谅解备忘录。6月1日,中韩自贸协定正式签订,正式明确盐城为中韩产业园合作城市,中韩盐城产业园与烟台中韩产业园共同被确定为中国方面重点对韩合作园区,并写入中韩自贸协定及相关配套文件,标志着盐城已站到中国新一轮高水平对外开放的最前沿。6月17日~18日,中韩盐城产业园亮相由韩国产业通商资源部主办的"2015韩国企业海外投资大典",并作专题推介。

中韩盐城产业园坚持"一园三区"发展布局,一园即中韩盐城产业园,"三区"即盐城经济技术开发区、盐城城南新区和大丰港经济区,总规划面积为210平方公里,启动区45平方公里。按照"发挥优势、拓展空间、高端引领、绿色发展"思路,以与韩国大邱庆北经济自由区合作共建为纽带,以韩国现代汽车集团战略合作为突破,做强汽车产业、做大战略性新兴产业、做特健康美容产业、做精智能装备产业、做深文化创意旅游产业,建设高起点、可持续、生态环保、特色鲜明的现代国际化新型产业园,加快形成中韩新兴产业合作示范区、韩商投资集聚区、中韩文化交流合作试验区。到2020年,初步形成五大产业基地,即百万辆乘用车制造及15万辆新能源汽车制造基地、新能源及其装备制造基地、绿色健康美容产业发展基地、高技能人才培养基地和新兴产业发展基地,建成中韩自由贸易和投资便利化的示范区。到2030年,建成相互合作比较完整的现代产业体系、国际一流的低碳生态环保园区、中韩文化交流合作的新平台、宜业宜商宜居和谐发展的现代化新城区和对韩开放的体制机制先导区。

盐城科学编制《中韩盐城产业园发展规划纲要》,总规划面积为210平方公里,启动区45平方公里,着力形成包括盐城经济技术开发区、城南新区和大丰港经济区在内的"一园三区"发展格局,充分发挥盐韩双方的基础和优势,重点发展汽车、新能源汽车、光伏光电、智能装备制造、软件及服务外包、电商物流、大数据、健康美容、临港物流和重型装备制造等十大合作产业。

国家级盐城经济技术开发区作为中韩盐城产业园的核心区,规划面积100平方公里,重点发展汽车、新能源汽车、光电光伏、智能装备制造、软件及服务外包和电商物流等六大产业,着力打造中国沿海汽车城、韩资工业园、盐城综合保税区、新嘉源人才公寓、韩国社区"五大功能平台"。韩资工业园入园企业近百家,完成投资152亿元。占地200亩的韩国社区集商业餐饮、文化休闲、体育卫生、教育培训于一体,为韩企和韩国人才提供"一站式""全天候"服务和多功能活动场所。城南新区规划面积40平方公里,重点发展大数据产业和健康美容产业,着力创塑"韩国美容、盐城品牌"。大丰港经济区致力发展临港物流、重型装备等产业,将形成自然与人文融为一体的工业之城和具有韩国风情的工业城区。

2015 年,中韩工业园围绕签约跟踪 100 个项目、入驻 100 家企业、建设 100 万平方米标准厂房、实现销售超 100 亿元的"四个一百"目标,以项目突破为抓手,坚持制造业项目与服务业项目并重,着力突破韩资汽配产业以外的优势产业项目,加快实现韩资多元化和产业化发展,园区共完成签约项目 59 个,项目总投资 11.2 亿美元,总注册资本 4.3 亿美元;开工项目 45 个,总投资 6.7 亿美元,总注册资本 2.7 亿美元,其中投资 1 亿美元的项目 2 个,即摩比斯新能源三电、摩比斯汽车电子项目;竣工项目 29 个,实现外资到账 6852 万美元,工业开票销售 110 亿元。此外,江苏规模最大、层次最高、配套最全之一的工业邻里中心——新嘉源人才公寓也已完成。中韩盐城产业园作为中韩两国政府间重要的国际合作项目,将给盐城带来发展的新机遇,给盐城的社会、经济带来深刻的变化。随着中韩(盐城)产业园的建设,韩国已成为盐城最大的外资来源国和贸易伙伴国,盐城是江苏省韩资密集区,也被人们誉为"苏北的苏州工业园区"。

当前,中韩盐城产业园区正按照第四代中外合作园区的建设理念,坚持"产业新业态、城市新生代、运作新机制、着眼新未来",着力营造一流环境,集聚一流项目,打造一流园区,加快建设对韩开放体制机制创新区、中韩经贸和人文交流的新平台、宜商宜居和谐发展的现代化新园区、国际知名的低碳生态园区,努力形成"南有中新苏州工业园、北有中韩盐城产业园"的格局,使盐城成为江苏呼应"一带一路"国家战略的新的重要支点和平台,成为江苏乃至全国对韩交流合作的新的重要通道和基地,成为影响和促进江苏沿海开放发展的重要窗口和纽带。

(七)太仓港对接"一带一路"实践

江苏太仓港是江苏长江第一港,位于长江口,与上海阳山港近在咫尺。它起步于 20 世纪 90 年代,是一个年轻的港口。2015 年来,该港主动融入国家"一带一路"、长江经济带和上海自贸区战略,适应新常态、抢抓新机遇,在全国港口经济下滑的形势下逆势发展,全年集装箱吞吐量 370.6 万标箱,同比增长 21.24%;全年货物吞吐量 20 397.74 万吨,同比增长 29.75%;外贸货物吞吐量 6 629.99 万吨,同比增长 24.07%,各项指标增幅均居全国主要港口前列。新增集装箱航线 94 条,近洋航线是 2010 年的 2 倍。同口径集装箱吞吐量、货物吞吐量和外贸货物吞吐量是 2010 年的 2.5 倍以上,跃升为长江集装箱运输第一大港、长江外贸第一大港、全国木材进口第一口岸、长江进口铁矿石第一大港,名列全球百强港口第 47 位。全港现有航线总数增 177 条。其中新辟和加密近洋航线三条、内贸干线四条、运河支线两条,日本航线增至每周 16 班并延伸到了南京港、舟山港,台湾航线增至每周三班,南方航线增至每天三班,"太仓快航"放大运力稳定运营,主要是针对国家"一带一路"战略沿线国家和地区,形成了一批特色精品航线。太仓港港口综合通过能力和集装箱通过能力显著增强,集疏运体系日益完善,航线开辟取得重要突破,港口服务环境不断优化,建设发展取得重大进展。

未来的"十三五"是江苏人民全面建设小康社会的五年,是建设"富强美高"新江苏的五年,也是太仓港全面建成江海联运港区核心港区、奋力开启建设集装箱干线港新征程的关键时期。在已经制定的太仓港"十三五"发展规划中,至 2020 年,该港将建成码头泊位总数达 111 个、集装箱泊位 14 个,实现综合通过能力 1.92 亿吨和 647 万标箱的宏伟目标。全港集装箱班轮航线力争达 200 条;港口年吞吐量达 2.5 亿吨和 600 万标箱吞吐量的目标。在具体工作方面,卢副主任介绍说:一是建成综合立体转运平台。着力推进一批项目建设,形成集装箱、煤炭、铁矿石、滚装汽车、化工品等专业的江海转运码头平台,以及"铁、公、水"综合交通集疏运体系。二是建成江海联运港区核心港区。着力推进"远洋干线、近洋干线、内贸干线、洋山快线、长江(内河)支线"五线同步发展,形成苏南、长江(运河)沿线的近洋和内贸货物在太仓港直接出海、远洋货物在太仓港直接或中转洋山港出海的运输格局。三是建成质量特色效益型新型港口。坚持数量、质量、特色、效益协调发展理念,发展多式联运,培育特色精品航线,构建新型高端物流模式,打造物流特色服务品牌,配套完善航运服务业,全面提升港口和港航企业的运营质量效益。四是建成全国领先的口岸通关环境。推进口岸改革创新试点,加强信息化建设,扩大和优化区域通关通检一体化,完善提升口岸载体功能,改革传统监管方式,争取获批一批口岸资质,打造"特色口岸、智能口岸、高效口岸、安全口岸"。五是建成上海自贸区太仓港复制区。深度融入上海国际航运中心,主动对接上海自贸区,复制推广上海自贸区成功经验,推动相关政策、业务、监管方式在太仓港落地实施,为苏州创建自贸区提供支持和服务。

太仓港将抢抓国家"一带一路"、长江经济带战略深入实施和上海自贸区加快建设带来的重大机遇,放大江海交汇、成片岸线和腹地经济等优势,以苏南和长江沿线集装箱集并太仓港直接出海为导向,发挥好市场和政府两个作用,强化港航合作,深化改革创新,着力推进能力建设,努力将太仓港建设成为江海联运港区核心港区、深度参与上海国际航运中心合作分工的重要北翼、辐射带动"一带一路"和长江沿线经济发展的重要进出口门户,全面融入国家战略,为长三角区域经济发展作出自己应有的贡献。

(八)海上丝绸之路申遗

"海上丝绸之路"是相对陆上丝绸之路而言的,是中国与西亚、中亚、西方进行海上贸易运输线路的统称。海上丝绸之路是古代中国与外国交通贸易和文化交往的海上通道,该线路形成于秦汉时期,包括东海航线和南海航线,是迄今所知最为古老的海上航线。海上丝绸之路作为人类一份珍贵的历史文化遗产,联合国教科文组织对与之相关的研究、开发和利用十分关注。海上丝绸之路不仅出口丝绸、瓷器、食糖、五金等货物,同时也进口香料、宝石。具体的发展过程大致可分为这样几个历史阶段:一是从周秦到唐代以前为形成时期;二是唐宋为发展时期;三是元、明两代为极盛时期。除去上述路线之外,还有一条针对日本、韩国进行海上贸易、文化交流的运输线路,也是海上丝绸之路的重要组成部分。

根据联合国的要求,海上丝绸之路将跨国整合成一个大项目来申遗。从本世纪初开始,在中国就有很多地方提出与海上丝绸之路有关,由北向南沿着海岸线,十几个城市围绕着海上丝绸之路的世界文化遗产继承权展开争夺。2006年12月15日国家文物局通过的《中国世界文化遗产预备名单》公布的"丝绸之路中国段"的"海路部分"仅有浙江省宁波市和福建省泉州市入选。因为申遗是海上丝绸之路正统性的象征,只有列入《中国世界文化遗产预备名单》,才有资格被推荐申报《世界文化遗产名录》,所以随后各海上丝绸之路港口城市广州、扬州、蓬莱、北海、漳州、福州、南京也积极行动起来,并倡议联手共同申报海上丝绸之路世界文化遗产。经过六年时间的艰辛努力，2012年11月17日国家文物局通过的《中国世界文化遗产预备名单》公布的"丝绸之路"的"海上丝绸之路"确定江苏省南京市、扬州市，浙江省宁波市，福建省泉州市、福州市、漳州市，山东省蓬莱市，广东省广州市，广西壮族自治区北海市9个城市入选。海上丝绸之路申遗一旦成功，对于申报城市会产生很大的影响力，对于我国的文化安全也将产生重要的意义。

随着我国政府"一带一路"战略的启动和实践，特别是第38届世界遗产多哈大会批准通过陆上"丝绸之路：起始段和天山廊道的路网"世界遗产名录申请报告，中国与吉尔吉斯斯坦、哈萨克斯坦联合提交的陆上丝绸之路文化遗产项目正式列入世界遗产名录后，与此关联的海上丝路申遗热更是持续高涨。我国于此关联的许多城市都希望借力申遗，提升文化软实力，积极加盟海上丝绸之路申遗活动。全国如江苏的苏州太仓、连云港等地。2015年10月文物局正式确认江苏作为海上丝绸之路的申报主牵头省份。根据国家海上丝绸之路申遗的日程，"十三五"期间，我国将完成海上丝绸之路申遗的全部准备工作；国家文物局将择机向联合国教科文组织正式申报。目前首批参与联合申遗的九个城市正在为申遗工作积极规划和布局，"海上丝绸之路"申遗工程进入最后的攻坚阶段。

（九）徐工集团"一带一路"欧洲研发中心

徐工集团成立于1989年3月，目前位居世界工程机械行业第五位，中国500强企业第150位，中国制造业500强第55位，是中国工程机械行业规模最大、产品品种与系列最齐全、最具竞争力和影响力的大型企业集团。目前，徐工产品已出口到世界158个国家和地区，连续24年保持行业出口额首位。徐工集团还先后同美国卡特彼勒、德国蒂森克虏伯、美国阿文美驰等国际一流的跨国公司建立了多家中外合资企业，进一步拓展国际化发展之路，向极具国际竞争力的世界级企业目标迈进。

徐工集团特别注重技术研发。2008年，公司投入10亿元建成了技术中心，包括11个产品研发设计中心和多个试验研究中心。技术中心拥有一支2000多人的技术实力强大的科研开发队伍，涵盖了工程机械总体设计、结构分析、液压、传动、智能控制、试验测量等各个学科。2009年公司技术中心在国家认定企业技术中心评价中名列前茅。2011 年入选首批"国家技术创新示范企业"。2015 年,被国家科技部确认批准为第三批"高端工程机械智能制造国家重点实验室",成为唯一入选的行业主机企业。

徐工集团积极对接和服务"一带一路"建设,将贸易、建厂和并购作为公司"走出去"的"三驾马车"协同推进,让更多优势产能走出去,优先、重点推进"一带一路"沿线国家和地区国际化布局和市场开拓,促进集团迈上国际化的新台阶。2012 年,徐工集团就开始海外并购工作,出资 2.9 亿美元收购了德国高端制造企业施耐英公司 52% 的股权,迅速嫁接德国高端混凝土成套设备技术,到 2014 年底控股比例增至 93%,顺利进入全球中高端混凝土成套设备市场,并已经实现了施耐英公司的扭亏增盈。在"一带一路"沿线 65 个国家中,徐工集团已在中亚区域、北非区域、西亚北非区域、欧洲区域、亚太区域共涉及 64 个国家布局了较完善的营销网络,建设一级经销网点 80 个,18 个办事处、357 个服务网点、155 个备件网点;出口"一带一路"沿线国家的出口额约占整个出口的 76.1%,分别在俄罗斯、印度、波兰等国建立分公司,在乌兹别克斯坦、波兰等国建立 KD 工厂。此外,徐工在欧洲并购了德国施维英公司、德国 FT 公司、荷兰 AMCA 公司,在欧洲德国、印度和美国建立了研发中心。通过建设研发中心,一方面吸纳当地科技人才和技术,加盟徐工的研发团队,提升研发水平;另一方面注重自身机械设备的海外适应性,主动对接海外市场。

(十)中国建材总公司中复连众伊朗建材项目

中复连众,全称是中复连众复合材料集团有限公司,隶属于中国建筑材料集团旗下的中国复合材料集团公司,始建于 1989 年,是一个集复合材料产品开发、设计、生产、服务于一体,以风力发电机叶片、玻璃钢管道、贮罐和高压气瓶、高压管道为主打产品的高新技术企业。总部设在江苏省连云港市,在德国图林根州、在国内辽宁、内蒙古、甘肃、新疆等地设有分子公司。公司建有国家级企业技术(分)中心、国家级博士后科研工作站,成功引进了联想弘毅投资、高盛投资、江苏高科技投资集团、中科黄海等战略投资者。公司生产的兆瓦级风机叶片规模位列全球前三、亚洲第一,具备年产万只兆瓦级风力机叶片的能力,也是国内批量出口玻璃钢产品最多的企业,是国内最早的为核电站建设提供大口径玻璃钢管道的供应商。成功地制作了世界上直径最大(DN25000)

的 6000 立方米玻璃钢贮罐。公司产品再印度尼西亚亚拉不湾电站、马来西亚古晋电站、巴基斯坦费莎拉巴德电站、也门电站、越南协福电厂、伊拉克巴格达市政项目等"一带一路"国家中得到广泛使用。2014 年 3 月,中复连众开始了与伊朗的项目洽谈。来自伊朗 IDRO 公司代表考察了中复连众,之后又在北京与与伊朗工业副部长 Mr.Shafei 进行会面,洽谈相关具体合作事宜,并签署了全面合作备忘录。

连云港中复连众在伊朗建设大型玻璃纤维厂项目是 2015 年 10 月正式签约,预期建设时间为两年,总投资 1.1 亿美金。项目建成后可以为伊朗重建提供大量的玻璃纤维产品。该项目是目前江苏和连云港市在"一带一路"沿线国家投资的最大项目,也是伊朗解除禁运后首个落户该国的中国公司项目。

三、江苏实践"一带一路"战略呈现的主要特点

主动融入国家"一带一路"战略,既是江苏的重大战略机遇,也是江苏由开放大省向开放强省转型的必然选择。贯彻落实"一带一路"国家战略,大力拓展江苏对内对外开放新空间,大力推动企业"走出去",积极投身"一带一路"建设,江苏的各项工作正在稳步有效推进。

1. 江苏在"一带一路"投资持续发力。

2015 年,江苏江苏在"一带一路"沿线国家投资额同比增长 92%,快于全省平均增速 41 个百分点。在"一带一路"沿线国家投资额占全省同期对外投资总额的 25.7%,较 2014 年同期提高 5.6 个百分点。特别是 21 世纪海上丝绸之路沿线国家成为投资热点。印度尼西亚、泰国、新加坡、马来西亚和巴基斯坦位列江苏省赴"一带一路"沿线投资额排名前五名,投资额共计 15.8 亿美元,占全省同期对外投资总额的 19.2%,占在"一带一路"沿线国家投资额的 74.5%,其中赴泰国、马来西亚和巴基斯坦投资额均成倍增长。而在"一带一路"区域中,江苏在 21 世纪海上丝绸之路沿线国家投资共计投资 18.1 亿美元,占在"一带一路"沿线国家的 85%;在丝绸之路经济带沿线国家投资 3.1 亿美元,占在"一带一路"国家投资的 15%。

2. 江苏重大投资项目日益增加。

2015 年 1~9 月,江苏新增赴"一带一路"沿线国家投资 5000 万美元项目

12个。千万美元的投资项目占70%。德龙镍业和南通长江在印度尼西亚、中复连众的伊朗承包项目、东方恒信在巴基斯坦以及天合光能在泰国的投资均超过1亿美元。其中东方恒信3个项目协议纳入习近平总书记访问巴基斯坦的高访签约清单。中复连众项目也纳入中伊战后重建合作项目清单。

3. 民营企业"一带一路"投资位居主导。

从江苏公布的对"一带一路"国家的投资项目看,民企约占走出去的70%以上,江苏红豆集团投资的西哈努克港经济特区、华乐合金在印度尼西亚镍铁项目、江苏阳光集团埃塞俄比亚纺织成项目、江苏梦兰集团的俄罗斯石化项目等成为江苏走出去的项目标杆;江苏民营企业对外承包项目也占江苏对外承包工程企业总数的80%以上。

4. 融入"一带一路"发展领域不断扩大。

江苏还凭借原有的开放优势,全面融入"一带一路"战略建设。率先设立江苏"一带一路"投资基金,以金融为杠杆,体现政府引导意愿,积极引导企业走出去;进一步深化行政体制改革,全面实施了海关、商检通关检疫一体化,直接服务"一带一路"经贸合作和物流产业发展;加快人文项目对接,组织实施"精彩江苏"文化工程,积极推动江苏特色文化团体走出去、请进来,参加国家举办的各类海外文化周活动和国际展会,组织申报海上丝绸之路申遗,全面深化江苏与"一带一路"国家的人文交流;主动有为,加强与"一带一路"沿线国家的互联互通和经济人文交流,夯实旅游设施基础,对外发布"畅游江苏"丝绸之路之旅旅游线路,为江苏与"一带一路"沿线国家人文往来提供便利。

四、江苏实践"一带一路"战略存在的主要问题

通过我们对江苏近期对接"一带一路"战略实践调查发现。尽管,经过三年多的努力,江苏已经在对接"一带一路"战略建设方面取得了一定的成效,发挥了重大作用,在对接"一带一路"战略实践发展态势上居于全国前列。但是,距离全面融入"一带一路"战略建设还存在着一定的差距,还有进一步提升的空间,还有可以和需要弥补的短板。

(一)在战略融合方面,缺少综合性的整体考量

江苏位居"一带一路"战略的交汇点上,也是国家各大战略的倚重之处,享有天时地利。目前江苏正处于多项国家叠加机遇期,除了"一带一路"战略以外,还有长江经济带建设、沿海大开发、南京江北新区建设、苏州工业园、沿东陇海经济带、对接上海自贸区等,以及江苏"十三五"建设"富强美高"新江苏和建设"一中心,一基地"的经济发展目标,最终全面实现小康。其中急需解决的问题是江苏如何在战略叠加中整合资源,统筹战略资源,共享战略落地成果。需要解决江苏自身区域发展中战略融合和如何使各项战略落地江苏、形成合力、整体发展的问题,这些均需要统筹考量。

(二)在政府引导方面,缺少具体的推动政策

"一带一路"战略是我国对外开放中长期需要坚持的策略,并非权宜之计。同样,对于企业到"一带一路"国家投资发展项目也是需要从战略思路上考量具体事项。这就需要企业在投资走出去的前端,做到心中有数、胸有成竹,不能望而生畏、打无把握之仗。在过去的三年中,江苏已经相继出台了通关、检验检疫、金融等方面的一些关联政策,但是,没有出台系统性的发展政策。地方政府对于企业走出去,参与"一带一路"建设的具体措施和扶持目录还不是十分明晰。特别是有针对性的、适宜性强的国别政策和行业"走出去"发展政策还没有出台,这或多或少的影响了企业对外拓展市场,远航"一带一路"沿线国家市场的积极性和主动性。

(三)在互联互通方面,缺少跨行业的系统融合

江苏主动对接"一带一路",在全省"十三五"交通发展计划中,凸显了江苏对接互联互通的具体方案。但是,就当前来看,依然存在短板。特别是中央提出深化供给侧结构改革中,再次强调了"互联网+物流产业"的改革思路,万物联通,联通万物;行业联通,联通行业。深化物流行业自身的供给侧结构改革,不仅是交通通道的单体或分段建设,或项目本身的流通建设;单一的、集聚的物流园区建设方向已经不能完全适应现代物流产业和各类产业联通发展方向的需要,将互联网、物联网和交通网资源放大整合,实现"三网"聚合,积极发挥物流园区的枢纽功能和综合作用势在必行,多行业、多业态的自身整合已是大势所趋。

(四)在资源整合方面,缺少务实的有效衔接

江苏是我国的经济强省,各类市场要素、社会人文资源汇聚,且在对接

"一带一路"战略中发挥各自优势,各显其能。但是,在具体落实方面缺少务实、精准的对接和落实。特别是在跨界融合、抱团出海、产业转型升级和去产能补短板、各类扶持资金共享等方面依然略显不足,使得原来走出去就不足的市场生产要素显得更为匮乏,后续集聚动能确实,一些在手项目落实难度加大,进一步深化还需时日。

(五)在企业项目方面,缺少精准的对接扶持

江苏企业走出去步伐稳健,态势迅猛。但是,企业走出去后是否能够走得好? 是否能够适应海外土壤? 是否能够走的持久? 这一方面取决于当地的市场和企业自身的实力和管理水平,另一方面,也取决于企业先期对于项目的具体掌握和了解。到国际开放的大海中去游泳,是游上彼岸,还是被大海淹没,前期的预期准备非常重要。"一带一路"是国家战略,在实施国家战略中,企业需要发展空间和国际市场,但是,政府的具体引导和精准帮扶也是指引企业走出去的动力和方向。特别是在受到地缘政治影响、国家法律认识度、经济发展状态、投资安全性等因素影响时,政府扶持显得特别重要。

五、江苏加快实践"一带一路"战略的建议

我们应该看到:三年多来,江苏积极参与"一带一路"战略建设方面取得了卓越的成效,于此同时,在战略融合政策对接、互联互通提升速度、整合资源构建平台、企业创业方式方法、体制机制等方面存在着一定的短板之处,需要在今后的实践过程中加以改善和提升。因此,研究将从江苏中观层面提出如何加快积极参与"一带一路"战略建设的思路和建议。具体如下:

(一)政府引导是江苏实践"一带一路"战略的重要保障

从政府层面而言,积极参与国家"一带一路"战略建设既是一种地方政府的责任,也是当前加快推进供给侧改革的渠道。既是实现"强富美高"新江苏建设目标的具体抓手,也是具体对接江苏"十三五"计划中建设"一中心,一基地"目标的切入点和着力点。因此,江苏有责任,有义务积极参与"一带一路"建设。

1.统筹兼顾,客观统筹国家赋予江苏各类战略和政策。

一是,要加快统筹国家"一带一路"战略与国家长江经济带战略在江苏落地。要精准把握两大战略的特点和出发点、落脚点,准确把握两大战略在江苏的契合点,实现战略融合和战术对接。二是,要加快统筹"一带一路"战略与上海自贸区战略和政策的融合。要以时不我待的态度,主动承接上海自贸区的溢出效应,对接长三角,服务长三角,融入长三角,要将地理优势转化为产业优势,转化为发展优势。在积极申报争取国家自贸区、自贸港政策的同时,先行收获自贸区溢出效应,敢于先行先试,敢于先破先立,借鸡下蛋,借船出海。三是,要加快统筹"一带一路"战略与江苏沿海大开发、南京江北新区、沿东陇海经济带等区域性战略和政策的融合。要以"一带一路"战略为统领,扬长避短,差异发展,创新发展,绿色发展,以更高的定位、更高的要求、更高的目标重新规划区域发展的具体发展思路,内外兼顾,东西兼顾,南北兼顾,统筹发展目标,创立发展态势,实现江苏区域经济与国家发展的同步。四是,加快统筹国家"一带一路"战略与江苏"十三五"发展规划的战略和政策的融合。2016 年是江苏"十三五"规划完成后的首年,2017 年是实践"十三五"规划的发力之年,全面实践江苏"十三五"发展目标需要开好头,起好步。因此,如何开好局,迈好步非常关键。江苏在经济发展方面提出建设"一中心,一基地"战略构想,即建设具有全球影响力的产业科技创新中心和具有国际竞争力的先进制造业基地,确保在推动"经济强"上取得重大进展。而建设"一中心,一基地"都需要站在全球的视野来实现,需要通过坚持对外开放的基本原则来解决。"一带一路"战略的具体实践与建设"一中心,一基地"的具体目标同出一辙,互相补充。离开了世界的大舞台,江苏的"一中心,一基地"的"十三五"计划也将像一个"缺口的木桶",存在短板。

2. 内外兼修,加快构建地方对外开放的大外事格局。

地方外事工作是地方政府工作的主要组成部分,也是构建地方对外开放大格局中关键,也是地方政府主动对接和参与国家"一带一路"战略建设的重要抓手和深化改革的主要方面,需要进一步强化。一是,要进一步强化地方外事机构与国家外交部门的主动对接和联络。要认真学习国际行事规则,建立稳定的地方政府与国家外事领导部门的沟通、联通机制,建立定期或不定期的情况通报会和交流活动,主动服务国家"一带一路"战略的重点国家、重点区域和重点项目,以国家大外交引导地方经济发展的具体目标,提供机遇和帮助。二是,要进一步加强地方经济部门与国家经济部门发展任务的对接。要加强与国家发改委、商务部、经信委、农业部、文化部、旅游局等国家综合部门主管对外事务部门的具体对接,了解国家政策扶持思路和方向、工作重点和任务部署,主动对接国家"一带一路"建设项目,引导和鼓励江苏企业和部门,主动承接国家对外项目,借助国家对外交往大格局,加快布局地方"一带一路"走出去网络,推进地方企事业走出去的步伐,融入国家大开放格局。三是,要进一步加快布局地方外事中海外友好城市。要利用我国海外的使领馆资源和原有的外事关系,加快在"一带一路"沿线国家寻找适宜的城市对接,依据地方"一带一路"实践需要,建立友好城市关系,通过缔结友好城市的形式,搭建江苏地方海外发展新的综合性平台。四是,要充分整合地方侨务资源加快布局江苏全球开放格局。侨务历来是江苏对外开放的生力军,参与"一带一路"建设也是如此。要加快对"一带一路"沿线国家侨务工作的引导,运用好沿线国家原有华侨华人的人脉关系,充分发挥他们懂所在国法律规则、了解地方市场、容易融入地方社会等地域优势,整合经济、社会资源,快速融入沿线国家的发展,为江苏企业走出去疏通渠道,对接通道,落实项目。

3. 虚实兼备,着力夯实江苏对接"一带一路"战略建设的基础。

推进江苏对接"一带一路"建设,要出得去,走得稳,行得好,不是一句话能够解决的。需要形成社会共识,需要企业参与,更需要地方政府的得力引导和扶持。特别是企业走出去发展,要从政府引导企业走出去,到自己主动走去,这就需要政府提供一定的基础条件,搭建一个适宜的发展平台,给予一些倾斜的政策,特别在发展初期,这是不容置疑。因此,提供扶持服务、投融资金、政策支持是非常有效的发展模式。一是,要设立江苏对接"一带一路"战略产业行业扶持发展清单。要有针对性的设立江苏参与"一带一路"产业清单。一方面围绕"一带一路"沿线国家发展实际状态选择可以共享的产业行业,选择可以弥补经济发展不足的短板产业行业,选择江苏走出去的优势产业行业;另一方面围绕江苏"十三五"发展的"一中心,一基地"目标要求,鼓励企业"走出去、请进来",双向开发,优势互补,精准实施"一带一路"战略建设,使得企业了解政府态度,明确建设方向,勇于并有目标地走出去,助推产业发展,精准实践国家"一带一路"战略。二是,用活江苏服务"一带一路"的投融资渠道。早在2015 年 7 月,由江苏省财政厅、江苏省商务厅、江苏省苏豪控股集团有限公司发起设立了江苏"一带一路"投资基金,旨在主动对接国家"一带一路"战略,加快推进江苏企业"走出去"的国际化进程。基金首期规模 30 亿元人民币,2017 年将扩大到 100 亿人民币,2020 年将达到 300 亿元人民币。基金将重点投资于江苏省内生物医药、新材料、新能源、节能环保、高端装备及信息技术等新兴产业的走出去。此外,还有许多渠道可以利用,比如可以利用长江湿地保护基金推进江苏长江经济带沿线城市的石化、钢铁、火力发电等企业去产能,加快产业转型升级。还可以江苏农业科技自主创新基金鼓励江苏农业企业对接"一带一路"沿线国家的现代农业开发项目,使农业企业了解国家推进"一带一路"农业建设的思路,增强农业企业科技自主创新的能力,拓展科技创新空间,提示科技创新发展水平。总之,可以,准确把握各类资金和基金的着力方向,用好用活这些资金和基金来服务和支持当前企业走出去,服务"一带一路"建设的目标。三是,明晰江苏产业走出去的扶持条件。要制定切实的基金和政策扶持规则,进一步明确细则,说明什么样的产业,什么样的项目,可以获得什么样的支持。要将政策摆在桌面上,破解"玻璃门"效应,使得企业更好地了解政府政策,精准用好政府政策,进而从市场视角确认自己走出去的方向和应该承担的风险。

4. 区别对待,开展"一带一路"沿线国家针对性的国情研究。

现在企业投资一个项目,首先需要了解的是这项目所处的国家政治、经济发展状态,以及社会、经济和生态环境,不能盲人摸象,凭空设想,做拍脑袋的事。一是,鼓励设立专业性的民间智库。要鼓励创立民间机构设立或建立专业性的江苏"一带一路"战略发展研究院或智库,采取政府鼓励、企业运营的方式,疏通渠道,汇集民智,为政府"一带一路"决策提供智力支持,发挥智库作用。二是,采取政府招标定制的方式购买民间智力资源。可以采取政府超标购买的方式,依托民间专业智库机构,设立"一带一路"沿线国别专项数据库,收集经济信息,掌握全面资料,为需求企业提供基础信息和智力扶持,精准研究企业去"一带一路"投资项目的可信性和可靠性,使企业做到胸有成竹,敢于走出去。三是,依靠现有政府智库资源。可以依托江苏现有的高校、研究所、社科院和社科联等政府智库资源,开展深入的国别各类法律政策和经济社会发展研究,也可以借助国家智库资源,专门研究一些重点国家、重点行业、重点项目的问题,强化指导的准确性和正确性,为走出去企业提供精准的政策扶持,先行了解政策,整合要素,提升项目落地的成功率和经济效能。

例证一:太仓港。太仓港位居江苏的长江口,是上海港的喂给港,也是江苏长江第一港。它融合了国家"一带一路"战略、长江经济带和上海自贸区三大战略,是多重战略的交汇点。太仓港善于借助三大战略的整体优势,实现了2015年中吞吐量的跃生。在全国港口经济下滑的形势下逆势发展,港口全年集装箱吞吐量370.6万标箱,同比增长21.24%;全年货物吞吐量20 397.74万吨,同比增长29.75%;外贸货物吞吐量6 629.99万吨,同比增长24.07%,各项指标增幅均稳居全国主要港口前列,且保持着良好的发展势头。同样,位居江苏"一带一路"物流大通道先导区的连云港港,2015年实现吞吐量2.1亿吨,增长0.3%,集装箱为501万标箱。

例证二:中韩盐城产业园。盐城与韩国的交往起源于20世纪90年代,当时,盐城与韩国南原市缔结了友城关系。后来,盐城先后与韩国南原市、大邱市、首尔城北区结为友好交流城市,并保持着密切的友好往来和联系。2014年3月13日,盐城经济技术开发区与韩国大邱庆北经济自由区在盐城签署了合作共建中韩产业园谅解备忘录。5月26日,在中国驻韩邱国洪大使的见证下,盐城市政府与韩国庆尚北道政府、大邱广域市政府,在首尔签订地方政府共建中韩产业园合作谅解备忘录。2015年6月1日,中韩自贸协定正式签订,正是由于盐城与韩国重要工业城市大邱、首尔等地的友城关系和优越的地理位置和交通条件,使得盐城顺理成章地成为中韩产业园合作城市之一。近期出台的江苏省"十三五"经济社会发展规划明确,将中韩盐城产业园列入江苏对接"一带一路"战略重点实施项目之一。到目前为止,盐城与韩国19个城市建立友好城市或友好交流关系,全市有韩资企业653家,2万多名韩国人在盐城工作生活。

例证三:柬埔寨西哈努克港经济特区。柬埔寨西哈努克港经济特区起步于2007年,至今已经有近10年的历史。它起初得益于江苏无锡市与柬埔寨西哈努克市的友城关系。在此基础上,双方加强了解,增进友谊,互利互信,最终促成了两地在经济上的合作。它不仅是柬埔寨西哈努克省与中国江苏无锡市结为友好城市后的一个合作样板,更重要的成为中柬两国合作的桥梁和纽带。

2015年4月,习近平主席在万隆会议上会见柬埔寨首相洪森时提出,要将西港特区建设成为"一带一路"合作的样板。2016年3月17日,江苏省省长石泰峰回见了西哈努克省省长润明,提出要进一步推进江苏与西哈努克省在经贸、教育、医疗卫生、旅游领域的合作与交流,并适时缔结双边友城关系。一个特区起步于友好城市,发展中带动省级层面的友城缔结。

例证四:连云港"一带一路"农业国际合作示范区。连云港"一带一路"农业国际合作示范园是我国目前为数不多的农业"一带一路"重点平台。但是,就其具体发展来看,存在着内强外弱的短腿现象。现代农业走出去项目几乎空白,而且启动难度较大,走出去发展的示范作用很难彰显。调查中,我们发现主要问题集中在:一是,企业对"一带一路"区域农业了解甚少。在连云港有些企业有走出去的意愿,但是,不知道该走到哪里?如何走出去去?缺少对海外现代发展的了解。如连云港市振兴集团的花卉技术先进,在世界上处于领先位置,但是,谈及请进来,企业信心满满;而谈及走出去,企业就不知所措,不知该如何走,走到哪里,希望有部门牵头帮助,助推他们走出去。二是,农业项目市场要素整合较难。农业投资属于长效产业,投资大,风险高,很难把握。比如连云港东辛农场,是国有控股农业企业。他们早在20世纪90年代,就与澳大利亚合作,引进了奶牛,但是,要让企业走出去,如何整合资金、人才、市场等要素,都是制约他们走出去的关键。三是,大型农业国企是走出去的生力军。省级大型农业集团是"一带一路"现代农业走出去的主体,既有有走出去的实力,也有走出去的计划。而区域性的农业子公司需要跟随省级企业走出去。比如连云港岗浦农场、云台农场等。他们隶属省农垦集团,在现代农业出口方面拥有较强的实力,但是,企业隶属省级企业或单位管辖,走出去要服从省集团计划。即便有意愿,也要统筹安排。

(二)融通市场是江苏实践"一带一路"战略的得力抓手

"一带一路"战略契合国家进一步改革开放,是江苏"十三五"快速发展的新平台。为了对接"一带一路"战略,江苏先后搭建起了众多平台,有聚集产业的综合发展平台和高屋建瓴的国家对话平台,有政府条线的联络平台和单体项目的承载平台,现在的关键是如何用好这些平台,提升平台的使用效能,因此,如何融通各类要素,建立各类平台之间的联系,整合现有的社会产业资源至关重要。

1. 融通政府资源,构建高层级的项目服务通道。

一是,要借助国家、省级领导人出访之际,积极推荐江苏对接"一带一路"战略的重点产业园、重点项目、重点企业、重点行业社会组织等发展平台,提升这些平台的政治社会地位,将他们纳入到国家和省级的战略层面,体现政府扶持的决心和信心,便利平台海外对接和发展。二是,借助国家部门政策扶持和资金优势,积极举荐江苏的对接"一带一路"重大项目和产业园,争取纳入国家实施"一带一路"战略清单,争取国家对于重大发展平台的政策扶持和资金支持。三是,要加强地方政府与国家政府部门的资源整合,以构建地方特色平台为切入点,争取国家部门的认可和扶持,整合好国家资源,搭建地方与中央对话的运行机制,为地方经济发展提供更大的发展空间。

2. 融通市场要素,拓展务实性的产业联通网络。

一是,要以市场为纽带,市场要素为牵引,加强江苏行业之间的沟通和联系,可以采取股份制方式,重新整合国内国外市场,用市场换资金,换设备,换人才,换效益。二是,要善于融合市场要素,加强产业要素间的融合,针对产业链的各个环节,搭建综合性的产业发展平台,抱团出海,提升产业走出去的能力和水平。三是,要正确把握市场要素之间的关系,扬长避短,充分发挥个体企业的特有优势,搭建务实性的、以市场要素为纽带的发展平台。

3. 融通企业通道,提升承载产业项目平台水平。

一是,要抢抓机遇,融合现有项目平台资源,逐步推动单体项目向复合型项目转变,从复合型项目向发展平台转变,从发展平台向综合性发展平台转变。二是,要组织境外各类招商活动,融通江苏地方企业与"一带一路"沿线国家企业的联系,以江苏"十三五"发展计划和"一中心,一基地"为牵引,主动谋划,主动服务,主动引导,拓宽企业发展眼界,让企业自己感悟体会,加快走出去的步伐。三是,进一步加大现有企业走出去的宣传推广,组织有意向发展的关联企业,进行海外考察,实地参观落地项目平台,用事实提升项目平台的美誉度,增强企业走出去的主动性和自觉性,提升企业的发展意愿。

4. 融通社会要素,构建综合性的人文交流联通平台。

一是,要加快江苏文化文化元素走出去的步伐,以"大美江苏""畅游江苏""美好江苏""生态江苏""文明江苏"等人文品牌,扩大江苏海外的知名度和美誉度,使得投资项目发展到哪里,江苏文化元素就落户到哪里!用软实力助推硬任务,用软实力提升硬环境。二是,要积极融通江苏教育、科技、文化、旅游等资源的行业之间流动,用文化促旅游,用科技连教育,用旅游带文化,用教育推科技,使得各类社会人文要素互联互通,优势互补,搭建起江苏与"一带一路"沿线国家民心联通的大通道。三是,积极组织多种形式的人文交流活动。可以借助国家文化部每年配合国家外交举办的文化周活动,主动参与,宣传江苏人文元素,服务经济发展。可以借助国家旅游局举办的"2016丝绸之路旅游年"活动,融入其中,构建新的江苏人文交流平台。还可以利用教育部年度留学生培训计划,主动对接,邀请"一带一路"沿线国家的留学生到江苏来学习培训,建立长期稳定的培训计划,使得这些留学生成为江苏未来对接"一带一路"建设的生力军和联络人。

例证一:中哈物流基地。中哈(连云港)物流基地起步于20世纪90年代的新亚欧大陆桥,该基地的高效建设和快速投产,树立起了一个中哈"一带一路"合作的标杆,是中哈之间建设便捷高效的陆海通道的典范,也展示出了"一带一路"黄金线的价值。目前已经在一期工程的基础上,启动了二期、三期工程,预计在2017年底前全部完成。它的成功实践不仅为中哈两国未来合作铺平了道路,更重要的是助推了中国与中亚、中国与上海14国合作组织成员国之间树立了合作典范,有效地推动了连云港上合组织国际物流园的建设。自国家《愿景与行动》计划发布以来,全国各地落地的"一带一路"项目众多,例如国家层面的园区等项目就近80个,但是,国家间最高元首五次商谈,三次见证项目签约进展过程的仅此一个。它的实践搭建了一个国家外交层级交流平台,列入中国与哈萨克斯坦两国政府公报,同时,国家、省级领导的重视,也为该项目的顺利实施铺平了道路。

例证二:埃塞俄比亚东方工业园。埃塞俄比亚东方工业园是苏州张家港市企业在海外设立的。自苏州埃塞尔比亚东方产业园建设以来,吸引30多家企业入园,它们主要从事水泥生产、制鞋、汽车组装、钢材轧制、纺织服装等行业,提供的条件优惠,发展空间极大。就江苏还有许多产业可以抱团切入。比如印刷包装业。江苏的印刷企业上万家,在长三角区域位于第二,仅次于浙江。且,江浙沪三地的印刷包装行业同质化高达 90% 以上,区域竞争十分激烈。印刷包装产业被誉为是工业的保姆,也是资金、技术、人力密集型产业。"十三五"期间既有去产能的任务,也有补短板的要求。目前,长三角区域大量的先进印刷机闲置,产能明显过剩。而从供给侧改革来看,苏州埃塞尔比亚东方产业园内的水泥、制鞋、汽车组装、纺织服装等行业的企业需要印刷包装产品。加强与印刷行业协会的对接,将可以强化沟通,疏通渠道,扬长避短,举一反三,实现合作。

例证三:海上丝绸之路申遗。海上丝绸之路申遗是提升我国文化软实力的主要标杆,也是"一带一路"民心联通的主要抓手之一,对于江苏打造文化强省,推动江苏积极参与"一带一路"战略建设有着极为重要的现实意义和实践作用。在该项目的启动实践过程中,江苏文化部门做了大量的工作,不仅获得了申报海上丝绸之路申遗的主办权,而且,还将原来未纳入申报的连云港和苏州太仓纳入整体申报群体中,并写入《江苏省国民经济和社会发展第十三个五年规划纲要》。海上丝绸之路申遗将成为江苏整体走出去的一个亮点,也是一张靓丽的"文化名片"。它有利于江苏整合各类资源,直接惠及江苏的文化产业、旅游业、创意产业等,还可以惠及江苏的经济和社会发展,提升江苏在"一带一路"国家的知名度和美誉度。

(三)互联互通是江苏实践"一带一路"战略的关键

积极参与"一带一路"建设,围绕"五通"展开是关键,而"五通"首要之通就是"互联互通"。

1. 总览全局,强势推进江苏完善的对外联通网络。

我们认为基于"一带一路"视野下的江苏交通发展需要注重江苏交通的供给侧结构改革,内外衔接,内外并举,举纲张目。一是,加快推进"一带一路"战略与江苏"十三五"交通规划的对接。要以各种交通运输方式、深度衔接为重点,推动南京、徐州、连云港三大国家级和苏州、南通、淮安等区域性综合交通枢纽错位发展,以高速快速铁路、高速公路、高等级航道为骨干,打造"四纵四横"综合运输大通道,构建内畅外联的复合运输通道。二是,要注重江苏与"一带一路"关联区域和国家之间的互联互通。提升沪宁、沿江等大容量综合运输通道功能,加快推进北沿江高速铁路建设,强化与自贸区上海与京津冀区域的内对外沟通联系;加快构建沿海运输大通道,打通沿海区域与长三角核心区的交通联系；加快沿东陇海城镇轴陆桥运输大通道建设，助推东中西战略出海口建设；加快打造沿运河对外交通通道，构建以水运和铁路为主的绿色集约运输通道，加强与京津冀区域的联系，最终打造一体化无缝衔接的综合交通枢纽体系。

2. 用好存量，提升江苏互联互通资源利用效能。

一是，要注重江苏现有物流通道的均衡布局。要进一步整合江苏现有的"苏新欧""苏满欧""苏满俄"班列资源，在江苏内部先行搭建信息畅通、效能便捷的集疏运平台，合理配置江苏对接"一带一路"运输线路网络，依据市场机制合理布局，避免盲目开行班列，江苏对接"一带一路"的集疏运大通道均衡化发展，提升江苏大通道的使用效能。二是，注重江苏物流集疏运资源的集约化使用。要主动对接国家"一带一路"战略的持续升温和项目落地，加密原有航线、班列、班轮，深化物流产业的自身的供给侧结构改革，精准对接"一带一路"发展需求。还可以针对江苏物流、人流、信息流的需求，增开新的班轮航线和航班，加快生产要素的合理流动，完善"一带一路"互联联通网络布局。

3. 整合资源，建设现代综合性的进出口岸。

一是，要加快推进江苏物流交通口岸的改革，以构建现代综合性物流体系为目标，加快航空、海运、公路等交通运输口岸的整合，构建现代综合性的物流口岸建设，打通物流内部运营机制的"最后一公里"。二是，要注重沿江和沿海港口的一体化建设，将长江航运沿线的港口与江苏沿海一线的港口链接起来，形成江海联运、海铁联运、水铁联运、路铁联运等多式联运形式的完美对接，构建立体化的江苏对外集疏运大通道，以适应江苏"十三五"期间供给侧改革需求。三是，注重江苏运输体系自身的供给侧改革。要坚持现代绿色物流发展方向，强化运输形式的互联互通。要注重水铁联运、水空联运、水路联运、铁空联运、空陆联运等多种运输形式自身的精准衔接，扬长避短，整合资源，打造综合性的交通枢纽和口岸，将港口与内河运输、港口与铁路运输、港口与空中运输衔接起来了，进一步完善江苏现代物流运输体系。

例证一：江苏对接"一带一路"物流大通道。江苏对接"一带一路"大通道是启动的。早在1992年首列集装箱班列从连云港集装箱码头始发，成为我国大陆桥运输历史上的重要历史事件和节点，至今已经23年之久，从未间断过。

目前开行的过境班列覆盖江苏的苏南、苏中和苏北全部区域,同时,开行的班列既有走西部阿拉山口或者霍尔果斯到中亚地区、欧洲地区的。也有走北口满洲里经俄罗斯,至欧洲的,为全国运输覆盖区域最广的地区。就目前来看存在着一些不足。一是,整体统筹管理不够。目前,五地班列开行主要均为企业自主行为,地方政府协调力度有限,从项目审批、政策优惠、条件争取、资源整合等方面均无一个得力的、互通的组织构架,相互之间没有沟通和交流,缺少省级层面的统筹和指导。二是,综合效能发挥不够。五地班列货源组织主要来自企业自身的业务拓展,特别是南京、连云港等地,班列辐射区域的货源往往不能很好的利用此通道,舍近求远,使得班列的综合效能发挥不够。而且政策落实也不到位。五地班列开行至今,许多政策还需要落实。比如政府承诺的资金补贴、"一站式"大通关、集中检验检疫等方面的服务等,具体落实尚需时日,需要从省级层面加以整合。

例证二:中哈物流基地。中哈物流基地位于连云港,这是一个有着近百年历史的老港口。中哈国际物流基地选址时,哈方认为,连云港拥有陆海双向的功能区位优势和世界公认的过境运输地位,该项目落户连云港正是契合了中国的"一带一路"倡议和哈国光明大道计划,选址准确、适当,体现了互惠互利、共建共享的核心价值理念。项目实践以来,建设周期较短,经济效益较好。从项目启动到投产只用了不到两年时间,货物运输量已经达到 138 万吨。全程运送时间周期由原来的 10 天以上缩短至 6 天,每周集装箱专列开行频率也从每周 2 班增加至 5.3 班;且回程重箱率也远高于其他区域的中亚班列。此外,由于海铁联运衔接紧密,极大地拓展了哈国以及中亚地区与东南亚、日韩等国家经连云港港中转运输业务范围,方便了中亚区域进出口集装箱货物发运、换装,提升了连云港港口综合运输能力。在 2015 年,连云港港口吞吐量整体维持稳定、增长放慢的情况下,该基地进出货物逆势上扬,大幅增长,为对接国家"一带一路"战略建设提供了有力支撑。

例证三:太仓港。太仓港对接"一带一路"战略,主要特点是发挥其长江第一港的区位优势,一方面提升港口江海中转能力,另一方面创立了物流通道新模式。该港口的江海中转为全港生产快速增长发挥了重要作用。向太仓港喂给的长江集装箱港口增至 46 个, 2015 年中转量达 214 万标箱,增长 30%;

大宗货物中转量快速增长,其中铁矿石7300万吨、煤炭3375万吨、液体化工850万吨、钢材190万吨,分别增长39%、64%、18%、135%。太仓港先行推出"沪太通"物流新模式,积极探索开展"台湾——太仓港——苏满欧""日本——太仓港——苏满欧""新疆——太仓港——广州""商品箱中转"等海铁联运新模式,利用"互联网+"发展跨境电商物流,争取中日海陆联运进口挂车牌照办理权下放推动了甩挂运输成熟运行。同时,该港口还进一步深化口岸改革,在港口试点开展"三互"大通关、国际贸易"单一窗口"、整合现有监管资源、建立口岸风险联合防控中心四项口岸改革。推动信息中心与上级海关、国检信息系统成功对接,完善海事船港货一体化操作平台,开展一般贸易货物进出口、国际船舶靠离港两项业务,成为全省首家国际贸易"单一窗口"运行口岸,并成为江苏的国家通关一体化唯一试点港口,率先实现了与上海港通关通检一体化,较好地收获了上海自贸区的政策溢出效应。近日,太仓港主动融入上海自贸区建设,以资本为纽带加快推进与上海之间的整合,形成牢固的战略联盟,巩固其"一带一路"沿江第一港和上海海航运中心北翼的重要集装箱干线港的地位,合理分工,为长江流域中部的崛起和西部的开发提供坚实保障。

(四)企业先行是江苏实践"一带一路"战略的不竭动力

积极参与"一带一路"战略建设,构建利益共同体,需要符合市场要求,融入市场机制,因此,企业是对接的主体,也是实践的具体参与者和主角。

1. 借船出海,进一步紧盯国家队发展步伐。

一是,参与国家集团战略转型,紧盯中电集团、中建集团、中铁集团、中核集团、中港集团、中远集团、中车集团、中材集团、中石油、中石化等,以及其他国家级的集团公司走出去的项目,承接产业链的中间环节,主动提供上游或下游的服务和配套,借助国家力量和资源,实现江苏企业走出去的目的。二是,积极对接国家部门走出去的项目。要以国家各个主管部门和单位配合国家"一带一路"的发展项目为契机,扬长避短,主动对接,承担责任,借助国家项目实现企业走去去目的。三是,提升企业自身的国家影响力。要高标准定位,主动争取,提升自身项目的竞争力和影响力,争取列入国家"一带一路"战略层级,主动有为,主动对接,借助国家影响力,搭建江苏自己在"一带一路"沿线国家发展的大平台。

2. 发挥优势,进一步深化地方国企战略转型。

一是,要发挥江苏省级国有控股集团的产业优势和竞争能力,如江苏农垦、苏豪控股、宏基集团等,借助企业转型升级的历史机遇期,挖掘企业科技创新潜能,加快制定发展规划,主动对接具体项目,实现企业走出去的战略转型。二是,发挥江苏地方市级国有控股公司的产业、行业资源优势和技术创新能力,突出重点领域、重点行业和重点科技优势,加快推进区域性的供给侧改革,实现企业走出去转型升级的目标。

3. 创新创业,进一步鼓励民营企业走出去。

一是,要继续激活民间企业的创业动能。进一步深化供给侧结构改革,设置和公布走出去发展项目和鼓励行业发展清单,鼓励和推动民营企业走出去,提升民营企业对于"一带一路"战略的认识,使他们能够走出去。二是,要继续提供参与"一带一路"建设企业的扶持。从科技创新、人才项目、资金政策等方面入手,提供基础保障和条件,理清思路,强化指导,使得民营企业愿意走出去。三是,要继续推动江苏各个创业的供给侧结构性改革。要进一步深化江苏产业结构调整,以"一中心,一基地"建设的高远目标指导民营企业走出去,提供落地契机和平台,告知落地的基础条件,明确项目实施的可能性和可行性,使得民营企业敢于走出去。

4. 主动有为,进一步强化行业组织对创业的指导作用。

一是,要切实发挥行业组织参与"一带一路"战略建设的功能和作用,强化对于行业协会主导、引导功能,打造平台,抱团出海,有所作为。二是,要强化对传统行业协会供给侧结构改革的引导。现在许多行业协会依然停留在原有的改革层面,没有将引导行业改革发展作为当前行业协会发展的重点。特别是在现有经济发展新常态下,传统的行业协会日趋衰落,改革不到位,行业引领作用不明显,特别需要深化行业组织改革,提升行业的指导作用。参与"一带一路"发展能够深化行业自身改革,激发行业创新创业能力,化解产能过剩,弥补产业短板,是非常有效的方式方法。

例证一:中复联众伊朗项目。伊朗是我国"一带一路"战略区域中的主要节点国家,其最大的贸易伙伴是中国。根据伊朗海关发布的数据,在2014年3月21日至2015年1月21日其间,伊朗进口了超过430亿美元的商品,其中,从中国进口商品最多,为 103 亿美元。并且,伊朗已成为我在海外工程承包、技术和成套设备出口的最主要市场之一,主要涉及交通、电站与水利工程、能源、船舶制造、有色金属、通讯、化工、冶金、建材、摩托车和家电组装等领域。随着 2015 年 7 月 14 日伊朗与联合国安理会在维也纳达成减少核能力的协议,20 日,联合国安理会一致同意取消对伊朗包括原油出口禁令、冻结账户、旅行禁令和经济制裁。冻结的上千亿美元资金即将得以释放,伊朗也将重回原油市场。闻风而动的各国政府,企业及投资者纷纷积极布局行动。从孤立走向重新联系世界的伊朗,向着成为一个具有越来愈大市场影响力的贸易大国迈进。中国建筑材料集团有限公司是 1984 年经国务院批准设立,2003 年成为国务院国有资产监督管理委员会直接监督管理的中央企业。公司紧跟国家发展战略,从 2014 年就开始考察和研究伊朗市场,并未雨绸缪,先行介入。2014 年 3 月就促成了其子公司中复连众与伊朗 IDRO 公司代表在北京成功签署合作备忘录。随着危机的化解,2015 年 10 月签署了正式合作协议,成功打入伊朗建材市场。该项目的实施,一方面促使着中复连众更加积极努力地进军海外市场,另一方面,中复连众也将以此次合作为契机,与伊朗 IDRO 组织在更多领域开展合作,让中复连众自身发展日趋国际化,成为对接国家"一带一路"建设的主力军。

例证二:徐工集团欧洲研发中心。徐工集团欧洲研发中心项目是徐工集团为了契合国家"一带一路"战略,配合企业对接国家推进工业化与信息化,对接"互联网+"和中国制造 2025 等产业政策的设立的,也是徐工集团迈向世界一流"智造"企业的关键步骤。德国是全球制造业中最具竞争力的国家,其装备制造业全球领先。为了在新一轮工业革命中占领先机,在德国工程院、弗劳恩霍夫协会、西门子公司等德国学术界和产业界的建议和推动下,2013 年 4 月的汉诺威工业博览会上,"工业 4.0"项目在被正式推出。这一研究项目是 2010 年 7 月德国政府《高技术战略 2020》确定的十大未来项目之一,旨在支持工业领域新一代革命性技术的研发与创新。徐工集团借助国家战略,积极实施走出去,不仅有效对接了国家战略的需要,更重要的是契合了企业自身发展的需要。在对接国家战略过程中,徐工集团已经在海外研发和生产基地建设方面作出了规划。徐工集团在德国设立研发中心的基础上,进一步加快在世界范围内的研发中心布点计划,预期在印度、俄罗斯等国家建设研发中心,加强对产品适应性的研究,加大集团产品的扩充力度;利用印度施维英的条件推广徐工的产品,建设徐工在印度的综合基地;结合"一带一路"项目进展,适时扩建哈萨克斯坦、乌兹别克斯坦KD工厂;同时在印度、印尼、马来西亚、土耳其、阿尔及利亚等国家,适时推进装配工厂建设,生产起重机、装载机、压路机、挖掘机等市场需求量较大的产品,抓住国家"一带一路"战略机遇期,快速做大做强企业。

例证三:柬埔寨西港特区。柬埔寨西港特区自建设之初发展到现在,已经取得了卓越的成效。园区管理企业提出将西港特区打造成以纺织服装、机械制造、轻工家电为主导发展产业的中柬友谊城,并期望在今后五年内再引进80企业落户,协议资金2亿美元。这个目标紧靠江苏的企业是不够的,需要在更大范围内整合各类要素,逐步形成市场发展机制。事实上,福建泉州的纺织商会、鞋业商会都先后进入柬埔寨办点设厂,并已经形成一定规模;江苏阳光集团也有进军海外发展的意愿。红豆集团业已设立了招商部,广泛吸引全国各地的企业去柬埔寨西港特区投资办厂。作为柬埔寨西港特区的管理者,可以进一步加大与全国各类行业协会的联系,破除传统行业界限,在全国范围内整合各类资源,招商引资,共享发展成果。

六、结语

通过调研,我们看到江苏积极参与"一带一路"建设,成果丰硕,成效凸显。随着我国"一带一路"战略实践和国家供给侧结构改革的不断深入,江苏如何继续坚持我国对外开放的长期发展战略,实现建设"强富美高"新江苏和"一中心、一基地"目标,确实需要深入思考和继续探讨。

积极参与国家"一带一路"战略建设是一个循序渐进的发展过程。要正确把握政府、市场、企业三者关系,选择好重点区域、重点市场、重点企业,用好各类市场要素,从供给侧结构性改革入手,发挥政府优势,强化引导;抓住实践中的重点,难点和关键点,精准扶持,有效对接,推动江苏企业快速走出去,为江苏服务"一带一路"战略建设,实现全面建成小康社会的宏伟目标,奔跑在"一带一路"的新征程上。

第十一章 "一带一路"背景下文化企业拓展市场及扩大交流机制研究

一、引子

推进"一带一路"建设是以习近平同志为总书记的党中央主动应对全球形势深刻变化、统筹国内国际两个大局作出的重大战略决策。由习近平总书记提出的"一带一路"战略构想是一项以经济建设为主导、造福沿线各国人民的长远事业,将对我国和相关国家带来全方位、深刻而长远的影响。

在建设"一带一路"的进程中,围绕"五通"开展对接,具体务实,方向明确。其中,推动"一带一路"沿线国家与我国人民的民心相同是实践"一带一路"战略的主要任务之一,体现了我国推进"一带一路"建设的出发点和落脚点,是能否使"一带一路"战略落地生根的关键。文化的影响力超越时空,跨越国界,润物无声。而"一带一路"沿线各国人口总多,文化市场空间巨大,通过我国文化企业"走出去"推动各国文化的相互传播和相互激荡,生发出来的力量是不可估量的。因此,通过文化企业加强"一带一路"建设过程中的文化市场拓展,开展丰富多彩的文化交流非常必要。

文化企业"走出去、请进来"是我国对外开放的不可或缺的组成部分,也是重要的开放载体和具体形式,取得了良好的社会和经济成效。江苏是文化大省,历史积淀深厚,文化资源丰沛,为企业走出去提供了天然土壤和基础条件。随着"一带一路"建设的不断加速和我国文化体制改革的不断深入,文化企业走出去发展的政治、社会、经济、科技环境均发生了根本变化,任务日趋繁重,困难日渐凸显。本课题重点研究在"一带一路"背景下,江苏文化企业如何把握机遇,注重创新,融合文化,整合资源,深化改革,跨界合作,探讨创新、多元、有效、融合的组织机制、管理机制、经营机制、运行机制、开发机制、保障机制等以及实现机制构建本身所需的新思路、新路径和新举措,加快推进江苏文化企业拓展市场及扩大交流机制的完善和重构。

二、江苏文化企业走出去机制研究的现实背景和意义

自"一带一路"提出以来,这一战略构想引起了国内和相关国家、地区乃至全世界的高度关注和强烈共鸣。整个战略围绕着"五通三同"全面展开,蕴藏了无限机遇,不仅在经济方面,而且在历史、文化、国际交往等方面都意义深远。民心相通是"五通"的核心,如何真正做到民心相通,运用市场机制挖掘各国文化市场的潜力,拓展文化市场空间,开展相互之间的文化交流,是实践"一带一路""五通三同"极好抓手和有效形态。文化先行,共享文明,收获了"一带一路"沿线各国的认同和肯定,使社会各界更好的认识江苏,继而推动江苏文化发展,践行当代,利在长远。

首先,文化交流是践行"一带一路"战略的先导。

"一带一路"是"丝绸之路经济带"和"21世纪海上丝绸之路"的简称。"一带一路"贯穿欧亚大陆,东边连接亚太经济圈,西边进入欧洲经济圈,覆盖世界66个国家和46亿人口。历史上,陆上丝绸之路和海上丝绸之路就是我国同中亚、东南亚、南亚、西亚、东非、欧洲经贸和文化交流的大通道,现在提出"一带一路"是对古丝绸之路精神的传承和提升,获得了广泛的社会认同。"一带一路"的底蕴就是中国古丝绸之路文化。历史上如果没有西风东渐,没有西方商旅与东方贸易之行,没有张骞出使西域,就没有丝绸之路文化。因此,丝绸之路文化一开始就是高度国际化的东西方文化交流的产物。文化是"一带一路"建设的先导,运用文化交流切入有利于各个国家、各个民族之间的民心互联互通,润物无声,事半功倍,是"一带一路"战略整体发力的先导。

其次,文化交流有助于推动"一带一路"战略认同。

"一带一路"是一个发展的理念和倡议,旨在借用古代"丝绸之路"的历史符号,高举和平发展的旗帜,积极主动地发展与沿线国家的经济合作伙伴关系,共同打造政治互信、经济融合、文化包容的利益共同体、命运共同体和责任共同体。"一带一路"在平等的文化认同框架下谈合作,是国家的战略性决策,体现了共赢、共享的治国理念。而通过文化交流诠释中国理念、中国精神和中国形象,既可以精准地弘扬丝绸之路精神,高举"一带一路"旗帜,也可以通过

文化媒介带动文化企业走出去,促进我国经济加快转型升级,带动江苏"一中心,一基地"建设,拓展海外文化市场空间,从而带动"一带一路"战略形象的整体提升和发展,对于推动"一带一路"沿线国家的战略认同,具有十分深远的现实意义。

再次,文化交流是推动"一带一路"建设的制胜利器。

文化交流是民心工程、未来工程,潜移默化、润物无声。建设"一带一路",一定要积极发挥文化的桥梁作用和润滑作用,加强各个国家、各个领域、各个阶层、各种宗教信仰、各类民族文化的互动和交流,努力实现沿线各国的全方位交流与合作。民心相通得益于各国人民心灵中文化的互鉴和认同。只有坚持文化先行,通过进一步深化与沿线国家的文化交流与合作,促进区域合作,民心融通,才能实现共同发展,让命运共同体意识在沿线国家落地生根。我国"一带一路"战略构想的提出是中国在向世界宣告和平崛起,体现的是和平、交流、理解、包容、合作、共赢的精神,其中运用文化企业拓展海外市场、开展文化交流是实践"一带一路"战略的最有效的形式之一,具有重要的现实意义和历史意义。在此过程中,有效的传播中国声音,树立中国形象,用好适宜的文化拓展市场机制,运用正确的文化表达和交流形式,都是推动"一带一路"建设的制胜利器。

第四,文化企业是推动"一带一路"建设的主体。

民心相通可以有许多形式和方法,通过文化企业拓展市场,推进文化企业走出去,拓展"一带一路"沿线国家的文化市场,扩到双边、多边的文化交流的方式都是非常行之有效的方式之一。推动"一带一路"建设,需要连通海外和国内两大市场,依靠文化事业和文化产业的双轮驱动来实现,需要依托具体的企业来实现国外和国内市场的有效对接。根据不完全统计,2015年全国文化以及相关产业法人单位数量超过100万,而江苏2015年文化以及相关法人单位数量为10万家,位居华东地区第一位,其中年营业额500万以上的规模文化服务企业6500余家,也是位居第一。这些文化企业既是中国文化走出去的重要载体,也是市场发展的主体和具体实践者。通过提升文化企业自身实力,整合各类资源,创新发展机制,提升企业的整体发展能力,激励文化企业主动融入"一带一路"文化建设,拓展海外文化市场,推动中国文化走出去,文化企业是核心,至关重要。

第五,创新思路是推动文化企业走出去前提。

在"一带一路"背景下,文化企业走出去面临着更加复杂的环境和局面,要推进文化企业到国际舞台上去传播中国文化,提升文化企业走出去的能力和成效,企业自身必须按照国际通行法则,依照国际惯例,执行国际法律,融入国际市场,加快科技创新,完善和改进企业自身的体制、机制,才能与国际市场对接,在拓展市场中有效谋求文化的落地和生发。在 2016 年结束的文化部对外和对港澳台文化工作会议上,雒树刚副部长就提高文化创新能力提出了三点要求,即一要大力推动观念创新、思路创新、体制机制创新和方式方法创新;二要大力推动体制机制创新,激发各类主体积极性、主动性和创造性,切实转变政府职能,形成服务与管理相辅相成、相互促进的良好局面;三要大力推动方式方法创新,推动表达方式和传播方法的创新,着力打造一批融通中外的新概念、新范畴、新表述,运用国外民众喜闻乐见的文艺形式和表述方式传播中华文化。可见,文化化企业对接国家"一带一路"战略,继而创新思路、创新载体、创新方法,构建适宜的文化企业拓展市场、扩大交流的机制至关重要。

第六,探寻文化企业对接海外市场的机制是当下之需。

目前,全国关于"一带一路"的研究工作如火如荼,关于"一带一路"经济发展方面的研究业已汗牛充栋,初见成效,各类研究论文数万篇次。北京、山东、广东、陕西、宁夏、甘肃、江苏还多次召开各类国际、国内专题研讨会,专门探讨地方经济社会发展如何与"一带一路"战略融合的问题,全面探讨"一带一路"宏观背景下,经济、文化、民众如何对接或融入"一带一路"战略实践。中国社科院和上海、广州、甘肃、陕西、江苏等 20 多个省级科联联和社科院都将地方发展与"一路一带"建设研究例入年度研究重点,特别是江苏,连续在 2014 年、2015 年、2016 年三年中将江苏与"一带一路"建设列入年度社科研究的重点,选题主要集中在"一带一路"的战略意义、区域经济合作、自由贸易区建设、科技创新、大型开放平台搭建、产业发展、文化交流,以及物流、旅游、人才等关联领域;2016 年江苏还将江苏开展"一带一路"建设的实证研究列入范围,精准探讨企业走出去的路径、体制、机制和发展重点等方面的研究。江苏省文化厅和商务厅还于 2016 年 3 月在连云港市召开了"一带一路"文化产业建设研讨会,着力探讨文化企业实践"一带一路"战略的实施路径和体制机制问题,主动推进江苏文化企业参与国家"一带一路"建设。但是,目前还缺少文化企业拓展市场、扩大交流的机制方面综合性的理论研究成果。因此,基于"一带一路"视角下,从文化事业与文化产业等多个方面深入开展文化企业走出去研究,着力探讨如何创新性地构建文化企业拓展市场以及扩大交流机制,是当下之需,具有一定的现实意义和实践价值。

三、构建当下江苏文化企业走出去机制的掣肘与难点

基于"一带一路"战略宏观背景下,研究江苏文化企业走出去拓展市场、扩大交流机制,从国家之间社会体制、经济水平、文明程度、文化管理、文化组织、文化差异等诸多方面来考量,有着以下六个方面的问题和难点。

（一）跨文化问题。

"一带一路"覆盖面广,涉及面宽,沿线涉及世界60多个国家和地区,各个国家均处于自己特有的经济发展阶段,社会基础、文明水平、文化思想、宗教信仰、民俗风情等,千人万面,千差万别。江苏文化企业要破解突破传统的文化市场环境到一个全新的国际环境中去发展,必须在跨文化视野下探寻企业如何拓展市场、扩大交流机制建设的基础和影响因素,善于跨越区域文化鸿沟,这是十分复杂和艰苦的过程。

（二）跨组织问题。

在"一带一路"背景下,文化企业拓展市场、扩大交流将中国文化置身于处于全新的国际化环境中。不管企业自身是什么组织性质和构架,都需要尊重和认同其他国家中企业的现实组织机制和状态。在中国,文化企业依据组织体制分类与海外差异较大。一方面,一般承担大型文化交流事项的企业或单位大多具有国有事业、公共服务、公益特质、大型国有控股的组织性质;另一方面,民营文化企业相对比较弱小,政府扶持较少,自组织性质突出。这样的组织构架和机制与海外股份制企业、文化社团和民间个人为主的组织模式对接,如何在跨组织的形态结构中探寻江苏文化企业走出去拓展市场、扩大交流的组织模式、组织形态和组织机制本身就存在着不对等性,跨组织机制矛盾突出。

（三）跨体制问题。

在"一带一路"的国家中，由于各自的政治制度，决定着各自的社会性质、社会体制和社会生态，以及其经济状态、运行机制各自不同，各国的社会组织、经济组织结构和运行模式差异较大。这给文化企业自身的生存和发展提供了不同的社会、经济、文化环境。拓展海外市场、扩大文化交流需要在认同现行体制差异的基础上开展，跨体制融合与协调自然而然就成为我国文化企业需要适应和对接的掣肘。

（四）跨机制问题。

在我国，文化企业自身的运行机制千差万别，各有特点，各显其能。企业的经营机制、运行机制、管理机制、组织机制等基于体制的不同各有千秋。从社会主义市场机制与其他市场机制比较下，基于跨机制的视角，从机制自身内部和外部两个侧面，探讨文化企业机制内部和外部的互动与干扰问题，探寻文化企业在拓展市场、扩大交流的机制使用过程中，如何整合各类市场要素，通过不同的市场机制推进各类机制之间的融通和对接，以及可能采取的策略和方法都是非常必须的。

（五）跨管理问题。

在对接"一带一路"市场拓展和文化交流过程中，企业之间的对接和交流是不可或缺的。文化企业自身管理模式和水平有相近的，也有不同的，这就使得文化企业在管理方面存在着不同程度的差异，需要强化融通，互学互鉴。文化企业对接"一带一路"文化建设，需要通过具体的项目、活动和交流来完成，需要通过企业之间的互动来实现。在跨管理的具体环境和状态中，如何尊重各自文化企业管理机制的差异性，探寻企业合作和适应相互市场的相同点，合理使用、尊重取舍、谦和理解是拓展文化市场、扩大交流的关键。

（六）跨行业问题。

在实施"一带一路"战略发展过程中，文化的广谱性造就了文化自身的融通和企业的跨界发展的事实。动漫设计、文化演艺、创意文化、观光农业、工业设计、文化旅游、科技服务、人才教育等，所涉足的行业和产业各自不同，运用拓展市场、扩大交流的形式亦不同，文化企业所采用的互动机制也各自不同。针对不同的行业，使用不同的运营模式和管理机制，需要将从跨行业的角度探讨不同行业、产业的文化企业如何拓展市场、扩大交流的各类机制形式,探讨跨行业机制之间的协调和共融问题,探寻差异化情况下文化企业拓展市场、扩大交流的机制协同、融合与共享。

四、江苏文化企业拓展市场以及扩大交流的新常态

在国家"一带一路"战略的感召下,江苏文化企业把握机遇,创新发展,率先而为,拓展海外市场、推动地方文化走出去步伐明显加快,去"一带一路"沿线国家拓展文化市场风生水起,并配合国家"一带一路"文化交流战略的实施,多次在沿线国家、城市举办"精彩江苏"活动和江苏文化周,社会效益和经济效益明显,文化走出去呈现新常态。综合起来看,具有以下特点。

(一)江苏文化产业综合实力量增步稳。

江苏是全国的文化大省,并努力向文化强省目标进发,文化产业发展势头强劲,成效凸显。自 2009 年 7 月 22 日,国务院出台了《文化产业振兴规划》以来,江苏出台了一系列文件和政策。2015 年以来,江苏省相继出台了《关于加快提升文化创意产业和设计服务产业发展水平的意见》《关于加快提升文化创意和设计服务产业发展水平行动计划(2015—2017 年)》《关于加快发展对外文化贸易的实施意见》《关于推动传统媒体和新兴媒体融合发展的实施意见》等文件,文化产业发展风起云涌,势头良好。2011 年至 2013 年江苏文化产业发展连续三年保持 25%。2014 年,全省文化产业增加值达到 3000 亿,占全省 GDP 的比重首次超过 5%,提前完成了"十二五"期间预期的发展目标任务。2015 年,全省文化产业增加值再次突破 3000 亿元,达到 3167 亿元,占GDP 比重略有回落,依然保持 4.9% 的比例,呈现量增步稳的发展趋势,初步具备国民经济支柱产业形态。在文化部发布的全国省市文化产业发展综合指数排名跃升至第二位。

(二)综合文化产业发展平台建设初现成效。

文化产业基地和综合会展活动是地方文化企业拓展市场、开展交流的主要载体,江苏始终走在全国前列。江苏出台了《江苏省重点文化产业示范园区、重点文化产业示范基地认定管理办法》,开展首批省级重点文化产业示范园区(基地)的评选,全省 33 家园区(基地)入围参评,更加突出文化产业园区

的产业集聚作用、项目孵化作用和示范引领作用,推动了全省文化产业基地、园区的快速建设,打造了一批不同主题、形态多样、功能互补的文化产业集聚区。全省目前共有各类文化产业园区200余个,其中含1个国家级文化产业试验园区、16个国家文化产业示范基地、四个国家级动漫产业基地、三个国家级文化与科技融合示范基地;同时建成14个省级文化产业示范园区、44个省级文化产业示范基地,数量和规模均居全国前列。"南京秦淮特色文化产业园"入选第五批国家级文化产业试验园区,实现我省产业园区零的突破。江苏还着力打造苏州创博会、常州动漫周、南京文交会、无锡文博会等四个文化产业会展平台,推动常州、南京、无锡三个国家文化科技融合示范基地建设。2015年,成功举办第四届中国苏州文化创意设计产业交易博览会、第十二届中国(常州)国际动漫艺术周、第五届中国(无锡)国际文化艺术产业博览交易会等文展活动,还组织省内文化企业参加境外演艺交易会、艺术博览会、动漫游戏节等国际大型展会。对外综合性的文化市场和交流平台效能开始显现。

(三)"精彩江苏"成为江苏海外文化交流靓丽名片。

多年来,江苏努力谋划文化走出去的品牌活动,提出了打造"精彩江苏"的海外文化交流品牌活动。2014年,江苏省委、省政府将"精彩江苏"写进《关于推动文化建设迈上新台阶的意见》,"将江苏的精彩传向世界,把世界的精彩引进江苏"成为江苏地方文化对外交流的首要目标和任务。江苏省文化部门着力用好国家文化交流平台,主动对接"丝绸之路文化之旅"、中国—东盟文化交流年、"东亚文化之都"、海外中国文化中心等国家层面的文化交流活动项目和文化基地,积极参加文化部在荷兰、法国、俄罗斯、比利时、葡萄牙、智利、丹麦、斯里兰卡等地的文化活动,举办"精彩江苏"艺术节活动,不断扩大江苏对外文化交流领域,讲好江苏故事,弘扬中国精神,发挥江苏文化软实力的作用。在韩国丽水世博会、法国巴黎文化周、俄罗斯文化周、意大利米兰文化周上,"精彩江苏"展示内容非常丰富,亮点纷呈,斩获丰硕成果。江苏还精心组织"欢乐春节·精彩江苏"活动,借助中国传统文化节日——春节,在美国、马耳他、荷兰、埃及等国家文化交流组织活动,全面展示了江苏文化的独特魅力。与此同时,江苏还积极发挥江苏海外友城多的优势,组派江苏文博代表团赴加拿大安大略省,参加"庆祝江苏省—安大略省结好30周年系列人文经贸交流活动";精心实施的"第四次中国—中东欧国家领导人会晤"文艺演出;举办"精彩江苏进剑桥"系列文化活动,举办纪念汤显祖和莎士比亚逝世400周年系列文化活动,引进爱丁堡艺术节优秀剧目来江苏演出;举办庆祝中泰建交40周年"精彩江苏·丝路情韵——中国江苏传统服饰秀";举办2016柏林"精彩江苏"文化年,推进江苏与哥伦比亚大西洋省、荷兰北布拉邦省等友城的文化交流等活动。积极开展港澳台文化交流,承办2015"两岸文学对话"活动,组团参加第26届澳门艺术节、"2015台中元宵灯会"、香港"2015中国戏曲节""海峡两岸合唱节"等系列活动。"精彩江苏"文化名片在"一带一路"沿线国家和地区靓丽闪烁,频现光彩。

(四)地方文化企业规模、综合实力逐步增强。

江苏历来人文荟萃,文化企业发展居于全国前列。在国家双创机制激励下,我国文化企业呈现爆发式增长。2015年,全国文化企业数量大约100万之巨,而江苏全省拥有文化企业数达到10万家左右,从业人员突破110万人,企业资产总规模、主营业务总收入分别达到1万亿元。其中500万元的企业大约有6500多家,法人企业数量和规模比"十一五"末增加230%和2000%。文化企业规模、综合实力逐步增强,涌现出一批自主创新能力强,竞争力、影响力、辐射力较高的规模企业。江苏广电集团、江苏网络公司和凤凰出版集团成功入选全国"文化企业30强"。其中江苏凤凰出版集团和江苏网络公司先后荣登我国A股市场,综合实力位居全国文化公司之首。新华报业传媒集团入选世界媒体500强,综合实力进一步增强。江苏省演艺集团作为江苏唯一的省属演艺类文化企业,也是全国规模最大的综合性文艺团体之一。集团目前拥有九家全资公司、两家控股公司、六家参股公司、三家海外分公司,连续四度蝉联"全国文化企业30强",六度获得"国家文化出口重点企业"称号,多次荣获"全国文化体制改革优秀企业"等荣誉称号。与此同时,全省民营文化企业发展迅速,约占全省文化企业数量80%以上,已经成为全省文化产业发展的主力军,南京云锦、常州卡龙、苏州蜗牛等一批优秀民营文化品牌脱颖而出,形成文化产业投入多元、竞相发展的良好格局。

(五)文化企业拓展发展海外市场开始起步。

加快发展文化贸易,推动文化产品从以"送出去"为主向以"卖出去"为主转变。加强文化贸易基地建设,支持重点文化企业拓展境外业务,打造江苏文化常态化展示窗口,不断增强江苏文化产品和服务的国际竞争力。对外文化贸易稳步发展,全省共有 96 家企业、28 个项目入选商务部、文化部评选的国家文化出口重点企业和重点项目,数量居全国前列。苏州市制定《2015 年度苏州市文化"走出去"境外展会名录》,为企业"走出去"搭建平台。新技术、新科技的文化新兴业态加快兴起。利用数字、网络、信息等高新技术的新兴文化业态成为文化产业发展新亮点。全省拥有动漫企业 300 多家,其中被文化部认定享受财税优惠政策的动漫企业 86 家。此外,南京图书馆、南京博物院等省级文化机构注重文化创意产品开发,与"一带一路"沿线国家以及香港、澳门、台湾等地区的相关文化机构建立稳定的交流合作机制,拓展文化市场、开展文化交流活动渐入佳境,步入常态化。

(六)文化企业发展投融资总体环境趋于改变。

自 2009 年以来,江苏率先在全国设立了文化产业引导资金。目前每年出资 2 亿多元,已经连续投入了 6 年。全省 13 个直辖市和部分县区也相继设立本地的文化产业引导资金,实现了全市直辖市文化产业引导资金的全覆盖,极好地调动了地方文化企业发展文化产业的积极性,推动了地方文化产业发展。江苏省政府还建立了江苏文化投资集团和全省性的紫金文化产业基金,通过参股、合作、投资、购买等形式,开展文化产业项目的市场化运作,运用各种金融杠杆和方式带动文化产业的转型升级和做大做实。2015 年,江苏省委、省政府印发《关于支持戏曲传承发展的实施意见》,省文化厅联合省财政厅出台《关于加大资金投入,繁荣美术创作的意见》。参照国家艺术基金模式,率先在全国成立省级政府艺术基金,同时成立江苏艺术基金管理中心,强化政府投入的绩效管理。同年,省政府召开全省文化金融合作推进会,省文化厅联合相关部门出台了《关于促进江苏省文化金融发展的指导意见》及《三年行动计划》。2016 年 11 月 11 日,江苏省在南京召开了江苏文化产业发展推进会,会议印发了《江苏文化金融合作试验区创建实施办法(试行)》,积极探索金融资本和文化资源的对接机制。

在投融资市场化方面,地方银行也积极介入。2013 年江苏银行连云港分行设立了"文 e 贷",成为全省率先出资扶持文化企业的投融资平台,搭建起了扶持中小微文化企业发展的金融平台,改善了中小微文化企业的投融资生态环境;2015 年,淮安市组建苏北首家文化银行,为文化企业放贷 3065 万元,推动文化创意与相关产业融合发展。2015 年,全省 45 个项目获中央文化产业发展专项资金 1.479 亿元支持,56 个项目入选文化部文化产业重点项目库,三个项目入选文化部特色文化产业项目库。三件动漫产品及创意项目入围文化部"2015 年度国家动漫品牌建设和保护计划",数量居全国前列。此外,2015 年,江苏省有 12 个项目入选财政部、文化部的"文化金融扶持计划",入选数量在全国各省中名列第一。有 31 个项目获 2015 年度国家艺术基金,获得了 1982 万元资助,位列全国第一方阵;有 10 部剧目入选省舞台艺术精品工程,五部剧目入选舞台艺术重点资助工程。这些工程和计划的实施都给文化企业发展带了资金扶持,改善了文化企业项目的投融资状态。

(七)文化企业和地方文化交流国际化水平日益提升。

江苏文化企业拓展海外市场、扩大交流的水平和程度都有较大提升。江苏的演艺团体足迹遍布欧亚各国。苏州昆曲团、江苏女子民乐团、盐城杂技团等文艺团体成为江苏省对外演出的名片。由省文化厅和盐城市政府联合出品、盐城市杂技团演出的音乐杂技剧《猴·西游记》在美国林肯中心艺术节开幕大戏连续商演 27 场,刷新林肯艺术节举办以来演出单剧票房纪录,观众 6.21 万人次,约九成是当地主流人群,实现了江苏文化"走出去"从"技艺"到"内容"、从华人受众为主到当地主流人群为主、从"送出去"到"卖出去"的三大转变,取得了重大突破。江苏演艺集团出品的原创历史剧《运之歌》《郑和》《鉴真东渡》等销行海外;南京的杂技《睡美人》、无锡的舞剧《绣娘》、京剧《镜海魂》、昆曲《桃花扇》等在海外和港澳台商演也取得了较大影响。富有江苏特征的文物、非物质文化遗产展演靓丽登场,在韩国、日本、德国、法国、意大利、荷兰、埃及等国家收到热捧。江苏古琴、南京云锦、苏州缂丝、宋锦、刺绣、南通扎染、宜兴陶瓷、东海水晶、淮扬佳肴等是江苏对外开放的文化符号。特别是具有深厚文化积淀的江苏苏州园林文化、运河文化、中国活字印刷术等积极申报世界文化遗产,为海外人士所熟知,成为世界性的文化经典。2014 年,大运河成功申遗;2015 年,江苏扬州、南京与全国其他一些城市一起,共同发起申报"海上丝绸之路"世界文化遗产,进一步凸显江苏在"一带一路"文化建设中的核心地位,为更好地融入国家"一路一带"建设发展大格局中奠定了基础。2016年受文化部委托,江苏承担了"海上丝绸之路"申遗的牵头组织工作,连云港、苏州太仓也加盟申报活动,成为集体申报城市最多的地区之一,为国家申报世界文化遗产提供了更好的条件和基础。

五、江苏文化企业拓展市场、扩大交流存在的问题

国家"一带一路"战略实施已有四年,江苏作为全国经济发展的领头羊,积极发挥"一带一路"交汇点的重要作用,全面融入国家"一带一路"战略实践,走出去步伐快于全国发展水平。但是,纵向比较,文化企业走出去步伐慢于其他行业,与文化强省目标不相匹配,主要呈现以下一些问题。

1. 文化企业走出去慢于其他行业走出去步伐。

根据商务部门至2015年底的统计显示,江苏在沿线国家累计实际投资额已占全国比重的三分之一,江苏与沿线国家贸易额约占全国的十分之一。常州金昇实业、苏州永鼎股份、江苏阳光集团、南通双马化工集团、徐工集团、江苏梦兰集团等一批企业已经走入"一带一路"沿线国家,拓展企业发展空间,也为东道国经济社会发展作出了贡献。到2015年,江苏赴沿线国家投资企业项目数已经达1049个,中方协议资金投资额369亿美元,其中千万美元以上的项目占70%;大多集中在机械、电子、石化、医药、建材、轻工、纺织、冶金等产业,而这些产业正是江苏的优势所在,产能规模位居全国前列。但是,全省在"一带一路"文化产业项目数只有25个,协议投资额为1.84亿美元,分别占全省"一带一路"项目数和投资额的2.3%和0.4%,远少于其他行业,走出去步履缓慢。

2. 江苏省内企业区域境外投资发展不平衡。

江苏省企业走出去投资发展很快。至2015年12月底为止,全省累计核准境外投资项目共计4736个,中方境外协议投资额超过369亿元,仅2015年1至12月,全省核准境外投资项目880个,同比增长19.57%;中方境外协议投资103亿,同比增长42.81%。从国内整体来看,苏南大于苏中,苏中大于苏北的格局没有用改变。苏南领跑全省,苏州、南京、无锡、南通、常州列全省前五位,投资额分别为22.9%、19.08%、18.46%、11.84%、8.16%。苏北五市占比为 12.76%,仅仅比南通略多一点。文化产业项目数量苏南为 24 个,苏中为一个,而苏北没有,可见区域文化企业境外投资不均衡。

3. 各类文化产业业态境外投资之间存在差异。

依据国家对于文化产业的分类,一般可以分为 10 大类。而根据江苏省商务厅的数据统计,至 2015 年底,全省区文化企业海外合作投资项目中,广播电视电影音像业占 41.71%,文化艺术约占 40.9%,娱乐业约占 16.86%,新闻出版业为 0.39%,体育为 0.14%。其中影视、音像输出主导着江苏文化产品的海外市场,艺术品拍卖、销售、文艺演出、文物展示等位居其二,新闻出版、体育等关联文化产品市场几乎可以忽略不计,全省 10 类文化产业自身在海外投资项目之间亦存在差异。

4. 民营企业走出去、民间文化交流困局依旧。

江苏的文化产品输出一直依赖国有企业和公益事业单位唱主角,国有企业一家独大的局面很难在短期内改变。民营企业涉足的文化区域较窄,而且文化企业大多是中小微型企业,对海外市场比较陌生,生产的文化产品大多依据消费人群定位,而对于跨文化、跨区域的文化研究甚少,产品不一定能够适销对路。依据江苏文化"十三五"发展规划,其中针对"一带一路"主要是实现"一带一路"文化走出去工程,其主要任务基本归并为国内传统的国有企业或公益文化事业单位,特别是是在新闻出版、版权交易、影视拍摄、文艺演出、文物展示、国际文化会展等行业基本难觅民营企业的身影。除了手机动漫、电视动画、动画电影、移动游戏、网页游戏、工艺产品、非物质文化遗产技艺企业外,民营文化企业文化产品输出几乎是空白。

5. 文化管理改革成为当下文化走出去掣肘。

在文化企业拓展市场、扩大交流方面,江苏依然有很多路要走。数据显示,江苏作为全国文化大省,文化产业发展势头也十分凸显,2015 年,全省文化产业增加值达到 3165 亿,占全省 GDP 的比重为 4.9%,完成了"十二五"期间预期的目标任务。江苏在落实"十三五"经济发展目标中,提出了"一中心,一基地"建设目标;江苏投资"一带一路"的项目位居全国第一,苏州埃塞尔比亚东方园、常州柬埔寨西岗特区、连云港中哈物流基地等"一带一路"主要聚集性项目平台已经全面实施,势头良好。但在文化企业走出去方面,则大不然。

以江苏新闻出版产业为例,它的全省产业增加值约占文化产业增加值的一半,而新闻出版业对外投资额只有全省文化产业对外投资额的 0.39%,这与产业自身发展的比例极不相称。

6.跨文化对接仍然是主要难点之一。

文化企业走出去拓展市场、开展交流需要依托适销对路的文化产品。我国文化产品管理有着自身特殊的管理模式和程序机制,与世界其他国家文化管理模式接轨还需时日。从目前江苏文化产品走出去区域的数据来看,至 2015 年底,全省文化企业到海外投资项目主要集中在亚洲范围内,约在 39.23 %,其次是拉丁美洲,约为 22.57%,而进入其他区域的分别为北美 19.03 %,欧洲 10.79 %,大洋洲 8.38 %。由于亚洲的地缘文化相近,文化输出比较容易,而欧美文化跨度大,融入主流社会则较难,跨文化对接仍然是制约文化走出去的瓶颈之一。

六、江苏文化企业走出去拓展市场、扩大交流的主要机制形态

(一)体制模式

体制是决定机制的关键,文化企业和海外交流的主体体制性质决定着拓展市场和扩大交流的机制,就江苏目前文化企业拓展市场和开展海外文化交流的情况来看,市场主体的体制或主办活动的性质主要有以下一些模式。

1.国有模式。

即文化企业的性质或主办文化活动的单位性质是国有控股、国有投资或代表国家举办的,如省政府和政府旗下的文化企业或事业单位。如中国保利集团公司、江苏凤凰出版集团、江苏省演艺集团、南京云锦研究所有限公司、苏宁环球集团、连云港市演艺集团、江苏在英国举办的"精彩江苏·走进剑桥"活动等。

2.民营模式。

即由民营企业根据自身需要和市场状态开展的,这些商业活动全部或绝大部分由企业自研市场、自主管理、自主经营、自负盈亏。目前大多集中的对外服务贸易、网络游戏、动漫、艺术品拍卖、工艺美术品贸易、民间演艺等方面。如苏州蜗牛、常州的卡米文化、渔夫动漫、久通动漫、宏图动画、南京咪咕游戏、连云港塔山湖草柳工艺品有限公司等。

3. 社团模式。

即由行业协会、行业组织或社会性的文化组织开展的文化交流和商业活动。一般都是具有世界性、区域性、行业性的特点,有世界一些行业协会组织和筹办的,具有一定世界影响力。如每年一度的世界性书展、印刷展、音乐节、戏曲节、文化节等。

4. 个人模式。

即由个人自主决策和施行的文化交流活动,或通过友好人士、友城关系、社会团体为媒介,以个人特长为基础开展的活动。一般可以通过旅游出访、开办企业、互联网交流等媒介来完成。如一些民俗文化交流、学术交流、民间工艺品交流、非物质文化遗产项目交流等。

5. 综合模式。

即由各类体制的机构、企业和团体,甚至个人共同来完成。一般实施于大型综合性的拓展市场行为和海外文化交流活动。比如意大利米兰"江苏文化周"活动、德国柏林书展、英国伦敦书展等。

(二)主要机制

机制是表示一定组织机体内各构成要素之间相互联系和作用的关系及其功能。它就运行功能来分,主要包括组织机制、管理机制、运行机制、开发机制、激励机制、保障机制等方面;而就运行主体来分,主要有政府与市场机制、国有企业与民营企业机制、单位与个人机制等。

通过以上分析,我们不难发现:在我国,文化经营活动的主体比较复杂,既有文化企业,也有公益性的文化事业单位;既有受制于市场机制的有形手,也有国家公益文化推动的无形手;国有企业、股份制企业、民营企业、社会团体、文化事业单位都可能成为对接海外在市场的经济机体。在它们整体运行中,既有牵动一发动全身的机理,也包含各个构成要素的互动互补的局部运行,还包含着各构成要素都自成系统或各自都有的特定运行机制。各类机制相互作用、相互融合、相互交叉。就文化企业与文化市场而言,可以初步解析成以下机制模式。

1. 政府主导型机制

政府主导型机制是代表政府权威和利益导向的一种文化交流发展机制，是有我国现行文化体制所决定的机制形式，也是我国拓展境外文化市场、开展对外文化交流的主流形态和机制。即主要由政府提出主张或创意设计，政府主导或引导实施，代表政府意志，体现政府权威，主要集中在国家政府间文化活动、政府部门间文化交流活动、公共服务类的文化交流活动等，这些活动的参与主体大多为公共文化事业单位、国有企业、国有控股企业和大型股份制上市公司等。它们占有绝对优势的公共文化资源和资金融资能力，可以全力整合大多公共文化资源，一般不计市场要素成本，注重社会效益，淡化经济效益。这里还包括政府派遣型、政府引导型、政府辅助型、政府委托型等派生模式。如国事海外演出、"欢乐春节·精彩江苏"活动等。

2. 市场主导型机制

市场主导型机制是一种以市场元素合理配置为基础的文化企业运行机制，是由企业根据自身发展需要而形成的运行机制，体现了市场供需状态、价格运行规律、经济效益成果和市场接受程度等。即由市场需求作为引导，企业依据自身情况和市场状态自主决策、实施、开发、拓展，是当下文化企业开展对外服务贸易、高新科技文化输出项目、动漫游戏开发等方面运用较多的发展机制。在资源整合方面，主要运用市场、人才、资金、技术等核心要素，需要在坚持社会效益和经济效益的协调统一基础上，进行比较合理的市场资源配置，产生一定的经济效益和社会效益。这里还包括资金主导型、技术主导型、人才主导型等派生模式。如江苏动漫、游戏产品输出项目、服务加工贸易、苏州蜗牛公司、南京咪咕游戏运行等。

3. 企业主导型机制

企业主导型机制是一种由文化企业自主生发的文化企业运行机制，是企业自身的主导业态为引领的，体现了企业自身的市场导向、主导产业、开发方向等，体现了企业自身在整个行业的引导和率先作用和功能。企业主导型机制的关键是企业自身的自信和实力、在行业本身拥有的地位和发挥的作用，以及开拓市场的能力。这里既有国有控股企业，也有名企业，他们能够整合的资源主要得益于市场和社会关联业态。如中国保利演艺集团、苏宁环球集团、江苏凤凰出版集团、江苏广电传媒集团和许多走出去的民营企业等。

4. 项目主导型机制

项目主导型机制是一种以具体项目或个性化平台为载体的运行机制。它借助一个项目或平台重新整合成一个项目组织构架,并通过协商好的组织机制、管理机制、运行机制、分配机制、激励机制等开展工作,体现了该项目和平台的市场效能和创新价值,以及各类市场要素集聚的可能性和可行性。待该项目实施完成后,机制自然终结。在资源整合方面,主要取决于项目价值的前瞻与创新,以及后期运行的成效。如盐城杂技团的《猴》剧商业演出、连云港演艺集团丝路行活动、常州的卡米文化、渔夫动漫、久通动漫、宏图动画等企业经营活动等。

5. 社团组合型机制

社团组合型机制是现代全面倡导的的新型市场拓展和扩大交流机制,也是一种利用整个行业资源、跨文化、跨区域、跨体制组合的市场开发和文化交流机制。它依托整个行业的国内、国外市场环境、发展状态和行业资源逐步形成的全域性的运营机制。在市场资源整合方面,可以利用整个行业或关联行业的市场、企业、人才、资金等,服务于企业、行业的经济发展。如都柏林世界书展、德国印刷机械展、友好城市文化交流活动等。

6. 综合混合型机制

综合混合型机制是现代江苏文化企业拓展市场、扩大交流的新常态机制,也是最常用的机制形式。混合型机制可以应用于大型文化交流活动,便于整合各类文化业态的市场元素和资源,共同走出去,拓展海外市场,开展海外文化交流。在市场资源整合方面,主要依托江苏文化的整体实力,运用调动政府和企业以及各个方面的资金、人才、技术要素资源,以及国有、民营、个体多个层面的市场主体,共同实施拓展市场,树立形象,融通人心。这一机制主要运用在苏州创博会、常州动漫周、南京文交会、无锡文博会和江苏海外文化周活动、意大利米兰世博会、韩国丽水世博会等。

七、完善文化企业拓展市场和扩大交流机制的具体思路和路径

国家"一带一路"战略实施以来,加快拓展我国的海外文化市场,精准讲好中国故事,实践民心相通工程是当下的首要任务之一。我们应该看到:文化

企业走出去是一个复杂的系统工程,在其运行过程中,各类市场、政治、文化要素之间相互作用,融合发展,各类工作机制相辅相成,优势互补。在"一带一路"战略视角下,从政府、企业和个人以及体制、机理和系统等多重视角来看待如何改进和完善企业拓展市场以及文化交流机制建设问题。具体构建机制思路和建议如下。

(一)构建思路

在"一带一路"的国际化视野引导下,坚持社会效益和经济效益协同的基础上,全面深化文化行政体制改革,调动国有、民营企业、社会团体和个人的力量,充分发挥市场、资本、技术、人才等市场要素功能,改进资源使用形式,强化资源合理配置,有效使用各类经济杠杆和文化市场机制,加快构建和完善江苏文化企业拓展海外市场、扩大文化交流的机制,树立"精彩江苏"新形象,推动江苏文化走出去、请进来"再上新台阶"提供有效支撑。

(二)具体路径

完善江苏文化企业拓展市场、扩大交流机制需要把握市场,明晰缺失,实事求是,精准发力。在现行市场条件下,进一步完善江苏文化企业拓展市场、扩大交流的机制,需要准确把控和理顺政府与市场、中央与地方、国有企业与民营企业、企业与员工等多元主体关系,注重相互之间的协调与优化,通过文化领域体制机制的改革创新,有效构建良好的适宜企业走出去的生态环境和人文氛围,全面推动市场、资本、技术、人才各种要素的有效集聚和合理使用,充分尊重"一带一路"沿线国家地方居民的文化习俗和偏好,尊重他们的法律和法规,遵循逐步理顺和用好各类机制,为江苏文化企业走出去拓展市场、扩大交流服务。

1. 改进文化企业走出去的组织机制

拓展海外市场、开展海外交流活动,首先需要明晰的承担任务的责任主体,是企业还是单位,是国有企业还是民营企业或个人?这就涉及项目或活动的组织机制问题。由谁来领衔,谁主办、谁主导,或是团队构架、具体分工,改进和完善组织机制首当其冲。一是,要逐步改变海外活动全部公益化的思维定式。要加快政府职能转变,从海外交流活动全公益化的思路中解脱出来。要逐步改变政府或公共文化事业单位主体包揽海外活动的公益化主导倾向,更新观念,对等思维,认同差异,实事求是,力戒奢华,务实开展海外文化交流活动。二是,要鼓励和创建新型的海外文化活动组织机制。政府和公益性文化事业单位要主动让位,善于让位于文化企业,让位于民营企业或社会团体,逐步使之成为拓展海外文化市场和开展海外活动的组织者和主办者。要善于整合地方文化资源,搭建组合式项目平台,联合区域文化企业和社会团体,以市场定位为主导,创新项目载体,明晰组织构架,改进现行的文化交流组织机制。要积极推动文化企业,特别是民营文化企业参与海外交流活动,借助政府的公信力,主动有为,创新发展组织机制。三是,要创新海外活动项目的组织形态。要针对地方文化交流活动的不同内容、不同场合、不同时间和不同契机,逐步改变政府包办文化走出去方式方法,特别是一些公益性强的文化交流活动,可以采取政府牵头、企业承办或协办;政府招标、企业投标与承办;政府倡导,企业参与或主办;政府补助,企业主导与承办;政府辅助,企业策划与主办等形式,借助市场力量和市场机制,培养和锻炼本土企业对外拓展市场、扩大交流的能力,提升水平,逐步成为活动的主角,承担起地方文化走出去的任务。四是,进一步发挥文化社团的社会组织功能。一方面依据中央的有关规定改革文化社会的组织体系,加快推进文化社团与文化管理部门脱钩,简政放权,强化文化社团的行业管理体系建设,提升文化行业社团的社会地位和组织环境;另一方面,要进一步发挥文化行业社团的协调组织能力和行业引领集聚功能,依托文化社团的行业或专业协调功能,搭建江苏文化走出去的平台,优化走出去活动的组织构架,弱化行政管理色彩,通过社会化的联合、融合,壮大社会团体的实力,发挥文化社团的行业或专业引领功能,逐步使得文化企业形成文化自觉和文化自信,主动有为,走出去拓展市场、扩大交流。

2. 改革深化现行文化行政管理机制

我国文化企业拓展市场、加强海内外双向交流历来就有,特别是我国实施对外开放国策以来。但是,我国文化产业自身特质明显,既要注重经济效益,更要注重社会效益,如何将经济效益与社会效益有机统一,如何将国内市场与海外市场有效对接,深化文化企业行政管理体制是当下改革亟待解决的问题。一是,进一步深化文化企业的行业管理改革。要进一步深化和落实中央行政审批制度改革,鼓励和倡导民营企业涉足更多的文化产业,凡是法律没有明令禁止的区域,民营企业都可以进入。要进一步明晰细化行政审批体制改革政策,依法取消部分文化企业的准入制度,如除了新闻影视播出、文物进出口等极为特殊的法律明确禁止的行业以外,均可允许文化民营企业和社会团体涉足,彻底破解制约文化企业走出去制度约束。二是,进一步深化文化企业和文化团体走出去行政审批改革。要逐步实现文化企业与其他经济企业走出去同等待遇。推动文化企业走出去,首先是人走出去,企业人员是文化走出去的基础,没有文化界人员的广泛交流,就很难有文化企业和文化团体走出去的成效。在我国文化企业人员走出去管理体制改革中,政府要逐步放开文化企业和文化团体人员走出去的行政审批。进一步减少文化管理行政公务人员走出去的数量,减少文化事业单位人员走出去的数量,鼓励和放开国有企业、民营企业以及文化个人走出去的审批,从体制和机制上改善文化企业走出去的生态环境,消除文化企业走出去的掣肘,从根本上便利文化企业走出去。三是,逐步改变政府文化资金包办海外文化交流活动状态。鼓励和推动文化企业走出去,资金是重要杆杆之一。现在搞海外文化交流活动,经费全部由地方政府出资,主要原因是政府组织的活动,代表政府开展的文化交流活动,政府必须拿钱;施行的单位和企业大多是国有文化事业单位和国有企业、或国有控股企业。民营企业很少能够介入或承办。似乎政府活动,政府出钱,变成了天经地义顺理成章的事。因此,拓展海外市场、开展海外文化交流改变这一思维定式非常重要。要提升政府资金的使用效能,一方面要加快转变政府职能,从政府办文化向政府管文化转变,由全部由政府主办向鼓励和倡导企业主办转变;另一方面善于改变管理形式,变政府包办海外文化交流活动,向政府引导、政府扶持、政府辅助、政府倡导等方向发展,使得拓展海外市场真正成为企业的生存之需和发展之要,开展海外文化交流活动成为文化企业、广大民众的自觉自发的文化生活和文化行为,强化民间交流,改变交流主体,适应市场机制,尽快改变海外交流活动全部由政府出面组织、包办全部经费的状态。

3. 完善改进文化企业经营机制

文化企业在实践过程中,由于自身的企业性质、运行体制、经营模式、合作方式等以及所处的不同行业、不同产业、不同业态,决定着自身在拓展市场、扩大交流方面采用不同的机制,以期达到走出去的目的。一是,改进文化事业单位走出去的经营机制。应该看到,文化走出去的关键是走到国际市场中去,走到"一带一路"沿线国家的民众中去,走到广大民众的心灵里去,而不是仅仅为了走出去而走出去,只是浮光掠影,做点冠冕堂皇的表面文章。文化演艺团体扎花钱堆维也纳金色大厅就是一个范例。国际上的文化消费大多注重个性化选择。我喜爱,我消费,灌输性的文化消费比较少。拓展海外文化市场,要在把握输出项目文化属性的基础上,注意把握项目的经济属性,尊重"一带一路"沿线国家居民的文化习俗和文化消费习惯,遵循市场经济规律。要注重把握国内公益活动机制和海外市场机制之间的差异性,拓展思路,拓展市场,在提升海外文化交流项目社会效益的同时,特别注重提升走出去项目自身的经济效益。要逐步完善事业单位走出去经济收益的分配机制,改进全部由政府承担的模式。二是,深化国有企业、国有控股企业的经营机制。国有企业、国有控股企业依然是居于江苏文化企业走出去和开展文化交流的中坚和主导。要落实文化企业改革成果,深化国有或国有控股企业的项目投资机制、分配机制和运营机制的改革,以走出去项目为核算单元,在注重社会效益的同时,大力提升经济效益。在项目实施过程中,可以采取经费包干制、项目版权分配机制、团队承包机制等的多种形态的激励形式,创新和完善适宜项目发展的运营机制,提升项目整体的效能,实现社会效益和经济效益的双丰收。三是,活用民营文化企业运行机制。要充分重视民营企业在拓展市场、扩大交流方面的功能和作用,特别是在开展公益性海外文化交流活动方面,进一步发挥民营企业机制灵活的优势,鼓励民营企业参与到公益性文化交流活动中。如通过税收减免、税收优惠、人才派遣、人才培训、人才入股、财政扶持、成长补贴等杠杆,扶持民营文化企业拓展市场,提高他们走出去的自觉和动力,激励他们主动走出去。四是,扩展改进现行文化企业自身经营机制形态。要针对文化企业走出去的难点和盲点,有针对性地为企业开拓海外市场、扩大交流提供配套和服务,改善文化企业生存状态,拓展企业经营空间。比如:政府可以为文化企业走出去提供文化市场信息、演出机遇、文化项目。还可以搭建公共服务平台、提供人才咨询和配套。或委托项目创意设计、给予资金补助等,要抓住企业运营过程中关键环节和关键要素,主动为文化企业提供工作服务和实施便利,降成本,补短板,促发展,改进现行文化企业运营状态和环境,推动文化企业经营运行机制的成熟和完善。

4. 用活海外交流投融资机制

资金问题一直是困扰文化企业发展的掣肘。拓展国际文化市场,开展海外文化交流,到陌生的市场,接触陌生的人群,还要融入陌生的文化环境,在加上资金困难,困难时可以想象。一是,要用活已有的文化引导投融资平台。要在现有的文化产业引导资金保障的基础上,专门切块,设立拓展海外市场的文化产业引导资金,鼓励文化企业走出去、请进来,开展"一带一路"文化交流活动。在原有的紫金文化产业基金中,设立文化企业走出去专项,力推重点文化走出去企业和项目,共担风险,共享成果。在原有文化投资集团的基础上,选择成长性较好的文化交流品牌项目,开展战略性投融资扶持,快速做大做强,运用市场杠杆,形成新型的运行机制,推动江苏文化项目的走出去、请进来。二是,用好地方政府的文化企业走出去投融资平台。要充分发挥江苏艺术基金管理中心的协调功能,全面规划和设计江苏文化资金的投向,制定扶持标准和扶持机制,针对有潜力的地方文化企业开展扶持。每年扶持一定数量的文化走出去企业,并根据企业的社会效益和经济效益决定最后的扶持程度,提升政府投入的绩效和水平。三是,搭建新型市场化投融资平台。要进一步借力市场投融资平台和投资机制,鼓励地方银行、担保公司、租赁融资公司深化对文化企业的投融资。通过动产融资、项目担保、税额融资等形式,为江苏文化企业走出去提供投融资便利。还可以设立市场化运作的文化项目交易中心、创意文化产品交易中心、版权交易中心、拍卖中心等新型文化投融资载体,开辟新型文化企业投融资渠道,搭建新的文化融资机制和平台。四是,用好江苏企业国际化基金。近期,江苏设立了苏企业国际化基金,财政出资 2 亿人民币,按资金 6~8 倍的放大系数安排授信额度,对企业对外投资提供融资支持。主要用于支持党和国家领导人高访签约及对外举措涉及到的江苏文化项目;具有比较优势的创意文化、动漫游戏、演艺展示重大项目和互动;提升我省企业国际影响力的跨国投资和并购类文化项目;国家级和省级境外文化园区建设项目;高度集聚文化产业人才和高新文化科技产品的项目等。五是,借力全省文化金融合作试验区的创建。要认真研究《江苏文化金融合作试验区创建实施办法(试行)》等有关文件,积极探索金融资本和文化资源的对接机制,着力解决文化企业特别是小微文化企业融资难、融资贵的困难,逐步建立文化企业走出去的投融资机制、文化企业中介服务机制和配套政策机制,化解文化企业走出去的金融短板。

5. 创新文化项目开发机制

谋划我国"十三五"发展的核心思路就是创新发展。当前,国际创意文化发展风生水起,这对于文化企业拓展海外市场、开展海内外双向交流是机遇也是挑战。我国文化产业自身特质明显,既要注重经济效益,更要注重社会效益,特别是如何将经济效益与社会效益有机地统筹起来,与国际市场机制对接,创新项目开发机制至关重要。一是,加快设立江苏文化走出去项目库。要有计划地设立"精彩江苏"项目库,统筹全局,把握方向,强化引导,用精彩江苏的丰富内容,引领江苏文化走出去的目的。二是,制定有效的项目扶持政策。根据江苏文化走出去的需要和文化交流的深入力度,制定相应的扶持政策,表明态度,公开透明,努力营造文化走出去的环境氛围,实实在在地鼓励江苏文化企业拓展海外市场,开发文化交流项目,用具体项目的落地和实践,达到走出去的目的。三是,明晰项目实施的责权利责任。要想有机地与国家"一带一路"战略对接,融汇贯通,协调共赢,具体实施文化企业拓展市场、扩大交流的任务,需要依照市场规律和规则来执行,明确项目实施的具体责权利责任和主体。要想开发一个好项目,天时、地利、人和,缺一不可。具体到一个项目,责任主体是谁?谁负责开发设计?谁负责运作管理?获益如何分配?谁享受多少成果?等等,都是需要逐项明确,落实责任主体。比如:针对一个具体的项目,可以采取政府辅助方式,给予一定的资金扶持,其他由企业自己负责运作管理,收益归企业和个人所有;也可以采取股份制形式合作,依照比例投入,共同管理,利益共享;还可以采取企业自主开发的形式,政府可以依据成果给予奖励,以奖代补;或项目全部由企业负责、运营和管理,政府倡导和鼓励。总之,通过适宜的项目开发运营机制推动文化企业走出去拓展市场。四是,用活人才使用机制。要进一步用好现有国有或国有控股文化企业中的文化科技人才,鼓励现有文化行业的高级技术人才到文化走出去企业去兼职和从事第二职业,创立自主品牌的海外文化交流团队和海外工作室,运用特殊文化人才自身的知名度和美誉度,创立江苏海外交流的地方人文品牌。

6. 引入海外文化项目的竞争机制

在拓展国际文化市场、开展海外交流活动过程中,激励机制、竞争机制的有效使用时非常关键的。文化企业要想真正实现走出去的目标,必须全面对接海外市场运行规则和国际惯例,全面引入市场激励竞争机制,精准对接海外市场。一是,要进一步开放文化走出去市场。政府一定要正确把控事业与企业、国有与民营、公益与市场等之间的关系,实现一视同仁,国有企业和民营企业同等待遇。可以看到,目前江苏的文化企业中80%以上是民营企业,而民营文化企业中其中90%以上是小微企业。这些企业规模不大,但覆盖了整个文化产业的各个行业,有着不可替代的功能和作用,是江苏文化走出去不可替代的力量。要破解国内文化交流方面的禁锢和束缚,正确处理公益事业和国民消费市场的矛盾,正确处理国有企业和民营企业行业竞争的矛盾,正确处理行业准入与国退民进的矛盾,确实做到市场面前基本人人平等。二是,进一步改进走出去项目承担方式。目前,我国大多数经济行业的体制改革业已完成。但就文化体制和机制而言,则相对滞后。文化对外交流中求稳、求全的思想一直主导着当前的文化企业拓展国际市场、开展海外文化交流活动。一般开展海外文化交流活动,普遍依赖政府,依赖地方公共文化事业单位,依赖国有企业来完成。民营企业很少涉足,或根本无法插足,这是一个普遍的社会现象。这类情况或多或少地制约了民营企业拓展海外市场,开发海外文化交流项目,应该逐步改革。比如海外会展、演艺商演、"精彩江苏"文化周等活动,除了文物类型的走出去活动外,应该在运行过程中引入招投标机制,每年对社会公布政府年度对外交流的时间、内容、地点、国别、规模等要求,保障民营企业的知晓权和参与权。要运用商业通行的招投标形式,鼓励和倡导全社会参与竞投,提前谋划,择优入选,引入竞争机制,倡导公正公开的竞争机制。三是,进一步改进文化企业走出去投入机制。拓展市场,扩大交流是经济行为,可以借鉴各类市场机制来完成。要拓展文化企业视野,发挥政府和市场两个方面的功能和作用,改变文化企业走出去的投入方式。比如可以围绕具体项目,运用BOT、PPP形式展开具体项目实施。由政府设计项目,推动实施,企业承担,资金共筹,利益共享。也可以由企业策划项目,政府与企业合作,共同运营,共享成果。还可以由政府发布信息,企业承担运作,依据项目收益状态,政府给予投入或补贴。通过竞争和激励,逐步改进地方文化企业拓展海外市场、开展文化交流的运行生态。

7. 构建海外项目实施的监控机制

促进文化企业走出去拓展国际市场、开展海外交流活动,目的是更好地全面树立中国的形象,提升中国文化的软实力。这一方面需要政府的鼓励和支持,同时,也需要进一步深化行政体制改革,建立合理规范的监督、控制机制。这将有助于文化企业健康有序发展,走得稳,走得久。一是,要建立健康的文化企业走出去行政审批制度。文化企业拓展市场、扩大交流,首先需要有一定的走出去能力和可以走出去的产品内容。它既受制于市场机制,同时,也涉及行业管理。要进一步深化、放宽行政审批的权限,下放行政管理权限,简化行政手续,鼓励文化企业走出去。比如文化演艺走出去审批事项可以下放至市县基层;文化企业公务出访可以下放到市级;凡是已经经过国内有关部分审批过的内容,除了涉及国家安全、宗教事务、特殊民俗文化内容等方面以外,一般无需再另行审批。二是,建立健全企业海外文化交流项目评估体系和制度。要依据国家对于经济项目的立项和管理模式,对于企业拓展海外市场、扩大文化交流的具体项目建立系统的项目事前评估、中期检查和后期审计的制度,把控质量,调节市场,用好资金。三是,设立"走出去"文化企业黑名单制度。对于文化企业中涉及企业信用、违反国家法律、侵权盗版,或切实为按照合同履行企业责任的,或实施政府委托或给予资金补助项目未能按时、保质完成任务的企业和个人,应该列入黑名单,不得再委派和委托其参与或承担政府文化项目,或政府委托、补助、托管的项目,依照国际通行规则管理文化企业。

八、结语

"一带一路"是我国对外开放的战略举措,而"五通"是我国"一带一路"战略核心价值理念,也是实践"一带一路"战略的具体抓手和有效落实。从宏观方面来看:在"五通"中民心相通既是"一带一路"战略实践的目标和愿景,也是中国文化服务国家战略的具体责任。文化企业如何围绕民心相通,拓展文化市场,扩大海外文化交流是现实需求,也是历史责任。从企业自身发展来看:步入新常态下的文化企业如何适应经济发展新趋势,提升自身的国际竞争力和影响力,需要运用国际化的视野重新塑造自身发展的目标,坚持运用创新、协调、绿色、开放、共享的我国"十三五"核心发展理念,拓展市场、扩大交流,采用适宜自身发展的国际惯例、行业通行的各类机制,拓展海外市场,扩大对外交流,破解跨文化、跨体制的制约障碍,实现中国融入海外市场的目标。

在文化企业拓展海外市场、过大文化交流的实践过程中,由于受到自身的企业性质、运行体制、经营模式、合作方式等不同,或是由于不同行业、不同产业、不同业态、不同产品的事项,决定着文化企业自身在拓展市场、扩大交流方面面临着不同的困难问题,采用与之相适应的不同机制,不仅在于明晰文化企业应该采取的各类机制和模式,关键是用活用好这些机制。在国家"一带一路"战略引领下,加快拓展市场、扩大交流是文化企业发展的新机遇和新挑战,也是我国"十三五"文化产业发展的新重点和新契机。只有全面深化江苏文化管理体制改革,积极搭建文化走出去发展的公共服务平台,全力提升全省文化服务水平,着力拓展文化企业走出去的发展空间,有效改善文化企业走出去发展的环境氛围,使得文化企业逐步从愿意走出去向敢于走出去、善于走出去方向发展,完成体制和机制的完美对接,为"精彩江苏"打造辉煌靓丽的国际舞台。

第十二章 "一带一路"建设中徐连同城化发展研究

一、引子

同城化是经济全球化和区域经济一体化的大背景下发展起来的,是我国区域经济协调发展的阶段性产物,已经成为我国区域城市整合发展、提高区域整体竞争力的一种有效手段。自 2005 年深圳首次提出"深港同城"发展以来,我国陆续出现广佛、太榆、西咸、沈抚、厦漳泉等同城化发展战略。江苏"一带一路"交汇点建设要求实现江苏区域协调发展,苏北地区的发展成为江苏"一带一路"交汇点建设的重点之一,而推进徐连同城化将成为苏北发展的突破口,更是江苏"一带一路"交汇点建设的重要发力点。

"同城化、一体化"的城市发展方式一直颇受关注,全国各地先后涌现一批"同城化、一体化"城市发展战略,有的站在新起点再次出发,有的更换了新装,还有的刚刚加入这些城市组团行列。在当前需求带动下,徐连同城化呼之欲出,徐连同城化要怎么做,需要遵循一定的原则及客观规律,尤其对其现实落地后的情况应该重点分析。

习近平总书记视察江苏,明确提出了江苏在国家"一带一路"战略中的新定位、新要求。江苏省政府关于《加快沿东陇海线经济带发展的通知》,明确了徐州与连云港两市是江苏服务"一带一路"战略的核心区和战略先导区,是新亚欧大陆桥国际经济走廊的重要节点城市。当前,打造具有江苏特色、以服务国家"一带一路"战略为目的的区域共同体——徐连同城化,应当是江苏充分发挥"一带一路"交汇点作用的重大举措。

二、徐连同城化是江苏对接"一带一路"建设的战略选择

1. 徐州与连云港是江苏对接"一带一路"的核心区和战略先导区。

　　徐州与连云港两市在江苏对接国家"一带一路"战略中具有独特的地位,这决定了它们是江苏对接"一带一路"的核心区和战略先导区。首先,在国家一委两部《推动建设丝绸之路经济带和 21 世纪海上丝绸之路的愿景与行动》的文件中,共建国际大通道和国际经济走廊被置于十分重要的地位,其中,新亚欧大陆桥建设又居于前列。徐连向西沿连霍高速或陇海兰新线可以出境到中亚,是江苏对接"一带一路"的重要突破口。李克强总理在今年 3 月的政府工作报告中,又明确提出把"一带一路"建设与区域开发开放结合起来,加强新亚欧大陆桥、陆海口岸支点建设。这就赋予陆上丝绸之路主轴线——新亚欧大陆桥国际经济走廊的东方起点城市——徐州与连云港两市在江苏对接国家"一带一路"战略中的特殊使命。徐州是江苏与外省及丝绸之路经济带沿线国家沟通的重要交通枢纽,素有"五省通衢"之称,南北向的京沪线和京沪高铁在这里停靠,有亚洲第二大铁路编组站、淮海经济区唯一的大型干线机场,也有在建的亿吨内河大港,同时,徐州正在构建粤苏皖赣四省物流大通道。同时,连云港也是海上丝绸之路东方航线的重要节点城市,是江苏地质条件最好的海港城市,是上合组织成员国通向日韩以及亚太地区的最便捷口岸,国家综合运输体系的重要枢纽,是上海国际航运中心北翼组成部分,更是江苏"一带一路"交汇点建设的核心区。徐连版块是江苏交汇点服务"一带一路"的战略区域,是江苏沟通"一带一路"沿线的重要枢纽城市。这种独特的区位优势,使得徐连两市毫无疑问成为江苏对接"一带一路"战略的核心区和战略先导区。

　　2. 徐连同城化是江苏发挥交汇点作用的必然要求。

　　江苏处于"一带一路"交汇点上,实际上就是"一带一路"的战略枢纽,而徐连两市是这个战略枢纽的战略支撑点。江苏的战略支撑点不仅有沿江经济带、沿海经济带,还有沿东陇海线经济带。江苏这三大战略支撑点中沿东陇海线经济带虽然战略地位极其重要,但又是经济发展相对薄弱地区,产业结构仍处于初中级阶段;同时经济战线拉的也比较长,两大主要城市之间距离达 200 多公里。省政府印发的《关于落实国家"一带一路"战略部署 建设沿东陇海线经济带的若干意见》中提出两个阶段性节点目标:一是,到 2020 年,使沿东陇海线经济带成为国家"一带一路"战略总体布局的新经济增长极,在对内对外开放大局中发挥更加重要的作用。二是,在量化指标方面,提出至 2017

年连徐两市人均 GDP 突破 1 万美元,至 2020 年经济总量超过万亿元人民币。2014 年,徐连两市人均 GDP 为 62991 元,经济总量为 5382.62 亿元;2016 年徐连两市人均 GDP 为,经济总量 8185 亿元;总体看距离目标还有很大差距。目前单凭连云港或徐州任一座城市作为战略支撑点是远远不够的,必须通过这两座城市的同城化,将两座城市的优势互补,形成连云港的港口和开放优势、徐州的产业和物流优势的叠加效应,增强两个中心城市共同体的承载能力和辐射带动能力,打造江苏对接新亚欧大陆桥国际经济走廊的战略支撑点,从而充分发挥江苏"一带一路"战略交汇点的作用。

3. 徐连同城化是江苏打造东陇海线经济带的内在要求。

日前,江苏省人民政府《关于落实国家"一带一路"战略部署建设沿东陇海线经济带的若干意见》出台,提出的目标是:"到 2017 年,沿东陇海线经济带区域综合实力和创新能力明显增强;到 2020 年,沿东陇海线经济带成为国家"一带一路"战略总体布局的新经济增长极,在对内对外开放大局中发挥更加重要的作用;到 2020 年,徐连一体化发展迈上新台阶,区域一体化合作机制进一步完善,促进东陇海经济带对新亚欧大陆桥经济走廊的支撑作用进一步提升。"实现这一目标要求,徐连必须要走出一条更具活力、更有特色的同城化发展之路。徐州作为苏北最大、最强的城市,对连云港发展的辐射、拉动和支撑作用尤为重要。一方面,连云港需要充分利用徐州市综合运输枢纽、区域性物流中心和货物资源的优势,拉近连云港与陆桥沿线内陆城市的时空距离,畅通沿线地区的人流、物流,提高陆桥通道运输能力和质量,更好地服务"一带一路"建设。另一方面,徐州没有海港只有内河港,开放型经济发展受限,进一步扩大东西双向开放需要连云港港口,迫切需要将连云港自由贸易港区的服务功能延伸到徐州,实现资源共享,打造徐州和淮海经济区最便捷经济的出海口,将连云港港口物流作为徐州物流大通道建设的必要补充。连云港和徐州亟需进一步合作,形成区域经济双核心结构,推进徐连双方互用腹地、港口资源,提升"一带一路"交汇点的服务功能。

三、推进徐连同城化的可行性

站在江苏作为国家"一带一路"战略交汇点的角度来看,徐连同城化不仅是十分必要的,也是可行的。其主要的有利与不利条件如下。

(一)徐连同城化的有利条件

1.徐连独特的区位优势为同城化奠定了重要基础。

第一,徐连地处新亚欧大陆桥东方起点,是新丝绸之路经济带的战略区域,拥有广阔的腹地,丝绸之路经济带沿线总人口 30 亿,市场规模巨大,有较好的发展潜力。第二,徐连地处陆桥通道与沿海通道交汇处,是国家"两横三纵"城镇化战略布局的重要节点区域,横向徐连是新亚欧大陆桥的东端战略节点区域,纵向徐连是国家沿海大通道的中间重要区域,徐连同城化直接关系到国家城镇化战略布局和国家沿海整体布局。第三,徐连地处环渤海与长三角城市群之间,更是环渤海、长三角城市群、长江经济带三角区域的中心节点区域,是三大经济圈沟通与连接的重要纽带,也是防止三大经济圈之间出现"塌陷区"的关键所在。第四,徐连区域地处鲁、皖交界区域,是省际合作的重要融合区。徐连区域是国家主要城市化地区中唯一没有省会城市的地区,一定程度上会存在政府各种政策的执行力不足情况,因此,徐连同城化应该是省际合作的重要突破口。更甚至,徐连对接"一带一路"战略徐州和连云港是新亚欧大陆桥经济走廊重要节点城市,是东陇海线重点区域,更是新丝绸之路经济带的重要组成部分,具有得天独厚的区位优势。陇海线,是跨越我国东西的交通大动脉,徐连向西沿连霍高速或陇海兰新铁路线可以出境到中亚、西亚乃至欧洲,是江苏对接"一带一路"的战略先导区。徐州是江苏与丝绸之路经济带沿线国家和地区沟通的重要交通枢纽,素有"五省通衢"之称,南北向的京沪线和京沪高铁在这里停靠,有亚洲第二大铁路编组站、淮海经济区唯一的大型干线机场,也有在建的亿吨内河大港。连云港是上合组织成员国通向日韩以及亚太地区的最便捷口岸,国家综合运输体系的重要枢纽,是上海国际航运中心北翼组成部分。徐州与连云港在江苏与"一带一路"对接中独特的区位优势、独特的交通与开放功能为两市同城化奠定了重要基础。

2.徐连同城化目标的独特性有助于同城化的实质推进。

一方面,徐连同城化不同于国内其他城市圈的同城化,徐连同城化目标不是简单地打造新的经济增长点,而是以服务于江苏"一带一路"交汇点功能为目标而形成的同城化。徐连同城化将使徐连两个城市发展"短处变长,长处更长",实现发展战略上的一个转变,即从完全竞争转向城市组团发展。实施徐连同城化发展,可以有效地降低交易成本,减少资源消耗,开拓共同市场,促进分工协作,在更大范围保护生态环境,从而提升徐连城市区域的竞争力,参与"一带一路"建设分工,通过重大功能互补,提升江苏对接"一带一路"建设的服务功能。为江苏"一带一路"交汇点建设提供必要的服务。另一方面,徐连同城化是不分主次关系的同城化,不同于其他城市圈核心向四周辐射的同城化模式,而是同一级别城市,互促互进的同城化模式。7月刚刚批复的《江苏省城镇体系规划(2015~2030年)》中,将徐州和连云港划归江苏15个大城市之内,未来徐连同城化发展是摒弃单一发展模式,采取城市组团发展模式,形成徐连共同体,增强徐连乃至整个苏北地区的发展活力,以徐连共同体的身份参与"一带一路"交汇点建设。三是,徐连同城化中存在着1+1>2的核心机制。徐连同城化并不是简单的同一化,不是两个城市合并为一,也不存在"谁吞了谁"的说法,而是经过资源整合、资源共享等措施,实现1+1>2的辐射效应,提升徐连为"一带一路"交汇点建设的服务能力。这种独特性,可以避免各自站位导致一些重要的合作难以达成共识的问题。徐连同城化目标的独特性有助于徐连同城化的实质性推进。

3. 徐连良好的合作基础为同城化提供了必要前提。

两个城市地域相邻,文化相近,相互认可度较高。早在1996年,省政府就制定了《江苏省徐连经济带规划》,支持建设一大批交通设施项目,为双方开展合作创造便捷条件。2008年徐州市政府和连云港市政府又签订了《关于进一步深化共建共用连云港口岸合作协议》,徐州和连云港进一步深化两市的战略性合作伙伴关系,致力于建立两市更紧密的合作协调机制,进一步加强以港口物流为核心的现代物流业的合作,创建两地优质服务平台,加大对连云港港口优势的宣传力度。这些为徐连同城化奠定了早期合作基础。徐连两市也开展了一些卓有成效的合作,比如徐州正在构建粤苏皖赣四省物流大通道,连云港口岸大通关建设不断推进,中哈(连云港)物流中转基地和上合组织成员国出海口基地建设正如火如荼,徐连客运专线建设正在推进,大大缩短了徐连同城化的前期准备时间。今年,徐州市政府召开的徐州现代商圈建设工作会议,再次强调加强与核心区城市的对接,提升商圈的综合服务功能和消费集聚能力;

积极对接连云港自由贸易港区建设,探索将连云港自由贸易港区的服务功能延伸到徐州,实现资源共享,这表明了徐州方面对于徐连同城化的认可,为徐连同城化奠定了了更深一层的合作基础。另外,产业互补为徐连同城化提供了更多的合作可能。近年来,徐连积累了良好的产业互补基础。形成以机械、建材、化工、食品为支柱产业,新医药、电子信息、环保设备为新兴产业,煤炭、电力、建材轻纺、冶金等为传统产业的产业体系,且徐州商贸物流发展较好。但是徐州没有海港只有内河港,开放型经济发展受限,进一步扩大开放势必需要连云港港口。同时,连云港以食品、石化、冶金、新医药、新能源、新材料、装备制造等为支柱产业,临港产业发展迅猛,具备中哈物流基地、国家东中西区域合作示范区等重大平台,但是现代物流产业发展距离"一带一路"交汇点建设要求还较远。因此,徐州的内陆物流商贸与连云港的临港经济发展互补性较强,可以互为动力,进一步开发互补产业,实现产业链同城。

4. 省级常态化协调推进工作为同城化提供了坚实保障。

《关于落实国家"一带一路"战略部署建设沿东陇海线经济带的若干意见》里对涉及两个市的各项事项力求体现倾斜支持,对两个节点城市的重点问题给予重点研究。从 2013 年起,省委、省政府特别针对苏北全面小康建设的薄弱环节,部署实施了"六项关键工程",集中力量进行补短补缺补软。对连云港、徐州两市重要领域发展提供了的必要支持。一是,加大基础设施建设支持力度,加快推进了苏北铁路网络的问题,正在加快推进郑徐客专、连淮扬镇、连盐铁路等项目,徐宿淮盐、徐连客专等项目已经取得实质性突破。二是,重点支持连云港产业集聚发展,对中石化等重大产业项目,省里在产业布局中给予大力支持。三是,全力支持连云港大物流发展,特别是在中华物流园重点项目建设方面,目前省里上报的 3 个项目中就有 2 个项目在连云港,对连云港的支持并不仅仅停留在书面上,在部分领域已经取得了实质性进展并且还将继续推进下去。

(二)徐连同城化的不利因素

1. 同城化规划缺失。

徐连同城化缺乏科学的专项规划和同城化标准,包括徐连两个城市的产业功能规划总体布局,如何避免恶性竞争、实现错位发展,徐连基础设施建设管理模式同城化、如何协调徐连之间的衔接落实问题,都缺乏统一规划和可操作的机制。徐连分工详细规划的缺失,将直接导致同城化项目涌到一处,无秩序推进,项目推进缓慢,项目能量释放不出来,不利于项目的最终落实。

2. 同城化体制不完善。

一方面,受现行行政区划以及考核机制的限制和约束,徐连同城化面临地方保护主义和行政壁垒两个障碍,在重要问题上难以达成共识。另一方面,由于缺乏成本投入分担机制和市场化投融资机制,徐连同城化发展如果按属地原则分摊建设任务和投资,则面临缺乏市场化运作,成为同城化难以推进的又一症结。另外,利益分享机制、激励机制的不健全,使得连云港港服务功能不强,竞争力低于周边海港,阻碍了徐连共建共用口岸的步伐。

3. 徐连之间城市带发育不健全。

实现徐连同城化,怎样将徐连双边更好地串联起来,枢纽显得愈发的重要。双城之间的邳州、新沂、东海作为相互联系的纽带,其力量还偏弱。信息化不足以完全胜任双城的联络工作。徐连之间的邳州、新沂、东海城镇功能还不足以支撑徐连两地无缝隙资源共享,纽带作用有待增强。

四、推进徐连同城化的对策建议

徐连同城化是为江苏"一带一路"交汇点建设服务的,徐连同城化是以江苏积极对接"一带一路"建设为契机为前提的,也是为江苏"一带一路"交汇点建设服务的。徐连同城化是推进江苏"一带一路"交汇点建设的重要环节。因此,推进徐连同城化服务"一带一路"建设必须充分理解徐连同城化的内涵,转变观念谋发展。以服务江苏"一带一路"战略交汇点为特征的徐连同城化,在其推进的过程中,我们的对策建议主要有以下几点。

1. 打造徐连独特同城化模式,按时间节点明确阶段性目标。

首先,明确徐连同城化的目的是服务"一带一路"交汇点,与国内其他城市的同城化所走道路是有所不同的。徐连同城化并不是简单的同一化,不是两个城市合并为一,而是实现优势互补,需要徐连两个城市树立这样的观念:收益是双方的,市场是共同的。在此基础上,依照协调机制,共赢发展,结成更为紧密的经济与文化共同体,实现1+1>2的辐射效应,提升徐连为"一带一路"

交汇点建设的服务能力。其次,徐连同城化应借鉴洛杉矶模式等成功经验,以"像一个城市却不是一个城市"为目标,在上一级政府(省政府)的主持下形成联动机制,建立一个平等的、超越双方城市的协调机制,在更高层面实现区域要素自由流动,实现优势互补、互促互进的同城化模式。在徐连之间实现同城化发展,最关键的因素是要确定一个推动力量,这需要由政府主导,建立一个超越双方城市的协调机制。因为徐连城市在自己的特色产业基础上,事实上存在一种继续演进的冲动和趋势。要让徐连在同城化进程中实现共赢,只能由政府推动,建立一个平等的协调机制,以此实现蜕变发展,最后在更高层面实现区域要素自由流动,尤其是人力资源自由流动。还要推动附着在户籍制度上的公共服务在徐连区域内逐步一致。再次,徐连同城化阶段应分为近期和中长期两个阶段,近期阶段为 2016~2020 年(十三五期间),目标是徐连同城化迈出实质性步伐,港口共建共用、城市轨道交通等一批重大同城化项目加快实施,通信共享等若干公共服务信息平台建成投用,商贸物流、金融服务、旅游开发、环境保护等领域公共服务实现同城化,实现徐连同城化规划统一、交通同网、信息共享、资源同体、金融同城。中长期阶段为 2021~2030 年,目标是徐连两城初步形成交通通讯同网、旅游同线、市场同体、环境同治的新格局,各市镇之间在城市规划、基础设施、产业发展、市民生活等方面完全融为一体。

2. 统筹编制《徐连同城化发展总体规划》,促进徐连两市无缝对接。

由省里统一编制《徐连同城化发展总体规划》(以下简称规划),规划提前介入,避免经济、社会资源的错配误配,发挥效用最大化。将徐连同城化发展放入江苏区域经济一体化以及江苏对接"一带一路"建设大局中加以谋划和推进。坚持整体规划理念,统筹协调两市各类规划,与"一带一路"、长江经济带、沿海开发、东陇海产业带发展、江苏"十三五"等重大战略部署对接,科学确立两市各区域功能定位;以加快重大基础设施和重要功能区的对接为突破口,促进生产要素合理流动,引导产业协调、联动发展,逐步实现基本公共服务均等化。另外,由省层面统筹,徐连来进行一场比赛,一场如何加强城市合作,推进同城化进程的比赛,比比大家对于《规划》的执行力,对徐连同城化的推动力,看谁落实得更好,执行力更强。通过领导与决策上移,成立省级领导小组,牵头抓徐连同城化工作,统筹制定总体规划并促进项目、协议等落实到位,促进徐连两市无缝对接。尤其对重点合作项目,详细规划时序进度、责任主体和保障措施,加强定期、不定期督查调度和考核评估,及时研究解决计划落实、项目实施中遇到的困难和问题,确保各项任务落到实处。

3. 加快徐连带上城市化进程,完善双城之间的纽带建设。

徐连同城化仅仅提升两个中心城市的功能是不够的,要健全徐连城市体系,优化徐连城市体系结构,充分发挥城市带在徐连同城化中的拉动作用。一要做大做强徐州、连云港两个中心城市,增强城市承载能力和辐射带动能力的同时,加快徐连之间小城市和重点中心镇发展,形成以中小城市为骨干、重点中心镇为基础的新型城镇化布局体系。具体地,建成"中心城市(徐州、连云港)、次级小城市(邳州、新沂、东海)、三级乡镇"这种上中下贯通,融汇成一个整体的城市带发展结构。二要完善徐连之间铁路、公路网络体系,增强徐连区域内外通行能力。以重要公路、铁路为支持,以农村站点为补充,通过徐连大物流体系建设,适应"一带一路"建设新要求。发挥徐连间城市带的主要功能——联络,实施"大公交"战略。一方面,加强次级城市(邳州、新沂、东海)与徐连两城的交通联系及三者之间的交通联系;另一方面,建立以次级城市城区为中心,环绕周边郊村的公共交通服务网络,增强城市的轴向拉动力,形成连接徐连的中间城市带地带。促进双城之间的城市带完全发挥出纽带作用,产生强有力的带动力,促进徐连城市的无缝对接。

4. 关注徐连同城化重点领域,做好同城化重点项目建设。

一是,以"一带一路"交汇点所需要的标准推进徐连交通、港口、信息等重大基础设施同城化建设。重点加快推进徐连客运专线建设、加快徐连运河建设、推进徐连物流大通道建设、建立政府和企业行会组织层面的信息交流平台等同城化项目。强化港口航道功能,整合连云港海港与徐州内河港资源,实现港口、航道的统一规划、建设、管理与共享,明确不同港的功能分工,加快推进徐连运河工程建设,实现连云港港与京杭运河连接贯通,拓展江海联运通道,大力发展海河联运市场,构筑经连云港进入长江干线的物流通道。构建徐连之间快速便捷铁路通道、完善徐连之间公路网络体系;加快连云港新机场建设,实现一类口岸开放,推动徐连机场联动发展、促进航空提档升级,增强徐连区域内外通行能力。紧紧抓住徐州获批国家物流标准化试点城市的重大机遇,加快徐州构建粤苏皖赣四省物流大通道建设,并加强其与连云港中哈物流基地、上合组织物流园建设的"无缝对接",加快徐连现代物流平台建设,完善综合交通网络,将徐连打造成新亚欧大陆桥国际经济走廊的重要物流节点城市。以集约高效的信息基础设施体系为重点,提升徐连区域信息化水平。"一带一路"交汇点核心区要求有较高的信息化作为物流大通道建设的基础,因此,必须突出信息一体化在徐连同城化建设中的重要作用,建立政府层面、企业行会组织层面的信息交流平台,率先实现信息共享、信息同城化。统筹规划徐连两市信息基础设施,推进基础通信网、无线宽带网、应急指挥通信网、数字电视网等基础设施的整体对接与融合。深化两市电子政务应用与信息资源整合,加快建设同城化信息交换与共享平台,强化统一的电子政务、电子网络、电子社区信息标准和规范建设。

二是,推动徐连共建共用连云港口岸。落实两市共建共用连云港港合作机制,构建成本投入分担机制和市场化投融资机制,按照"大通关"的建设要求,全面加强徐州与连云港海关、检验检疫等部门的合作,联手打造无障碍物流大通道。通过实施"互联网+港口"行动,推广应用信息网络等新技术,提升徐连港口共用的可行性;积极推进徐连通关一体化、贸易便利化,大力创建铁路和内河国家一类开放口岸,全面提高通关效率和服务水平。积极创造良好的共建共用政策和商务环境。加大政策扶持力度,大力改善物流条件,努力为从连云港通关的企业提供各种周到便利的服务,积极推行"属地报关、口岸放行"区域通关模式,提供绿色快捷通道,减少通关环节,提高通关效率,组建共享物流网络,降低物流成本。鼓励徐州企业优先选择连云港港进出口,积极推进徐连两地企业间的深化合作,特别是大力引导和推动徐州进出口龙头企业加强与连云港港口等单位的合作,通过签署长期合作协议,更好地利用连云港口岸综合优势发展对外贸易,推进徐连共建共用连云港口岸。

5. 实现徐连产业链同城,提升徐连共同体的产业竞争力。

在服务"一带一路"交汇点建设的统一要求下,统筹徐连产业发展规划,促进徐连产业优势互补、联动发展,共同构建结构优化、布局合理、各具特色、协调发展的现代产业体系。推进徐州国家高新技术产业开发区、连云港国家东中西区域合作示范区等产业功能区合作,促进徐连价值链上、下游自行对接,以横向并联对接为平台,以文化、社会等融合为主导再造、升级大产业集群。充分利用两市的产业基础优势,在继续扶持特色优势产业发展的同时,优先发展装备制造、电子电器、新材料、新能源、生物、物联网、节能环保等产业,推动"工程机械、食品、能源、煤盐化工、冶金、建材"等优势产业广泛开展国际产能合作。加强两市产业配套协作,延伸产业链条,促进传统产业转型升级,形成若干联系紧密、相互配套、带动力强的制造业集群。从而提升徐连共同体的产业竞争力,推进徐连共同体与"一带一路"沿线的产业合作。联合打造徐连先进制造业基地。突出徐州采矿、工程机械、光伏、物流、农产品加工等产业优势,推进连云港石化产业基地、精品钢基地和进口资源深加工基地建设。同时,积极推动石化冶金、装备制造等临港产业向高端迈进,培育壮大新医药、新材料、新能源等有基础、有特色的战略性新兴产业和现代服务业。加强徐连旅游产业发展规划衔接,整合旅游资源,统一旅游市场管理,共建旅游信息平台,共同打造旅游品牌,把两市旅游业融为一体,合作开发和打造"新亚欧大陆桥桥头堡"旅游精品线路,对接"一带一路"旅游产业。

6. 进一步创新机制,突破徐连同城化的障碍。

必须要打造徐连协同创新共同体,突破行业、区域界限,构建能最大限度地整合双方资源的"创新共同体",切实推动徐连同城化。一要推动徐州、连云港逐步实现基本公共服务对接共享,并最终达到统一标准,推进徐连公共服务的相互认定。重点在于产业政策、金融、户籍管理制度、劳动用工、通信服务、质检报告、人才资源等领域的相互认定与共享。产业政策"同城",在规划管理、财政体制、行政审批、城建项目统筹、城乡建设和社会管理责任等领域深化政府管理体制改革。推进同城化标准制订工作,加快建立两市统一的标准标志制度,逐步统一抽查规则和检测标准,尽快实现质检报告互认。二要建立公平的市场制度和统一的市场规则,在规划管理、财政体制、行政审批、城建项目统筹、城乡建设和社会管理责任等领域深化政府管理体制改革。对徐连两地企业在工商注册、税收政策、商品流通等方面给予同城待遇,鼓励企业跨地区经营。搭建金融、产权、人才、科技等市场同城化融合平台,推进社会信用体系建设;扩大金融服务边界,完善区域投融资网络,构建多元投融资体系。三要构建徐连人才同城机制,通过建立徐连人才资源共享机制,推进徐连人才政策互容、市场准入标准统一、资源共享、整体开发等措施,改善因资源分布差异所促成的弊端,并随着同城化步伐不断拓宽共建领域,促进人才共享发挥作用。做到"三化",解除后顾之忧,促进人才在徐连间自由流动。人才开发同城化,重点是加强徐连区域内高层次、高技能人才的交流、培养,逐步推动徐连区域内人才合作向纵深发展。具体措施可以积极开展人才的交流合作;建立若干高层次专家基地;开展技能人才的培养引进等。劳动用工一体化,重点是徐连两地城乡劳动者跨区域就业创业,同类人员享受同等的就业创业扶持政策,诸如统一创业扶持政策、共享培训资源、统一就业服务等,促进劳动力资源自由流动。社会保障一体化,重点是实现两地养老、医疗保障政策标准的一致和互联互认。企业职工养老保险逐步统一政策,实现待遇同城化;推进医疗保险在徐连区域内各定点医院的联网结算;保持复合式医疗保险费用结算办法与徐连各自政策的基本一致性;推进工伤职工的生活护理费的统一;推进各类保险关系的自由转移;统一城乡居民养老保险基础养老金标准,等等。

五、结语

总之,徐连地区同城化的现实基础良好,同城化的共同愿望强烈,可以说,徐连同城化是服务江苏"一带一路"交汇点建设的重要发力点。徐连同城化有效路径就是要更多地按功能、经济区划参与经济建设,解决徐连城市联盟、徐连跨行政区域重大基础设施建设等工作的主要障碍问题,通过基础设施同城化、产业链同城化、突破体制限制、人才发展同城化等有力措施,实现徐连相互间优势互补,拓展两地发展空间,激发 1+1>2 的效应,完善徐连城市功能,增强徐连共同体的综合竞争力,打造新亚欧大陆桥国际经济走廊重要节点城市,为江苏"一带一路"交汇点建设服务。

第十三章 "一带一路"视野下的江苏苏北城乡空间结构优化

一、引子

城乡发展演化的核心是城乡空间结构的合理分配和优化使用。国家在"十三五"经济社会发展规划建议中明确：优化空间布局，推动区域协调联动发展。江苏苏北位于江苏的东北部，地理位置适中，空间容量巨大，发展潜力无限，是我国沿海经济发达地区的不可多得的优质空间区域之一，如何合理配置和综合使用需要认真研究。

当前，江苏正处于全面决胜小康社会的关键时期，也是江苏落实"十三五"发展规划的开局之际，加快苏北城乡空间结构优化，推进苏北新型城镇化和城乡一体化进程，为江苏苏北保持绿色可持续发展优势和城镇化转型升级提供新的承载空间，引导城乡空间结构的合理优化，有序使用江苏苏北的现有空间，缩小江苏苏北城市之间和城乡之间的二元结构差距，对于促进苏北区域协调、绿色、可持续发展、决胜全面小康都具有十分重要的现实意义和历史意义。

当下，国际经济复杂多变，风险挑战和发展机遇并存，而我国经济改革不断深化，加快实施城乡一体化，增强全局性的经济社会发展新动能成为下一轮我国经济社会的新契机。特别是自"一带一路"战略提出以来，区域经济与国际经济的融合和成长成为新的发展趋势。现在研究江苏苏北城乡空间的优化，需要基于国家"一带一路"战略视野，合理谋划江苏苏北的空间布局的重构，优化区域经济、社会布局，积极参与江苏产业转型升级和重新分工，主动顺应我国"一带一路"战略、长江经济带战略、上海自贸区建设和江苏沿海开发战略等多重战略叠加机遇期，为江苏全面决胜小康社会提供保障。

二、苏北城乡空间结构发展现状

江苏历来存在着苏南、苏中、苏北的文化分类,由此带来了一定程度的经济社会发展差异,城镇化发展的速度和水平业已不尽相同。从历史发展来看,江苏苏北城乡空间结构经历了一个缓慢演进的过程。

基于传统历史文化和区域经济社会发展等历史原因,从 20 世纪 50 年代至 80 年代,苏北城乡空间基本保持较为稳定的存续状态。从 1979 年至"十二五"规划前,苏北城乡空间结构的利用逐步提速,伴随着区域工业化进程的加快和城市人口的快速增长,江苏苏北城乡二元结构问题逐步得到改善,城镇化率快速增长,至 2010 年江苏苏北五市的城市化率,除了 1996 年设立的宿迁市以外,都先后突破 50%;2012 年,宿迁城镇化率也步入了 50% 的行列,达到了 50.9%;江苏城市化率也从 2000 年 41.5% 提升到 2010 年的 60.6%,年均提升 1.9%,高出全国平均数值的 10%。国家"十二五"规划实施以来,江苏苏北空间结构的使用呈现新常态,逐步由粗放模式到集约模式演变;城市规模不断扩大,呈现组团式发展趋势,产业集聚、要素配置、绿色宜居、城乡一体化等优化特征开始显现,苏北城乡空间结构使用不断优化,要求也不断改变。特别是 2014 年江苏出台了《江苏省新型城镇化与城乡发展一体化规划(2014~2020 年)》,使得江苏对于区域内的空间结构利用更趋于理性和科学。苏北五市积极推进信息化和工业化深度融合、工业化和城镇化良性互动、城镇化和农业现代化相互协调,促进工业化、信息化、城镇化、农业现代化同步发展。

2014 年 12 月,习近平总书记在江苏调研时,第一次明确提出"四个全面"的总体布局。全面建成小康社会是战略目标,全面深化改革、全面推进依法治国、全面从严治党是三大战略举措。江苏要实现全面建成小康社会的战略目标,就必须推进苏北新型城市化进程,推进苏北城乡发展一体化,构筑切合苏北实际、彰显苏北特色的城镇体系,优化苏北区域空间结构,引导苏北城乡空间高效、集约、协调、可持续发展。

尽管如此,在决胜全面小康社会全进程中,苏北城乡空间结构优化依然存在着一些制约因素。特别是国家提出"一带一路"战略设想之后,江苏苏北从原有的江苏苏北区域演进成为长三角的苏北,中国中西部的苏北、长江经济带的苏北,以致中亚、东亚的苏北。多维度视角下,江苏苏北空间结构该如何优化补短板,需要从更大、更宽、更深的空间和维度中去考量。这是一个新课题。

三、苏北城乡空间结构优化面临的现实问题

基于"一带一路"战略视野下,可以看到江苏苏北空间结构优化过程中尚存在以下短板。

1. 城乡产业经济发展不够充分。

江苏苏北地处我国东部沿海发达地区,但是,在江苏依然处于工业发展的洼地。2015年,苏北五个直辖市国内生产总值分别为:徐州5 319.88亿元,增长9.5%;盐城4 212.50亿元,增长10.5%;淮安:2 745.09亿元,增长10.3%;连云港:2 160.64亿元,增长10.8%;宿迁:2 126.19亿元,增长10.0%。尽管苏北经济增速快于苏南、苏中的平均增长值,但是五市产值综合为16 564.3亿元,仅占全省国内生产总值的16%,而人口则占全省总人口的29.00%,整体经济社会发展水平处于工业化的中期,整体赶上苏南尚需时日。

2. 城市发展配套压力开始显现。

江苏苏北五市城市形成较早,文化积淀丰厚,城市成长的历史悠久。徐州、连云港、淮安等市建城史在2000年以上。即便是现代城市也大多在百年以上,部分较大城市的主城区人口压力偏大,交通、市政设施、城市配套、人口就业、教育、医疗、文化设施配套、污水处理、资源环境承载能力的矛盾逐步加剧,一些大城市病开始显现。特别是在现阶段快速城乡一体化的进程中,经济社会综合配套能力与一体化进程的速度不太匹配,市区和乡镇中心区域的发展配套压力开始显现。市区雨天看海的状况依然存在。

3. 区域性综合发展差异进一步拉大。

在全省共计有66个县市区域。从2015年经济发展总体水平来看,前10为全部在苏南;前45位中,徐州的大部分县(区、市)、南通市的全部县市、盐城的东台、大丰、连云港的赣榆区入列。其他苏北城市均排除在外。且最后一位与第一位的昆山市的社会工业生产总值相差15.5倍。最好的铜山区排列在15名。苏北市县人均GDP大多在6600~8200美元之间,除了盐都、东台、大丰、金湖、洪泽五个市县区人均GDP超过1万美元,其他全部低于1万美元。且,苏

北人均GDP最好的大丰市也只有12240美元,仍然比江苏人均GDP低1105美元,需要提升空间的还很大。

4. 城镇化发展质量和水平不够高。

苏北城镇建设用地开发粗放低效,城镇化总体滞后于工业化,且区域之间差异较大相比之下,苏北城市规模较小,区域城镇化密度较大,空间生态保护力度较弱。2015年,苏北第一、二、三产业结构调整为11.3∶44.9∶43.8,城镇化率达59.1%,同比2010年提高7.3个百分点,基本达到了苏中2010年水平,比江苏2010平均城镇化率低1.20%。整体而言,苏北城市化、工业化进程进入中级阶段。

5. 城乡空间发展机制性压力加大。

在整体发展过程中,苏北依然处在江苏实现全面小康的下段,机制性压力依然存在,整体性的扶贫攻坚任务依然严峻。这主要表现在苏北农村农民持续增收长效机制尚待加强,苏北农村空心化趋势依然趋紧;苏南、苏中和苏北城乡要素平等交换和公共资源均衡配置仍存在制度性障碍,公共资源的区域间均衡化配置问题急需解决;城乡经济社会发展综合水平与苏南存在较大差异,社会治理创新能力需要进一步加强。

四、苏北城乡空间结构的优化思路和对策

对接"一带一路"战略,决胜全面小康社会是江苏"十三五"必须交出的答卷,也是优化苏北城乡空间结构的出发点和落脚点。目标宏伟,任务艰巨,过程艰辛,需要有新思路、新举措、新路径。

(一)做好区域性的顶层设计,强化对苏北城乡空间结构优化的指导

1. 组织编写区域性"多规合一"的发展规划。

准确认识江苏苏北城乡空间结构发展实际情况,精准判断江苏苏北的空间发展水平和阶段性特征,以江苏组织编制《美好宜居新江苏建设规划》为契机,抓住"十三五"全面实现小康社会的目标定位,先行先试,从省级层面组织编制"多规合一"的《江苏"十三五"苏北区域性发展规划》,以苏北主体功能区规划为基础统筹各类空间性规划,推动苏北区域经济社会发展规划、土地利用规划、城市规划、生态环境保护规划等"多规合一",实现全区域一本规划、

一张蓝图,促进建立省、市、县(区)三级空间规划体系;牢固树立优化空间结构就是整合生产力的理念,坚定不移实施主体功能区制度,优化空间组织、明确开发方向、加强用途管控,构建大区域均衡、小区域集聚的科学开发新格局。

2. 坚持"十三五"规划中的"五大核心发展理念"。

要将我国"十三五"规划中的"五大核心发展理念"渗透到苏北城乡发展空间结构的优化过程中。一是,坚持创新发展。以城乡一体化的发展理念,破除传统城市化、城镇化的观念束缚,全面推进苏北空间结构的合理配置和优化使用。二是,坚持协调发展。均衡苏北沿海、沿东陇海线经济带与长江经济带等其他区域空间发展,加快推进城乡统筹、区域统筹、节点城市与周边城市统筹、经济增长点与增长面的统筹,用协调发展破解城乡二元结构和苏南、苏中、苏北发展不平衡的制约瓶颈。三是坚持绿色发展。把握苏北空间使用的可持续性,严格掌握区域性的城镇、产业、农村、生态、文化发展现状,及时纠正破坏空间的问题和短板,把握生态底线,优化生态环境,用绿色发展弥补过去城镇化的短板。四是,坚持开放发展。扬长避短。在江苏省内主动对接苏南,融入苏中,联通周边;在全国区域内,主动对接我国中西部、长三角和周边省区,站在全国看苏北,站在区域看苏北,确实谋划好苏北的空间使用结构,有针对性地用好苏北城乡空间的功能,有效释放苏北空间使用效能。五是,坚持共享发展,从体制上机制上破除城乡二元发展的传统模式,破除原有的行政壁垒和割地封侯的发展模式,破除城乡、城镇、社区发展不均衡的格局,以人为本,打造安居、适居、宜居的现代小康型空间格局。

3. 要全面贯彻落实"以人为本"的空间使用价值理念。

以建设小康社会为标准,全面落实习近平总书记视察江苏提出的"经济强、百姓富、环境美、社会文明程度高的新江苏"的具体目标,结合江苏经济发展的"一中心,一基地"建设目标,合理配置苏北空间功能,将功能性空间与社会空间、产业空间、人文空间、文化空间、生态空间等多种空间融合起来,综合考量经济、社会、文化、生态各类要素,在空间使用中统筹改善人居环境、治理生态环境、传承历史文化、彰显特色风貌、提升城乡功能品质等因素,建立城乡协调,城镇协调、城市协调、区域协调的新型苏北空间优化的新格局。

4. 全面落实和坚持城乡一体化空间优化的战略思路。

我国的空间开发利用经历了一个由城市化向城乡一体化转变的过程。特别是党的十八大以来,通过城乡一体化促进城乡空间合理、科学利用,可以加快破解现有的城乡二元结构,通过制度的力量、政策的引导、产业的推动,将城市的主城区、郊区以及郊县纳入到空间一体化的发展战略之中。用创新、协调、绿色、开放、共享的核心发展理念统领"十三五"苏北城乡空间发展道路,必须坚持苏北城乡一体化和苏南、苏中与苏北区域协调共进的基本原则,进一步加大城乡空间共享的发展力度,进一步加大统筹区域发展力度,进一步优化产业的空间布局,使城市和农村的发展都走上土地、资源、生态节约之路。特别是在决胜小康社会的目标昭示下,江苏苏北不能,也无法再继续走传统城市化发展的老路,必须用城乡一体化的发展思路缩短全面实现小康的进程。

(二)运用"互联网+"的思路,搭建苏北城乡一体化的新型空间网络构架

"十三五"期间,重新构架江苏苏北的发展空间,如何解决苏北城乡空间功能使用二元结构的短板问题是关键。因此,一方面是基于原有城镇的合理利用,另一方面需要因地制宜创新走出自己空间优化的道路。运用"互联网+"的思路,万物联通,联通万物,实现自身空间支点和功能网络的重构和再构,建立合理适宜的区域性城镇空间网络。

1. 要合理用好原有的城镇带、城市轴、中心城市等空间资源。

一是,依据国家和江苏的沿海大开发、沿东陇海经济带、沿大运河经济带、淮河流域生态经济带、沿长江经济带等空间发展战略构想,积极利用好原有的城镇空间,合理科学地使用原有城镇功能,坚持以人为本,提升空间的宜居性,不断改善区域生态环境,完善小康社会的各类经济、人文考评机制,实现城乡一体化共享发展的小康目标。二是,以连云港、徐州、盐城、淮安、宿迁等国家确认的城市发展定位,持续发力,保持定力,完善功能,发挥其核心区域基础设施条件好、空间利用效能高、社会管理成熟、人口承载能力强、社会公共资源充裕的领航作用,带动郊区和周边县(市)和小城镇的发展,形成星状、带状、点网状的中小城镇群,逐步拓展和优化区域性的空间,快速提升苏北空间的使用效能和城镇化程度。三是,充分利用江苏苏北县域城镇网络骨架,强化苏北县域城市的辐射、带动作用,加快改善县(市)区域经济、社会、生态承载状态,提升县域城镇对于产业、人口、环境等方面接纳能力,一方面进一步夯实苏北区域城市带、城市轴、中心城市等整体空间优化基础,另一方面,珠联璧合将现有的城市带串联起来,抬升现有城镇区域的空间利用水平,拓展区域城乡一体化的发展空间,从整体上完善苏北空间优化的基础。

2. 主动对接江苏在建的"十三五"交通、信息网络,重新构架空间优化的新支点。

一是,以江苏苏北高速公路、高速铁路、信息网络为基础,重新构架苏北城镇一体化网络,加快破解苏北城乡二元结构的短板。要依据"半小时物流圈"为依托,坚持宜居、宜业的发展思路,用互联网思维规划城乡一体化发展的新框架,加快构建中小城市群网络,促进苏北空间结构有效优化。二是,以苏北新增的高铁网络为骨干,着力推进"高铁一小时"生活圈,用现代集疏运手段,拓展苏北空间优化利用的新格局,借助现代运输方式破解走传统空间优化的套路,提升空间使用效能,搭建更加宽裕的发展空间网络构架。三是,充分利用江苏光网城市和光网乡村,以及"一村一品一店"新农村发展形式,结合苏北乡镇的产业特色、人口集聚和生态承载力大的优势,汲取江苏苏南空间利用的成功经验和国际空间优化点网理论,适时运用去大城市化的创新发展思路,精心构建新业态的中小型城镇,衍生城乡一体化的发展支点,以点带面,以点撑面,以新的支点合理配置各类资源和发展空间,实现苏北空间优化的"弯道超车",形成江苏苏北新的发展空间。如以徐宿淮盐高铁、连淮扬镇高铁、连盐通高铁、青连高铁、徐连客专专用线等高铁项目和徐州、南通、扬州等城市轨道交通系统建设为牵引,重新设计江苏苏北的空间使用布局,增加空间开发的支点,以点带线,以线带面,构架新的空间发展廊道,集聚产业,集聚人员,缩短苏北城乡一体化进程。

(三)以构建空间使用要素为纽带,合理提升苏北城乡空间使用的效能

决胜小康社会,江苏有明确的任务书和时间表。江苏在"十三五"期间还将坚持优化国土空间开发格局,促进城乡区域协调发展,要坚持以人的城镇化为核心,灵活设计空间开发模式,全面提升新型城镇化和城乡一体化的发展水平。要以创新、绿色、智慧、人文等空间使用要素为核心价值理念,打造一批和谐宜居、富有活力、各具特色的现代新型城镇,提高苏北城乡空间使用效能,加快推进苏北城乡一体化建设步伐。

1.进一步加快县(市、区)特色产业的整合。

要进一步发挥现有苏北的产业优势,以产业要素为空间集聚的纽带和基础,破解苏北二元结构的难点,有效对接"十三五"的"三去、一降、一补"要求,去产能,补短板,扬长避短,突出重点,深化产业供给侧结构改革力度,积极承接上游产业转移,吸引周边农业人口就近安居乐业,提倡和引导就地、就近解决农民工城市化的问题发展思路,疏导农民快速市民化带了的负面影响,进一步优化苏北城郊、周边卫星城的空间结构。要进一步优化苏北城镇、城乡结构中各种要素的"自组织发展",强化要素自我流动和合理流通,弱化二元结构带来的负面影响。比如重点推进徐州的邳州市、新沂市、盐城的东台市、大丰市、连云港的东海县、赣榆区、淮安的盱眙县、涟水县、宿迁的沭阳县、泗洪县等中小城市建设,做强区域性的领航产业,汇聚产业要素,形成空间要素的综合利用,带动空间结构的优化使用。

2.进一步加快对科技创新、文化、生态要素的整合。

要突出小城镇连接城市和乡村的纽带作用,借助科技创新、生态环境、文化资源等,建设各类特色小城镇。随着互联网、物联网以及现代物流业的融合,原有的生产方式、生存环境和存续状态都发生了变革,现在的经济社会发展存续空间被彻底打破。江苏在"十三五"期间预期打造100个具有地域特点的重点特色小镇。苏北区域城镇化相对滞后,同时,农村村镇开发也相对原始,可以借力村落开发不足的后发优势,强化空间使用的预期规划,借助特色小城镇建设实现空间合理利用方面的快速超越。一是,可以紧跟时代科技发展步伐,学习浙江乌镇、南浔古镇的建设经验,建设江苏苏北的智慧小镇、创意小镇、电商小镇、科创小镇、跨贸小镇、物流小镇的新型产业空间。二是,可以发挥苏北现代农业产业发展和环境优势,通过开发乡村旅游、农产品体验、电商交流、休闲养生等形式,整合资源,打造现代农业小镇、科技养殖小镇、生态养生小镇、旅游休闲小镇、体验休闲小镇等。如徐州新沂的瓦窑镇、岗头镇;连云港的双店镇、汤沟镇、海头镇、宿城、高公岛;宿迁的新河镇、临河镇、临淮镇、大兴镇、耿车镇等。三是,可以抓住江苏在"十三五"发掘和保护传统文化村落的契机,注重苏北地方文化资源的整合和利用,围绕地方文化特点,开发创意文化,保持生态传承保护,建设新型的创意特色文化小镇。比如徐州的窑湾古镇、淮安的河下运河古镇、盐城的安丰古镇、连云港的板浦古镇、南城古镇、金山古镇、宿迁的皂河古镇等。四是，可以加快推进美丽城乡建设，有效整合林业、水源、湿地、绿地等生态资源，加快构建健康的城乡水生态系统，完善城乡湿地、绿地、林地等生态廊道建设，围绕水系打造特色小城镇，为城市空间优化拓展铺平道路。

3. 要坚持以人为本的空间优化原则。

要坚守宜居宜业、生态优先、尊重自然、传承历史、绿色低碳的空间优化原则，依据资源环境承载能力，调整苏北城镇体系规划。决胜苏北全面小康，关键在全面，重点在人。优化苏北空间，一方面拓展需要空间存量，用好空间资源，要提升空间运用的质量和水平；另一方面也有"去产能，补短板"的必要。2016年4月常州土地污染事件是近期引人注目的一个公共卫生安全事件，深层次来看是政府在空间优化使用方面的一处短板。江苏苏北在对接"十三五"产能转移方面承担了巨大的责任，这是一个不可回避的问题。我们认为在城乡一体化空间优化进程中，需要进行综合考量。比如连云港的高公岛、宿城，濒临核电基地，去城镇化时不我待。而且，核电生产要求五公里的核应急区内尽量减少人居，减少和禁止大工业项目，这是世界上空间优化的通行法则。还比如连云港的徐圩街道、燕尾港、堆沟港被列为江苏省的石化基地和化工产业基地，生态条件不适宜再继续发展小城镇，要坚决调整空间体系规划。还有盐城的响水、滨海等沿海区域。要建立严格的环境风险防控体系，强化环境风险预警，真正做到以人为本、以民为本，减少事后处置的社会公共危机。

（四）深化城市空间管理改革，进一步理顺城乡空间优化的体制机制

对接苏北城乡空间优化离不开城市管理体制和机制的改革。如前所叙：江苏苏北的城镇化虽然慢于苏南和苏中，但是，对照江苏决胜小康社会各项指标，苏北的城乡一体化建设面临着诸多挑战。而产业要素聚集、农民市民化、生态环境保障、社会公共服务体系配套等方面需要跨越的障碍比苏南要多，而且，现有城市中的大城市病已经凸显。因此，深化城市管理改革势在必行，时不我待。

1. 采取分类指导原则，积极开展户籍制度改革，推进人力资源的空间结构优化。

要进一步对接国家户籍制度改革全面实现城乡户籍统一登记管理和外来

人口居住证制度,实现城乡基本公共服务均等化全覆盖。按照尊重意愿、自主选择,因地制宜、分步推进,存量优先、带动增量的原则,建立健全农业转移人口市民化的渐进推进机制,着力推进常驻人口公共服务均等化,逐步淡化户籍因素,根据城镇综合承载能力和发展潜力,以合法稳定住所、合法稳定职业或可靠收入来源为基准条件,因地制宜制定具体的农业转移人口落户标准,引导农业转移人口在城镇落户的预期和选择。

2. 采取城乡统筹原则,用足各类社会资源,推进各类社会资源的空间优化。

推进城乡"六个一体化",按照城乡发展一体化要求,改革城乡分割的经济社会发展和管理体制,持续推进城乡规划、产业发展、基础设施、公共服务、就业社保和社会管理"六个一体化",促进城乡协调发展和共同繁荣。要进一步完善农民工随迁子女、农业转移人口随迁子女、外地常驻人口随迁子女和城镇失业人员、进城务工人员、新成长劳动力等人群的社会公共资源均衡化,免费接受基本职业技能培训,实现城乡基本养老保险、基本医疗保险、最低生活保障和城镇保障性住房等社会服务的全覆盖,稳步提高现有城市基础设施和公共服务供给效能和水平,用公共服务资源的合理配置,引导产业转移,疏导居民集聚,提升城市空间和环境的集约效能,健全并不断完善农业转移人口社会保障体系,为空间的可持续优化奠定坚实基础。

3. 采取切实可行的政策,建设城乡一体化建设的补偿机制,保障苏北空间结构优化成果的落到。

要以人口服务管理、土地管理、住房保障、资金保障、城市治理、生态环境保护等制度改革为契机,进一步消除城镇化和城乡发展一体化健康发展的体制机制障碍。要精准明确各级政府各类公共服务中合理的成本分担比例,健全财政转移支付同农业转移人口市民化挂钩、城镇建设用地增加规模同农业转移人口落户数量挂钩机制,建立财政性建设资金对城市基础设施补贴数额与城市吸纳农业转移人口落户数量挂钩机制。积极探索建立政府主导、多方参与、共同承担的农业转移人口市民化成本协同分担机制,强化政府基本公共服务标准体系建设和支出的责任,落实企业依法缴纳各类社会保险费用和提供职业技能培训的责任,明确转移人口家庭和个人承担相关费用的责任,从源头上解决制约苏北城乡一体化的瓶颈问题。

4. 深化农村社会改革,加快乡镇空间资源整合,推进城乡空间资源的融通融合。

要精准深化乡镇层面空间结构的优化,以加快推进乡镇空间优化为切入点,增强苏北农村农业转移人口就业能力。健全城乡统一的就业制度,促进农业转移人口就业。加快县城和重点中心镇产业发展,积极开发适合农业转移人口的就业岗位,拓展农民就近就地的就业空间。要整合职业教育和社会培训资源,全面提供政府补贴农民职业技能培训服务机制,加快农村农民向农业工人、产业工人的角色转换。要以完善基本公共服务助推农业人口就业安居,保障城镇户籍的就业人员同等享有城市就业与创业政策扶持、信息咨询、培训指导、劳动人事争议调解和仲裁等服务,实现城乡劳动者同工同酬、同城同待遇。

五、结语

江苏苏北是江苏对接"一带一路"的主要节点区域,也是江苏实现全面小康社会不可或缺的地方,加快推进苏北空间结构的合理配置和优化使用时不我待。

当下,江苏苏北处于世界工业化中期,也是开展空间的合理布局、优化空间使用结构最佳机遇期。要坚定不移地围绕决胜小康社会的宏伟目标,坚持我国"十三五"的创新、协调、绿色、开放、共享的核心发展理念,牢固树立空间结构也是生产力的发展理念,因地制宜,扬长避短,分类发展,持续创新,深化和强化顶层设计管控,进一步优化空间组织,整合空间要素,明晰开发方向,加强用途管控,不断深化改革,坚守生态红线,全面优化苏北城乡生产、生活、生态三大空间布局,为构建一个宜居宜业、绿色生态的新苏北空间开发新格局而提供可能。

第十四章 江苏"一带一路"重要节点城市物流产业的重构和再造

一、引子

江苏徐州、连云港均为江苏苏北的重要直辖市。多年来,两地优势互补,协同发展,快速增长,取得了令人瞩目的发展成就。2015 年,两地国内生产总值为 7591 亿元,约占江苏省的 9.22%。2016 年,两地国内生产总值为 8185 亿元,约占江苏省的 10.77%,上升了 1.55 个百分点,而且增长速度也快于全省的平均水平,凸显出"一带一路"主要节点城市的领军作用,在我国"一带一路"中新亚欧大陆桥经济带上独领风骚,发挥了不可替代的产业带动的龙头作用。

自国家"一带一路"发展愿景计划发布以来,江苏积极对接,再次聚焦和提升东陇海经济带,出台了《江苏省人民政府关于落实国家"一带一路"战略部署建设沿东陇海线经济带的若干意见》,整合新亚欧大陆桥经济带上江苏的发展资源,助推连云港、徐州作为节点城市的经济全面一体化,进一步发挥龙头引领功能,带动江苏苏北经济的全面转型和振兴,以适应我国经济新常态和实践"一带一路"战略的需要,两市经济社会竞合发展,"一带双城"发展格局基本形成,双城共享共赢发展趋势成为必然。

交通物流产业一直是徐州、连云港竞合发展的主要抓手之一。江苏徐州五省通衢,对接中亚,是江苏联通我国中西部和周边省份,以及中亚的必经道口。连云港对接日韩,联通海外,是江苏唯一的海港和国家中西部和中亚重点出海通道。两地互为补充,不可或缺。特别是随着"一带一路"战略的落地和展开,构建江苏苏北"一带双城"的交通和物流网络体系愈加显得重要。近年来,江苏连云港和徐州抢抓机遇,联手重构两地交通和物流产业。2015 年 8 月 31 日,习近平总书记与哈萨克斯坦总统纳巴扎耶夫再次见证连云港中哈物流产业园扩建工程的签约仪式。同年 12 月,李克强总理代表我国签署了中哈两国政府间联合公报,将中哈物流基地建设列入其中。2016 年 9 月在杭州 G20 峰会上,中哈政府关注的哈萨克斯坦东门无水港建设正式签约,拉开帷幕。这标志着江苏"一带一路"上的"双国双园"建设项目正式落地。此外,两地都在用好"一带一路"上下功夫,分别开行了中亚、中欧班列,主动融入"一带一路"的互联互通。多年来,徐连两地无高铁的交通格局已经严重制约了东陇海经济带的发展。2016 年,徐连客专项目业已正式启动,并将在 2016 年年内开工,预计 2020 年,届时我国新亚欧大陆桥经济带将实现全程高铁。东陇海经济带物流产业跃入一个新时代。

二、从徐连一体化到"一带双城"的思辩脉络

1992 年 12 月 1 日,火车汽笛一声长鸣,新亚欧大陆桥首列集装箱班列从连云港始发,它标志着新亚欧大陆桥正式全线贯通。随着新亚欧大陆桥运营的正常化,专家们津津乐道大陆桥经济带的发展愿景,希望发挥徐州、连云港各自的经济产业优势,形成互联互通的徐连经济带,徐连一体化开始启程。1996 年,省委、省政府制定、出台了《江苏省徐连经济带规划》,经过几年的努力,规划中的大部分目标已经实现,尤其是在基础设施等方面取得了重大进展,为东陇海产业带的进一步发展创造了有利条件。

新世纪以来,国家提出了借助加快发展城市化、破解经济发展瓶颈的新思路,助推徐州、连云港两地城市化的发展进程。徐连一体化成为专家议论的时尚。为了加快推进徐连一体化,首先要从经济一体化入手,才能抓住牛鼻子。江苏省委、省政府认同了徐州、连云港两市的发展思路,确定将加快推进徐连城市一体化作为加快江苏苏北地区发展的战略举措和推进徐连区域竞合、均衡、可持续发展的关键措施。江苏省委十届五次全会作出了重要决策,东陇海产业带的发展提上了议事日程。2005 年 7 月《江苏省沿东陇海线产业带建设总体规划》出台,规划指出,东陇海铁路沿线地区是沿东陇海线产业带的建设区域。本区域包括徐州、连云港两个市区和铜山、邳州、新沂、东海四个县(市),目前正处于工业化中期的初始阶段。沿东陇海线产业带建设的影响区域包括徐州、连云港的全部市域和宿迁市的部分区县。规划目标是:到 2010 年,全区生产总值达 2 150 亿元,人均 GDP 达 27 950 元,城市化水平达 53%,力争城镇居民人均可支配收入和农民人均纯收入在 2000 年基础上翻一番以上。

2012 年 12 月,以习近平同志为总书记的党中央把握全球经济深刻变化,统筹国内国际两个大局作出了建设"丝绸之路经济带和 21 世纪海上丝绸之路"的重大战略决策,党的十八届三中全会对推进丝绸之路经济带、海上丝绸之路建设,形成全方位开放新格局作出重要部署。2015 年全国人大会议上,国家再次将将是"一带一路"列入重要议程,使之成为统揽我国近期对外开放和国内经济社会发展的总纲。2015 年 4 月,国家发改委、外交部、商务部共同发布了《推动共建丝绸之路经济带和 21 世纪海上丝绸之路的愿景和行动》。国家"一带一路"的战略构想逐步明晰,愿景计划日趋完善,作为全国经济发展的龙头江苏需要依据国家发展战略重新构架江苏发展的近期任务和远期目标。

2015 年 8 月 20 日,江苏省政府正式宣布,再次出台《江苏省人民政府关于落实国家"一带一路"战略部署建设沿东陇海线经济带的若干意见》(以下简称《意见》)。《意见》具有两个鲜明的特点:一是,将沿东陇海线产业带深化为沿东陇海线经济带,体现了从单纯的产业布局调整向区域经济整体布局优化的重要转变,将经济带范围扩大至以连云港、徐州为核心区以及淮安、盐城、宿迁等有着紧密联系更大区域,并相应增加了新型城镇化、扩大对内对外开放、注重环境保护等内容。重点在于发挥徐州、连云港的龙头带动作用,推进江苏苏北区域的均衡协调和转型发展。二是,充分体现《江苏省参与建设丝绸之路经济带和 21 世纪海上丝绸之路的实施方案》的原则要求,重申了"一带一路"实施方案中关于连云港和徐州两市的战略定位、重点任务、政策措施、目标节点等重要表述,又结合沿东陇海线经济带在区位、资源等方面鲜明特色,提出了涉及两市的若干共性任务和个性事项,并力求在政策和保障措施等方面体现倾斜支持的总体安排。"一带双城"的发展格局基本形成。

时隔十年,江苏省将东陇海产业带上升为东陇海经济带,这不仅是为了推进两地的经济一体化、适应国家城乡一体化战略的需要,更重要的是适应我国经济新常态和实践"一带一路"战略的需要,是落实我国"十三五"和"一带一路"建设的共享共赢发展理念,是两地城市经济社会竞合和自身发展的趋势使然。在该文件中,江苏提出了:打造沿东陇海经济带实施区域经济协调发展方面,还要求构建东陇海线城镇轴,做大做强徐州、连云港两个中心城市,促进苏北地区联动发展。可见在国家"一带一路"战略背景下,徐州、连云港作为新亚欧大陆桥经济带上的江苏省内重要节点城市,着力提升"一带双城"城市功能,发挥"一带双城"协同优势,构建"一带双城"发展新格局,成为江苏对接"一带一路"的必然选择。

三、东陇海经济带物流业发展步入新常态

物流产业是我国经济发展的基础性和支柱性产业,也是徐州、连连云港现代服务业发展的重中之重。在同城化视野下的东陇海物流产业亦步入新常态。

(一)"一带一路"对东陇海经济带物流产业提出新目标。

在比对原有的《东陇海产业带发展规划》和现在的《东陇海经济带发展规划》可以发现,在"一带一路"战略实施机遇期中,规划设定的目标有了新的变化。原有规划认为:"东陇海铁路沿线地区是沿东陇海线产业带的建设区域。本区域包括徐州、连云港两个市区和铜山、邳州、新沂、东海四个县(市),目前正处于工业化中期的初始阶段。"其规划目标是到 2010 年, 全区生产总值达 2 150 亿元,人均 GDP 达 27 950 元,城市化水平达 53%,力争城镇居民人均可支配收入和农民人均纯收入在 2000 年基础上翻一番以上。"时隔时隔十年,在"一带一路"背景下江苏省通过了《落实国家"一带一路"战略建设东陇海经济带的若干意见》。《意见》要求着力打造沿东陇海线城镇轴,做大做强徐州、连云港。提出至 2017 年,徐连两市人均 GDP 突破一万美元,至 2020 年经济总量超过万亿。重点是积极推进基础设施互联互通,加快新型工业化进程,打造沿东陇海线城镇轴,提升对内对外开放水平,构建绿色生态走廊,促进苏北地区联动发展,推动东陇海经济带成为"一带一路"的战略支撑区域。可见,在"一带一路"战略下实践东陇海经济带发展,必须重点推进双城的带上互联互通,大力发展现代物流产业,并为物流产业设定了新的、更高的目标定位。

(二)"一带双城"背景下东陇海经济带物流产业需要新定位。

正如我们在探论当下东陇海经济带发展时阐述的那样,徐连一体化的举措是历史的结果,现在需要从更高层级上开展两地的合作,确立"一带双城"协同发展区域经济价值理念尤为重要。特别是在江苏省人民政府的《若干意

见》中指出江苏将在地方参与国家"一带一路"战略中起示范带头作用。江苏省将从推进基础设施互联互通、加快新型工业化进程、打造沿东陇海线城镇轴、提升对内对外开放层次水平、构建绿色生态走廊、促进苏北地区联动发展这六个方面建设沿东陇海线经济带。这些都对未来该经济带交通和物流产业发展带来颠覆性的机遇,也相应提出了新定位。比如基础设施建设,苏北地区铁路建设将有重大突破,将构建快速便捷铁路通道,连淮扬镇、徐宿淮盐、青连、连盐、郑徐等铁路都在加快推进中。对于港口也提出了以强化港口航道功能、构建快速便捷铁路通道、扩大国际集装箱班列业务、完善公路网络体系,推动航空提档升级为重点构建综合立体交通网络,增强区域内外通行能力。在加快新型工业化进程方面,提出实施创新发展驱动战略,建设用好连云港国家东中西区域合作示范区、中哈物流合作基地等平台,建设新型制造业基地,发展服务业、优势农业。其中现代物流业也是首当其冲。打造沿东陇海经济带实施区域经济协调发展方面,还要求构建东陇海线城镇轴,做大做强徐州、连云港两个中心城市,促进苏北地区联动发展。构建与淮安立体交通网络的互联互通,推进与盐城沿海港口的协同互动,深化与宿迁腹地的融合发展。

(三)江苏省新规划明确了东陇海经济带物流业的新要求。

《若干意见》分别对连云港、徐州在交通和物流产业方面提出了要求。要求连云港将在完善出海口功能、深化中哈物流合作等方面实现新突破。连云港将强化港口能力建设,加快推进"一体两翼"组合港和30万吨级航道二期工程、30万吨级原油码头建设,争取到2020年港口货物吞吐量达到3.5亿吨以上。同时,年内启动中哈物流合作基地二期、三期项目,开工建设多式联运中心。加快推进哈国东门特区物流基地和新疆霍尔果斯物流场站的互投共建,形成"一园三区"链式布局。加大在中西部地区无水港布设力度,力争两年内实现沿线节点城市全覆盖。加密"连新亚"班列,年内增至每周5列以上。积极开行至中亚其他国家及欧洲的出口班列,探索开行重庆等中西部城市经连云港的多式联运班列,扩大中韩陆海联运甩挂运输合作,吸引过境货源向连云港集聚。徐州的定位是建设亚欧大陆桥经济走廊重要节点城市、淮海经济区中心城市、全国重要综合交通枢纽城市。充分发挥开发区在对接融入"一带一路"建设中的平台作用,高水平建设徐州经济技术开发区、徐州高新区、矿大国家大学科技园三大国家级园区,打造新兴产业集聚区和产城融合发展示范区。积极推进徐连通关一体化、贸易便利化,大力创建铁路和内河国家一类开放口岸,全面提高通关效率和服务水平。

《意见》还指出,打造沿东陇海线经济带发展目标以 2017 年和 2020 年为阶段性节点,到 2017 年,区域综合实力和创新能力明显增强,经济增长质量和效益明显提升,资源利用和生态环境明显改善。到 2020 年,经济带建设取得重大进展,对内对外互联互通能力显著增强,区域创新与合作体制机制进一步完善,绿色生态廊道建设取得重要进展,使沿东陇海线经济带成为国家"一带一路"战略总体布局的新经济增长极,在对内对外开放大局中发挥更加重要的作用。在量化指标方面,提出至 2017 年,徐连两市人均 GDP 突破一万美元,至 2020 年经济总量超过万亿。

四、重构和再造江苏"一带双城"物流业的发展思路与对策

(一)发展思路

把握"一带一路"战略机遇期,夯实"一带双城"东西联通网络,均衡区域资源配置,发挥各自区位优势,把握产业融合重点,竞合徐连两地物流产业,全力提升徐连交通和物流产业的运作效能和水平,重构和再造东陇海经济带交通和物流产业体系,实现"一带双城"交通和物流产业的协同、可持续发展。

(二)主要对策

随着国家"一带一路"战略的落地和江苏东陇海经济带具体实施的不断推进,东陇海经济带物流产业的发展面临新机遇、新挑战和新契机,需要确立新思路,运用新模式,采取新举措,实现新目标。

1. 加快东西联通,夯实"一带双城"交通和物流产业基础。

实践"一带一路"的前序是是互联互通,只有通道的联通才有物流、人流和资金的流动。加快东陇海经济带物流产业发展首先要构建内部畅达,外部联通的物流通道。一是,加快落实徐连水铁联运通道建设。提速徐连高铁项目,力争与沿海高铁、连淮高铁实施同步。尽早启动徐连运河通道建设项目,联通通榆运河、盐河与京杭大运河、洪泽湖之间的水运物流通道,形成苏北水运物流网络,实现水铁联运的无缝对接。二是,加快连云港铁路运输网络建设。提速实

施连云港至青岛、盐城、南通的沿海铁路和连云港至淮安、镇江、南京铁路线建设,改善区域交通和物流的基础设施状态。三是,加快完成徐州、连云港与江苏宿迁、山东、河南接壤处的高速公路运输通道,打通东陇海经济带与周边市县高速公路运输的"最后一公里"。四是,加快连云港新机场、徐州观音机场二期工程项目的建设,增加韩国、日本航班密度,开通中亚、东盟航线,打造"一带双城"物流业的快速通道。尽早实现东陇海经济带与中亚、东亚、东盟等区域的海、陆、空联运物流网络的重构,夯实东陇海经济带的物流产业基础。五是,增强连云港港口集团物流集疏运能力。可以选择徐州、西安、乌鲁木齐、阿拉山口、霍尔果斯等地,联合徐州大型物流企业,采取投资、入股、股份制、租赁等方式,建设内陆无水港、大型物流园等,充分发挥中哈物流园、上合组织物流园的综合效能,搭建新丝绸之路的物流大通道。

2. 做好均衡布局,重构东陇海经济带物流产业网络。

物流产业是服务于现代工业、农业的基础性产业,其基础设施投资大,周期长,效能低,因此,未雨绸缪,超前谋划非常重要。一是,要抓住此次东陇海经济带升级的机会,由两地政府牵头专门制定该经济带物流产业规划,做到开局有方、均衡布局、加快构建东陇海经济带与江苏苏北其他地方的区域性物流网络。二是,要牢牢把握徐连均在带上的发展思路,坚持差异化、集约化、共享化的基本原则,找出现有物流网络中的不足和问题,全面统筹东陇海经济带的交通和物流产业网络的新构架建设。三是,抢抓"一带一路"建设的机遇期,以新亚欧大陆桥经济带物流大通道建设为抓手,大视角、大思路、大构架地谋划东陇海经济带交通和物流产业发展蓝图,使得东陇海经济带物流产业能够快速融入国家"一带一路"战略。

3. 强化区域分工,做强徐连各自的特色物流产业。

现代物流产业是强调专业分工协作,做精做深特色业态。经过多年的发展,徐连两地的物流业在运输方式、运输货物和基础条件方面都存着各自的优势。因此,准确产业地位,细化物流分工是做强东陇海经济带物流产业的关键。一是,要依托连云港现代农业产业发展和中亚农产品稀缺、东亚农产品需求旺盛的发展势头,加快推进双城冷链物流网络建设,东西双向进出,深耕冷链物流业态;二是,加快发展集装箱物流业态,拓展门到门、多式联运、重箱往返业务,促进装卸、堆存、运输、拆拼箱、流通加工、配送、信息服务等功能集聚与整合,搭建海陆空联合运输物流网络构架,提高集装箱物流专业化、综合化服务水平,高效发挥集装箱物流效能。三是,要进一步抢抓"一带一路"、中韩自贸区、中澳自贸区,以及未来中日自贸区的发展契机,拓展商贸流通和进出口业务,依托连云港综合保税区,实现双城共享,异地认同,推进保税物流业态的大发展。四是,要发挥徐州五省通衢的核心地位,加快推进综合性的智慧物流平台建设,深耕物联网,做实和巩固徐州物联天下的战略地位,真正使徐州成为我国东部、江苏东北部的物流中心。

4. 加快产业对接,降低区域内外企业物流成本。

从产业对接和进出口方面来看,物流业效能最重要的功能就是减少商品销售中物流成本。一是,要加快推进东陇海经济带中各类产业的竞合和重组。针对江苏苏北地区各类产业发展状态和徐连物流商品的短板,提出具体指向的物流产业政策,优惠特色产业,放水养鱼,可持续发展,提升物流业的综合效能。二是,推进双城互惠,对于徐州东行的煤炭、工程机械、电子等和连云港西行的新能源、新材料、新化工、新机械等产业的产品,在运输费用上实现互为优惠,让利与区内企业。三是,着眼于进一步提高该区域制造业的国际竞争力,构建一体化运作的供应链物流服务体系,不断降低制造企业应用成本。四是,积极提高第三方物流企业在各制造业领域专业化服务的能力,开发第四方物流市场,为流企业提供互认通关、商品检验检疫、技术认证方面的便利,服务制造企业向全国拓展生产、销售网络,不断增强物流服务制造业产业结构升级、布局调整优化的功能。

5. 建设信息网络,搭建现代物流产业运营平台。

信息化是现代物流产业的基础,也是拓展现代交通和物流产业运营空间的基础。一是,要紧跟大数据时代物流产业的创新和创意,构建多级互通信息网络,增进物流服务精准化、智能化和数字化。要分步骤、分区域、分层次建设现代智能物流平台和信息化体系,适应大数据时代下的现代物流产业发展,全面提升现代物流业的总体水平及综合服务能力,逐步互联互通、服务世界的国际型物流信息服务平台。二是,大力发展"互联网＋现代物流",搭建P2P、O2O、O2P等形式的虚拟和实体物流平台,构建更加信息化、便捷化、智能化的电子商务物流体系。三是,拓展信息技术在企业应用的深度和广度。鼓励和支持企业广泛应用条码技术(BC)、射频技术(RFID)、地理信息系统(GIS)、全球定位系统(GPS)、快速响应(QR)、企业资源计划(ERP)、订货系统(EOS)及数据仓库技术(DW)等物流自动化技术和现代物流管理软件,实现物流作业的自动化和信息化、物流管理的专业化和高效化,全面提升物流企业的信息化水平及服务效能。四是,加快物流公共信息资源交易平台建设。加快网络化、智能化的公共物流信息平台建设,实现客户、承运商、政府机构、中介服务机构平台的互通互联。

6.共享物流园区,做大经济带物流产业整体规模。

做大现代物流产业,需要布局合理、功能多样、规模化的物流产业平台作为支撑,打造多元物流产业园区显得尤为重要。一是,发挥现有物流产业基地和物流园区的功能作用,实现区域共享,出台适应同城化的优惠政策,对于双城企业均实行"市民"待遇,消除区域物流壁垒。二是,鼓励双城各自物流企业参与、参股对方物流园区的运营和管理,融入物流园区的运行。比如吸引徐州物流企业投资中哈物流园、上合作(国际)组织物流园二期工程;鼓励徐州的大型集团企业参与连云港港口集团在哈萨克斯坦东门特区建立无水港项目;鼓励连云港物流企业投资徐州国际商贸物流园,通过投资和管理,深化双城合作。三是,针对各自的特色物流园主动对接对方的企业,政府可以借助已经掌握的企业物流信息,举办物流展会、论坛、洽谈会等综合性的活动,搭建互联互通的物流信息交流平台,牵线搭桥,助推物流企业上规模、上水平。四是,鼓励物流园区利用信息技术整合园区内部的业务流程,向企业提供物流信息发布、物流信息查询、服务信息查询、电子商务、安全认证、软件租赁等信息化服务,提升园区服务水平。

7.提速物流标准化,实现"一带双城"海陆空物流的无缝对接。

坚持"先行先试、服务全国"的原则,积极推动两地物流标准化建设工作。一是,支持江苏苏北五市物流企业、大专院校、研究机构以及相关行业协会积极参与物流国际、国家和行业标准的研究和制定,配合国家研制海铁联运等重要标准,推动物流作业服务地方标准走在全国前列。二是,大力宣传贯彻并组织实施国家物流园区、托盘等物流标准,结合本市物流重点领域和重点园区发展需要,大力开展物流标准化示范工程。三是,加快推进东陇海经济带的标准化合作试点,加强区域物流标准联合研制,逐步建立区域物流行业标准对接以及协调互认的工作机制。四是,不断推动政府物流信息平台的标准化,努力做到信息联通共享、数据兼容和格式统一,逐步形成与国际通行标准接轨的一体化监管平台。

8. 坚持两地共进,重构和再造"一带双城"交通和物流产业体系。

物流体系建设是一项长期的系统工程。一是,要用同城化的视野重新审视徐连两地物流产业的通道系统、商品系统、运输系统和物流管理系统,搭建双城共用的管理机制和互惠机制,便利区域性的物流产业开展经营。二是,要用同城化的视角看待双城的差异和不足,发挥"一带一路"的协作精神,树立正确的义利观,正确定位自身的发展,取长补短,互联互通,共建共享共赢,搭建双城物流的经营机制。三是,要用同城化的立场积极融合双城物流产业,同步推进两地物流基础设施进程,加快完善集疏运网络,协同共进,扬长避短,补齐短板,打造东陇海经济带物流产业的新格局,在造东陇海经济带物流产业运输新机制。最终,形成基础设施现代、输运网络健全、运输成本低廉、发展环境优良的东陇海经济带物流产业发展体系。

第十五章　连云港现代农业与"一带一路"建设协同发展对策研究

一、引子

国家发展改革委员委、外交部、商务部刚刚联合发布《推动共建丝绸之路经济带和 21 世纪海上丝绸之路的愿景和行动》,该愿景计划要求国内各地积极发挥比较优势,全面提升我国开放型经济水平。连云港位于新亚欧大陆桥的东部区域,也是江苏"一带一路"战略核心区和先导区,发挥自身现代农业优势,服务"一带一路"沿线省区和国家的农业发展有着当仁不让的任务和责任。因此,开展连云港现代农业发展中如何加强与国家"一带一路"战略发展的对接的调研,发挥区域比较优势,凸显区域现代农业特点,辐射沿线和周边区域现代农业发展,为带动江苏现代农业发展提供示范作用,均有着重要的理论意义和实践价值。

连云港是江苏现代农业发展的龙头区域。农产品出口位居江苏第三位,苏北第一位;现代农业的企业数量、农业科技发展水平和农业示范区的典型作用均在江苏居于前列。特别是在习近平总书记,提出"一带一路"战略构想后,连云港更是一马当先,主动对接"一带一路"战略的落地和实施,取得了卓有成效的工作。2013 年建成了中哈大陆桥运输货物中转分拨基地。同年,连云港被上海合作组织定为成员国共用出海口,江苏东进西出中亚市场提供广阔空间,连云港现代农业"走出去,请进来",步履稳健,起步早,见效快,外向型农业发展保持着良好的发展态势,稳居江苏前列,在海上丝绸之路的东亚区域和丝绸之路经济带的中亚地区均有一定的影响力。2015 年 4 月,经过农业部和江苏省农委确认,连云港农业国际合作示范区规划得以通过,连云港现代农业发展又增加了新平台,这将大大有助于连云港现代农业的"走出去"和"请进来",有助于连云港农业外向化、国际化、产业化、科技化和现代化。2016 年是连云港农业"十三五"计划开始启动之年,需要从国家"一带一路"的战略视角下重新认识和定位"十三五"期间农业现代化发展的战略导向,谋划如何实践习近平总书记提出的"四个全面"要求,牢牢把握带好头、领好向和率先在全国实现江苏农业现代化的战略定位,做好江苏现代农业的"排头兵",下好"先手棋"。因此,加强调查研究,总结成效,梳理经验,发掘路径,示范周边,主动对接国家"一带一路"战略和全面落实"十三五"农业现代化发展目标有着积极的应用作用和实践意义。

二、连云港与"一带一路"现代农业建设

(一)现代农业是江苏实践"一带一路"战略不可或缺的生产要素

农业是一切经济生产和人民生活的基础,农业产业一直是我国改革的重点和难点,也是世界经济发展的关键环节。国家在实施"一带一路"建设愿景计划中明确提出了:"拓展相互投资领域,开展农林牧渔业、农机及农产品生产加工等领域深度合作,积极推进海水养殖、远洋渔业、水产品加工、海水淡化、海洋生物制药、海洋工程技术、环保产业和海上旅游等领域合作。"因此,江苏作为国家"一带一路"建设的交汇点,必须重视本地现代农业在推进"一带一路"建设中的地位和作用,主动融入,积极对接,率先垂范,示范全国。

(二)江苏谋划"十三五"现代农业发展需要体现"一带一路"战略和实践

2016年是江苏"十三五"计划的开启之年,也是着力建设"富强美高"新江苏,全面实现小康社会的关键之年。建设"一带一路"交汇点需要各方添力,主动融入,江苏农业部门在发展现代农业产业时,需要前瞻谋划今后几年"一带一路"建设过程中,农业产业的担当和责任,在谋划"十三五"农业发展规划中,用国际化的视野,创新思考,率先奋进,在未来农业现代化的发展进程中体现现代农业融入国家战略的实践项目和具体举措,进一步拓展江苏农业的外向度和开放度,加快江苏现代农业的发展,提升整体发展水平。

(三)现代农业是全面实践习近平总书记"四个全面"方针的基础

落实习近平总书记提出的"四个全面"首先就是要全面深化改革。要坚定确立改革就是发展、改革就是创新的理念,以改革为切入点和发力点,破解江苏现代农业发展的难题。江苏是经济大省,但已经不是农业大省了。土地紧缺、环境变异、劳动生产率较低,已经严重制约了江苏农业的发展。加快江苏农业的对外开发,走出去发展农业,是发展江苏现代农业新引擎,也是江苏现代农业发展的新出路。农业是基础,是经济发展的基础,也是改革创新的载体和基础。

(四)实现江苏的现代化不能没有江苏农业现代化

江苏提出要在2020年,即"十三五"结束时候,率先在全国实现全面小康,其中也包括了农业、农村和农民的全面小康。实践"一带一路"战略,发展现代农业,推动现代农业产业的国际合作,按照优势互补、互利共赢的原则,促进江苏与沿线国家和区域在现代农业技术、农业产品、新型农产品物流、消费模式等新兴产业领域的深入合作,推动建立创业投资合作机制和体制。优化国际农业产业链分工布局,推动上下游产业链和关联产业协同发展,利用江苏现代农业发展,创新江苏自身的现代农业生产和营销体系,提升江苏区域产业配套能力和综合竞争力,将大大有助于扩大江苏农业与沿线国家相互开放,提升相互之间经济的契合度,推动区域农业的现代化和外向化,并加快现代农业的发展,共建绿色丝绸之路。

三、连云港现代农业发展现状

(一)连云港农业发展历史概述

连云港位于中国沿海脐部,江苏省东北部。云台山横贯城区,东入黄海,西连齐鲁,与沂蒙山脉一体。连云港主城区依山临海,山环水绕,山城相拥,山海联姻,为我国沿海所罕见,构成了"一体两翼""一心三极"的亲海环山的城市框架、发展规划和社会格局。

连云港市农业生产历史悠久。新石器时代少昊部落先民在此开垦山林,捕鱼围猎,造城居住,蒋军崖岩画的农耕文化图和藤花落遗址就是最好的佐证。至秦汉时期,稻作耕种、蚕桑养殖非常发达,于是,赣榆方士徐福东渡扶桑,开启了我国海上丝绸之路的滥觞,成为我国海上丝绸之路的拓荒者,也被日本当地人民尊为"稻作神""桑蚕神"和"医药神"。唐宋时期,连云港山海渔盐皆出贡品,云雾茶、淮盐、汤沟酒皆为皇家贡品,所获盐利独享半边江山,才有了"淮盐之利,三分有二"之说。明清之后至改革开放之前,连云港一直是江苏重要的粮食、棉花、油料、海产品、果品的生产基地。

连云港农业资源丰富,主导产业特色明显。西部岗岭、中部平原、东部沿海三大区域板块经济各具特色。气候条件优越,南北过渡的气候条件和地貌类型有利于多种农作物生长,是国家重要的粮棉油、林果、蔬菜等农副产品生产基地。海洲湾是我国八大渔场之一,也是我国主要的海洋历史文化富集区域。2011年国家海洋渔业局批准设立六个国家级海洋公园,海洲湾海洋公园位居榜首,且为江苏省唯一。淮盐具有"色白、粒大、味美"的特色,是海盐中的精品,自古就有"淮盐自古甲天下"之说。云台山居中国沿海脐部,是南北气候的界山,物种多样,生态适宜各种植物、动物生长。目前,连云港市建成了全国最大的紫菜生产加工基地、泥鳅养殖基地和全省最大的鲜切花生产基地,初步形成了以优质稻米、特色果蔬、畜禽水产养殖、食用菌、花卉等一系列特色产业,为宽领域、多层次地发展现代农业的资源保障。

(二)连云港现代农业发展现状

连云港农业开发历史悠久,一直是江苏农业发展的主要区域之一。

1. 三农基础深厚扎实。

连云港市是江苏传统农业生产区域之一,长期以来传统农业生产保持稳定,形势较好。2015年农林牧渔业总产值549.03亿元,增长3.7%,约占地区生产总值的25.4%。粮食丰产丰收,面积稳中有增,播种面积753.9万亩,比上年增加1.2万亩,总产362.15万吨,比上年增加2.82万吨。棉花种植面积为1.88万亩,年产量0.17万吨,均列江苏中游水平。四县全部为国家商品粮基地县,灌云、灌南达到省"吨粮县"标准。

2012年起。连云港市启动了新农村建设,有序改善农村基础设施和生态环境,深化农村综合治理,城镇一体化建设进程不断加快。2015年连云港市城镇化率为58.7%,比2014年提高1.58个百分点,适时城镇化率在江苏13个市中列11位。

新型农民培训计划进展顺利。全市农村每一个村都建有文化体育中心、村级农家书屋和文化室建设,农村有线网络村村通工程实现了全覆盖,智慧农村状态有所改善。每年还开展送电影、送科技、送文化下乡的"三送"工程,改善了农村的文化生活生态环境,农村文化惠民网络基本形成。

连云港休闲农业示范点和最具魅力休闲乡村建设成效明显。全市目前有星级乡村旅游示范区（点）点 40 多个，其中农村四星级旅游区（点）11 个，三星级旅游区（点）15 个，二星级旅游区（点）15 个。黄川草莓采摘、桃花涧赏花、振兴郁金香文化节等七条线路入选了江苏省休闲农业和乡村旅游精品线路。振兴实业集团有限公司等三家单位入选全国休闲农业与乡村旅游星级示范创建企业（园区）。鲜果采摘、农村民俗、现代农业体验、农业科技等旅游成为时尚。

2. 现代农业成效凸显。

连云港是江苏现代农业发展的龙头区域。农产品出口位居江苏第三位，苏北第一位；现代农业的企业数量、农业科技发展水平和农业示范区的典型作用均在江苏居于前列。优质稻米、蔬菜瓜果、畜禽、特色林果、水产养殖、食用菌、花卉等主导产业初步形成，高效设施农业面积超过百万亩，占耕地面积比重达 18.4%，建成全国最大的紫菜生产加工基地、泥鳅养殖基地和全省最大的鲜切花生产基地，培育特色农业生产基地 100 个、"一村一品"特色专业村 110 个。到 2015 年底，全市共有市级以上龙头企业 205 家，其中国家级两家、省级 41 家、市级农业龙头企业 166 家。2015 年，省级以上农业龙头企业实现销售收入 177 亿元，增长 18%。连云港市目前已建成两个国家级出口农产品质量安全示范区，一个国家级出口农产品加工示范基地，八个省级农业产业园区和三个省级外向型农业示范区，中国农科院在东海县设立了农业综合试验站，初步形成了特色蔬菜、优质水果、特粮制品、特色水产四大出口支柱产业，建成了蔬菜、紫菜、黄桃、草莓、泥鳅、海产、杂粮、淀粉、花生等十大大农产品出口创汇基地。全市有规模农产品批发市场 64 家，其中产地市场 38 个、销地市场 26 个，年交易量 600 万吨，年交易额超过 180 亿元。

3. 进出口额江苏第一。

连云港现代农业发展的特点之一就是保持进出口额保持高速增长，且一直位居江苏前列。2012 年，连云港市农产品出口额突破 4 亿美元；2013 年为 4.1 亿美元，2014 年约为 4.93 亿元，约占江苏省农产品出口额的 12%，占连云港市出口总额的 13%，占全国农产品出口的 1%，比西部四省区（山西、西藏、青海、宁夏）出口额总和还多 1 亿美金。2015 年以来，在全国、全省外贸形势严峻、进出口低位运行的大背景下，连云港市逆势快速增长，出口额稳居全省第一位。全市农产品进出口达到 15.5 亿美元,增幅 65.2%,位居江苏全省第一。

连云港市初步建成了蔬菜、水果罐头、紫菜、泥鳅、食用菌等 10 大类农产品出口创汇基地,其中国家级出口食品农产品质量安全示范区三个,省级出口示范区五个、示范基地 25 个,占全省 1/5,数量位居全省第一,形成了三个农产品出口企业集群,即以如意味之素食品、每日食品、汉华保税物流公司、银丰食用菌为龙头的 20 多家蔬菜加工贸易企业集群。以江苏泰同食品、江苏越秀食品、连云港金五食品、不倒翁食品为龙头的 10 多家淀粉、粉丝加工企业集群;以金喜食品、神仙紫菜为龙头的 10 多家紫菜生产加工企业集群;同时,还形成了不倒翁、雅玛珂等农产品出口品牌。全市有出口实绩的农业企业 145 家,其中出口额超 1000 万美元企业 9 家,海淡水产品、调味紫菜、黄桃罐头、速冻蔬菜等产品出口量全国领先。

4. 海外合作稳步推进。

习近平总书记视察江苏后,连云港市更是一马当先,主动对接"一带一路"战略的落地和实施,取得了卓有成效的工作。2015 年 4 月,经过农业部和江苏省农委确认,连云港农业国际合作示范区规划得以通过,连云港现代农业发展又增加了新平台,这将大大有助于连云港现代农业的"走出去"和"请进来",有助于连云港农业外向化、国际化、产业化和现代化。连云港农业合作示范区设立以来,连云港市与"一带一路"沿线区域合作进一步加强,在"一带一路"沿线建设果蔬、食用菌基地 21.6 万亩,产品经我市加工出口到日韩、欧美等地,促进了沿线国家和地区的交流与合作。农业"走出去"步伐加快,其中连云港海德益食品有限公司在柬埔寨菩萨省投资建设柬埔寨宝藏农业开发有限公司,占地 2300 公顷,种植木薯、腰果和热带水果。江苏雅仕保鲜公司在南非建设雪橙基地 1000 亩。驰神实业有限公司每年向韩国出口食用菌棒 100 万余株,并在韩国开办食用菌厂。连云港国鑫食用菌成套设备有限公司的装备在法国、南非、保加利亚、美国、乌克兰很受欢迎;沃田农业也将与智利、澳大利亚等国家的公司合作,建设蓝莓产业基地。

5. 智慧农业开始起步。

随着,全国"互联网 + 现代农业"的推广和实施,连云港市智慧农业开始起步,全市农业信息化服务覆盖率逐年提高。全市自 2014 年开始启动农业信息化基础工程,加快推进农业物联网示范应用,积极开展精准农业、智能农业等技术在农业生产经营中的示范应用,在原有的物联网应用基础上新增农业物联网应用示范点 22 个,设施农业物联网技术推广应用面积占比达到 13%。积极拓展惠农短信平台、农产品电子商务平台等功能,提升为农信息服务水平,农业信息化覆盖率 57%。农业、农村电子商务逐步提高,农民电商如同雨后春笋,快速发展,农民电子商务职业培训不断深入,农产品电子商务销售渠道不断拓展,通过电子商务销售的农产品比例也不断提高。据不完全统计,2015年全市约有农产品销售电子商务运营商和电子商务平台 1000 余家,年销售额约 10 亿元。

6. 东西开放优势独特。

向东,港城与日、韩的农业合作交流十分密切。1984 年,江苏省第一个中日合资企业江苏三得利食品有限公司落户连云港,之后,雅玛珂、味之素、不倒翁等一批知名日韩资企业在港城落户,在东海形成了加工淀粉的韩资企业集群;在市区和赣榆形成了保鲜蔬菜、紫菜的日资企业集群。近年来,港城每年组团参加日本东京食品展、韩国首尔食品产业大展等重要展会,带动了全市农产品出口贸易规模稳步做大做强,蔬菜、紫菜、泥鳅、水果、淀粉等农产品一直在日韩拥有较高的市场占有率。2013 年,连云港针对日韩的农产品出口约占全省农产品出口总额的四分之一,港城农产品出口近六成销往日韩,分别占江苏省对日、韩农产品出口的 23.4% 和 51.1%,均居全省第一位。

向西,港城与沿桥省份乃至欧洲也有紧密的农业合作交流。在国内,连云港市进一步加强了与"一带一路"沿线区域合作。在"一带一路"沿线的甘肃、河南、山东、新疆、湖北等地建设果蔬、食用菌基地 21.6 万亩,产品经我市加工出口到日韩、欧美等地,促进了"一带一路"沿线国家和地区的交流与合作。在海外,连云港市振兴集团与荷兰 TB 公司合资成立中荷花卉公司,致力于郁金香种球引进繁育、鲜切花生产及销售,在全球球根花卉业内拥有极大的话语权。东海桂柳家禽公司引进英国樱桃谷种鸭,建成苏北最大的种鸭养殖基地。连云港裕灌现代农业科技有限公司全套引进欧洲食用菌堆料和种植设备,建成国内科技含量最高、栽培规模最大、加工工艺最先进的双孢蘑菇种植加工基地。连云港丹育种猪场是丹麦落户中国的首个种猪养殖场,正在稳步成为国内养猪行业示范项目。特别是近年来,随着港口功能的不断完善和冷链物流的发展,大陆桥过境农产品、农产品加工出口份额逐步提升。作为国内最大的番茄制品出口加工基地,新疆年均从连云港口岸出口番茄酱约三万吨,且呈逐年增加趋势。甘肃生产的洋葱年均通过港城加工出口近五万吨,助力连云港洋葱加工出口创汇稳居全国第一。河南、山西、新疆、陕西等地通过连云港口岸进口的大豆约 130 万吨,货值近 10 亿美元。

四、制约连云港现代农业发展的短板与不足

综上所述,连云港现代农业经过 20 多年的发展取得瞩目的成就,产业效能逐步提升,市场机制逐步完善,人才积累逐步生发,现代农业的规模、技术、效能都走在了全国的前列。但是,伴随这我国"一带一路"战略的实施,农业的外向化、国际化、产业化、科技化、现代化将成为未来我国现代农业的发展走势,作为江苏现代农业对外开放的先行区和示范者,确实应该看到我们存在的一些不足和差距。

1. 缺少运作国际化经营的实战经验。

调研显示:在连云港发展现代农业产业党的过程中,现代农业的投资项目的"走出去,请进来"存在着不平衡。农业项目和合资企业中国外企业投资连云港的产业项目多,如种业、养猪、花卉、种植等;在"走出去"的项目中,贸易型项目多,种植、养殖、加工的生产型项目几乎是空白。具体开发项目中请进来多,走出去少,因此,地方企业缺少直接参与海外投资农业产业的经验,缺少直接到海外试水现代农业产业和开展国际化运作的经验,对海外投资地知之甚少。

2. 缺少国际化的农业科技人才。

现代农业必须是前瞻性较强的农业产业,科技人才不可或缺。就目前连云港现代农业发展来看,农业人才支撑主要依托国家、省高校的农业科技人才,本土农业科技人员非常稀缺。即便是有一些农业科技人才,他们对连云港本土发展的农业科技熟悉,而对外部农业科技则比较陌生,更谈不上到世界不同区域去发展现代农业,缺少国际化的农业科技人才。此外,随着农村青壮年劳动力大量转移到第二、三产业,连云港市农业劳动力在较长时期内将以妇女

和老人为主,总体文化素质水平较低。其中, 51~60岁劳动力占专职劳动力的47.5%,妇女占75.9%,此部分劳动力接受和应用先进技术的能力较弱,妨碍了连云港市现代农业专业化、规模化、标准化、机械化的发展,制约了地方农业整体发展水平的提升。

3. 缺少运作农业大项目的社会资本。

农业是长线投入,前期资金需求量较大。连云港现代农业中果木种植业、海水养殖业、农产品加工业等都是投入大、效益明显的产业,需要有实力的企业参与和加盟。而这些企业大多缺少到海外投资现代农业的意愿,不愿冒太大风险。特别是一些本土企业海外投资意愿不足。"走出去"发展本领较弱,因此,对接"一带一路"现代农业项目投资中缺少大量的敢于承担风险投资的主体,可持续性较弱。尽管, 2015年,连云港市成立了连云港农业发展集团,但是,这个集团的进一步开拓走出去的思路还需梳理,整体能力和发展实力还需进一步提升和壮大。

4. 缺少现代新兴的农业创意业态。

现代农业是一个宽泛的概念,并没有一定的界定,关键是看现代社会和市场的接受程度和接受速度。连云港的现代农业主要还是围绕着传统产业展开,是在原有基础产业上叠加科技,升级换代,缺少根本性颠覆的发展产品和产业链,没有能够研发和操盘创意农业项目的团队,创意农业项目比较匮乏。这也是制约连云港现代农业走出去发展的关键因素之一。

5. 缺少现代农业产业集聚发展平台。

农业是基础,也是长效投资产业,即便在现代社会也是如此。随着"一带一路"战略的不断推进,我们也发现至今我国很少在海外设立现代农业发展平台和产业集聚区,江苏双马化工在印度尼西亚的加里曼丹岛设立的农工贸经济合作区,也刚刚起步。连云港现代农业在江苏位居前列,依然未在海外设立农业产业园区。这是由于多种因素决定的,并非一日之功。虽然近几年连云港市现代高效农业有所发展,"走出去"投资开始起步,但现代农业生产的龙头企业数量少,综合实力弱,发展农业产业的带动作用还需要加强。

6. 缺少全国著名的农业产品品牌。

在现代农业发展中,连云港不乏全国知名农业产业,其中紫菜养殖、对虾养殖至今一直位居全国榜首,黄川草莓、沃田蓝莓、如意蔬菜、振兴花卉、东海花卉、灌南、灌云食用菌等农业产品叫响全国市场,但是,这些农产品只能说有一定的知名度和美誉度,并没有形成自己的独特著名商标和品牌效能,距离到海外生产和销售还有待提升。目前,全市有各类农业"三品"品牌1567个,只有出口品牌两个,即不倒翁和雅玛珂两个,均为外资企业,不是本土企业的品牌,省级驰名商标一个,即黄川草莓。没有国家级驰名商标。

7. 缺少对现代农业产业链的实践。

现代农业走出去必须走规模化经营、科技化生产、网络化营销的道路,需要形成集第一、二、三产业整合的自身产业链。就目前连云港的现代农业产业来看,整体走出去还待时日,还没有较大的地方现代农业产业的细化分工主体,缺少产业链上下衔接的经营主体,缺少明确的产业链实践经验和过程。

8. 缺少政府明晰指向的产业引导。

到海外去发展现代农业,是一个战略转变过程。一个国家如此,一个地区、一个企业更是如此。要背井离乡,离开自己熟悉的土壤,前期调研十分重要。这不仅要自身思维的涅槃,也需要外力的推进,这时候政府的正确引导十分关键。就目前现代农业对接"一带一路"建设中,政府对于现代农业产业走出去的细化和指导明显不足,依据国家愿景中我们可以看到行业指导,江苏和连云港还没有设立具体的内容,缺少具体的项目指向、区域指向和投资指向。

自2013年习近平总书记提出"一带一路"战略构想以来,为抢占先机,融入国家战略,国内云南、新疆、陕西、甘肃等20多个省区纷纷提出参与"一带一路"的规划和设想。相比而言,连云港农业的"引进来"和"走出去"发展在国内各地级市中也并非处于领头羊位置,连云港现代农业要快速和有效的对接"一带一路"农业开发,发挥示范带动作用,依然存在这一定的差距,同时,这些也对连云港现代农业的综合发展都提出了新的、更高的要求。

9. 缺少社会化的现代农业服务配套体系。

经过多年的努力,连云港市农业综合配套体系建设已具有一定基础,但由于缺乏统筹规划,投入不足,存在农业基础设施落后、抵御自然灾害能力弱、农业标准化和组织化程度低、社会化服务滞后、市场配置资源作用发挥不充分、农产品物流体系还不完善、金融保障体系建设滞后等问题,农业综合配套体系支撑能力无法满足新形势下现代农业的发展要求。

五、实践"一带一路"现代农业发展的路径和建议

针对连云港现代农业发展的实际状况和国家、江苏省关于"一带一路"建设计划中的农业产业重点,以及"十三五"期间江苏如何实践习近平总书记"四个全面"的具体指示精神,我们认为可以从理论和实践两个层面研究探寻适宜发展现代农业产业的新思路、新载体、新方式、新渠道和新路径。

(一)积极建设外向化的现代农业产业发展体系

1. 积极推进"六次产业"融合,深化现代农业生产机制改革;

伴随国家各项革的不断深入,农业改革步入深水区。农业土地扭转制度改革、新农村改革试验区扩容和农村流通体系改革等成为众人关注的热点。特别是当前我国农业生产承受着成本"地板"不断抬升,价格"天花板"不断下压的双重挤压下,农民种植获利空间有限,农业产能效益率低下,严重地制约了我国现代农业的发展,农业深度改革大势所趋。因此,积极推进第一、二、三产业融合发展,让农民享受到全产业链的增值,成为当下我国改革地方现代农业生产机制的重要抓手和引擎。连云港市应该瞄准国际市场,加快推进现代农业产业"六次产业"改革,逐步构建适宜现代农业产品的生产、加工、销售全产业模式,实现地方现代农业颠覆性的改变。

2. 鼓励农业企业"走出去",增强连云港现代农业产业机制的外向度。

对接国家"一带一路"战略,发展现代农业利用好资源是关键。当前我国土地资源开发利用受到国家红线制约,新增土地资源非常稀缺。发展现代农业一方面要利用好原有的土地资源,更重要的开发更多的土地资源空间。国家农业产业集团已经明确提出到海外去开发农业土地资源,这是一个极好的契机。"一带一路"国家国土辽阔,土地资源丰富,开发利用空间巨大。因此,关注海外现代农业的开发和利用是服务国家"一带一路"战略的支撑点。应该看到,连云港的现代农业的发展水平和发展程度都位居江苏前列,但主要集中在本地区域内,农业项目、企业和产品的外向度不够,国际性较差,呈现出"三多三少"的状态,即出口产品多,请进来开发企业的多,引进农业科技项目多,海外项目落地少,走出去的企业少,输出科技项目少。现代农业产业"走出去"存在

明显短板,现代农业的外向度和国际化程度较弱,必须扭转。

3. 梳理地方精特农业产品,加快特色产业链规划建设。

产业体系建设的重要一环就是产业生产体系,而现代农业产业链则是产业生产体系中的纲目,加快现代农业产业体系建设需要逐步建立健全完备的生产体系。产业链是现代工业经济发展的"提纲",纲举目张。一是,认真梳理连云港现代农业发展中的优势产业,寻踪觅迹,分类指导,制定地方现代农业产业链中产品生产、加工、商贸、物流的产业规划,整合资源,合理布局,提高效能。二是,注重发挥地方特色农业产业的现有优势,完善利益联结机制,整合特色产业链中的第一、二、三产业,推进特色产业链的"六次产业"融合,快速做大做强特色产业。三是,深耕现代农业中的特色产业链,对接"一带一路"沿线国家群体的消费习性和口味,在特色产品上下功夫,在产业链中间寻早商机。比如选择出口为导向的蔬菜种植、蓝莓种植、草莓种植、花卉种植、紫菜养殖、泥鳅养殖、海水养殖等现代农业产业业态,加快推进其生产、加工、销售、服务的行业整合,精耕细作,做大做强。

4. 建设多元化的产业载体,搭建现代农业产业开发平台。

发展现代农业需要依托其得以发展的载体,而在载体建设中,现代农业开发平台至关重要,这在国际开发中尤为显得重要。根据目前连云港现代农业发展实际,相机建设多元化的现代农业开发平台将可以加快推进现代农业产业集聚,做强做实产业基础,增强产业抗风险能力。一是,根据地方现代农业发展需要和实际状态,分门别类的建设产业依托型、企业带动型、基地示范型、园区集聚型、区域发展型等多元化的综合产业开发平台。二是,依托地方现代农业主导产业和资源优势,集聚产业链上生产、加工、销售等环节上的多个龙头企业,形成建设产业为依托的开发平台。三是,以地方特色现代农业龙头企业为基础,围绕产业培育和整合相关资源,配套和服务龙头企业,带动一批关联企业共享、共建、共同发展,搭建综合性的以龙头企业为核心的开发平台。四是,依据地域、地理、气候、物种、产业、技术、功能等不同的实际情况,有序建设特色产业基地,以现代农业产业发展的现实示范周边,带动群体,形成集聚,逐步搭建精专化的、特色明显的现代农业示范基地平台。五是,紧跟国家队的步伐,借力在海外设立现代农业发展综合开发平台,鼓励市内企业与省内、国家现代农业企业融通发展,建设在丝路国家落地的海外现代产业园区综合开发平台。六是,以区域经济发展状态、产业发展规模、市场运行机制、科技发展水平和群体消费习惯等要素为指导,建设系统的地区现代农业基础设施,引导企业集群投资和发展,搭建集约型的区域化现代农业开发平台。

5. 布局农产品储运设施,构建多元便捷的农产品加工物流系统。

在现代农业产业发展体系建设中,现代农业产品的仓储物流体系建设非常重要。当前,现代农业产品生产必须保证产品输送的便捷性、安全性和新鲜性,使得生产出来的产品能够第一时间进入市场,满足广大消费者的需求,否则,既有可能因为物流系统问题导致农业产品腐烂变质或品质下降,损害了生产者的利益,也有可能致使全部农产品,无法到达消费者手中,而不能实现消费价值。应该从市级层面加快布局全市性的农业产品仓储物流点,搭建与本市现代农业发展配套的仓储物流体系。在搭建发展现代农业区域性的物流体系时,要依据地区产品特点和产品流向,特别注重冷物流链的体系建设,使之成为了连云港现代农业发展的基础和保障。

6. 针对"一带一路"区域特点,建设差异化的现代农业生产机制。

农业生产与工业生产最大的不同就在于农业生产受到自然条件影响较大,气候、温度、土壤、水文、光照等自然生态都会直接影响到农业生产,即便是在连云港地域已经十分成熟的农业科技、农业种植品种、农业生产数据到了另外一个地方可能就不一定一致或适用。因此,到"一带一路"区域的发展现代农业生产或引进海外农业技术和农业产品到连云港生产都需要因地制宜,不能盲目发展。要尊重农业的客观规律,坚持差异化原则,有针对性的加强"一带一路"沿线国家农业产业研究,发展适宜这些地区的现代农业产品和产业,通过一段时期的实验和实践,逐步建设差异化的现代农业发展机制。

(二)全面构建国际化的新型现代农业经营体系

1. 加快培育新型农业经营主体,提升现代农业产业开发能力;

近来,国家全面深化改革,政策不断发力,各种文件频发,引导民营企业、个人创新、创业。特别是发布了鼓励农民工回乡创业的文件,引导进入城市的农民回到家乡,重新创业。事实上,现代农业产业已经不是原来的农业了,而是融入了市场、科技、人才、金融等多元要素的产业,要用新型的眼光和事业考量现代农业,运用工业发展模式运营现代农业。要敢于创新,善于创新,创新现代农业经营主体。一是,要抓住国家推进新兴产业、"互联网+""工业2025"等战略机遇,利用好国家实施和鼓励的这些产业的政策和机遇,实现多元产业叠加,培育现代农业开发主体。二是,要利用"互联网+物联网+现代农业"的发展模式,以网络龙头企业为核心,建设生产大联盟或生产合作社,搭建网上网下的生产经营机制,形成国际化的运营主体。三是,借力国家新能源发展机遇,建设太阳能、风能、水能的农业开发企业,将能源生产与现代农业结合起来,一方面解决了工业用地短缺的矛盾,同时,也解决了农业能源产生成本抬高的矛盾,搭建节能性现代农业企业运营主体。四是可以通过产学研挂钩,加快工业生产新机械、新技术、机器人技术等产业资源的利用,建设工业企业与农民合作的实验性经营机制,培育多样性的经营主体。

2. 推进农业运营机制创新,创新现代农业产业经营方式。

现代农业产业运营规模化一直是制约我国农业效能提升的关节点。农业产业发展是稳增长,调结构的重要区域,全面改革是大势所趋。近年来,社会和媒体一直关注高产贱卖、高产伤农的问题,这些问题时常引发社会焦虑。现代农业产业需要运用适宜市场的农业运营机制来运营,因此,改革和创新现有的农业运营机制就显得尤为重要。可以发展适度规模经营,创新现代农业经营方式,完善利益联结机制,利益共享,风险共担,既要保障农民生产的基本利益,也要充分调动其他市场经营主体的积极性。2015年4月,国务院下发了《关于深化供销合作社综合改革的决定》,提出了农村供销合作社要服务"三农",做到为农、务农、姓农,其中"务农"一项任务就是服务农业、农村和农民,强调在深化现代农业运营机制方面下功夫。

3. 注重区域内外农业资源统筹,提高农业产业化的集中度。

在"一带一路"现代农业发展中,如何通过各类农业资源统筹来提升发展水平,增强抵风险能力,共享、共赢,共同发展,就不要适度提高农业产业的集中度。一是,要按照行业划分,统筹产业资源,构建经济联合体、行业联合体和项目联合体,建立个性化的统筹机制;要整合连云港市现代农业发展的产业资源,特别是我市在全国有影响的农业资源,如现代种植业、养殖业、花卉业、海洋科技、养殖技术、农机资源等,形成连云港自创市场利益体,采取股份制、合作等模式,构建专项产业集团化企业,形成连云港自身创建的农业发展集团企业。二是,针对"一带一路"的国家,筹划针对性的项目,以项目为纽带,采用股份制、项目制等方式建立经营主体,建立和完善适宜的项目运行机制。三是,积极创建国家级、省级农业产业化示范基地、农产品加工示范园区和出口农产品示范基地,推进省级农产品加工集中区建设,引导农业龙头企业入驻,推动企业集群集聚发展。支持出口农产品企业围绕优势出口产业,建设一批产品外向化、基地规模化、技术标准化、管理规范化的出口农产品示范基地。四是,强化现代农业区域经济统筹协调发展,打破行政区域界限,实施跨镇村、跨区域联合规划布局,运用合理的农业产业设计,推动产业合理布局,保障农业园区的稳定性和持久性。五是,加大省级、市级"一村一品"专业示范村扶持力度,重点围绕蔬菜园艺、规模畜禽、特色水产、优质粮油、花卉苗木等特色农业,引导农业龙头企业建设优质农产品生产基地,加快形成一批 10 亿元以上县域优势特色产业,布局合理的乡镇市级农业园区,突出科技兴园,提升农业园区竞争力。

　　4. 完善现代农业信息化基础设施,加速"互联网 + 现代农业"的开发。

　　"互联网 + 农业"正处风口,吹来了机遇,也带了挑战。当巨大发展与产业升级的机遇扑满而来时,需要的不仅是农业信息化能够提供发展新动力和搭建的大平台,也需要我们的冷思考和热处理。在这个平台上,从物联网、电子商务,到乡村旅游休闲、农业产业开发等都将产生难以想象的变化。但是,至今依然存在着制约瓶颈,全国仍然有五万个行政村没有通上宽带,这就严重影响了现代农业的发展。一是,要加快实施连云港宽带村村通工程,在村部的农民集中区域,设立集中式的村级计算机服务中心,夯实农村信息化服务基础,搭建大数据公共服务平台。二是,可以充分利用"互联网 + 现代农业"的产业发展模式,创新思维,创新实践,发挥涉农企业、农民合作社组织、农业创业达人等群体的作用,让农业信息化应用的推广者,站在具有创新思维和创新要求的前沿。三是,将互联网和社会资本带入驱动农业发展的轨道中,促进农业生产的专业化分工,提高组织化程度,降低交易成本,优化资源配置,提高劳动生产率。四是,搭建现代农业智能化综合服务平台。要通过"互联网 + 现代农业",实现现代农业生产的便利化、实时化、感知化、物联化、智能化,为农村土地确权、农技推广、农业金融、农村管理提供精准、动态、科学的全方位信息服务,使之成为现代农业发展的新引擎。

5. 降低农业产业投资风险,推进工业企业投资现代农业产业的便利化。

农业产业发展要本着稳中求进的基本原则,特别是涉及农民土地、农村生产、农业资源的管理问题,都是一发牵动全身。近日,我国伐木个人在缅甸被判刑就可以说明这一点。但是,从另一面而言,现代农业也是缺乏资金,需要学习先进的管理技术和经验,需要借力工业企业发展现代农业产业,工商企业下乡也是现代农业产业是否能够快速发展的关键。因此,要超前研究工商企业下乡务农的政策,制定引导工商企业务农的指导性方针,认真研究工商企业从事现代农业生产的适应性模式、可行方法和方式,关注农村土地租赁、基础设施利用、地区环境保护等问题,提供可选择的适用方案,为工商企业放下身段、扎实务农提供便利。

6. 发挥农业产业社会组织作用,提升现代农业"走出去"的能力。

发展现代农业要依靠和调动农民自己的积极性,要更大程度的发展因地制宜的规模农业,要依托农民自身的发展思路和发展能力展开。要运用市场机制来调节生产,解决难题。在参与"一带一路"建设过程中,要适应海外农村的农业发展机制,进一步激发农民自主和自助创业的热情,积极推进连云港地方农村产业社会组织、行业协会、商会等与海外农业专业组织的对接和交流,鼓励多地产业组织的集聚和融合,扬长避短,共享共赢。要积极推进连云港本地农业产业组织的建设,集聚地方农业资本、人才和智力,抱团出海,共同发展,提升连云港现代农业产业走出去的能力和水平。

7. 深耕农业产品品牌建设,加快农产品国际化的步伐。

发展现代农业要注重农业生产的精专和规模,这是现代农业与传统农业的本质不同。一是,要特别注重农业产品的品牌效应和品牌创立。在目前连云港市现代农业发展中,已经创立了不少国际和国内知名的农业品牌,如紫菜生产中的雅玛柯、淀粉生产的金五等,产品行销世界,果木生产中的黄川草莓、沃田蓝莓、石梁河葡萄、灌南食用菌、花果山云雾茶等,基础农业中的东海花生、灌云棉花、平明大米等,但就,要想使得这些农产品走出去,树立起国际化的大品牌,步入国际市场则还有需要道路要走。一方面要夯实品牌发展的基础,建立健全生产的运行机制和管理体制。一品一策；要持续维护品牌产品生产规模，做大做强做实品牌生产，稳步推进，扎实发展。要逐步提升品牌的知名度和美誉度，特别注意处置生产中的突发事件，在风险防范中求的发展。比如 2015年全国的毒草莓事件。二是，要注重地方农业产业品牌的精特和规模。连云港现有农业品牌 1567 个，但是，就现代农业产业发展来看，则缺少规模化效应。要遵循国家关于农业品牌创建的设想，每个县不超过两个的基本原则，整合资源，集中智力，到海外注册特色农业品牌商标，化小为大，积弱成强，逐步扩展，试水地方农业品牌产业化的国际化。要大力发展无公害农产品、绿色食品、有机农产品和地理标志农产品，鼓励创建农产品品牌，促进品牌化经营，使得连云港市新增"三品"品牌数量位居江苏之首。

（三）加快完善现代化的现代农业科技服务体系

1. 搭建智慧农业开发平台，大力发展全市智慧农业。

应该看到，现代农业发展离不开农业产业的信息化，在现代大数据服务的时代里，智慧农业不仅已经成为时尚，而是应该成为可能。可以借力国家大数据的利用和开发，逐步建立连云港地方的智慧农业发展平台，将农业生产、农业开发、农业科技、支农技术、乡村旅游等与现代农业发展有关的内容纳入到全市的智慧农业开发和发展平台中，通过平台引导社会，引导农业，引导农民，引导现代农业的创新和发展。

2. 打通农产品对接市场的"最后一公里"，健全冷链物流系统。

要以连云港现代农业产业和产品为基础，以连云港外向农业贸易为导向，建立国内中心城市和东亚、中亚贸易主导区域的冷物流链网络。一是，积极推广现代冷链物流理念与技术，加大对全程冷链重要性的宣传力度，鼓励现代农业企业利用冷链物流理念与技术，在相关环节进行低温控制，实现生鲜农产品从产地到销地的一体化冷链物流运作。二是，适时搭建各类生鲜农产品冷链物流公共信息平台，实现数据交换和信息共享，优化配置冷链物流资源，为建立冷链物流产品监控和追溯系统奠定基础。三是，加强市场信息、客户服务、库存控制和仓储管理、运输管理和交易管理等应用系统开发，健全冷链物流作业的信息收集、处理和发布系统，全面提升冷链物流业务管理的信息化水平。四是，推广应用条型码、无线射频识别、全球定位系统、传感器技术、移动物流信息技术、电子标签等技术,建立区域性的生鲜农产品质量安全全程监控系统平台,实现全程可追溯的质量追述流程。五是,进一步确立以企业为主体的思路,加快冷链物流技术、规范、标准体系建设,完善冷链物流基础设施,培育冷链物流企业,建设一体化的冷链物流服务体系,通过这些措施来降低农产品产后损失和流通成本,促进农民增收,确保农产品品质和消费安全。六是,要以中哈物流园、上合组织国际物流园和开发区保税区为载体,加强冷链物流基础设施建设,加快农产品集疏运速度,减少生产环节,实现物流海外流动的便利化,提升农业产业服务水平。

3. 完善农业产业信息化网络,增强农业科技创新动力。

结合农业"三新"工程、"五有"乡镇农技综合服务中心建设,加快构建以公益性农技推广体系为主导的农业服务体系。一是,实施农业重大技术推广计划,发布农业主推品种、主推技术、主推配方肥、主推农药,确定水稻精确定量栽培、小麦机械条(匀)播高产栽培、重大动物疫病综合防治等重点农业技术。二是,加强镇村农业信息服务体系建设,对农业经营主体提供信息服务,全面提高农业信息化服务覆盖率,力争通过3~5年努力,全省农业信息化服务覆盖率达到97%。三是,加快推进农业物联网示范应用,围绕优势主导产业,推广应用传感、通信和计算机技术,促进信息技术与农业生产的融合,提升农业园区建设水平。四是,全力办好"12316"三农服务热线、连云港农业信息网《农家致富》手机报等平台,充分利用省"12316"农技推广服务短信平台,推广普及现代高效农业技术,惠农短信息农村用户全覆盖。

4. 强化农业基层科技人才队伍建设,提升农业智力支撑保障水平。

农村生产离不开农业科技,而使用农业科技离不开掌握这些科技的农民。一是,要认真研究现代农业的发展趋势,继续稳定县、乡镇、村三级农业科技员队伍,改革服务体制,转变服务方式,针对各地农业生产特点,指导农民开展现代农业生产,使之成为农民家门口的农业生产专家。二是,大力培养现代职业农民,实施农民技能提升计划,依据全市农业产业分布和农民执业状态,制定合理的培训计划,组织相应的农民参加职业技能培训,逐步提升农民的职业化水平。三是,抓住农村现代农业发展的方向,开展农村农业达人或农业生产"领袖"的培养,理清思路,引导生产,提升农民自身发展现代农业的自觉性和主动性。四是,要充分利用当地、当时、当代农业资源,开展如何发展现代农业的培训,请互联网、物流、金融、农业科技等方面的专家,深入村镇,讲授现代农业生产的专业基础知识,直接面对面的传授现代农业科技,让农民入耳、入心、入脑,引导农民开展现代农业生产。

围绕现代农业建设中的关键领域、薄弱环节,找准主攻方向,力争取得突破性进展。一是,开展农业科技特派员农技创业行动,出台政策,引导市、县区的农业科技人员深入农业、农村一线,领办、创办、协办科技型农业企业、家庭农场、专业合作组织,与农民建立"风险共担、利益共享"的利益共同体,开展创业和服务,培育壮大农业特色主导产业和新型经营主体,促进现代农业发展。二是,抓好实用人才培养。加强与高等院校、科研机构以及国内大型农业企业集团联合,分类分层次对农业龙头企业、合作社负责人和中青年科技骨干、经营管理人员进行培训,加快培养一批农业高级经营管理人才。大力培养现代职业农民,形成培育新型职业农民工作的常态化。

5. 巩固农民普法教育成果,加强现代农业法律和法规的普及和推广。

全面依法治国是中央提出的"四个全面"的首要任务。发展现代农业,特别对接"一带一路"现代农业建设,提升现代农业经营者和企业法人的法制意识是非常关键。2014年发生的韩国毒大蒜事件和2015年在国内出现草莓事件都引发了许多联想和教训。要加快实施农业普法工作,结合江苏"十三五"普法计划,普及现代农业的法律法规,巩固农民对于维权和遵法的基本意识,学习法律,敬畏法律,执行法律。要在进一步推进农产品"三品"认定的基础上,推行现代你而已生产的标准化、法制化,依法生产,依法开发,依法出口。

（四）有效做实科学化的现代农业支撑配套体系

1. 加快制定各门类农产品技术标准,逐步建立标准化生产指标体系；

开展现代农业标准化体系建设是我国发展现代农业产业的必由之路,无捷径可走。制定农产品的个性化技术标准,逐步建立标准化的生产指标体系是关键。一是着力推进全市现代农业标准化体系建设。目前连云港市已经制定了省市农业地方标准37个,在七个省级农业示范区内推广农业产业标准化技术,取得了一定成效。但是,比照国际上的农业产业标准化进程还有较大差距。下一步要瞄准国际标准,紧跟国家标准,在标准化生产的具体落实方面下功夫,全面推行现代农业产品的标准化生产,扎实稳步实践标准化生产,防止思想重视、具体操作上不落实的事件发生,建立健全连云港市级现代农业产品生产的标准化体系。二是,要进一步加快构建网格化监管体系。要依据标准化体系的建设要求,全面推广农产品产地编码和质量标识制度,实现农产品信息全程可追溯,建设连云港市级农业标准化信息服务平台,在本市省级农业园区全面推广生产的标准化,在粮食、蔬菜、果木生产方面建成产业标准化示范区,以点带面,以点示范,总结经验,示范周边,提升水平,以具体点推动面上的整体发展。

2. 加快建设布局合理、特色鲜明的农产品销售平台,全面布局农产品营销市场网络。

发展现代农业需要加快实施农产品的产供销对接,构建合理的农产品市场网络体系。一是,要抓住国家在全国布局农产品市场的契机,充分发挥连云港海洋捕捞和养殖的产业优势和连云港作为区域性的蔬菜、食用菌、水果、花卉出口基地的优势,争取设立区域性的海洋水产、花卉、食用菌等专业市场;二是,认真梳理全市的农产品市场构架,合理布局"十三五",建成一批布局合理、结构优化、功能齐全、制度完善、现代水平较高的产地农产品批发市场,优化全市农产品市场布局,提升农产品流通效能。三是,以市级以上农业园区为载体,发挥资源优势,建设生产、销售一体化的营销机制,建立原产地批发市场。四是,着力抓好农产品产销衔接,鼓励和引导产地农产品批发市场与农户、合作社、龙头企业、超市和销地批发市场合作,推进农产品直供直销,促进农产品生产与市场流通协调发展。五是,鼓励现有的批发市场加强基础设施改造和建设,提升市场内部农产品储藏、运输、保鲜、流通的能力,减少农产品损耗,调节淡旺季供应,提升市场服务现代农业的能力和水平。

3. 加强"一带一路"沿线国家农业状态调研,主动提供"一带一路"区域农业产业发展信息。

参与"一带一路"沿线国家的现代农业建设,掌握建设需要的精准和全面的信息是对接"一带一路"战略,发展现代农业的关键。一是,要进一步加强对"一带一路"沿线国家和区域资源状况、地理气候、农业产品、国内需求、开发项目、法律法规等方面的综合研究,选取适宜连云港现代农业开发的区域和项目发展现代农业。二是,重点抓住连云港现代农业开发的重点来研究。如：走出去开发什么项目、农业产业开放趋势、同特定国家的现代农业需求和发展难点,特别是连云港市比较擅长的现代农业发展方向,如海洋养殖产业、果木产业、花卉产业、设施种植业的等,对接开发丝路区域农业资源。三是,要进一步发挥连云港现代农业产业优势,针对不同区域开展研究。如针对日韩,重点研究现代农产品出口方向、趋势、加工技术、集疏运便利化的方面的问题,提高连云港现代农业的加工出口能力;针对中亚区域,重点研究设施蔬菜、瓜果种植、现代农业技术应用、农业土地承包、畜牧业、地方农业政策等方面的问题,主动出击,融入地方现代农业发展;针对海上丝绸之路沿线国家,重点研究海水养殖、紫菜养殖、特种养殖、远洋捕捞、海洋科技应用、海水开发利用等方面的问题,发挥优势,扬长避短,拓展现代农业产业发展空间。还可以重点研究浓缩果蔬汁、果蔬罐头、果酱、速冻果蔬、脱水果蔬的开发和利用,重点研究果蔬贮运保鲜新技术、质量与安全快速检测技术、冷链储运系统建设、适销市场等方面的问题,调正产业结构,合理布局生产格局,形成世界性网络化原料基地和销售产品市场网络体系。

4. 加快城乡一体化建设,改善现实农村经济文化生态。

农业、农村、农民,三位一体,都是发展现代农业的不同侧面和基础。综合考量"三农"发展可以起到事半功倍的成效。一是,要有序推进城乡一体化。要以我国加快推进城乡一体化发展为抓手,把握特点,部署全局,建立以工促农、以工带农的长效机制,促使连云港城镇化建设的稳步发展和全面推进。二是,有效改善农村经济社会文化发展生态。要正确处理"三农"之间的关系,通过发展现代农业提升和改善农村经济发展水平和现实农民生活,提高农民的社会自治、社会管理治理能力,提高农民自主思变的主动性,改变农村的经济社会文化生态,从而提高农民务农的积极性,用发展现代农业,改善农村经济结构和发展状态。

5. 借助现代保险业发展契机,建立健全现代农业保险机制。

发展现代农业不能盲目做大,忽略农业自身的发展规律,容易引发灾难性的农业危机和突发事件。一是,要遵循农业产业高投入、高成本、高风险的客观现实,构建现代农业保障机制,鼓励和普及农业保险制度,建立健全农业保险体系,增强连云港现代农业抵御各类风险的能力。二是,进一步贯彻落实政府《关于建立农业保险市场竞争机制规范农业保险市场准入和退出工作的指导意见》,积极推动完善农业保险制度,扩大高效设施农业保险覆盖面。三是,对接保险业,分类指导,针对不同的农业风险,设立产业风险保障措施,真正发挥保险在降低现实生产风险的作用。比如农产品的自然风险、种养植风险、加工风险、运输风险等。四是,探寻现代农业保险的运行机制建设,借助现代涉农企业、农业产业的上下游经营主体、农业合作社会组织等载体,多渠道、多形式的开展保费征收,即减轻农民负担,又发挥保险作用。

6. 强力推进现实农村生态保护机制,保护现代农业的可持续发展。

要准确把握中央关于生态文明建设的精神要义,保护农村的课持续发展基础,坚守生态红线,坚持把可持续发展作为农业现代化建设的战略举措。中央农村工作会议要求建设资源节约、环境友好农业,农业可持续发展是现代农业发展的本质要求,也是经济社会发展的必然要求。农业可持续发展必须以解决好资源环境约束为导向,深入推进农业发展方式转变,更加注重耕地质量建设,更加注重生态环境建设,更加注重资源循环利用,更加注重农业多功能性,努力实现资源永续利用、农业高效集约、乡村美丽宜居。可以把农业、生态、环保、旅游结合起来,加强农业生产基地、园区、农耕文化等基础设施建设,以农业优势产业特色鲜明、乡土民俗文化内涵丰富、农村生态风貌保存良好、政策扶持有力、示范带动作用强为标准,推介一批休闲农业示范点和最具魅力休闲乡村,培育一批休闲农业创意精品,形成休闲农业的经济效益与生态效益互相促进格局。

六、服务连云港"一带一路"现代农业的保障措施

农业是投资大、见效慢、风险大的产业,在"一带一路"建设过程中,现代农业如何发力? 如何"走出去,请进来"? 如何提升连云港现代农业外向化、国际化、产业化、科学化、现代化的水平,政府的基础保障是必不可少的。

(一)政策保障

政府的农业政策是政府对于现代农业的姿态和引导现代农业发展的风向标。一是,着力研究国家和江苏省关于"一带一路"发展规划中关于农业的指导意见和发展方向,明确国家和政府的现代农业基本发展意愿,做到心中有数,心中有底,发展方向明确,着力点正确,发力点准确。二是,重点研究国家和江苏省关于"一带一路"建设过程中关于农业的政策研究,吃准国家和江苏省政府对于现代农业走出去和请进来有什么优惠政策和扶持措施,把握导向,精准推进,一方面确保这些政策落实到位,另一方面也寻求机遇,取保我市的现在农业发展项目能够享受这些政策到位。三是,针对国家、江苏的政府政策的内容,加快制定适宜连云港地方现代农业发展的具体实施政策,做到能优惠的确保优惠,政府有能力优惠的要尽可能优惠,突出地方政府的扶持态度和导向,使现代农业发展项目的投资人和项目本省能够得到一定的扶持,提高他们运作项目,投资发展的积极性。四是,要注意国家关于农产品进出口、退税、检验检疫、配额限制等方面的政策和法规,规避不必要的矛盾。五是要关注"一带一路"国家的各类农产品政策研究,抓住鼓励发展的现代农业产业,回避限制发展的农业产业,安全实施现代农业的"走出去、请进来"。

(二)机制保障

推进"一带一路"建设过程中连云港市现代农业的发展,在政府层面需要助推地方机制和体制建设。一是,要及时跟进,寻求战机,精准对接国家、江苏省农业部门的现代农业发展思路,搭建上下联通的现代农业建设机制,与国家农业部、省农林厅建立定期或不定期的会商、恳谈制度,形成无缝对接的研讨机制。二是,进一步完善连云港市政府与农业部国际合作司、江苏省农业委员会战略合作框架,开展富有成效的项目推进工作,深化合作机制,落实合作项目,通过稳定的合作机制积极推进国际农业合作示范区建设。三是,加强与"一带一路"沿线国家农业管理部门的交流与接洽,调查研究,掌握方向,适时推进互联互通和现代农业项目的落地。要整合地方对于农业产业管理资源,密切政府和企业的关系,及时化解企业投资现代农业和走出去经营项目的困难和矛盾。四是,建设大农业、大产业的管理构架,提高连云港市地方农业、渔业、林业、畜牧业等方面管理的集中度,及时沟通信息,融会贯通,建设连云港地方一体化管理的机制和体制,全力推进农业管理在上新台阶,迈向新高度。此外,还要加强与国家、省级商务部门的产业对接。

(三)改革保障

农业改革是我国改革的重要方面,是我国现代农业发展的关键,也是释放改革红利,提升产业创新发展的重要抓手和解决我国现代农业产业发展的重要渠道。一是,要加快推进连云港的城镇一体化建设,有序推进农村土地扭转,改善连云港市农村、农民和农业的生存状态,营造宽松的改革环境。二是,要注重农村改革的现实生态环境,鼓励农村管理方式的改变,实现农村管理的社区化。三是,要尽快实现农业人口的自由流动,鼓励城镇人口向农村流动,调整农村人口的文化结构和文化水准。四是要重点鼓励民营企业、高科技企业投资农业,鼓励新兴产业企业到农村去创业,改善现代农业发展主体结构。推动农业载体的创新。

(四)科技保障

农业的现代化首先需要农业科技的现代化和国际化。一是,重点扶持农业科技研发,每年连云港市都要在全市科技研发经费中拨出专款用于农业科技的基础研究和开发研究。二是,加快推进连云港现代农业生的产学研一体化。抓住连云港的农业现代科技、种植科技、养殖科技、网络科技、信息科技的产学研一体化等方面,加快推进农业科技的成果转化,运用科技创新,提升连云港市现代农业走出去的能力,提升现代农业发展的水平。三是,重点扶持农业高科技企业"走出去,请进来",通过投融资、减税、科研扶持、行政服务等手段,有效地提高科技农业企业适应市场的能力。四是,抓好现代呢呀科技服务的龙头。建立农业科技推广人员(团队)联系农业园区、农庭农场、农业企业、专业合作社制度,通过项目示范、技术服务,帮助联系单位集成创新,推进农业产业转型升级。五是,重点制定和推广一批农产品冷链物流操作规范和技术标准,建立以 HACCP 为基础的全程质量控制体系,积极推行质量安全认证和市场准入制度。

(五)环境保障

农业是各项社会发展的基础,也是产业基础的基础。国家在构建"一带一路"愿景计划中明确提出打造绿色丝绸之路。因此,连云港现代农业要想走出去,首先必须牢牢把握生态红线,以环境保护为切入点做好现代农业。要落实中共中央办公厅、国务院办公厅印发的《领导干部生态环境损害责任追究办法(试行)》,对于损害生态环境的要严格追责。要密切关注本地区生态环境发展状况,及时调正区域内生态保障措施,提请地方政府和环保部门出台措施改善生态环境整体状态。要大力推广生态环保的农业生产科技和技术应用,鼓励生态种植、生态养殖、绿色加工、绿色物流、绿色储存、绿色生活等现代农业生产环节,保持绿色农业的常态化。要针对海外产业推广区域,加强生态农业知识的普及和产品的互相认证工作,通过与"一带一路"国家的农业技术合作、产品直产、直销、减少农业产品的生产、加工环节等手段,推进农业生产的本土化和便利化,减少农产品生态污染几率。

(六)金融保障

基于农业产业的特点,金融扶持是必备的保障之一,这对于现代农业尤为重要。要积极争取国家丝路基金、亚州投资银行等金融机构的项目扶持,率先在海外建设现代农业研发或产业基地,争取国家基金的关注和支持。要积极对接中国农业产业发展基金、中国出口信用保险公司以及各类保险机构、风险投资基金等市场金融主体,用好国家倾向性政策,携手政府和企业合作,以具体项目为载体,强化地方农业投资引水之力。要紧盯江苏省"一带一路"基金的投资方向,研讨省级基金的投资模式和方向,对接具体项目,通过投资、融资、PPP模式、合资、参股等方式,引导省级"一带一路"基金投资连云港现代农业产业项目。要鼓励地方银行参与"一带一路"中农业产业项目的建设,运用市场手段化解农业产业资金瓶颈,推进现代农业项目的落实。要从市级有限的财政中拿出一定的资金,设立"一带一路"投资基金,搭建市级层面投融资平台,鼓励连云港市农业企业投身国家"一带一路"建设,参与国家战略的具体实施,借力资金引导和扶持,推进现代农业产业的现代化和国际化。

(七)人才保障

现代农业发展需要现代农业人才。产业的国际化更需要具有国际化视野的人才。作为地方政府在保障连云港现代农业发展过程中更需要关注农业产业人才的培养和提升。一是,要围绕现代农业建设中的关键领域、薄弱环节,找准主攻方向,力争取得突破性进展。特别是开展农业科技特派员农技创业行动,出台政策,引导市、县区的农业科技人员深入农业、农村一线,领办、创办、协办科技型农业企业、家庭农场、专业合作组织,与农民建立"风险共担、利益共享"的利益共同体,开展创业和服务,培育壮大农业特色主导产业和新型经营主体,促进现代农业发展。二是,抓好实用人才培养。加强与高等院校、科研机构,以及国内大型农业企业集团联合,分类分层次对农业龙头企业、合作社负责人和中青年科技骨干、经营管理人员进行培训,加快培养一批农业高级经营管理人才。三是,要运用农村党员冬训、科技创业培训和短期劳动技能培训等方式,尽快培养现有的乡镇、村组的现有农村干部,培养行业技术能手和产业能人,改善本土农村农民的技能状态和发展生态。大力培养新型职业农民,使得农民培训的常态化。四是,要积极利用江苏省扶持苏北人才计划和大学生村官实施计划,积极引进能为苏北现代农业做实事,并能留下来的亟需人才,快速打造适宜现代农业发展和适用"一带一路"建设的人才。重点引进专业农业科技、电子商务、金融投资、外贸经营、社会管理等方面的高实用人才,提供一定的扶持,鼓励他们到连云港农村去创业,尽快化解人才制约的瓶颈和矛盾。五是,要有序地培训农民领袖和农业能人,培训自己本土的土专家,发挥农村农民自主创业的能力,提升农民自助创业和自主创新的意愿和可能,激发农民自主发展的动力和能力,滋润连云港市现代农业发展的沃土,从根本上改善连云港市现代农业发展的基础和环境。

(八)税收保障

农业的税收问题视乎已经不是问题了。但在"一带一路"建设过程中,现代农业发展则是一个不可回避的问题,因此,对于税收优惠的保障就显得尤为重要。首先,现代农业的走出去面临着不对等的税收政策。各国关于农业的税收政策不一,优惠力度不一致,这在计算农业成本方面需要考量。另外,各国给予农产品、农业的扶持政策和税收也是不一致的,对于国内和国外企业发展农业的优惠也是不一样的,作为中国企业是否能够享受到他们的优惠政策,是否存在这差异化政策和态度的问题。现代农业走出去和请进来都需要通过市场机制来运作和完成,这必然涉及国家的各类税收政策的落地问题。比如现在的农业企业大多是微小企业,互联网开设网店、农业乡村游等均需要面临税收的缴纳和减免问题,因此,现代农业走出去,不能忽视税收的保障力度和政府出台的相关具体措施。

（九）信息保障

发展现代农业产业需要搭建公共开放的信息平台。一是，要搭建政府公共信息服务平台。地方政府首先要提升自我的服务水平，进一步提升引领社会资本投资的能力，提高企业投资机率和投资精准度，建设政府服务"一带一路"现代农业发展讯息服务平台。二是，鼓励设立专业性的现代农业发展平台。要鼓励企业和研究机构尽快搭建专门的"一带一路"农业投资资讯平台，提供公开、透明、有效的政府公共政策咨询、各类项目咨询、法律知识咨询的开放平台，为企业走出去提供公开透明的公共信息服务，为企业，特别是微小、民营企业走出去提供专业服务。三是，改善讯息传播方式，提升政府现代服务能力和水平。为企业提供精准的现代农业咨询和服务，政府农业部门要先行进入角色，提高自身管理水平，一方面要充分利用社会力量和智库服务，加强关于"一带一路"各类政策的研究，提供准确的咨询内容和服务。另外，还需要逐步改进现有的传统传播手段，借力无线传播、微传播等方式，通过现代传播方式完善自身的服务机制，提升引导能力。

七、结语

"一带一路"战略是国家统筹国外、国内两个大局提出的国家战略，具有重要的现实作用和深远的历史意义。实践江苏农业的现代化必须发挥地区优势，主动对接国家战略，实践好、利用好这一国家战略。连云港是江苏"一带一路"建设的先导区和核心区，也是江苏现代农业对外开放和开发的排头兵，加快发展现代农业，主动融入"一带一路"建设，责无旁贷，是责任所系，时代所系。

主动对接国家"一带一路"建设过程中，连云港应该看到自身存在的不足和缺憾，结合国家实施"一带一路"战略的具体实践，创新思路，创新载体，创新方法，创新模式，创新机制，抢抓机遇，着眼未来，争创现代农业发展新优势。要重点抓住自身产业体系、经营体系、科技体系和保障体系的建设，理清思路，明确重点，指导方向，通过政府主导、市场引导、企业对接的杠杆效应，搭建连云港现代农业对接"一带一路"的大发展平台，积极实践，总结经验，示范周边，下好利用好全面推进国家"一带一路"现代农业建设的"先手棋"，当好"排头兵"，做好"先行者"。

第十六章　连云港市海上丝绸之路申遗研究

一、引子

自习近平主席提出"一带一路"战略以来,海上丝绸之路申遗的呼声日渐高涨,国内以广州、宁波为代表的九城市先声发力,聚力凝心,捆绑在一起申报联合国世界文化遗产。连云港作为一个与海上丝绸之路有着诸多联系的城市,绝不能游离在申遗城市之外。本课题重点研究连云港加入海上丝绸之路申遗的基础条件,以及连云港与国内九城市在申遗方面所做的基础工作比较,开展了认真的调研与深入的研究,为连云港市申报海上丝绸之路世界文化遗产工作提供思路和参考。

二、海上丝绸之路申遗的形势

2013 年 10 月,国家主席习近平在印度尼西亚发表重要演讲,首次提出了"中国愿同东盟共建 21 世纪海上丝绸之路"的战略构想。今年 3 月 5 日,李克强总理在《政府工作报告》中正式提出"抓紧规划建设丝绸之路经济带、21世纪海上丝绸之路"。从国家经济贸易、和平外交等角度考虑,海上丝绸之路均被提上重要议程。

海上丝绸之路是古代中国与外国交通贸易和文化交往的海上通道,该线路形成于秦汉时期,包括东海航线和南海航线,是迄今所知最为古老的海上航线。海上丝绸之路作为人类一份珍贵的历史文化遗产,联合国教科文组织对与之相关的研究、开发和利用十分关注。根据联合国的要求,海上丝绸之路将采取跨国整合为一个大项目整体申报世界文化遗产。从本世纪初开始,在中国就有很多地方提出了自身与海上丝绸之路有着不可分割的关系。这些城市由北向南沿着海岸线分布。全国十几个城市围绕着海上丝绸之路的世界文化遗产继承权展开争夺。2006年12月15日国家文物局通过的《中国世界文化遗产预备名单》公布的"丝绸之路中国段"的"海路部分"仅有浙江省宁波市和福建省泉州市入选。因为申遗是海上丝绸之路正统性的象征,只有列入《中国世界文化遗产预备名单》,才有资格被推荐申报《世界文化遗产名录》,所以随后各海上丝绸之路港口城市广州、扬州、蓬莱、北海、漳州、福州、南京也积极行动起来,并倡议联手共同申报海上丝绸之路世界文化遗产。经过六年时间的艰辛努力,2012年11月17日国家文物局通过的《中国世界文化遗产预备名单》公布的"丝绸之路"的"海上丝绸之路"确定江苏省南京市、扬州市,浙江省宁波市,福建省泉州市、福州市、漳州市,山东省蓬莱市,广东省广州市,广西壮族自治区北海市九个城市入选。2016年5月国家文物局正式确定,由泉州市牵头,联合广州、宁波、南京等城市,全力推进中国海丝联合申遗,按照2018年项目组织申报的时间节点安排下一步工作。

根据国家海上丝绸之路申遗的日程安排,2016年我国将全面启动海上丝绸之路申遗的阶段性准备工作,2018年国家文物局向联合国教科文组织正式申报。目前参与联合申遗的九个城市正在为申遗工作积极规划和布局,进入最后的攻坚阶段。而连云港作为丝绸之路经济带和海上丝绸之路节点城市目前还未能列入中国首批海上丝绸之路世界文化遗产预备名单,这对连云港打造"一带一路"交汇点为基本定位有一定的影响。连云港在海上丝绸之路申遗方面略显不足,如何参照南京通过一段时间的积极努力,力争榜上有名,搭上末班车与九个城市联合共同申遗,已经是迫在眉睫的事情。如果连云港作为海上丝绸之路节点城市申报海上丝绸之路申遗成功,对于加强连云港融入"一带一路"建设、扩大对外开放和经济贸易、发展旅游业、加大地区文物保护力度等各方面都会产生巨大的推动作用。

三、海上丝绸之路申遗的基本要求和程序

（一）具体做法

1.遴选申遗保护点,编制保护规划。

按照联合国教科文组织的相关规定,申报点以不可移动文物（遗址类）为主。文献类、或者曾经存在现在已消失的不在申遗考虑范围类。如广州著名的

十三行遗址与海上丝路有着密切的关系,但由于清末一场大火烧毁了十三行,故此次未能纳入申遗。

2. 加大宣传与研究,在社会上营造申遗氛围。

按照国际古迹遗址理事会和国家文物局相关规定,进行世界文化遗产申报必须要社会参与,要得到市民的支持。

3. 制定地方法规,为文化遗产提供法律保障。

按联合国世界遗产委员会的要求,申遗地必须有地方立法予以保护。如果申遗区保护不好,"世界遗产"被破坏了,联合国世界遗产委员会不仅要给所在地挂黄牌,还会摘牌,甚至取消资格,将其列入世界濒危遗产名单。在城市的发展过程中,文化遗产与城市建设有着一定的矛盾,这就需要一部明确的地方性文化保护法律,如地方财政对遗产项目支持力度有多大;破坏申遗项目如何追究责任等。

(二)申报程序

申报程序:申报文本→世界遗产中心→国际古迹遗址理事会→国际古迹遗址理事会世界遗产工作组→书面评估→实地考察→顾问汇总→国际古迹遗址理事会集体评估会议→世界遗产委员会审定。

1. 确定申遗项目。

邀请国内知名专家领衔,对我市地域历史特别是孔望山佛道教内容深度研究。2014年10月15~17日,邀请国际古迹遗址理事会副主席、中国古迹遗址保护协会副理事长兼秘书长郭旃先生、原国家博物馆考古部主任、现国家文物局考古专家组组长信立祥博士、原北京市文物研究所副所长、现国家文物局文化遗产申遗专家组成员赵福生研究员等国内知名专家来连实地考察,举办学术研讨会、报告会和座谈会,对连云港市具体申遗申报项目进行评估认定。组织专家课题组由信立祥博士和故宫博物院考古所所长王睿博士领衔围绕孔望山佛教、道教内容为中心深度研究连云港地域历史与海上丝绸之路的密切联系,进行深度研究形成研究成果。

2. 委托专业机构编制申遗文本。

与国内相关有资质的机构进行接洽。委托南京大学文化与自然遗产研究所,依据专家深度研究成果意见,进一步强化对连云港地域历史研究,发挥科研优势,细致调查、深入研究,按照联合国教科文组织及国家文物局的相关要求,保质保量的完成申遗文本编制工作。形成我市与海上丝绸之路相关的遗产辨认、描述、列入理由、保护情况和影响遗产的因素、遗产的保护和管理、监测、文献等相关内容的《海上丝绸之路 1 连云港遗迹申报预备名录》正式文本。

3. 争取上级支持,争取列入国家申遗预备名单。

完成《海上丝绸之路 1 连云港遗迹申报预备名录》正式文本工作后,以连云港市政府的名义向省和国家文物主管部门专题汇报,表明连云港申遗的态度,争取他们对连云港申遗工作的认同,取得他们支持,为申遗之路打开大门。与此同时,与国内领衔专家合力做好国家文物局工作,争取国家文物局支持。并将申报文本上报省文物局批准,由省文物局上报国家文物局批准并列入国家预备名单。

四、海上丝绸之路申遗的现实状况

第 38 届世界遗产多哈大会批准通过陆上"丝绸之路：起始段和天山廊道的路网"世界遗产名录申请报告,中国与吉尔吉斯斯坦、哈萨克斯坦联合提交的这一文化遗产项目正式列入世界遗产名录。

该项目经过 2005 年的"酝酿"、2006 年至 2011 年的"启动与推进"以及后来的"深入推进"三个阶段,内容复杂,涉及面广,申请难度极大。三国于 2013 年 1 月正式向联合国教科文组织世界遗产中心提交了申遗报告。涉及中文、英文、俄文、吉尔吉斯文和哈萨克文五种文字文本。此次丝绸之路申遗内容包括从中国古代都城长安(今西安)到广大中亚国家地区的大量文物、遗迹、景点等,数量之巨,涵盖之广,世所罕见。

陆上丝绸之路：起始段和天山廊道的路网线路跨度近 5000 公里,沿线包括中心城镇遗迹、商贸城市、交通遗迹、宗教遗迹和关联遗迹等五类代表性遗迹共 33 处,申报遗产区总面积 42 680 公顷,遗产区和缓冲区总面积 234 464 公顷。中国境内有 22 处考古遗址、古建筑等遗迹,哈萨克斯坦、吉尔吉斯斯坦境内各有八处和三处遗迹。丝绸之路是公元前 2 世纪至公元 16 世纪期间,古代亚欧大陆间以丝绸为大宗贸易而开展的长距离商业贸易与文化交流的交通大动脉,是东西方文明与文化的融合、交流对话之路。

"海上丝绸之路"是相对陆上丝绸之路而言的,是中国与西亚、中亚、西方进行海上贸易运输线路的统称。海上丝绸之路不仅出口丝绸、瓷器、食糖、五金等货物,同时也进口香料、宝石。海上丝绸之路的发展过程,大致可分为这样几个历史阶段:一是,从周秦到唐代以前为形成时期;二是,唐宋为发展时期;三是,元、明两代为极盛时期。除去上述路线之外,还有一条针对日本、韩国进行海上贸易、文化交流的运输线路,也是海上丝绸之路的重要组成部分。

2012年9月,广州与泉州、宁波、扬州、蓬莱、北海、漳州、福州、南京等九城市的海上丝绸之路史迹共同列入《中国文化遗产预备名单》,标志着海上丝绸之路史迹申报世界文化遗产工作取得了重要阶段性成果。海上丝绸之路申遗一旦成功,对于申报城市会产生很大的影响力,对于我国的文化安全也将产生重要的意义。

广州古称番禺,位于南海之滨,凭借自身拥有的海上交通中心的优越条件,成为中国古代海上丝绸之路的发祥地,是世界海上交通史上唯一的2000多年长盛不衰的大港。目前保存在广州市内各地的"海上丝绸之路"的遗址共有20多处,包括光塔寺、清真先贤古墓、莲花塔、长洲岛竹岗外国人公墓、秦代造船工场遗址等。经过精心选择,广州市从20余处历史点中遴选了六处。据广州市文广新局文物处、博物馆处负责同志介绍,关于海上丝绸之路申遗工作,宁波、泉州等城市进行的比较早,2007年,广州方才着手进行海上丝绸之路申遗工作。通过六年多的努力,广州登上《中国世界文化遗产预备名单》,有望在世界文化遗产上实现"零"的突破。

五、连云港市加入海上丝绸之路申遗的基本条件

申报世界文化遗产是一项非常科学和务实的工作,必须具备一定的基础条件。比照我国其他申遗城市状况,连云港市有以下几点加入海上四周之路申报的基础条件。

(一)地域优势明显。

在区域位置方面,连云港地处我国陆上丝绸之路经济带和海上丝绸之路的交汇处,有着明显的区位优势,是目前申报海上丝绸之路城市中唯一的、具有得天独厚的地缘优势和地理特点。而且,从海上丝绸之路申报区域来看,连云港市也是连接东亚海上丝绸之路的节点城市之一。

（二）人文资源丰富。

连云港与海上丝绸之路有着密切的关系主要体现在连云港地方文物资源存量方面。这既是地方与海上丝绸之路交往的历史佐证，是当前申报世界文化遗产的重要保护对象，也是今后开展海上丝绸之路文化交流的载体，拥有一定的话语权。

1. 佛教传播的最早见证——孔望山摩崖造像。

孔望山摩崖造像位于江苏省连云港市海州区锦屏山的东北，摩崖造像高约 129 米，在山的西南部，依山崖的自然形势雕成。共有 108 年人像，最大的人像高 1.54 米，最小的人头像仅 10 厘米。内容有饮宴图、迭罗汉图，还有佛教的涅槃图、舍身施虎图及佛像、菩萨弟子、力士和供养人构成整个画面。是一组东汉摩崖佛教艺术造像，为我国最早的石窟寺艺术雕刻。1988 年孔望山摩崖造像被公布为第三批全国重点文物保护单位。在孔望山摩崖造像不远处，有一座东海神庙，汉东海庙、晋官府庙，唐代变成神庙、龙王庙。唐代圆仁和尚住在东海庙离宿城三里（圆仁入唐求法记）。

2. 环太平洋一说——将军崖岩画。

将军崖岩画位于连云港市海州区锦屏镇桃花村锦屏山南麓的后小山西端，在南北长 22.1 米、东西宽 15 米的一块混合花岗岩构成的覆钵状山坡上，分布着三组线条宽而浅，粗率劲直，作风原始，断面呈"V"形，面壁光滑，以石器敲凿磨制而成的岩画。这是中国迄今发现的最古老的岩画，是东南沿海地区首次发现的岩画。1988 年被公布为第三批全国重点文物保护单位。目前国际岩画界有一种观点，即将军崖岩画是环太平洋地区所有岩画的源头，如果此说成立，那将是连云港海上丝绸之路申遗一个有力的证据。

3. 中国最早海权标志——界域刻石。

东连岛东海琅琊郡界域刻石共有两处，一块位于连云港市连云区连岛镇东连岛东端灯塔山羊窝头北麓，刻石面海而立，距海平面平均潮位八米。另一块位于连岛镇苏马湾沙滩南缘，刻石面北，海拔约五米。羊窝头刻石因风化断为两截，字约 30 余个；苏马湾刻石刻面保存良好，字迹清楚可辨，内容明确，更为珍贵的有明确纪年，字 60 个。二刻石文为竖文，隶体带篆意，文字排列不齐,行距不均,字径大小不等。根据现有文献材料考证,该二刻石为王莽时期东海郡与琅琊郡的界域刻石,内容涉及西汉时期琅琊郡的柜县和东海郡的朐县等地名。这是我国迄今为止发现较为完整,内容明确,有确切纪年的唯一的汉代界域刻石,弥足珍贵。对汉代的行政区划、历史地理以及古代书法史的研究有着重要的价值。995年羊窝头刻石被公布为第四批江苏省文物保护单位,名"东连岛东海琅琊郡界域刻石",2002年苏马湾刻石归并入该文保单位。2010年被公布为第七批全国重点文物保护单位。说明汉代连云港海权海关管理西线已到连云港,日本圆仁和尚登岸地点应在此处。而被海防官兵或海关管理人员扣留送往孔望山东海神庙居住,上报海州知府,这才有海州知府接见记载一说。

4. 秦东门遗迹。

秦灭六国统一天下后,统治势力直达东海。地属齐、楚范围的连云港地区成为先属薛郡,后属郯郡的朐县。《通典》记载:"海州在秦为薛郡地也,后分薛郡为郯郡,朐县属焉。"据《史记·秦始皇本纪》载,秦始皇五次东巡,四次到达朐县。1990年出版的《秦俑研究文集》中收录一篇由袁仲一、程学华撰写《秦始皇陵西侧刑徒墓地出土的瓦文》论文,文中记载:"墓地出土的残瓦中计发现有十八件刻有文字,其中在标号2与编号14的残瓦上刻有"赣榆距"和"赣榆得"。《史记·秦始皇本纪》载:"三十五年……于是立石东海上朐界中,以为秦东门。"因此,"朐山立石"也成为秦朝政府对古海州地区统治的实物标志。《汉书·地理志》在"东海郡朐"中,班固自注:"秦始皇立石海上以为东门阙。"据国家文物局信立祥博士分析东门阙即为现海州两面山体,而立碑则为孔望山摩崖造像周边的馒头石碑座,顶部有碑槽为证。

5. 徐福东渡传说。

徐福是中国历史上秦代著名方士、伟大的航海家,徐福是海上丝绸之路最早的开拓者。2200多年前,他率领数千童男童女,携带五谷百工,扬帆东渡,开创了中、日、韩友好之先河,受到了中、日、韩等各国人民的世代敬仰。赣榆县是徐福故里,建有赣榆县徐福祠堂、徐福生态园等。徐福祠位于赣榆县金山镇徐福村。1982年,据经有关专家考证,此为秦方士徐福故里。相传村内有徐福故居遗址台地一处。1985年,赣榆县人民政府于原故址前立村碑一通,碑通高 324 厘米,宽 86 厘米,碑阳镌有全国政协副主席赵朴初先生亲笔题写的"徐福村"三正楷大字,字径为 28 厘米。碑阴为赣榆县人民政府撰写的碑文。1988 年在原徐福庙旧址上复建仿汉建筑"徐福祠"一座,同时落成大型徐福塑像一尊。徐福祠,占地 400 平方米,祠堂建筑 132.6 平方米。徐福祠,含徐福村碑、徐福河口、徐福种药地、徐福宅基地。徐福村的发现,对徐福及其中日文化交流史的研究起了重要的推动作用。1995 年公布为连云港市第二批文物保护单位。

6. 宿城新罗所、新罗村遗址。

连云区宿城早在汉代就形成了人口稠密的小集镇,由于佛教东传和法起寺的创立,至唐代已成为沿海地区重要的通商口岸,和古代新罗有密切的海上交往,和韩半岛家喻户晓的海上王、海神张保皋有着割舍不断的历史情结。唐代的宿城是新罗商业船队必经的岸线,也是船队补充给养的重要场所,海神张保皋曾在宿城设立新罗所,不但为入唐的新罗人、日本的遣唐使提供后勤保证,而且也为私人贸易者提供水手、通司或运输船队、货物贮存以及外事交涉等服务,成为当时日、韩与中国的海上贸易中介,是韩国早期海上营运和海外开拓的重要海外派驻机构。由于宿城新罗所的设立,大批的新罗人来此,有的入籍于海州,并携家来此做官供职、经营水运、习禅敬佛,或由于通婚以致定居农作。随着新罗人的密集聚居,逐渐形成了宿城"新罗村",相传大小金湾就是新罗水手金正南兄弟的住处。1990 年 7 月,韩国首尔张保皋海洋经营史研究会、中央大学校、中国研究所四位教授从韩国专程来宿城对新罗村旧址进行考察。考察结束后,在保驾山北侧立一块"宿城村新罗人宅住居遗址"的石碑以示纪念,成为中韩文化交流史上的又一历史见证。

7. 唐代封土石室。

封土石室俗称古洞、唐王洞、"藏军洞",主要位于连云港市新浦区花果山、连云区朝阳镇南诸山、中云街道隔村南山、海州区朐阳街道孔望山村塔山、灌云县伊芦乡伊芦山。石室壁用乱石砌垒,顶用长条石覆盖。在中云街道隔村南山封土石室中采集到青瓷罐、碗、盘口壶、坛及唐三彩残片,在灌云县伊芦乡伊芦山的封土石室中出土过唐代黄釉陶罐、钱币等。其断代及用途一直在文史界争论不休,近年随着对外交流的深入,发现韩国也分布大量此类石室墓葬,其形制与云台山极为类似,经考证源于百济时代(约我国唐代),故韩国相关研究人员对于连云港市的"藏军洞"调查工作极为关注。这与历史上海上文化交流有关。2010年被市政府公布为第四批市级文物保护单位。

8. 明清海防遗迹。

明代海州倭患,倭寇是明朝自始至终的海外祸端之一。早期的倭寇主要是由一部分日本浪人和一些三流武士加上一部分走私商人组成。海州位于海州湾西南岸,我国南北走向海岸线的脐部。据《隆庆海州志》载:"(海州)东滨海道,西接徐邳,北控齐鲁,南蔽江淮。沧海洸濊,茫无际汇。高丽、百济、日本诸国直其东,风帆之便,不测可至。"正是出于这样的地理位置,明朝曾一再采取措施,加强海州的防卫。2007年9月,在南城东山上发现了多处标有"嘉靖十三年"(1534)由"淮安卫军政掌印改守备指挥蒋继爵"留下的题刻,也从一个侧面证实了,嘉靖年间的海州地区正处于抗倭海防的前沿阵地。根据此前结束的第三次全国文物普查的相关登记数据显示,我市境内现存的明代抗倭海防烟墩遗址共有三处,他们分别是位于连云区墟沟街道大巷居委会烟墩山顶的"南固山烟墩遗址"、墟沟街道棠梨居委会小棺材山顶的"大门山烟墩遗址"以及宿城乡留云岭村虎口岭东侧山顶的"宿城山烟墩遗址"。它们共同构成了我市云台山地区对倭防御的预警系统。

9. 旗杆夹(平山旗杆夹及小村旗杆夹)。

平山旗杆夹位于连云港市连云区云山街道办事处平山村,平山旗杆夹由南北两块穿孔的长石组成,片石根部埋入土中,夹间距0.61米,两石高约两米。每石上有三孔,上下为方孔,边长13~14厘米,中为圆孔,直径13~14厘米。小村旗杆石位于连云港市新浦区花果山乡小村东北侧400米处的山坡上。小村旗杆石系清代石刻,位于连云港市新浦区东部11公里处的花果山乡小村东北部,该石刻以两根相对而立的梯形片石构成,石间距0.6米。主石长1.62米,厚0.16米,宽0.62米,上孔直径为0.16米,下孔长0.14米,宽0.10米。旗杆夹是明清时期航海停泊靠岸处的标志。现大海已东退,旗杆石作为口岸和码头的标记,成为连云港市重要的历史遗迹。2010年被市政府公布为第四批市级文物保护单位。

六、连云港市申遗工作的展开情况

1. 积极开展调研工作。

随着陆上丝绸之路申遗成功,国内海上丝绸之路申遗工作呼声越来越高,国内相关城市纷纷行动起来,目前国内已有九座城市被列入申遗预备名录。为了积极推进我市海上丝绸之路申遗工作,6月,市文广新局海上丝绸之路考察组组织我市文博、考古、民俗方面的专家赴广州专程考察了广州海上丝绸之路申遗情况。在粤期间,考察了南越王墓、南越国宫署遗址、南海神庙及明清古码头遗址等海上丝绸之路遗址,并与广州文物局的同行就海上丝绸之路申遗情况进行了座谈交流。参观了海上丝绸之路申遗全国九个城市联展,该展览分别以九个城市作为篇章,揭示它们在"海上丝绸之路"兴起、发展中的地位与作用,同时还以特辑的方式穿插介绍郑和下西洋、鉴真东渡、妈祖信仰、遣唐使等具有重大影响的人物和事件,全方位反映中国"海上丝绸之路"在世界文明史上的影响和贡献。据了解,联展自去年5月首展以来,九市联展已完成宁波等五站巡展工作。作为联展的第六站,广州以"跨越海洋"为主题,通过"起航、沿海明珠、远渡重洋、海不扬波、满载而归等五个小场景,将整个展览连成一条"海上丝绸之路"的航线。7月,市文广新局海上丝绸之路考察组赴扬州进行海上丝绸之路申遗考察。考察组与扬州市文物局领导和文物处同行进行了座谈交流。听取扬州经验介绍。在扬期间考察了扬州申遗点普哈丁墓园、仙鹤寺、大明寺和扬州城遗址,对扬州申遗情况有了深入了解。

2. 拜访国家文物局,知名专家了解全国申遗情况及上报程序。

2014年4月11日,连云港市文广新局分管领导带领局文物处拜访国家文物局负责依法承担文化遗产相关审核报批工作的文物保护与考古司(世界文化遗产司),该司世界遗产处邵军副处长接待我们,连云港一行就有关海上丝绸之路申遗事宜进行了咨询,全面了解国内海上丝绸之路申遗情况,并就申遗程序进行全面了解。据邵军副处长介绍,每年中国政府只能向联合国教科文组织申报一处文化遗产(物质遗产和非物质遗产),2014年中国申报大运河和陆上丝绸之路两项文化遗产,其中陆上丝绸之路文化遗产(中、哈、吉)联合申报,借用吉国名额。今年要在多哈会议决定。2015年,中国同样只有一个名额,但目前中国已有山西运城关帝庙等 10 个项目在排队等待,他们已经过 10 年的准备,据说已安排广西岩画列入申遗项目。至于 2016 年能否安排海上丝绸之路申遗工作,还要看国外形式,要由中国政府高层决定。2014 年 7 月,为了积极稳妥推进我市申遗工作,连云港市文广新局分管领导带领局文物处赴京约见国家文物局考古专家组组长、原国家博物馆考古部主任信立祥博士、国家文物局文化遗产申遗专家组成员、原北京市文物研究所副所长赵福生研究员,共同研究我市申遗条件、理由及办法。专家认为,我市孔望山摩崖造像东海神庙、界域刻石、新罗村等遗址及在市博物馆展出的琉璃球炉实物,特别是唐代日本圆仁和尚的入唐求法巡礼记是研究唐代社会政治、经济、宗教、文化以及中日两国关系的重要史料。它是中日两国文化交流史上一部珍贵文献,与玄奘的大唐西域记、马可波罗东方见闻录《马可波罗纪行》一起,称作:东方三大旅行记,在世界文化史上享有盛誉。以上物证及历史文献记载,都说明我市与海上丝绸之路有关联。并在此基础上拜访著名世界遗产保护专家、国际古迹遗址理事会副主席、中国古迹遗址保护协会副理事长兼秘书长郭旃先生。详细汇报我市情况及具备的条件。郭旃副主席对我市开展此项工作很感兴趣,今年 10 月份专门来连实地考察并举行"世界文化遗产保护和海上丝绸之路申遗"专题报告会。郭旃副主席就世界文化遗产保护、海上丝绸之路申请的理念、经历、总结、感悟进行了介绍。阐释申遗意义及介绍世界及国内申遗情况。专题报告深入浅出、举一反三、触类旁通,特别是对文物保护的认知进行深层次的解析,博得满堂喝彩。他认为连云港当前可以依据专家意见启动申遗工作,首先要向省文物主管部门报告争取支持;还要邀请国内有影响的专家学者来连考察论证;条件成熟后向国家文物局汇报,并邀请来连指导支持。目前,连云港市正在积极进行海上丝绸之路申遗工作,考证孔望山摩崖造像等多数申遗疑似点,并取得初步进展。为确保申请工作的顺利开展,同时委托专业机构组织编写申遗文本工作。

3. 抓紧做好我市国保单位保护规划编制工作。

加快做好我市文物保护单位国保单位孔望山摩崖造像、将军崖岩画、藤花落遗址等保护规划立项和编制工作。目前,我孔望山摩崖造像、将军崖岩画、藤花落遗址保护规划立项工作已获得国家文物局批准,正在启动保护规划方案编制工作。特别对现有的与海上丝绸之路相关的文物保护单位孔望山摩崖造像、将军崖岩画等国保单位,委托设计单位抓紧编制保护规划和遗址保护规划。待规划编制完成后上报省文物局和国家文物局审批。

七、连云港市海上丝绸之路申遗的难点

目前,连云港市海上丝绸之路申遗依然有一定的难度,不容乐观,存在的突出问题主要表现在以下几个方面。

1. 市级层面重视程度和社会宣传力度尚需加大。

虽然市文化文物部门召开专家座谈会、赴广州、扬州学习考察、拜访国家文物局和世界文化遗产申遗领导等,但是缺乏顶层设计和向上争取,以及部门和社会联动参与。

2. 现存的与海上丝绸之路相关的历史遗址考古支撑不够。

按照世界文化遗产组织和国家文物局的要求,作为申报海上丝绸之路的历史遗存必须是与海上丝绸之路有直接关系的原生态而且不可移动的历史实物。历史文献和可移动文物只能作为间接证明辅助材料。我市与海上丝绸之路相关的历史遗迹,说起来好像符合要求,但是真正上升到文本申报时却缺少直接的古代实物予以证明,缺乏实证说服力。

3. 与海上丝绸之路相关的理论研究广度和深度不够。

连云港地域历史研究还缺乏系统性和权威性。缺乏对诸如孔望山摩崖造像等一些重大历史文化现象的深层次研究和重视,致使我市在海上丝绸之路实证研究方面较为滞后。

4. 与国内已捆绑申遗九城市的联合。

国内已捆绑申遗九城市包括广州、宁波、泉州、福州、漳州、北海、南京、扬州、蓬莱等。这九座城市在海上丝绸之路申遗方面各有特色。其中号称海上丝绸之路起点或发祥地、始发港的有泉州、宁波、福州、广州、北海、漳州、蓬莱(东方航线)等城市,扬州则是凭借大运河成为海陆丝绸之路的连接点,南京则是与郑和七下西洋有着密切的联系。另外,广州在海上丝绸之路申遗方面已经连续做了多年的工作,才得以与其他城市捆绑。连云港在这方面要做的工作量非常浩瀚。

5. 文物保护要全方位加强。

连云港市多处与海上丝绸之路申遗的文物,如将军崖岩画、孙望山磨崖石刻等多处山体由于长年风化、酸雨浸渍,许多石刻图像已经不清楚了。急需按国家文物保护的方法投入大量资金去维护。现有保护的资金严重不足,而且遗存周边的环境风貌和安防监测设施都存在不符合申遗工作标准的问题,急待配套解决。

八、海上丝绸之路申遗工作主要对策建议

(一)高度重视,全面加强申遗工作的组织领导。

连云港是丝绸之路经济带的东向出海口,处于陆上丝绸之路与海上丝绸之路的交会节点,向东与日本、韩国隔海相望,向西通过新亚欧大陆桥与中西部地区、中亚、西亚乃至欧洲相连,而且江苏沿海开发、长三角一体化、东中西区域合作示范区建设和国家创新型城市试点四大国家战略在我市形成叠加之势,都给港城带来了前所未有的发展机遇。市委、市政府应把海上丝绸之路申遗工作摆上重要的议事日程。一是,要成立市海上丝绸之路联合申报世界文化遗产领导小组,组建申遗日常工作机构,明确责任单位和责任人。由分管副市长任组长,市文广新局局长和市文物保护和管理委员会主任任副组长,市委宣传部、市文广新局、市财政局、市规划局、市建设局、市房产管理局、市城管局、市环保局、市国土资源局等部门及各县(区)、乡镇政府作为成员,领导小组下设办公室,需要经常召开申遗工作协调会和现场办公会,研究存在的突出问题,从文物安全管理、主体保护、基础设施建设、健全保护机构、整治周边环境、宣传展示等方面提出了明确的任务和要求,形成了申遗工作的强大合力。各成员单位应各司其职,主动承担起涉及本系统的各项工作,细化和落实工作事项,按时保质保量地完成任务,从而形成政府主导、文物部门落实、成员单位积极配合、层层负责的工作运行机制。二是,市政府要尽快制定下发《连云港市海上丝绸之路整体申报世界文化遗产工作实施方案》。从目标任务、工作时间、实施步骤、机构设置、舆论宣传等方面提出具体要求。市政府要与相关成员单位签订目标责任书,明确提出了完成申遗各阶段性工作任务的要求。申遗领导小组要定期听取和研究申遗工作的进度情况,负责对成员单位申遗工作的指

导、衔接和督查。

（二）明确任务，认真谋划申遗工作的良好成效。

海上丝绸之路保护和申遗工作时间紧迫、面广量大、任务繁重，是一项社会性、技术性、时限性非常复杂的综合性系统工程。各成员单位要从提升我市软实力和对外形象、弘扬地方传统文化的高度来重视海上丝绸之路申遗工作。要进一步统一思想，强化责任意识，把申遗工作纳入各单位工作日程，按照申遗工作总体方案的要求，制定出各项具体、有可操作的工作方案并排出时间进度表。要围绕重点环节，突出关键节点，按照工作责任分解，采取强有力的措施来有序有效地逐项抓好申遗各项工作的具体落实，绝不能因局部出现问题而影响整个申遗工作的进程。一是，要安排资金，保障申遗。市、县（区）、乡镇财政部门要将申遗工作相关经费分别列入本级财政年度预算，安排专项资金，专款专用。对属于国有的不可移动文物本体及范围内建筑物修缮保护、周边环境整治、保护规划编制、宣传展示等所需经费由政府拨款。对属于非国有不可移动文物的修缮、保养经费，实行政府给予适当补助的办法。二是，要统筹推进，注重实效。要制定文物周围环境治理、修缮规划方案，对文物本体要进行高标准的维护改造，如期实施遗址文物本体加固维修工程，努力打造申遗工作样板工程；科学合理的制定环境建设规划，根据核心区和缓冲区的划定标准，制定安防、监测基础设施建设方案，完成保护标志和围栏设置工作，使之符合申遗标准，确保顺利通过国家和省文物部门的模拟验收和现场评估。三是，要协调配合，积极沟通。各部门要充分发挥各自的职能，围绕申遗抓好各自的工作，同时又要互相沟通、互相支持、互相配合，及时协调解决工作中存在的困难和问题。同时各相关部门要积极加强与国家、省等上级部门的联络和沟通，采取多种方式和渠道，在项目、资金、人才、管理等方面争取上级的支持和帮助，确保申遗成功。

（三）统筹规划，正确把握申遗工作的科学方法。

从现在开始，需要循序渐进地做好申遗的各项前期准备工作。一是，文化部门要举办连云港海上丝绸之路申遗研讨会，邀请国家、省、市文物局文博专家以及大专院校、科研机构的学者共同为申遗工作出谋划策。会上要对本土与海上丝绸之路有关的历史遗存加以考察研究，理清各文化遗存与海上丝路的关系,从地下考古、地面建筑、历史典籍等方面来论证连云港是古代海上丝绸之路的起点,分析连云港在海上丝绸之路申遗方面的可行性。会后文物管理部门要对连云港与海上丝绸之路有密切联系的遗存史迹及文献资料进行全面的收集和梳理,尽快编撰出版《连云港海上丝绸之路文化遗存图录》,这些遗存能充分证明连云港作为我国古代重要的始发港之一的历史地位和深厚的文化底蕴,也是连云港申报海上丝绸之路遗存为世界文化遗产的最基本条件。二是,市申遗领导小组办公室要组织文物管理部门专业人员赴已列入海上丝绸之路申遗预备名单的九个城市实地考察,学习他们在申遗理念、申遗程序、遗存保护管理等方面的成熟做法。海上丝绸之路涉及的古迹种类比较多,包括考古遗址、宗教建筑等不同类型。要坚持突出重点、兼顾一般的原则,借鉴其他城市成功的经验,将能体现连云港海上丝绸之路特色的重要文保单位一起打包成文递交国家文物局。三是,连云港市政府和市文物主管部门要依照《文物保护法》等相关法律法规,参照《世界文化遗产保护管理办法》的有关规定,制定史迹保护和管理的专项法规,建立长效文物保护机制;要严格按照国际规则和国家一系列技术规范来操作,坚持真实性、完整性和科学性并重,编制科学严谨的申遗工作目标和总体规划,协调指导编制申遗点管理办法。四是,加强申遗队伍建设。要全面系统地培训申遗专业人员,为申遗工作提供了强有力的人才保障。根据申遗工作的整体要求,明确申遗工作的思路,坚持高标准,重视遗产申报文本、法规性管理办法、文物保护规划等重要文本的编制质量,完成申遗档案整理和上报工作。

(四)广泛发动,充分营造申遗工作的良好氛围。

海上丝绸之路保护和申遗工作要始终坚持文化遗产、人人保护,保护成果、人人共享的发展理念。海上丝绸之路申遗不仅是政府的责任和社会的期盼,也是市委宣传部门、媒体和文物保护部门的担当,应该采取形式多样的宣传手段,加大申遗工作的宣传力度。一是,要充分运用《人民日报》《人民政协报》《经济日报》《新华日报》《扬子晚报》等报刊和中央电视台、新华网、国家文物局网站以及新浪、搜狐等网络媒体进行报道,搭建畅通无阻的信息报道窗口,在全国范围内广泛宣传连云港海上丝绸之路申遗的神圣使命和突出价值,在国内外形成共识进而得到认可和支持。二是在港城要通过《连云港日报》

《苍梧晚报》和广播电视、连网等媒体,让更多的寻常百姓共同关注、了解海上丝绸之路的遗产价值、保护意义和世界遗产知识,进一步营造理解、支持、参与海上丝绸之路相关遗址保护和申遗的浓厚氛围,使保护和申遗工作形成全民心连心、步调一致、人人有责的局面,共同为海上丝绸之路成功申报世界文化遗产贡献自己的力量。三是,要制作大量有特色的宣传品,筹拍连云港海上丝绸之路宣传纪录片,以时间为线,将各史迹点及考古出土遗物等串联起来,完整地讲述连云港作为海上丝绸之路起点港的历程。四是,地方政府要本着对历史负责的态度,均衡百姓自身利益与国家长久发展,开展全面整治,着力惠及民生,在景区内外设置新的提示板,让市民和外地游客认同连云港确实是海上丝路的重要组成部分,为海上丝绸之路成功申遗奠定了良好的群众和舆论基础。

第十七章　地方民俗文化融入"一带一路"建设研究

——以连云港市民俗文化为例

一、引子

民俗文化是中华民族传统文化的重要组成部分。它根植于历史文化的沃土,代表着传统文化的过程与历史,衍生出中国文化未来发展的脉络。2000多年前,中国陆域丝绸之路和海上丝绸之路不仅带来了我国与世界各国的经济交流,同时,也扩大了与沿线各国的人文交流。传播文化,构建纽带,共享人类精神文明成果也是丝绸之路开辟的重要成果之一。

自"一带一路"愿景发布以来,借助中华传统软实力,加快我国与"一带一路"沿线国家的民心联通工作成为时代赋予文化工作者的使命和责任。坚持文化先行、沟通民心的原则,通过进一步深化与沿线国家的文化交流与合作,促进区域合作,实现共同发展,让命运共同体意识在沿线国家落地生根也是历史赋予中华传统文化的新责任。2017年,中共中央办公厅、国务院办公厅印发了《关于实施中华优秀传统文化传承发展工程的意见》。通过新闻出版、动漫游戏、影视拍摄、教育普及和文化保护等多种形式开展中华传统文化传承发展工程,为弘扬中华民族传统文化做好当代传承。应该看到,搭乘中华传统文化走出去的顺风车,积极推动地方"一带一路"建设,民俗文化大有用武之处。

连云港是"一带一路"的重要节点城市,也是我国渔民俗文化、盐民俗文化和山地民俗文化的融合之处。2010年至2014年,海州湾渔民习俗、淮盐盐民习俗和山民习俗分别被江苏省人民政府和连云港市人民政府确定为非物质文化遗产保护名录,成为建设现代海陆丝绸之路不可多得的文化元素。我们现在重新梳理地方民俗文化资源和历史,重新认识地方民俗文化在建设海陆丝绸之路中的重要作用,将极好地推动连云港城市加快融入丝绸之路经济带和

21世纪海上丝绸之路建设过程中,成为丝绸之路经济和文化发展的引领者。

二、连云港市民俗文化的总体状况

（一）民俗与民俗学的溯源与发展

民俗是一个十分宽泛的概念,是一个地方或一个国家民间民众的风俗生活习惯的统称,是依附于地方居民的生活、习惯、情感与信仰而产生的,也泛指一个国家、民族、地区中集居的民众所创造、共享、传承的风俗生活习惯。民俗既包含物质事物,也体现精神文化现象。

民俗具有普遍性、传承性和变异性,因此,其最主要的特质就是具有群体性,利于培育全社会共有的一致性。民俗不仅是一种生存方式,或一种文化模式,而且是民族思想文化的源头活水。民俗文化善于在生产、生活等民间事项中缩小民族群体间的隔膜和差异,增强民族的群体认同,强化了民族精神,塑造了民族品格,集体遵从,反复演示,不断实行,这是民俗得以形成的核心要素。

民俗涉及的内容很多,就民俗学界公认的范畴而言,民俗包含以下几大部分：生产劳动民俗、日常生活民俗、社会组织民俗、岁时节日民俗、人生礼仪、游艺民俗、民间观念、民间文学、宗教及巫术、婚丧嫁娶等,而且,它所研究的疆域仍在不断的拓展。

（二）连云港民俗文化内容

民俗文化源于地方居民的日常劳动、生活,是地方居民各类事项的抽象表现。它源自于久远的农耕文化,在连云港的土地上繁衍、成长、发展。

连云港依山傍海,山海相拥,自然资源和民俗文化积淀深厚。从地理上看,它位居中国沿海地域的脐部,处于南北气候交界处。在地理形态上看,它毗邻黄海,坐拥云台山,山地、平原、丘陵、滩涂、湿地,样样俱全。长期以来,渔民、盐民、农民、山民均衡群居,互相通婚、交流,孕育出了独特的地方民俗。粗略梳理一下主要涵盖了渔民、盐民、山民的生产劳动、日常生活、社会组织、人生礼仪、游艺、婚丧嫁娶、宗教及巫术、岁时节日等方面的民俗,拥有自己独特的民间理念和宗教思想。

（1）生产劳动民俗：海钓技艺、对虾养殖技艺、沙光鱼垂钓方式、紫菜制作技艺、云雾茶制作技艺、流苏茶制作技艺、石雕技艺、水晶雕刻技艺、淮盐晒制技艺、农耕技艺、渔民号子等。

（2）日常生活民俗：马鲛鱼丸制作技艺、山柿子熟制方法、海州辣黄酒制作技艺、樱桃酒制作技艺、海鲜烹饪技艺；山民门前屋后喜爱种植石榴、香椿、柿子、李子、樱桃树；盐民、渔民喜好饮酒、口重；山民喜爱灰墙红顶石头建筑、居民性格好爽、尚权轻商等。

（3）社会组织民俗：连云港市民俗协会、连云港市孝文化研究会、渔业帮会、农业专业组织、宿城石氏、南城江氏、杨氏、武氏、朝阳张氏、中云金氏、花果山赵氏、海州徐氏等姓氏宗族宗亲会组织、凑份子、续家谱等。

（4）岁时节日民俗：春节、元旦、端午节、中秋节、清明节；腊八吃粥；冬至大如年、徐福节、花果山登山节、《西游记》国际旅游文化节、三月三白虎山庙会、朝阳庙会、大伊山清明节庙会、新安镇正月十五元宵灯会等。

（5）人生礼仪：出生礼仪、成人礼仪等。

（6）游艺民俗：民间儿童游艺、乡棋、封氏登技、朱氏顶技、汪奇魔魔术；

（7）民间观念：多子多福、平安是福、图吉利、喜红色。

（8）民间文学：徐福东渡传说、花果山传说、东海孝妇传说、沙光鱼传说、盐河传说、汤沟酒传说、二郎神传说《镜花缘》传说、羽山传说等。

（9）宗教及巫术：道教、佛教、基督教、伊斯兰教；过年海祭、徐福祭祀、山祭、三月三祭拜盐神、祭拜孝妇、石祖、地母崇拜等。

（10）婚丧嫁娶：丧葬习俗、结婚习俗、生子习俗等。

三、运用地方民俗文化服务"一带一路"建设的对策

各个民族民众的往来是古丝绸之路之路形成的溯源和基础。社会研究者公认，"丝绸之路"的概念源自19世纪晚期的德国地理学家李希霍芬的德语文字"Seidenstrassen"。他在研究中国与海外交往的过程中，对都的人文、经贸交流进行了归纳和总结，提出了"丝绸之路"的概念和研究成果。事实上，古丝绸之路的发端，最初源自于中国民间群体与海外的文化对话和经济往来，随着民间交往的深入和对话机制的形成，久而久之成为了当时既成事实的交流史实。而在此过程中，民俗文化的融通和碰撞提升了各个民族之间、群体之间

的契合度和接受度,增加了民族互信和民族接纳程度,最终才正真带动了经贸的发展,形成了"丝绸之路"。因此,我们在现在建设"一路一带"建设的过程中,如何以点带面、从线到片、逐步形成区域大合作,民心相通是关键。而如何运用民俗文化推动区域性的"一带一路"建设,民俗文化就大有用武之地了。

（一）充分认识地方民俗文化的时代作用

民俗文化是一个地方长期留存下来的民间文化精华,也是一个地方居民社会凝聚力和向心力的内核。它通过无形或有形的各种形态影响着地方民众生产、生活,起到了地方居民群体内部和相互之间特有的啮合和润滑作用。连云港民俗文化,它是长期根植于地方民众生产、生活之中,是地方居民世代积累保留下的文化精华,也是经过历代历练和大浪淘沙般地淘汰后保留下来的,是我国核心价值体系中重要的文化要素。比如,连云港自秦汉传承的徐福东渡传说,故事中内容涉及我国海上丝绸之路的发端,是国家级非物质文化遗产保护名录。而且,徐福在东南亚的日本、韩国影响深远,有人不知连云港,但对于徐福则知之甚多。徐福还被部分日本人尊为神武天皇、药神、农神等。只要提及徐福家乡,即刻可以拉近相互之间的关系。又比如孔望山佛教摩崖石刻,其核心价值除了是我国沿海保留下的唯一东汉时期的摩崖石刻,更重要的的是东汉时期佛教内容的石刻,它揭示了我国汉代佛教传播的区域和内容,留下了佛教传播的路径,代表着汉代陆域丝绸之路的走向。作为我国宗教传播的节点城市,民众中接受佛教的影响是不言而喻的。这些民俗事项深深地融入了地方居民的生活,保留下了挥之不去的印迹,并为当代人了解海陆丝绸之路,继续实践丝绸之路提供的动力。谁都想在先人的基础上再创辉煌！？可见其价值是不可忽视的！

（二）有效把握地方民俗文化的地缘优势

丝绸之路海陆联通,横跨亚、欧、非、美、非五大洲,涉及西亚、中亚、中东、东欧、西欧、北非、美洲等 50 多个国家和地区,在中国国内贯穿中国东、中、西部的江苏、山东、安徽、河南、山西、陕西、甘肃、宁夏、青海、新疆 10 个省（区）,还影响到湖北、四川、内蒙古、福建、广东等地区,覆盖范围十分广泛。由于,"一带一路"途经各国国情和自然禀赋不同,对华合作态度各异,而且历史渊源和地缘政治原因复杂,还有一些国家对我国提出"一带一路"举措和目标尚存疑虑和猜忌,这些都可能导致我们在"一带一路"建设过程中遇到不同的困难和问题,都需要通过国家之间、民族之间、群体之间的交流和沟通逐步解决。事实上,在该区域内,不仅国家与国家之间文化差异性很大,即便是在中国国内文化内容涉及海洋文化、中原文化、各类少数民族文化等,特别是中亚、中东等地受地缘政治影响,地方民俗文化与欧洲、美洲和中国等地在地缘文化方面差异较大,既有欧洲的冒险精神,也有亚洲的内敛个性,文化的地缘作用十分明显。俗语说:十里不同风,百里不通俗。何况又有海上和陆地的区别,文化相互影响和渗透是必然的。连云港民俗文化兼收并蓄,富有融通海陆的特质,即可与周边的海洋文化对接,也可以与陆域文化相通,适应性较好。它可以可跨越海洋文化的障碍,也可以打通陆域文化经脉。在建设"一带一路"过程中,江苏和连云港都可以凸显连云港地缘文化的特点和优势,发挥地方民俗文化的社会功能和润滑作用,遵循文化先行的方针,用文化敲开联通民心的大门,有针对性地逐步开展建设,然后再逐步过渡到经济交流、运输交流、政治交流,先实现民心相通,最终达到经济交往的目的。如开拓与日本、韩国的徐福文化和张保皋等交流活动,建设中日韩文化交流基地,设立新罗村遗址公园、张保皋展示馆等,推动连云港与海丝国家和地区的经贸交流。又比如借助新亚欧大陆桥经济带的辐射功能,推广连云港的山海、渔盐、宗教等方面的民俗文化走出去,通过绘画、书法、摄影、文物会展等形式,拓展江苏和连云港在沿线国家和地区的人文影响力和知晓度,打通民心相通的"最后一公里",为连云港海外"一带一路"建设拓展空间,创造机遇。

(三)选择地方民俗文化的适宜表达时机和方式

民俗文化是传统文化的源泉和基石,也是地方居民某些深层次精神内涵的形象表达。在什么场合、什么时机去展现需要一定的机缘。表达到什么程度才能为对方接受,或能够恰到好处地体现都是需要认真研究的。从过去的传统方式上来看,我们的政府和宣传文化部门对内通常喜欢灌输式表达,不管你是否愿意,也不管你是否喜欢,我想说的就尽情表达,你是否接受与我无关!这是在现在"一带一路"建设过程中十分忌讳的。民俗文化地方性特点明显,要想让别人理解和接受,特定和精准的表达的形式和适宜的表达时机都非常关键。"一带一路"区域内国家众多,宗教各异,地区跨度宽泛,面对群体差异大。

因此,针对不同的人群、不同的种族、不同的文化、不同的表达方式和接受程度都需要我们十分注重尊重对方的地域文化特性和差异,选择适当的、有针对性的文化形态和文化内容,选择适宜的文化表达方式和时机去展示我们连云港地方民俗文化的魅力和精神价值,以期最终获得对方的认同和接受。比如徐福文化,在日本是非常受到崇敬的,但有人认同他为"神武天皇",也有的不认同;假如,你一味地说他一定就是日本的先人"神武天皇",在一些时候可能会适得其反,难以统筹文化大局。

(四)用好地方民俗文化润物无声、融入血液的功能

民俗文化长期植根于民众中,对于现代社会、经济建设具有重要的影响。地方民俗文化的影响往往不像经济交往那样直接。它一方面需要一定的沟通、交流形态、时间和适宜的场合,也需要通过循序渐进地相互了解和互动。比如连云港的地方习惯和习俗,有些可以被外来人接受,也有的不能被大众认可。有些可以被一个或几个区域的群体所接纳和理解,有的则只能被一个地方的一部分群体所接纳和理解。这就需要来连云港开放投资的或连云港人走出去开发投资的人,尽可能尊重工作所在地的地方的民俗习惯,尊重各那里地方的文化价值观,不能盲目施政,强加于人,最终带来不必要的矛盾和误解。我们应该让来连云港的客商首先了解连云港的居民生活和日常习惯,形成同俗同心的社会环境,使之逐步融入地方群体的生活中。了解连云港地方文化,喜欢连云港的山山水水,接触连云港的乡民,了解他们的习性,这样才能在经济交往中考虑各地的民俗习性,减少不必要的矛盾。比如可以通过民俗旅游活动,拉动各国之间、各地区之间的人员交流,增加旅游中游客对地方民俗风情的参观、游览活动,使之在游览中,不知不觉地获得潜移默化的文化影响,增进各国民众群体之间的了解和沟通。还比如有计划的实施文化输出,在丝绸之路经济带和海上丝绸之路沿线各国举办小型民俗文化展示、交流活动,推广地方民俗文化概念,加深民族文化沟通,提升相互文化认同。

(五)凸显地方民俗文化在民族融通中的作用

建设"一路一带",既是发展经济运输,更要开展人文交流,打通民族联系,构建和谐的文化交流渠道。地方民俗是一个地方民族文化的核心内容,也是比较易于摒弃政治偏见、被其他民族接受的地方文化。比如连云港渔民祭海神,山民祭山神,盐民祭盐神,体现了地方居民的宗教崇拜,我们不能强迫新疆人和哈萨克斯坦人、吉尔吉斯他、乌兹别克斯坦等国家的民众也同我们一样祭拜,他们有信佛教、回教的,祭拜释迦牟尼或真主,但是,从另一个方面来看,他们也容易理解我们的地方崇拜,尊重我们地方居民的宗教选择。又比如连云港地方乡民中喜爱祭拜泰山石敢当和石母,或祭拜石祖和祭东海孝妇的习俗,这是数千年地方民俗文化的经典,也是连云港居民传承中国多子多福、孝敬长辈、孝敬父母的文化价值观的体现,这些对于外国和其他地方的居民依然有借鉴和利用价值,也是构建民族团结和民族和谐的沟通钥匙。我们传播这些地方传统文化的精髓,顺应了各个民族的人生价值观和个人信仰,因此,非常易于被各国大众接受,改善他们对中国人的不当认识。

(六)加强文化交往中地方民俗文化元素的设计和应用

正如上面分析的那样,连云港的渔文化民俗、盐文化民俗、山地文化民俗承载着连云港的历史,是建设连云港、发展连云港不可缺的元素,特别是对于现代"一带一路"建设,有着不可替代的重要作用。在建设"一带一路"的过程中,可以尽可能的添加地方民俗文化元素,通过民俗文化的交流和互动,减少民族之间、区域之间和国家之间民众群体的思想文化隔膜。应该看到,人文交流先于经济交流,没有民族、国家居民之间的群体交流,也有没有生意可谈。不管是徐福东渡日本、郑和下西洋,还是哥伦布发现美洲大陆,先期工作就是人员的远航和接触,然后才有货物的交换和贸易的开展。美国学者埃里克·杰·多林在他著的《美国与中国最初的相遇——航海时代奇异的美中关系史》一书中,描述了最初美国人最初对中国的认识源自于对茶的迷狂。在17世纪末,美国人着迷于由英国人带去的喝茶习俗,对茶有着特有的迷恋。正是由于茶文化的熏陶,才使得美国人一定要到东方看看这个"中央王国",于是有了茶叶贸易!又比如连云港居民民风淳朴、喜爱喝酒、比较豪爽等人性个性,同时,也有兼容我国南北的人性禀赋,不失精明、圆滑,使得来连云港的人在结交地方朋友前,也该了解这些个性,以便在后期交往中运用。所以,在建设"一带一路"的过程中,我们要加强对地方民俗文化的研究和利用,运用好这些特有的元素,快速实现商务交流的目标。

（七）发挥民间文化团体在"一带一路"建设中的作用

民俗文化具有原生态的文化意识团的特征,它们是在一个关联群体中传播、行动的,表现在社会在组织发展过程中就会形成一批志趣相投、爱好同向的群体。比如连云港市民俗协会、连云港市孝文化研究会、徐福研究会、大陆桥研究会等社会组织机构。这些协会或机构由爱好相近的连云港地方居民组成,属于非功利性组织,成员中有研究人员、文化爱好者、热心某方面文化的人士组成。他们在组织中承担着各种角色和任务,维护着组织的成长和发展。推进"一带一路"建设,我们面对的是各类国家,他们的政治体制和管理体制与我们有着完全不同的构成,社会组织是他们这些国家管理的社会中间力量。这些组织完全独立于政府之外存在,自主管理和运行。这些社会组织是现代社会发展状态下,社会类文化群体、文化个人在推进国家战略过程中发挥民俗文化软实力主要渠道和载体,以及行之有效的规律和形态。运用社会组织破解意识形态领域造成的隔膜和障碍,具有不可替代的重要作用。因此,在承认不同的意识形态和不同的社会管理制度,应该有针对性地依托各类世界组织和沿线国家的社会组织,借力国内民俗文化的社会组织,强化国家与国家、民族与民族、群体与群体之间的交流和合作,拉近相互之间的距离,达到互交互联、共享共赢的目的。

（八）开展形式多样、内容活泼的地方民俗文化交流活动

活动是沟通的载体,也是沟通的主要方式。近十年来,连云港市定期举办了徐福节、花果山登山节、《西游记》国际旅游文化节、三月三白虎山庙会、朝阳庙会、大伊山庙会、新安镇正月十五元宵灯会等民俗事项活动,这些活动不仅延续了地方民俗文化,还吸引了大批外来客商。在活动过程中,他们潜移默化地接受了连云港市民俗文化。比如新疆伊犁在丝绸之路建设努力打好文化旅游"组合拳",既有伊宁国际啤酒节、"舌尖上的丝绸之路"等文化节庆活动,又有薰衣草博物馆、西域酒文化博物馆等工业文化项目;同时,必不可少地添加上哈萨克族、维吾尔族、俄罗斯族等13个伊犁世居民族的民俗体验活动,表演民族舞蹈、叼羊等传统体育习俗、住毡包等,以民俗文化活动拉长游客的逗留时间,影响外地游客。因此,应该更加重视地方民俗文化在"一带一路"建设

中的引导作用,持续开展民间民俗活动,以便加强民族和国家人民潜在的心灵之间沟通,释放民俗的内生活力。还可以开展跨区域、跨文化、跨国家的民俗研讨、交流活动,邀请各国、各地的民俗文化研究者来连云港,或走出去参与外地的民俗文化研讨活动,借助民俗文化交流活动,扩大连云港民俗文化的影响力,提升其美誉度和吸引力,加快地方民俗文化的传播和运用。

(九)用好地方政府引导社会管理的杠杆作用

建设"一带一路",增强民心沟通,目的还是要促进区域间经济、社会的协同进步发展。政府各级和相关部门都责无旁贷,需要承担促进发展的责任。地方政府在民俗文化交流中应该准确定位,明确职能,精准发力,有效地推动地方文化走出去和海外文化走进来。这就需要地方政府充分发挥自身的管理和引导作用,运用文化规划、项目引导、政策制定、行政指导、行业管理等杠杆手段,加快制定区域性的对接"一带一路"建设的文化发展规划,以规划引领,谋求民俗文化的整体走出去。要注重收集、整理文化走出去和请进来项目,制定项目库和项目指南,因地制宜,因项目施策,提供必要的行政和资金扶持。还要鼓励、调动和利用民间社团和民众力量,发挥社会群体的积极性和主动性,积极参与"一带一路"建设。比如组织国际性的文化展示、文化研讨、文化交流、文化表演活动,扶持地方社会组织积极参与文化交流,推动民间文化互通互动,增强连云港地方民俗的穿透力和渗透力,将连云港的形象融入沿线国家和地区的民众心中。

(十)明晰"一带一路"建设中民心相通为终极目标

运用民俗文文化的软实力,积极推进"一带一路"建设是非常有必要的,也是非常有效的。古人云:不战而屈人之兵为上策。民心相通就是要通过民俗文化的魅力去影响对方,使之了解中国博大和谐的文化魅力和特质,引导"一带一路"沿线国家和地区民众接受中国文化,增进理解,减少对抗;增进互信,融通心灵,增进心力,共享共赢。建设"一路一带",需要建设基础设施,联通交通,解决地缘政治带来的不合,增加共同发展经济的合作和动力,但是,这一切都需要依靠人去做。近几年来,我国在世界各地进行了大规模的投资,除了国际间贸易壁垒造成的不利影响以外,很多失败的案例往往归结于中资企业与地方居民沟通不够,导致了地方居民的不理解,有些甚至是反对。他们认为我们的投资不利于他们的个人生活和地方发展,或损害他们的切身利益。这类事件究其原因有很多,缺少民心沟通可能是至关重要的。比如中铝在秘鲁就注意保持与当地居民的良好沟通,从增加就业、儿童就学、公正执法、治疗老人眼疾等争取民心的方式入手,获得对方居民的拥护和支持。而中石油在乍得忽视了劳工、环保问题,没有能够构成和谐的地方环境,结果收到了 12 亿美元的罚单。提倡建设"一带一路"只是一个发展过程中的一个环节,建设"一带一路"任重道远,以后的路还更长,需要做的事还更多。而建设之后,继续维护好海陆丝绸之路的运营和可持续发展,更是需要几代人共同努力才能实现和完善。假如,地方民众不能理解支持,建设好的通道也可能断掉。这在国际上的例子也太多了,如巴拿马运河、苏伊士运河等。

四、结语

中国的地方民俗文化丰沛,富有特色,而连云港具有特殊的地理位置和地域民俗文化形态,是建设海陆丝绸之路不可或缺的元素。建设"一带一路"需要建设交通基础设施,开展经贸和金融活动,加强沟通,实现信息共享,其核心是构建各族人民、各国人民密切联系的心路。

民众是"一带一路"的建设主体和最终的归宿,民众的意愿决定着"一带一路"建设的成功与失败。没有民心相通的海陆丝绸之路是很难实现"一带一路"愿景提出的,力求中国与国际各国、各民族之间成为利益共同体、命运共同体的目标。

民俗文化是各国居民世代传承的文化精髓,早已深入当地民间居民生产、生活的深层级中。它们是各地居民长期传承和衍生的血脉和事项,世代传承,生生不息,融入各地社会发展的方方面面,是历史进步的过程和标识。因此,我们要充分发挥民俗文化的迷人魅力,进一步发挥民间社会团体、个人的社会融合功能,在"一带一路"建设过程中着力传承中国精神,传播中国传统文化,运用适宜的文化表达形态和方式,加强各国、各民族、各群体之间的民俗文化交流,发挥文化软实力在构建地域核心价值观和人心联通的价值和作用,积极推进多元、同构的文化丝绸之路建设,最终建设丝绸之路沿线各国、各民族共享共赢的利益共同体和命运共同体。

后　记

　　本书是国家"一带一路"战略的愿景计划发布以来,江苏首本全面研究"一带一路"战略与江苏实践的理论专著。本书汇聚了我们团队三年多来的专题研究成果。我们站在国际看江苏,站在国家看江苏,站在江苏看江苏。同时,也站在基层看江苏,从宏观、中观和微观三个层面对"一带一路"与江苏的关系进行了研讨。我们摈弃所谓"线上线下""路上路下"宏观思维定式,从中观的实际情况和发展需求出发,依据微观的实践情况,着力探论江苏如何因地制宜,发挥自身优势,找准自身在"一带一路"建设中的着力点和发力点,精准对接国家"一带一路"战略和建设。

　　全书 30 多万字,主要分为两个部分。第一部分是理论篇。主要是从理论的视角厘清江苏作为"一带一路"交汇点的准确定位,探讨江苏省作为"一带一路"交汇点的意义和功能,全面准确地理解习近平总书记视察江苏时,对江苏如何对接"一带一路"提出希冀和嘱托的精神内涵,并从实践"一带一路"战略的五大目标任务出发,关切江苏融入"一带一路"的一些关键问题和关键方面,从发展平台建设、互联互通、产业创新、文化交流、区域谋划、人才培养等方面,具体研究和探讨江苏对接国家"一带一路"战略的发展状态、存在问题、发展路径和保障措施等问题。着力探讨在国内和国外两个空间中,如何在不同市场经济体制中,表达政府、市场、企业的不同需求和想法。不求面面俱到,但求一点有用。第二部分是实践篇。选取了江苏目前对接"一带一路"的成功实践的范例，进行具体的剖析，以及江苏重点推进的新亚欧大陆桥经济带节点城市、江苏苏北区域等如何加快推进"一带一路"建设的具体实践，着力于解剖麻雀，反映具体问题，明晰成功经验，举一反三，示范其他，为加快推进江苏对接"一带一路"建设的速度和力度提出自己的思考和建议。

研究来源于实践，还要回归于实践。我们不求这本书中理论研究的立意如何高深，归纳如何精准，涉猎如何全面，但求理论能够联系实际。本书的研究源自江苏对接"一带一路"战略的实践，还将回归于江苏实践中检验和体验。从江苏勇于争先、聚力创新、主动有为的实践出发，探讨江苏对接"一带一路"的机制、模式、路径和方法，争取对江苏今后对接"一带一路"建设有所启迪。事实上，本书的许多文稿都相继在国内的学术期刊上发表，一些建议和措施也已经作为江苏省和地方政府今后工作的目标任务被列入到地方党委、政府实践国家"一带一路"战略的计划中，这是对我们工作的最好褒奖，我们为此感到欣慰和满足。

本书的研究成果主要汇聚了江苏省社科规划办、江苏省社科联、江苏省文化厅、江苏省农委等以及连云港市有关部门给予的资助课题成果，体现江苏社科研究部门的政治敏锐性和服务江苏省委、省政府中心工作的大局意识。我们作为具体的研究者对这些部门给予我们工作的认同和支持表示衷心的感谢。淮海工学院文学院的吴明忠院长、商学院的孙军副教授、连云港市社科联谢仁善主任等都在文稿撰写、课题申报过程中亲力亲为，给予地很大的支持和帮助，但由于出版书的缘故，未能列入出版者名录，在此特为致歉，并对于他们的付出的辛勤劳动和帮助表示诚挚感谢。

书中的研究成果也还有许多不尽人意的地方，需要进一步深化和探论。关于江苏对接"一带一路"的话题还有许多话想说，还有许多问题研究正在路上。2016年8月，习近平总书记再次召开会议，专题研讨如何推进"一带一路"建设工作。在此次座谈会上，习近平总书记再次强调要坚定信心，扎实推进，聚焦政策沟通、设施联通、贸易畅通、资金融通、民心相通，聚焦构建互利合作网络、新型合作模式、多元合作平台，聚焦携手打造绿色丝绸之路、健康丝绸之路、智力丝绸之路、和平丝绸之路，以钉钉子精神抓下去，一步一步把"一带一路"建设推向前进，让"一带一路"建设造福沿线各国人民。2017年1月17日，在瑞典举行的达沃斯世界经济论坛年会上,习近平主席再次宣布:2017年5月18日,"一带一路"国际合作高峰论坛圆满结束。29位外国元首、政府首脑确集聚北京,来自100多个国家1500多位代表参加会议,达成270多项具体成果。他们共商合作大计,共建合作平台,共享合作成果,为解决当前世界和区域经济面临的问题寻找方案,为实现联动式发展注入新能量,让"一带一路"建设更好造福各国人民。我们希望本书的出版能够为国家"一带一路"战略落地和推进争取更多的话语权,营造更大的舆论场,提供更强的理论支撑。

文在书中,研在书外,艺无止境。我们将继续深入学习和领会国家"一带一路"战略的精神实质和精准内涵,准确把握我国"一带一路"的建设进程和战略契机,深化研究成果,用新的智慧成果服务江苏"十三五"发展规划中的"一中心,一基地"建设的新需求,服务江苏融入国家"一带一路"战略建设的新愿景,服务江苏"十三五"期间的"两聚一高"的新要求,为建设"强富美高"新江苏,实现全面建在高水平的小康社会新目标当好参谋,力尽绵薄之力。

作 者
2017 年 5 月 18 日